AF333507

# Ucrania,
# entre la guerra y la paz

# Jacques Baud

# UCRANIA,
## ENTRE LA GUERRA Y LA PAZ

Max Milo

Max Milo, París, 2023
www.maxmilo.com
ISBN: 9782315013159

# 1. Entender el conflicto

La forma de entender una crisis determina la forma de resolverla. Esta afirmación, que repito a menudo, parece sencilla. Sin embargo, somos incapaces de hacerlo. Ya ocurrió con la «guerra contra el terror» de George W. Bush, que todos los países occidentales se apresuraron a seguir en Afganistán, Irak y otros lugares, donde apoyamos al agresor (aun sabiendo que mentía).

Todas estas guerras se han perdido, nuestros soldados y las víctimas civiles de la guerra (incluidas las de los atentados terroristas) han muerto por una sola razón: no quisimos entender estos conflictos, su naturaleza o las personas implicadas antes de involucrarnos.

No se puede ganar una guerra convenciéndose de que se ha ganado.

Aprender las lecciones de un conflicto no sólo debería permitirnos revisar nuestras doctrinas de enfrentamiento y la orientación de nuestras políticas de armamento, sino también -y esto es esencial- evitar que surjan nuevos conflictos. Es infantil pensar que un conflicto es producto de una única causa («¡Putin está loco!»). Los conflictos son siempre el resultado de una combinación de causas, cuya importancia relativa varía con el tiempo.

Identificar estas causas y sus interacciones es tarea de los servicios de inteligencia y de quienes se supone deben ilustrar a nuestros responsables políticos. Sin embargo, en Francia más que en ninguna otra parte, el pensamiento sobre el conflicto, ya provenga de los «prorrusos» o de los «proucranianos», no se basa en hechos sino en convicciones. El problema no se limita a los conflictos militares, sino a todas las crisis. Olivier Véran, ministro francés de Sanidad, hizo unas declaraciones el 18 de febrero de 2020 que recordaban extrañamente a las del general Gamelin en 1939...

*No necesito comprobar que Francia está preparada. Francia está preparada. Y está preparada porque tenemos un sistema sanitario extremadamente sólido[1].*

En Francia, «expertos» militares como los generales Dominique Trinquand y Michel Yakovleff, y coroneles como Pierre Servent y Michel Goya forman parte de esta tradición. Basan sus juicios en sus percepciones (e incluso en sus prejuicios) más que en los hechos. Esto complace a nuestros medios de comunicación, pero conduce a la derrota.

Este fenómeno queda ejemplificado en el documento informativo del Senado francés, publicado en febrero de 2023[2]. Se basa en prejuicios, acusaciones infundadas y rumores, mientras que se omiten elementos esenciales para comprender el conflicto. Cada acontecimiento se describe como si hubiera caído del cielo, sin motivo. El resultado es una lectura fatalista de los problemas, necesariamente emocional, que sólo puede entenderse a través de «chascarrillos» y que imposibilita soluciones en profundidad.

Ya podemos predecir que satisfará a los que hablan en televisión, pero perpetuará los errores que se han cometido en los últimos treinta años y que han conducido sistemáticamente a desastres. El problema es que este informe pretende orientar la reflexión sobre el futuro de las fuerzas armadas francesas.

Dicho esto, el Informe Anual de Seguridad suizo[3], publicado en septiembre de 2022, adolece exactamente de las mismas deficiencias.

En el Occidente francófono, nuestra lectura del conflicto ucraniano adolece de una cruel falta de reflexión honesta, científica y académica. En Europa, más que en Estados Unidos, se juzgan los problemas sin analizarlos, con el objetivo de condenar en lugar de encontrar soluciones. Esto se aplica por igual a quienes se adhieren a la narrativa oficial y a quienes la rechazan. Cada cual parece verla como un reflejo de sus

---

1. Alexandra Bensaid y Nicolas Demorand, «Olivier Véran sobre el coronavirus: «Francia está preparada porque tenemos un sistema sanitario extremadamente sólido»», *France Inter*, 18 de febrero de 2020.
2. Cédric Perrin & Jean-Marc Todeschini, «Ucrania: un año de guerra. What lessons for France», Comisión de Asuntos Exteriores, Defensa y Fuerzas Armadas del Senado, Documento informativo nº 334, 8 de febrero de 2023.
3. https://www.newsd.admin.ch/newsd/message/attachments/72369.pdf

propias preocupaciones, sin preguntarse realmente si se corresponde con la realidad sobre el terreno.

Adaptamos los hechos a nuestras conclusiones en lugar de adaptar las conclusiones a los hechos. Esta parece ser la forma de abordar los problemas políticos en todos los ámbitos.

# 2. Los jugadores

## 2.1. Estados Unidos

El conflicto de Ucrania se presenta a menudo como un conflicto entre Rusia y la OTAN. Esto es cierto en parte, pero sería más exacto decir que es un conflicto entre Estados Unidos y Rusia. La OTAN es, conceptualmente, simplemente el brazo armado de la estrategia estadounidense en Europa (y quizá también en Asia, como veremos).

La comprensión del conflicto ucraniano comienza inevitablemente con un estudio de la estrategia global estadounidense, que los norteamericanos denominan «*Gran Estrategia*». Está impregnada de una compleja combinación de elementos filosóficos, sociales, políticos y militares que han sido objeto de numerosos libros. No entraremos aquí en detalles, sino que nos concentraremos en ciertos aspectos destacados.

La cultura estadounidense tiene una dimensión mesiánica derivada de su pasado religioso, que supone que Estados Unidos es portador de una verdad moral y económica que justifica su presencia en el mundo. A la vez paternalista y misionero, Estados Unidos cree que tiene un papel que desempeñar en el desarrollo del mundo. Este sentimiento comenzó a surgir al final de la Segunda Guerra Mundial, con el acceso de Estados Unidos al poder nuclear, y se acentuó aún más tras la caída del comunismo en 1989 y la Guerra del Golfo en 1991.

En su libro *El gran tablero de ajedrez*, Zbigniew Brzeziński nos ofrece una visión de la percepción estadounidense del mundo. Pero, por muy relevante e interesante que sea, esta lectura debe matizarse. En 1997, cuando escribió su libro, Brzeziński ya no estaba «en activo». Su visión era esencialmente la de los años ochenta. Por ejemplo, no percibió el emergente debilitamiento estructural de Estados Unidos, ni el creciente papel de China en un sistema globalizado. Por necesidad, ignora a las potencias económicas emergentes (Brasil, Rusia, India, China, Sudáfrica o BRICS) y su potencial para desafiar el liderazgo occidental.

Dicho esto, observa correctamente que las relaciones entre Ucrania y Rusia son de una naturaleza especial. Muestra cómo la política estadounidense puede utilizar a Ucrania como palanca para afectar a Rusia, y que el objetivo no es tanto desarrollar Ucrania como impedir el resurgimiento de Rusia como superpotencia.

La verdadera clave para entender la Gran Estrategia de Estados Unidos tras la Guerra Fría es la Doctrina Wolfowitz.

### 2.1.1. La doctrina Wolfowitz

Los europeos entienden mal la política interior y exterior estadounidense. Muchos se han aferrado a una lectura de los años cuarenta que vinculaba a estadounidenses y europeos en una comunidad de civilización y destino.

A partir de 1945, salvado de la guerra, el continente americano pudo beneficiarse de una ventaja industrial y tecnológica que nunca antes había tenido. Pero con el comienzo de la Guerra Fría y la posesión de armas nucleares, la idea de una comunidad de destino evolucionó hacia una forma de paternalismo protector, del que el Plan Marshall y la OTAN son la expresión. Estados Unidos llegó gradualmente a sentir que tenía la misión de liderar el mundo libre en su cruzada contra la tiranía.

Esta percepción culminó con la caída del comunismo en la URSS. Un colapso en el que Occidente no tuvo nada que ver. Fue el sistema comunista el que implosionó, no la idea bastante descabellada de que Occidente había empujado a la URSS a un gasto militar desorbitado.

El 7 de marzo de 1992, el *New York Times* publicó un borrador de la *Guía de Planificación de Defensa del* Pentágono *1994-1998*, en la que se esbozaba la estrategia de Estados Unidos tras la Guerra Fría[4]:

---

4. «Extractos del plan del Pentágono: 'Prevenir la reaparición de un nuevo rival'», *The New York Times*, 8 de marzo de 1992 (https://www.nytimes.com/1992/03/08/world/excerpts-from-pentagon-s-plan-prevent-the-re-emergence-of-a-new-rival.html)

*Nuestro primer objetivo es impedir la reaparición de un nuevo rival, en el territorio de la antigua Unión Soviética o en cualquier otro lugar, que represente una amenaza de la magnitud de la que en su día representó la Unión Soviética.*

Tras la disolución de la Unión Soviética y el éxito de la primera Guerra del Golfo, Estados Unidos parecía todopoderoso. Esta estrategia aboga por mantener su posición dominante en el mundo, incluso a costa de sus aliados más cercanos:

*Aunque Estados Unidos apoya el objetivo de la integración europea, debemos tratar de evitar la aparición de acuerdos de seguridad exclusivamente europeos que podrían debilitar a la OTAN, en especial la estructura de mando integrada de la Alianza.*

Este documento causó un gran revuelo, obligando al Departamento de Defensa a suavizar su versión final del 16 de abril de 1992. Sigue conociéndose como la «*Doctrina Wolfowitz*» y continúa impregnando la estrategia estadounidense en la actualidad. Tiene la particularidad de anunciar que, para alcanzar sus objetivos, Estados Unidos no puede confiar en los mecanismos de la ONU:

*Aunque Estados Unidos no puede convertirse en el policía del mundo y asumir la responsabilidad de resolver todos los problemas de seguridad internacional, tampoco podemos permitir que nuestros intereses críticos dependan únicamente de mecanismos internacionales que pueden ser bloqueados por países cuyos intereses pueden ser muy diferentes de los nuestros.*

Wolfowitz se refiere obviamente al Consejo de Seguridad de las Naciones Unidas, que permite a los demás miembros permanentes (P5) oponerse a Estados Unidos mediante el derecho de veto. Concluye que Estados Unidos debe poder actuar al margen de este mecanismo. Es lo que ocurrió en 2001 con la guerra de Afganistán y en 2003 con Irak. Con la Doctrina Wolfowitz, Estados Unidos se distanció del «orden internacional basado en el derecho» (OIL) surgido de la Segunda Guerra

Mundial y definió un «orden internacional basado en normas» (OIRN) más flexible[5].

Sobre la base de esta doctrina, Estados Unidos basará su guerra contra el terrorismo, los secuestros en el extranjero, la práctica de la tortura, sus intervenciones en los asuntos internos de sus adversarios (por ejemplo, proporcionando apoyo material y financiero a movimientos de oposición) y el fomento de movimientos secesionistas en determinados países.

### 2.1.2. La trampa de Tucídides

Mientras Estados Unidos tuviera la capacidad material, económica y militar para asegurar su papel de líder del mundo occidental, la doctrina Wolfowitz era coherente con una especie de orden natural de las cosas. Pero esto no duró.

La caída del Muro de Berlín anunció una nueva era. Mientras que la Guerra Fría había estado impulsada por la noción de «división», la idea de globalización iba a surgir de la de «integración», como explicó Thomas Friedman[6]:

> *El símbolo del sistema de la Guerra Fría era un muro que nos dividía a todos. El símbolo del sistema de globalización es la World Wide Web, que nos une a todos.*

En sinergia con el cambio tecnológico, la globalización es un sistema de movimiento y ubicuidad, mientras que la Guerra Fría era esencialmente un sistema estático, simbolizado por la noción de «bloques».

El final de la Guerra Fría fue el acontecimiento definitorio de finales del siglo XX, pero no fue más que un elemento de una convergencia de factores en aquella época. Los avances tecnológicos, la disminución de los costes de comunicación, los mecanismos de integración económica, los acuerdos de libre comercio, la deslocalización industrial y la (imperfecta) armonización social resultante dieron lugar a la noción de una «aldea global» de creciente interdependencia.

---

5. https://diplomaticopinion.com/2021/05/10/the-rules-based-international-order/
6. Thomas L. Friedman, «From supercharged financial markets to Osama bin Laden, the emerging global order demands an enforcer. That's Americas new burden», *The New York Times Magazine*, 28 de marzo de 1999.

Especialmente en Estados Unidos, la globalización se considera no sólo un fenómeno económico, sino sobre todo una actitud mental, una filosofía. Su ambición es reconfigurar el mundo en una red de actores que son a la vez socios y competidores, cuyas relaciones están determinadas por su ventaja comparativa.

Al principio, la globalización proponía una mayor cooperación e interdependencia internacionales como garantía de estabilidad. Cada cual contribuía al edificio global en función de sus medios. Era una idea noble, pero se descarrió. Los países occidentales empezaron rápidamente a explotar en su beneficio las diferencias en el coste de los recursos, sin cumplir la promesa de desarrollo para los países del Sur. Sólo países como China e India, con sus altos niveles de educación y su capacidad de fabricación prácticamente ilimitada, pudieron adquirir poco a poco los conocimientos técnicos necesarios.

El mundo empezó a dividirse en un Occidente financiarizado y un «resto del mundo» manufacturero. En la década de 2000, al igual que en la época de la guerra de Vietnam, enredado en costosas guerras, Estados Unidos concentró sus esfuerzos en mantener su complejo militar-industrial y abandonó gradualmente la industria civil al «resto del mundo».

Estados Unidos ha sido incapaz de seguir el ritmo de su propio proyecto de globalización y se ha visto superado por él. Su sociedad está cada vez más polarizada[7]. La pobreza y las privaciones crecen a pasos agigantados. El país tiene más cárceles que universidades[8] y la calidad de la educación cae en picado[9]. El sistema penitenciario se ha convertido en una actividad económica[10] y genera un volumen de negocios de casi 74.000 millones de dólares al año, ¡más que el PIB de 133 países de todo el mundo[11]! Recordemos que, en virtud de la 13ª Enmienda de la Constitución estadounidense, la esclavitud no ha sido abolida para

---

7. https://www.edelman.com/trust/2023/trust-barometer

8. Christopher Ingraham, «Estados Unidos tiene más cárceles que universidades», *The Washington Post*, 6 de enero de 2015 (https://www.washingtonpost.com/news/wonk/wp/2015/01/06/the-u-s-has-more-jails-than-colleges-heres-a-map-of-where-those-prisoners-live/).

9. Christopher Ingraham, «Estados Unidos tiene más cárceles que universidades. Here's a map of where those prisoners live», *The Washington Post*, 6 de enero de 2015.

10. L. B. Wright, «The American Prison System: It's Just Business», *Fordham Journal of Corporate & Financial Law*, 9 de diciembre de 2018 (https://news.law.fordham.edu/jcfl/2018/12/09/the-american-prison-system-its-just-business/#_ednref8).

11. Brian Kincade, «The Economics of the American Prison System», *smartasset.com*, 1 de noviembre de 2022 (https://smartasset.com/mortgage/the-economics-of-the-american-prison-system)

los presos, y que muchas empresas estadounidenses se aprovechan de ello para producir a bajo coste. La financiarización de la economía ha provocado la desaparición progresiva de los conocimientos técnicos y las competencias, lo que se traduce en un retraso de la innovación[12]. La deslocalización de servicios de bajo coste, como los centros de llamadas y la gestión de tarjetas de crédito, ha dado paso a la deslocalización de servicios de gestión e ingeniería de alto valor añadido[13].

La riqueza de Estados Unidos ya no procede de su capacidad para fabricar bienes, sino de su capacidad para generar beneficios financieros. Las máquinas de helados de McDonald's®, por ejemplo, ganan más dinero cuando están averiadas que cuando funcionan[14]. En la actualidad, Estados Unidos es el país con más averías eléctricas de los países industrializados[15].

Modelo de desarrollo económico e industrial en los años sesenta, Estados Unidos está ahora en declive. El creciente desfase entre su posición geoestratégica dominante y sus resultados económicos le está empujando poco a poco a la «trampa de Tucídides». En otras palabras, incapaces de elevarse, buscan rebajar a los demás. Europa sigue el mismo camino.

Esto explica la declaración de Joe Biden durante su discurso del 31 de marzo de 2021[16]:

*El resto del mundo se está acercando [a nosotros] y lo está haciendo rápidamente. No podemos permitir que esto continúe.*

El vencedor de esta competición económica es, sin duda, China. Por eso se ha convertido en el principal adversario de Estados Unidos.

12. Steve Denning, «Why U.S. Firms Are Dying: Failure To Innovate», *Forbes*, 27 de febrero de 2015; Danny Vinik, «America's innovation crisis», *Politico*, 14 de octubre de 2016; Walter Isaacson, «How America Risks Losing Its Innovation Edge», *TIME Magazine*, 3 de enero de 2019; Jordan Bar Am, Laura Furstenthal, Felicitas Jorge & Erik Roth, «Innovation in a crisis: Why it is more critical than ever», *McKinsey & Company*, 17 de junio de 2020.
13. Anna Huffington, *Third World America*, Crown Publishers, Nueva York, 2010, p. 27-29
14. Andy Greenberg, «They Hacked McDonald's Ice Cream Machines-and Started a Cold War», *Wired*, 20 de abril de 2021.
15. Ula Chrobak, «EE.UU. sufre más apagones que cualquier otro país desarrollado. Here's why», Popular Science, 17 de agosto de 2020 (https://www.popsci.com/story/environment/why-us-lose-power-storms/)
16. «Remarks by President Biden on the American Jobs Plan», Carpenters Pittsburgh Training Center (Pittsburgh, Pensilvania), *whitehouse.gov*, 31 de marzo de 2021.

Pero los estadounidenses tienen otro temor. Se ven a sí mismos compitiendo con tres «retadores»: China, un poderoso adversario a punto de superarles; Europa, una potencia importante, pero no un adversario a su altura; y Rusia, a la que ven como una potencia importante por ser nuclear, pero lejos de ser una amenaza para su liderazgo. A corto y medio plazo, con la excepción de China, ninguno de estos «aspirantes» está realmente en condiciones de rivalizar individualmente con Estados Unidos en términos de influencia y poder.

Entonces, ¿por qué Estados Unidos está tan obsesionado con «destruir» literalmente a Rusia? Sencillamente porque saben que, inevitablemente, Rusia tendrá que acercarse a uno u otro de sus principales adversarios (Europa o China), lo que les dará una ventaja decisiva, gracias a su posición, su tamaño y sus inagotables recursos energéticos.

Es la alianza con Rusia la que determinará el equilibrio de las grandes potencias en el futuro. Al formar un «bloque euroasiático» con Europa, Rusia enfrentaría a Estados Unidos a dos adversarios (Eurasia y China) lo bastante poderosos como para desafiar su liderazgo mundial a largo plazo. Uniendo fuerzas con China, Rusia se fortalecería sin duda en un fuerte «bloque asiático», pero Estados Unidos conservaría su aliado europeo y sólo tendría así un adversario real, atrapado entre los dos.

Por eso, la estrategia estadounidense hacia Rusia durante la crisis ucraniana, cuando quedó claro que Rusia la había empujado literalmente a los brazos de China, no es realmente incongruente.

Para Estados Unidos, el ideal sigue siendo un mundo fragmentado sobre el que pueda ejercer su hegemonía. Por eso, mantener a Europa alejada de Rusia ha sido durante mucho tiempo una prioridad estadounidense. Ya en septiembre de 1982, en un *Special National Intelligence Estimate* (SNIE) clasificado como SECRETO, la CIA advertía del riesgo de una relación demasiado estrecha entre Europa y la URSS basada en los recursos energéticos[17]. Ese mismo año, el presidente Ronald Reagan había autorizado (¡ya!) una operación clandestina para destruir el

---

17. «The Soviet Gas Pipeline in Perspective», Special National Intelligence Estimate, SNIE 3-11/2-82, *Central Intelligence Agency*, 3 de septiembre de 1982 (http://insidethecoldwar.org/sites/default/files/documents/NIE 3-112-82 The Soviet Gas Pipeline in Perspective 21 de septiembre de 1982.pdf)

gasoducto de Bratsvo[18], ¡cuarenta años casi exactos antes de la destrucción de los gasoductos Nord Stream 1 y 2!

## El papel de Rusia en la percepción estratégica estadounidense

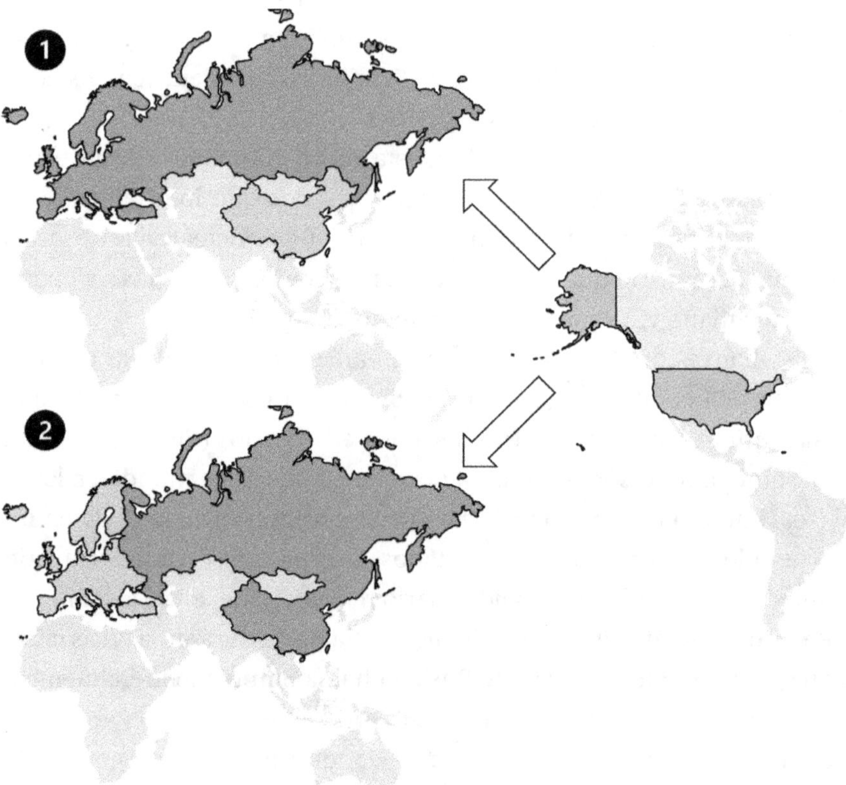

*Figura 1 - Percepción de Estados Unidos del papel de Rusia como pivote que podría dar a sus rivales (Europa y China) una ventaja decisiva. Rusia, como fuente de materiales estratégicos, podría dar ventaja a Europa en un bloque euroasiático (1) o a China en un bloque asiático (2).*

Una Europa con energía abundante y barata significaría, en última instancia, una pérdida de influencia para Estados Unidos. Con la caída del comunismo, el riesgo de un acercamiento entre Europa y Rusia que

---

18. David E. Hoffman, «Reagan Approved Plan to Sabotage Soviets», *The Washington Post*, 27 de febrero de 2004 (https://www.washingtonpost.com/archive/politics/2004/02/27/reagan-approved-plan-to-sabotage-soviets/a9184eff-47fd-402e-beb2-63970851e130/)

vaya más allá del simple suministro de energía no ha hecho sino reforzar esta perspectiva.

Es significativo que la «dependencia» de Europa respecto a Rusia no figurara realmente en el discurso europeo hasta la llegada de Donald Trump. Su objetivo era devolver la grandeza a Estados Unidos (*«Make America Great Again!»*). Incapaces de elevarse, había que mantener a los competidores potenciales bajo el agua. Por eso la administración Trump se apresuró a imponer sanciones a China y Alemania por Nord Stream 2, y literalmente a todo el planeta por Huawei.

Para reducir a sus adversarios, Estados Unidos se propone sistemáticamente fragmentarlos. Es el viejo principio romano del *divide et impera* (divide y vencerás), que aplicó en la antigua Yugoslavia, Irak, Oriente Próximo y Siria, y que ya intenta aplicar en China. Es también la estrategia preconizada por Israel en Oriente Próximo (plan Yinon[19]). Es una ilustración perfecta de la idea de un «orden internacional basado en normas», que se está poniendo en práctica desafiando la Carta de las Naciones Unidas.

Rusia ha percibido este riesgo, y su determinación a resistirlo es sistemáticamente objeto de burla por parte de quienes rechazan el derecho internacional. Sin embargo, la amenaza es muy real. Bajo el título «Descolonización de Rusia»[20] se viene desarrollando en Europa desde principios de los años noventa un proyecto[21] bajo el patrocinio de Estados Unidos. Su objetivo es desmembrar Rusia en 19 o 34 Estados independientes (según el modelo) en función de su composición étnica. Curiosamente, ¡la apoyan los mismos políticos que quieren más integración en Europa! Nuestros políticos, alentados por nuestros medios de comunicación, intentan hacer en Rusia lo que intentaron hacer en África y en otros lugares...

El primer *«Foro de Naciones Libres de Rusia»* se celebró en Varsovia en mayo de 2022, seguido de un segundo en Praga los días 23 y 24 de julio de 2022, un tercero en Gdansk del 23 al 25 de septiembre de 2022 y un cuarto el 30 de enero de 2023 en el Parlamento Europeo de Bruselas.

---

19. «À Clean Break: A New Strategy for Securing the Realm», *The Institute for Advanced Strategic and Political Studies*, julio de 1996, (http://www.informationclearinghouse.info/article1438.htm)
20. Casey Michel, «Decolonize Russia», The Atlantic, 27 de mayo de 2022 (https://www.theatlantic.com/ideas/archive/2022/05/russia-putin-colonization-ukraine-chechnya/639428/)
21. https://www.csce.gov/international-impact/events/decolonizing-russia

Paradójica e irónicamente, nuestra propaganda contradice sistemáticamente lo que dicen los dirigentes ucranianos. Por ejemplo, en los medios de comunicación estatales suizos RTS, se menciona regularmente la «paranoia» de Vladimir Putin, como por el filósofo Michel Eltchaninoff[22], o el psiquiatra Patrick Lemoine[23]. Pero el 3 de marzo de 2023, Oleksiy Danilov, Secretario del Consejo de Defensa y Seguridad Nacional de Ucrania, declaró al mismo medio[24]:

> *Occidente debe prepararse para la descolonización de Rusia. Rusia pronto dejará de existir dentro de sus fronteras actuales. Esto no depende de nosotros. El comienzo del colapso de Rusia fue provocado por Putin el 24 de febrero de 2022. [...] Los procesos que llevaron al colapso de la URSS están ahora en marcha en la Rusia actual.*

Confirma lo que ya había declarado un mes antes en *The Kyiv Independent*, que la desintegración de Rusia es el objetivo de Ucrania[25]. Esto es perfectamente coherente con lo que dijo Oleksei Arestovitch en marzo de 2019: la destrucción de Rusia es la condición para que Ucrania pueda entrar en la OTAN y convertirse en miembro de pleno derecho de la comunidad occidental. Si esto es una realidad objetiva o una visión de la mente es ciertamente discutible, pero es la visión y la lectura de los líderes estadounidenses y ucranianos.

Singularmente, mientras que los medios anglosajones mencionan con bastante regularidad el plan de desmantelamiento de Rusia[26], los medios francófonos ocultan sistemáticamente los acontecimientos y hechos que podrían contradecir su relato.

---

22.   https://www.rts.ch/info/culture/livres/13114631-michel-eltchaninoff-poutine-peut-passer-de-la-theorie-aux-actes-tres-facilement.html

23. https://www.rts.ch/info/monde/12951473-megalomane-sous-cortisone-parano-la-sante-mentale-de-vladimir-poutine-analysee-par-un-psychiatre.html

24.   https://www.rts.ch/info/monde/13818312-lukraine-demande-des-armes-des-armes-et-encore-des-armes.html

25. Alexander Query, «Danilov: 'El interés nacional de Ucrania es la desintegración de Rusia'», *The Kiyv Independent*, 6 de febrero de 2023 (https://kyivindependent.com/national/danilov-ukraines-national-interest-is-russias-disintegration)

26. Anchal Vohra, «Occidente se prepara para la desintegración de Rusia», *Foreign Policy*, 17 de abril de 2023 (https://foreignpolicy.com/2023/04/17/the-west-is-preparing-for-russias-disintegration/)

*Figura 2 - Mapa presentado en la web freenationsrf.org con una partición de 34 estados.*

La gestión de esta crisis demuestra que ni los estadounidenses ni los europeos sienten la más mínima compasión por Ucrania. ¡De hecho, Kevin McCarthy, el sucesor de la encumbrada Nancy Pelosi como presidente de la Cámara de Representantes, ha aceptado recortar la ayuda a Ucrania a cambio de los votos necesarios para salir elegido[28]! También rechazará la invitación de Zelensky en marzo de 2023. Lo que demuestra de qué van nuestros «valores»!...

---


27. https://freenationsrf.org/

28. Josie Ensor, «Kevin McCarthy 'agreed to cut aid to Ukraine' to secure US speaker role», *The Telegraph*, 7 de enero de 2023 (https://www.telegraph.co.uk/world-news/2023/01/07/kevin-mccarthy-fails-14th-ballot-speaker-us-house/)

*Figura 3 - Mapa presentado en el Foro de Naciones Libres de Rusia los días 23 y 24 de julio de 2022 en Praga. Muestra otra versión de la partición de Rusia en 19 Estados independientes.*

### 2.1.3. *Estrategia de la RAND Corporation (2019)*

La observación de los acontecimientos en Ucrania y en torno a Rusia desde 2020 revela un patrón muy coherente. Contrariamente a lo que afirma el periodista Jean-Philippe Schaller, no hace falta ser un agente de Putin para leer la estrategia esbozada en 2019 por la *RAND Corporation*[29] *«para Estados Unidos y sus aliados»*, con el objetivo de *«poner a Rusia en tensión y desestabilizarla»*[30].

---

29. La RAND Corporation es un think tank creado por el Pentágono al comienzo de la Guerra Fría para desarrollar estrategias contra la URSS.
30. James Dobbins *et al*, «Overextending and Unbalancing Russia», *RAND Corporation* (doc. nº RB-10014-A), 2019.

Se trata de dos documentos elaborados por el principal think tank del Pentágono: «*Extending Russia: Competing from Advantageous Ground*[31]» y «*Overextending and Unbalancing* Russia[32]». Estos documentos, que suman unas 350 páginas, esbozan una compleja estrategia destinada a crear situaciones de tensión social y económica, colocando a Rusia permanentemente a la defensiva, en varios frentes a la vez, con el fin de desestabilizarla y debilitarla políticamente tanto en el interior como en el exterior.

Su principio se basa en el mito -muy extendido en Francia[33]- de que la URSS se derrumbó como consecuencia de un «aumento» de sus capacidades, provocado por el proyecto «Guerra de las Galaxias» de Ronald Reagan... El problema es que esto no es cierto. Como señaló en su momento un informe de la CIA, la URSS nunca entró en esta carrera[34]. La URSS no se derrumbó por la acción de Occidente; fue el sistema comunista el que implosionó, porque no era viable.

Los mitos que conforman nuestro conocimiento de Rusia están en la raíz de las desafortunadas -y estúpidas- decisiones que tomamos hoy.

Lo sorprendente de este documento, que contiene una treintena de recomendaciones principales, es que en *ningún momento* menciona la promoción de los derechos humanos o el Estado de Derecho. Está claro que no se trata de promover la democracia, mejorar la situación en Rusia o ayudar a Ucrania, sino de hacer avanzar los intereses estadounidenses.

Sin embargo, a menudo se olvida que la RAND Corporation advirtió a los responsables políticos contra la aplicación de esta estrategia, ya que podría provocar la intervención rusa en Ucrania:

> *[...] Dicha acción también podría tener un coste significativo para Ucrania y para el prestigio y la credibilidad de Estados Unidos. Podría provocar pérdidas humanas y territoriales desproporcio-*

---

31. James Dobbins, Raphael S. Cohen, Nathan Chandler, Bryan Frederick, Edward Geist, Paul DeLuca, Forrest E. Morgan, Howard J. Shatz, Brent Williams, «Extending Russia: Competing from Advantageous Ground», *RAND Corporation*, 2019.
32. James Dobbins & al, «Overextending and Unbalancing Russia», *RAND Corporation*, 2019 (Doc Nr RB-10014-A), 2019.
33. Thierry Wolton, *Le KGB en France*, Grasset, 1986.
34. «Moscow's Response to US Plans for Missile Defense», archivo de Internet (web.archive.org/web/20170119110741/https://www.cia.gov/library/readingroom/docs/DOC_0006122438.pdf).

*nadas para Ucrania, así como flujos de refugiados. Incluso podría llevar a Ucrania a una paz desventajosa.*

Así que sabíamos muy bien, ya en 2019, que nuestra política de desestabilización de Rusia utilizando Ucrania como trampolín podría conducir al desastre....

**Opciones para desestabilizar Rusia**

| Geopolitical options | Probability of success | Benefits (United States) | Costs and risks (Russia) |
|---|---|---|---|
| Provide lethal aid to Ukraine | average | high | high |
| Increase support to Syrian rebels | low | average | high |
| Promoting liberalization in Belarus | low | high | high |
| Intensify links with the South Caucasus | low | low | average |
| Reduce Russian influence in Central Asia | low | low | average |
| Destabilizing Transnistria | low | low | average |

*Figura 4 - Análisis de las opciones para desestabilizar a Rusia en términos geopolíticos, según la RAND Corporation. Muestra muchos de los elementos que Estados Unidos intentará en 2020-2023. Pero también vemos que la RAND Corporation había identificado que estas acciones tendrían una baja probabilidad de éxito. El problema es que nuestros políticos no leen y, en general, son incultos. Esto explica el fracaso de la estrategia occidental. [Fuente: «Overextending and Unbalancing Russia», RAND Corporation, 2019 (p. 4)].*

## 2.2. Ucrania

### *2.2.1. Objetivos de Ucrania*

Conocemos los objetivos de Ucrania gracias a la entrevista concedida por Olekseï Arestovitch, estrecho asesor de Zelensky, el 18 de marzo de 2019: entrar en la OTAN y después en la Unión Europea. El problema es que, dadas las tensiones con Rusia, la OTAN no puede aceptar a Ucrania en su redil sin correr el riesgo de activar el artículo 5 de la Carta Atlántica. ¡Es un poco como contratar una póliza de seguro para un riesgo con una probabilidad de ocurrencia del 100%!

Los acuerdos de Minsk podrían haber contribuido de forma decisiva a aliviar estas tensiones y facilitar el ingreso de Ucrania en la OTAN. Pero las confesiones de Angela Merkel y François Hollande demuestran que Occidente buscaba mantener estas tensiones, con los intereses de Ucrania como objetivo secundario.

Ucrania sólo puede ingresar en la OTAN si Rusia es incapaz de amenazarla. Rusia tendría que sufrir una aplastante derrota que destruiría su economía, provocaría una revolución y un cambio de régimen, e incluso dividiría a Rusia en entidades más pequeñas. Esto es exactamente lo que dice Arestovitch: *«Nuestro precio por entrar en la OTAN es una guerra contra Rusia y su derrota»*. ¡Incluso da la fecha probable de esta guerra: *«2021 o 2022»*[35]!

Pero el precio será más alto de lo esperado, como veremos.

En marzo de 2022, en una entrevista en la CNN, el propio Zelensky admitió que había sido manipulado y utilizado por los estadounidenses para unirse a la OTAN[36]:

> *Les pedí personalmente que dijeran directamente que os vamos a aceptar en la OTAN dentro de un año o dos o cinco, que lo dijeran directa y claramente, o que dijeran que no [...] Y la respuesta fue muy clara, no vais a ser miembros de la OTAN, pero públicamente, las puertas seguirán abiertas.*

Este mecanismo, que debería conducir al colapso de Rusia y a la consiguiente expansión de la OTAN, no es una creación ucraniana, sino estadounidense.

El objetivo es empujar a Rusia a un conflicto que permita la aplicación masiva y brutal de un diluvio de sanciones. Se trata de aislar a Rusia en una forma de «mobbing estratégico» destinado a desterrarla de la comu-

---

35. «Predicted Russian - Ukrainian war in 2019 - Alexey Arestovich», YouTube, 18 de marzo de 2022 (https://youtu.be/1xNHmHpERH8)

36. Chandelis Duster, «Zelensky: 'If we were a NATO member, a war would't have started'», cnn.com, 20 de marzo de 2022 (https://edition.cnn.com/europe/live-news/ukraine-russia-putin-news-03-20-22/h_7c08d64201fdd9d3a141e63e606a62e4)

nidad internacional y provocar así un cambio de régimen. Publicados en abril de 2019, los dos documentos describen exactamente lo que veremos en 2022-2023.

Como explica Olekseï Arestovitch, la adhesión de Ucrania a la OTAN debe implicar necesariamente la destrucción del Estado ruso o el derrocamiento de su gobierno (con la ayuda de Occidente). En otras palabras, para Ucrania la derrota total de Rusia es un *«objetivo facilitador»*, mientras que para Estados Unidos es un *«objetivo final»*.

Para incitarles a la revuelta, las sanciones occidentales también afectan a los ciudadanos rusos. En septiembre de 2022, Volodymyr Zelensky declaró que sólo aceptaría negociar con Rusia si Vladimir Putin dejaba de estar en el poder[37]. Pocos días después, promulgó un decreto que prohibía cualquier negociación con Rusia hasta que Vladimir Putin hubiera abandonado el poder[38]. En otras palabras, las negociaciones de paz no dependen de la situación en Ucrania, sino de la de Rusia. Esto confirma que Occidente no busca una victoria para Ucrania, sino una derrota para Rusia.

Como dijo Oleksei Arestovitch en marzo de 2019, este es el precio que Ucrania tiene que pagar. Por eso, para nuestros políticos, no importa cuál sea el precio. Como dice el senador republicano Lindsey Graham, se trata de dejar que los ucranianos luchen hasta el último[39]. Es la misma formulación utilizada por François Hollande durante una entrevista en la que fue engañado por los cómicos Lexus y Vovan, que se hicieron pasar por Petro Poroshenko[40]. Se trata de una visión casi milenarista, que Occidente se ha apresurado a abrazar, que empuja a un país a la autodestrucción para crear un nuevo espacio geoestratégico europeo.

### 2.2.2. La estrategia ucraniana

Ucrania sabía que una ofensiva contra Donbass desencadenaría una reacción de Moscú. Como dejó muy claro Oleksei Arestovitch en marzo

---

37. «Ucrania no negociará con Rusia mientras Putin esté en el poder: Zelensky», *Barron's/AFP*, 30 de septiembre de 2022 (https://www.barrons.com/news/ukraine-will-not-negotiate-with-russia-as-long-as-putin-is-in-power-zelensky-01664548507)
38. Vladimir Socor, «Zelenskyy Bans Negotiations with Putin», *Eurasia Daily Monitor* (Volumen 19, nº 147), 5 de octubre de 2022 (https://jamestown.org/program/zelenskyy-bans-negotiations-with-putin/)
39. https://youtu.be/HkbwZCqn7BY
40. https://youtu.be/D8FDgJsrRt0?t=549

de 2019, entró en este conflicto sabiendo que tendría que luchar. Pero parece que Volodymyr Zelensky se dejó engañar por las promesas estadounidenses de que las sanciones masivas pondrían a Rusia de rodillas muy rápidamente y que, tras una breve batalla, Ucrania saldría victoriosa. Las sanciones contra Rusia formaban parte de la estrategia ucraniana y occidental.

Por eso, aunque Occidente sabía que habría una intervención rusa, no se tomaron medidas de precaución para evacuar a la población ucraniana de la previsible zona de combate. De hecho, el gobierno ucraniano pensó que los rusos serían detenidos por las consecuencias económicas, sociales y políticas de su intervención incluso antes de que pudieran llevarla a cabo.

### *Proceso de adhesión de Ucrania a la OTAN*

*Figura 5 - La adhesión de Ucrania a la OTAN requiere la desaparición de Rusia como potencia geoestratégica. El proceso para destruir a Rusia como potencia estratégica y permitir el ingreso de Ucrania en la OTAN. Este proceso es descrito por la RAND Corporation y Olekseï Arestovitch, asesor de Volodymyr Zelensky en 2019. Explica por qué Occidente concede más importancia a la derrota de Rusia que a la victoria de Ucrania. Una victoria cuyos criterios nunca hemos sido capaces de articular.*

Pero la resistencia de la economía y la sociedad rusas decidió otra cosa. Los combates se han tragado literalmente al ejército ucraniano. Hoy, Zelensky se encuentra atrapado entre la exigencia de victoria que le impone su clase política, que no acepta la negociación después de tantos sacrificios, y una lucha desesperada.

Por eso Volodymyr Zelensky puede permitirse ser exigente con los occidentales. Con el riesgo de que esto genere una creciente irritación. Por ejemplo, los parlamentarios estadounidenses han pedido a Joe Biden que detenga las entregas de armas[41]. Pero al ofrecer la perspectiva de una victoria rápida, los estadounidenses han adquirido claramente una deuda con Ucrania. Por eso Joe Biden y Jens Stoltenberg se vieron obligados a prometer ayuda «durante el tiempo que haga falta» a Zelensky[42].

## 2.3. Rusia

### 2.3.1. Objetivos de Rusia

Sean cuales sean nuestras preferencias, juzgar un conflicto -y más aún, una guerra- con parcialidad conduce a tomar malas decisiones. Es lo que ocurrió con nuestra lectura de los objetivos de Rusia, que creó una imagen artificial de la política exterior y la estrategia rusas y empujó así a Ucrania hacia un deterioro irreparable de la situación.

Para Rusia, la guerra comenzó en 2014, y se suponía que los acuerdos de Minsk iban a ponerle fin. Fue la determinación de los ucranianos, Alemania, Francia, Estados Unidos y Gran Bretaña de no aplicarlos lo que dio lugar a una nueva fase del conflicto, que impulsó a los rusos a intervenir. Esta nueva fase no tenía otro objetivo que imponer por la fuerza lo que los Acuerdos de Minsk deberían haber traído: seguridad para la población de Donbass. Por eso los rusos consideran su interven-

---

41. Kelley Beaucar Vlahos, «Republican lawmakers to Biden: no more 'unrestrained aid' to Ukraine», *Responsible Statecraft*, 20 de abril de 2023 (https://responsiblestatecraft.org/2023/04/20/republican-lawmakers-to-biden-no-more-unrestrained-aid-to-ukraine/)
42. Patsy Widakuswara, «Biden to Vow 'As Long as It Takes' Support for Ukraine on War Anniversary», *Voice of America*, 17 de febrero de 2023 (https://www.voanews.com/a/biden-to-vow-as-long-as-it-takes-support-for-ukraine-on-war-anniversary-/6968536.html)

ción como una «*Operación Militar Especial*» (*Spetsialnaya Voïennaya Operatsya* o SVO).

El 24 de febrero de 2022, Vladimir Putin expuso los dos objetivos de esta operación: «desmilitarización» y «desnazificación». Derivó estos términos de los cuatro objetivos formulados por la *Autoridad de Control Aliada* en julio de 1945 en la Conferencia de Potsdam para Alemania.

Al no haber escuchado ni comprendido a Vladimir Putin, Occidente ha aconsejado y ayudado sistemáticamente a Ucrania en la dirección equivocada. De forma un tanto cínica, podría decirse que los rusos deberían dar las gracias a nuestros medios de comunicación por haber hecho todo lo posible para que Ucrania tomara las decisiones equivocadas. De hecho, Occidente ha favorecido la narrativa por encima de la realidad sobre el terreno.

En primer lugar, los objetivos expresados por Vladimir Putin no están vinculados a un elemento físico (territorio, ciudad, etc.), sino a un elemento dinámico (destrucción de fuerzas). Esto significa que la forma de alcanzar el objetivo está vinculada a la evolución de las fuerzas sobre el terreno y no a un proyecto político preestablecido.

En segundo lugar, debemos comprender el marco filosófico en el que operan los rusos. Tienen una perspectiva Clausewitziana, en la que la guerra y la política (exterior) tienen la misma finalidad. Así, la consecución de objetivos operativos y militares puede aprovecharse para alcanzar objetivos estratégicos y políticos. Esto significa que los objetivos alcanzados sobre el terreno se utilizarán como palanca para lograr otros objetivos, por ejemplo, la neutralidad de Ucrania.

### 2.3.1.1. Narrativas alternativas occidentales sobre las causas - falsos amigos

Para comprender la dinámica del conflicto (y, si es posible, resolverlo), debemos, por tanto, distinguir cuidadosamente entre las causas de la intervención militar y los objetivos que dicha intervención contribuiría a alcanzar.

Nuestra irrefrenable tendencia a sustituir el discurso de los protagonistas por nuestras propias «impresiones», alejadas de los hechos, nos conduce invariablemente a un deterioro de la situación. Esto se aplica no sólo a los medios de comunicación, que retransmiten las ideas de los neonazis ucranianos, sino también a los analistas que a veces se consideran «prorrusos». Estos supuestos expertos han desarrollado toda una serie de argumentos que tratan de explicar la intervención rusa, no sobre la base de lo que han dicho los rusos, sino sobre la base de sus propias percepciones o expectativas. La paz no se construye sobre ilusiones, sino sobre hechos.

### 2.3.1.1.1. La intervención rusa es la expresión de un conflicto de civilizaciones

Propagada tanto por la extrema derecha como por la extrema izquierda, esta narrativa explica la guerra de Ucrania como un enfrentamiento entre una civilización tradicionalista inspirada en la religión y un Occidente «wokista»[43]. Pero esto no es cierto. Si existen efectivamente dos «grandes» formas de entender la sociedad en el continente europeo, su línea de fractura no está en la frontera rusa, sino entre Europa Occidental (la «vieja Europa» según Donald Rumsfeld) y Europa Oriental (la «nueva Europa»). Al igual que Rusia, los Estados bálticos, Polonia, Bielorrusia, Hungría y Ucrania pertenecen a una cultura más tradicional, con una visión más sana y equilibrada de la sociedad. Rusia no está librando una guerra de civilización. Incluso podría decirse que es todo lo contrario. Los occidentales creen que sólo su forma de ver las cosas es correcta y que el resto del mundo debe adoptar la misma visión del mundo. Los rusos, en cambio, creen que toda sociedad tiene un aspecto positivo y que no hay necesidad de imponer una forma de ver las cosas.

### 2.3.1.1.2. La intervención rusa fue provocada por la extensión de la OTAN hacia el Este

Esta es la justificación que dan los hostiles a la OTAN. Pero no es cierta. Es importante distinguir entre las causas de la tensión entre Occidente y Rusia y la razón por la que Rusia decidió intervenir en Ucrania.

Rusia considera una amenaza existencial la posibilidad de que la OTAN utilice territorio ucraniano para desplegar tropas y sistemas de armamento. El 30 de noviembre de 2021, Vladimir Putin advirtió a la

---

43. https://www.rts.ch/info/monde/13163399-alexandre-soljenitsyne-a-la-source-des-discours-de-vladimir-poutine-sur-lukraine.html

OTAN contra tal despliegue, afirmando que representaría una línea roja para Rusia que provocaría una respuesta contundente[44].

Desde el final de la guerra fría, la OTAN se ha ido acercando poco a poco a la frontera rusa. Las promesas occidentales de no extender la Alianza hacia el este nunca se cumplieron porque no estaban respaldadas por un tratado. Al principio, los rusos no percibieron la expansión de la OTAN como una amenaza. A principios de los años noventa incluso albergaban la esperanza de formar parte de una OTAN rediseñada como un sistema de seguridad colectiva basado en la cooperación y no en la confrontación, siguiendo el modelo de la OSCE. Vladimir Putin mantuvo esta postura a principios de la década de 2000. Esto cambió en 2002, cuando los norteamericanos, bajo la presidencia de George W. Bush, empezaron a retirarse de todos los tratados de desarme.

A diferencia de los occidentales, cuyo pensamiento estratégico se basa en el equilibrio de fuerzas, los rusos piensan en términos de «*correlación de fuerzas*» (Соотношение Сил), expresión que en Occidente se traduce con demasiada frecuencia por «*equilibrio de fuerzas*». Mientras que los occidentales ven la guerra como un choque de fuerzas, los rusos la entienden como una combinación de factores que van de lo táctico a lo estratégico, con objetivos que encajan en una coherencia política y estratégica. La noción de «correlación de fuerzas» refleja una visión holística de la guerra que los occidentales no tienen. Por eso Occidente ha fracasado en Vietnam, Oriente Medio, el Sahel y en la lucha contra el terrorismo.

Así pues, la expansión de la OTAN no supuso un problema para los rusos mientras Estados Unidos respetara los acuerdos de control de armamentos. Fue su retirada gradual de estos acuerdos, seguida de la decisión de desplegar misiles en Europa del Este, lo que provocó la preocupación de los rusos, expresada en su discurso de Munich el 10 de febrero de 2007. Vladimir Putin señaló entonces que Occidente estaba jugando con el derecho internacional, no sólo en Oriente Medio, sino también en Europa. Así que no se trataba, como afirmó Benoît Vitkine, corresponsal de Le Monde en Moscú, de un «*discurso hostil contra el*

---

44. «Putin dice que las tropas de la OTAN en Ucrania serían una 'línea roja' para Moscú», *PBS*, 30 de noviembre de 2021 (https://www.pbs.org/newshour/world/putin-says-nato-troops-in-ukraine-would-be-a-red-line-for-moscow)

*mundo unipolar y, por tanto, contra Estados Unidos*»[45], sino más bien de la expresión de preocupación ante un Occidente que parece no ponerse límites a sí mismo.

Hasta principios de 2022, Rusia consideraba que la evolución de la OTAN era un problema político que necesitaba una solución diplomática. Por eso, a mediados de diciembre de 2021, presentó propuestas a Estados Unidos y a la OTAN. Pero con el deterioro de la situación en Donbass en febrero, Rusia decidió intervenir en nombre de la población de Donbass y aprovechar la oportunidad de explotar una victoria en Ucrania como palanca para encontrar una solución tanto para la seguridad de las poblaciones rusoparlantes de Ucrania como para su propia seguridad.

### 2.3.1.1.3. La intervención rusa tenía como objetivo reconstituir el imperio zarista o la Unión Soviética (no lo sabemos realmente).

Esta es la narrativa que llevan los neonazis (o similares) en los Estados bálticos, Polonia y Ucrania. Es una forma de conspiracionismo, basado en los escritos de Alexander Dugin, a quien la prensa sensacionalista[46] y nuestros medios estatales[47] describen como «*cercano a Vladimir Putin*»[48]. Esto es simplemente una mentira, porque no sólo parece que los dos hombres nunca se han conocido[49], sino que Dugin ve a Putin como un «liberal» y le critica abiertamente[50]. Incluso habría sido expulsado de la Universidad de Moscú por sus comentarios extremistas en 2014, según el medio ucraniano *Euromaidan Press*[51]. Nuestros medios mienten una vez más, pero probablemente fue su retórica la que animó a los ucranianos a

---

45. Caroline Roux en el programa «C dans l'air» el 17 de octubre de 2021 («Poutine, maître du jeu #cdanslair 17.10.2021», *France 5/YouTube*, 18 de octubre de 2021) (1h33'30")

46. https://www.thesun.co.uk/news/19571946/putins-guide-alexander-hospital-bomb-killed-daughter/

47. https://www.rts.ch/info/monde/13319945-la-fille-dun-ideologue-russe-proche-du-kremlin-tuee-dans-lexplosion-dune-voiture-a-moscou.html

48. Katherine Bayford, «Alexander Dugin nunca fue el cerebro de Putin», *Unherd*, 22 de agosto de 2022 (https://unherd.com/thepost/alexander-dugin-was-never-putins-brain/)

49. Pjotr Sauer, «Alexander Dugin: who is Putin ally and apparent car bombing target?», *The Guardian*, 21 de agosto de 2022 (https://www.theguardian.com/world/2022/aug/21/alexander-dugin-who-putin-ally-apparent-car-bombing-target)

50. https://irrussianality.wordpress.com/2017/09/13/interview-with-alexander-dugin/

51. «El ideólogo de Putin, el filósofo chovinista Dugin, despedido de su trabajo», *Euromaidan Press*, 28 de junio de 2014 (https://euromaidanpress.com/2014/06/28/putins-ideologist-chauvinist-philosopher-dugin-fired-from-work/).



---

llevar a cabo un atentado terrorista contra él en agosto de 2022. ¡Lo que puede explicar por qué nuestros medios no condenaron este acto!

También se dice que Vladimir Putin (¡un ex miembro del KGB, por supuesto!) siente nostalgia por la antigua URSS, declarando que *«la destrucción de la URSS fue la mayor catástrofe geopolítica de la historia del siglo XX*[52]*»*. Esta frase se utiliza periódicamente en los medios de comunicación, como *RTS*[53], *Le Monde*[54], *Le Figaro*[55] y *France 24*[56], para ilustrar su ambición de restaurar la «grandeza» de la URSS. Esto es propaganda. En realidad, la frase está tomada de un discurso pronunciado el 25 de abril de 2005, en el que Putin no lamenta el régimen soviético, sino la *forma caótica en que se ha producido* la transición a la democracia para la sociedad rusa[57]. A diferencia de Alexander Lukashenko, Presidente de Bielorrusia, Vladimir Putin no siente nostalgia del mundo comunista. Al contrario, ha promovido políticas económicas muy «occidentales». De hecho, Alexander Solzhenitsyn y Alexander Dugin, descritos como sus fuentes de inspiración, eran virulentos opositores al sistema soviético.

### 2.3.1.1.4. La intervención rusa negaría la existencia del pueblo ucraniano

La propaganda de la extrema derecha ucraniana es retransmitida por nuestros periodistas, que atribuyen a Vladimir Putin la idea de que Ucrania *«es un país que no existe y que no reconoce la existencia de Ucrania como país*[58]*»*.

En apoyo de este argumento, se cita invariablemente un artículo de Vladimir Putin publicado el 12 de julio de 2021, titulado *«Sobre la unidad histórica de rusos y ucranianos*[59]*»*. El periodista Paul Gogo (nomen est

---

52. «Comment un homme a changé la Russie», *la-croix.fr*, 26 de abril de 2005
53. https://pages.rts.ch/la-1ere/programmes/signature/5679174-jacques-allaman-poutine-ou-le-passe-d-une-illusion.html
54. «La chute de l'empire soviétique, vingt-cinq ans après», *lemonde.fr*, 8 de septiembre de 2016.
55. «Vladimir Fédorovski: «La caída de la URSS sigue siendo un trauma...», *lefigaro.fr*, 16 de diciembre de 2016.
56. «Poutine, l'incontournable patron de la Russie», *France 24*, 18 de marzo de 2018.
57. http://en.kremlin.ru/events/president/transcripts/22931
58. Isabelle Mandraud en el programa «C dans l'air» el 11 de enero de 2022 («Poutine rêve d'URSS, l'Ukraine sous tension #cdanslair 11.01.2022», *France 5/YouTube*, 12 de enero de 2022) (08'55")
59. «Artículo de Vladimir Putin «Sobre la unidad histórica de rusos y ucranianos»», *france.mid.ru*, 12 de julio de 2021 (https://france.mid.ru/fr/presse/russes_ukrainiens/)

omen), corresponsal de *La Libre* en Moscú, ve en él una conspiración de Vladimir Putin para reunificar los dos países por la fuerza[60].

De hecho, cualquiera que se haya tomado la molestia de leer este artículo puede ver que en ningún momento Vladimir Putin habla de anexión o incluso de reunificación de Ucrania y Rusia. Señala que rusos y ucranianos comparten un patrimonio común, pero reconoce sin ambigüedades la existencia y la soberanía de Ucrania, y la define como un «*Estado libre*». Su objetivo es claramente hacer comprender a Ucrania que no tiene motivos para discriminar a sus ciudadanos en función de su origen.

Lo que ocultan los medios de comunicación y los periodistas ultrananacionalistas y neonazis es que, con este artículo, Vladimir Putin responde a la «*Ley sobre los pueblos indígenas de Ucrania*», aprobada el 1 de julio de 2021[61]. Esta ley recuerda a las leyes raciales de Núremberg de la década de 1930, y concede diferentes derechos constitucionales a los ciudadanos ucranianos en función de su origen étnico.

Desde 2014, la vida política está influenciada por elementos de extrema derecha, que tienen una influencia considerable a través de la corrupción y la violencia. Quienes tratan de negar su existencia con el pretexto de que no tendrían mayoría parlamentaria o de que Volodymyr Zelensky es judío, no han entendido nada de la situación en Ucrania. Estos elementos abogan por la «pureza racial» de los ucranianos («Idea de Nación»), un discurso que no aparece textualmente en nuestros medios de comunicación, pero que nuestros periodistas parecen haber hecho suyo en gran medida, como veremos a continuación.

El artículo de *La Libre*[62] refleja un fenómeno que venimos observando desde 2014: la creencia de que las autoridades de Kiev y la «idea de nación» cuentan con el apoyo del conjunto de la población.

---

60. Paul Gogo, «El preocupante artículo de Vladimir Putin sobre Ucrania», *La Libre*, 16 de julio de 2021 (actualizado el 18 de julio de 2021) (https://www.lalibre.be/international/europe/2021/07/18/linquietant-article-de-vladimir-poutine-sur-lukraine-HOFONP6JYZCN-HBHCZZPRMDE4TQ/)
61. «Принят Закон «О коренных народах Украины»», *rada.gov.ua*, 1 de julio de 2021 (https://www.rada.gov.ua/ru/news/Novosty/Soobshchenyya/211516.html)
62. Paul Gogo, «El preocupante artículo de Vladimir Putin sobre Ucrania», *La Libre*, 16 de julio de 2021 (actualizado el 18 de julio de 2021) (https://www.lalibre.be/international/europe/2021/07/18/linquietant-article-de-vladimir-poutine-sur-lukraine-HOFONP6JYZCN-HBHCZZPRMDE4TQ/)

## 2.3.1.1.5. **La intervención rusa estuvo motivada por el odio a Occidente, Europa y/o su democracia**

Se dice que Vladimir Putin inició una guerra contra Occidente por odio a la democracia. Este argumento se basa en la alegación de que Vladimir Putin inició esta guerra en 2014 porque se oponía al tratado entre Ucrania y la Unión Europea[63]. Esto es desinformación pura y dura. En 2013, cuando quiso adherirse a la UE, Ucrania quería una solución que hubiera tenido más en cuenta sus tradicionales lazos económicos con Rusia. Fue el propio José-Manuel Barroso, entonces presidente de la Comisión Europea, quien impuso una opción a Ucrania, cuando Rusia había ofrecido una solución de compromiso[64].

En realidad, ni Rusia ni Vladimir Putin se oponían a la UE. Al contrario, Rusia la veía como una oportunidad para contrarrestar la hegemonía estadounidense. Por eso Rusia siempre ha sido partidaria de crear una capacidad de defensa europea autónoma, a lo que Estados Unidos se ha opuesto sistemáticamente (doctrina Wolfowitz).

### *2.3.1.2. Las verdaderas razones de la intervención militar*

Las diversas narrativas descritas no son ni los motivos ni la causa de la intervención militar rusa en Ucrania. Son meros *«factores facilitadores»* que existen en segundo plano y contribuyen a ampliar la brecha entre Occidente y Rusia, pero que Rusia nunca ha considerado que justifiquen un enfrentamiento militar.

Estas narrativas hacen de la guerra en Ucrania una fatalidad en la que no pueden influir las negociaciones. Por eso están (re)apareciendo en nuestros medios de comunicación para demostrar que no tiene sentido abrir un diálogo[65]. Se trata de construcciones revisionistas de los acontecimientos, sin pruebas concretas y similares a las teorías conspirativas.

Las tensiones entre Ucrania y Rusia tienen su origen en dos problemas principales. Un problema geoestratégico, el interés estadounidense por

---

63. Bemjamin Haddad, en el programa «C dans l'air» del 21 de febrero de 2022 («Ucrania: ¿qué quiere realmente Putin? #cdanslair 21.02.2022», *France 5/YouTube*, 22 de febrero de 2022) (04'02")
64. «Barroso recuerda a Ucrania que la unión aduanera y el libre comercio con la UE son incompatibles», *ukrinform*, 25 de febrero de 2013.
65. https://www.france24.com/fr/émissions/vu-de-russie/20221216-vu-de-russie-une-guerre-civilisationnelle-contre-un-occident-satanique

extender la OTAN a Ucrania, y un problema social, el trato a la minoría rusa en Ucrania, al que la sociedad rusa en su conjunto es sensible.

El problema geoestratégico fue creado deliberadamente por los estadounidenses, que idearon el golpe de Estado de Maidan y llevaron al poder a una minoría ultranacionalista y neonazi cuyas acciones provocarían tensiones en el país, incluido el estrechamiento de los lazos con la OTAN. Seis años antes, el 1 de febrero de 2008, William Burns, entonces embajador de Estados Unidos en Moscú (y ahora director de la CIA) había enviado un memorando confidencial a Washington advirtiendo:

*[La expansión de la OTAN en Ucrania] podría dividir el país en dos, provocando violencia o incluso, según algunos, una guerra civil, lo que llevaría a Rusia a decidir si interviene o no.*

En febrero de 2014, las nuevas autoridades de Kiev surgidas del Euromaidán unieron estos dos problemas. Pero para los rusos, estos dos problemas debían resolverse mediante soluciones diplomáticas.

### *Las lenguas que dividen Ucrania*

*Figura 6 - La exclusión de la lengua rusa de las lenguas oficiales en 2014 y la posterior aplicación de una política de limpieza étnica destinada a erradicar la cultura rusa en Ucrania es la raíz de las tensiones internas que los acuerdos de Minsk deberían haber resuelto. Ningún político occidental se ha pronunciado en contra de esta política desde 2014, lo que ha permitido que el odio se encone.*

Vladimir Putin contaba con a) la aplicación de los acuerdos de Minsk (con el compromiso de Alemania y Francia) para resolver la cuestión de las minorías en Donbass, y b) un debate sobre la base de las propuestas enviadas a la OTAN y a Estados Unidos en diciembre de 2021.

Pero ni los ucranianos ni Occidente, con Alemania y Francia a la cabeza, tenían intención alguna de aplicar los acuerdos de Minsk. En junio de 2022, Petro Poroshenko admitió que había firmado los Acuerdos sólo para permitir a Ucrania rearmarse[66] e incluso fue engañado por periodistas por teléfono sobre esto[67]. Viniendo de Poroshenko, cuyos comentarios xenófobos contra sus propios ciudadanos rusoparlantes eran bien conocidos (pero no suscitaron ninguna reacción en nuestros medios...), tal duplicidad era de esperar.

La verdadera sorpresa la dio Angela Merkel el 24 de noviembre de 2022 en la revista *Der Spiegel*. Confirmó que Ucrania no había firmado los acuerdos de Minsk para aplicarlos, sino para ganar tiempo y volver a poner a su ejército en pie de guerra, y reveló que ella misma los había firmado sin intención real de aplicarlos[68]. Esta confesión fue confirmada el 8 de diciembre en *Die Zeit*[69], y fue seguida por una confesión similar de François Hollande, ex presidente de Francia[70]. El cuadro se completó el 9 de febrero de 2023, cuando Volodymyr Zelensky confesó a *Spiegel* que había dicho a Emmanuel Macron y Angela Merkel que no aplicaría los acuerdos[71].

Esto confirma que Alemania y Francia fueron cómplices de Ucrania y no estaban dispuestas a llevar a cabo la tarea a la que se habían comprometido. Demasiado para el honor de los países que dicen tener «valores europeos» pero no tienen palabra. Esto no sólo confirma -y refuerza- las declaraciones de Vladimir Putin, sino que muestra al «resto del mundo» la duplicidad de Occidente, con importantes repercusiones en la naturaleza de nuestras relaciones con otros continentes.

A esto podemos añadir la estupidez y la incompetencia. En junio de 2022 se publicó el texto literal de la conversación telefónica del 20 de febrero de 2022 entre Emmanuel Macron y Vladimir Putin. No sólo

---

66. «Minsk deal was used to buy time - Ukraine's Poroshenko», *The Press United*, 17 de junio de 2022 (https://thepressunited.com/updates/minsk-deal-was-used-to-buy-time-ukraines-poroshenko/)
67. https://twitter.com/i/status/1593290123718053888
68. https://www.spiegel.de/panorama/ein-jahr-mit-ex-kanzlerin-angela-merkel-das-gefuehl-war-ganz-klar-machtpolitisch-bist-du-durch-a-d9799382-909e-49c7-9255-a8aec106ce9c
69. https://www.zeit.de/2022/51/angela-merkel-russland-fluechtlingskrise-bundeskanzler
70. Theo Prouvost, «Hollande: «Sólo habrá una salida al conflicto cuando Rusia fracase sobre el terreno»», *The Kyiv Independent*, 28 de diciembre de 2022 (https://kyivindependent.com/national/hollande-there-will-only-be-a-way-out-of-the-conflict-when-russia-fails-on-the-ground)
71. «Putin ist ein Drache, der fressen muss», *Der Spiegel*, 9 de febrero de 2023 (https://archive.is/Q5Eol#selection-4281.0-4323.21)

demostraba que el presidente francés sencillamente nunca había leído los acuerdos de Minsk, de los que se suponía que era garante, sino que había mantenido esta conversación en presencia de un periodista[72]. Vladimir Putin será recordado como un fanfarrón que no sabe lo que hace y en quien no se puede confiar.

En otras palabras, los principales actores occidentales de los acuerdos de Minsk están admitiendo ellos mismos que se comprometieron con la idea de no respetar su firma. Mintieron a los rusos, a la población de Donbass y al pueblo ucraniano. Con la ayuda de nuestros medios de comunicación, han hecho todo lo posible para impedir soluciones. Por ejemplo, hasta febrero de 2022, investigadores y periodistas utilizaron sistemáticamente el término «separatista» para referirse a los autonomistas de Donbass, que estaban dispuestos a permanecer bajo la autoridad de Kiev, tal y como establecían los acuerdos de Minsk.

En cuanto a las propuestas rusas de diciembre de 2021, relativas a la ampliación de la OTAN para incluir a Ucrania, fueron inmediatamente rechazadas por Occidente, sin debate alguno.

Para comprender la postura rusa, debemos fijarnos en la situación de la población de Donbass.

### 2.3.1.2.1. La situación de la minoría rusoparlante en Ucrania

Para los rusos, desde 2014, la población rusoparlante de Donbass es víctima de una guerra que Vladimir Putin ha calificado de «genocidio»[73]. El término nos parece excesivo, ya que suele asociarse a casos mayores como el Holocausto judío. Nuestros medios de comunicación criticaron ampliamente el uso que Vladimir Putin hizo de la palabra, pero no se abstuvieron de utilizarla ellos mismos un año después para describir el traslado de niños a Rusia para salvarlos del bombardeo de la ciudad de Donetsk[74].

---

72. «¡Nos importan un bledo las propuestas de los separatistas!». quand Emmanuel Macron téléphonait à Vladimir Poutine pour éviter la guerre en Ukraine, *franceinfo / AFP*, 25 de junio de 2022 (https://www.francetvinfo.fr/monde/europe/manifestations-en-ukraine/on-s-en-fout-des-propositions-des-separatistes-quand-emmanuel-macron-telephonait-a-vladimir-poutine-pour-eviter-la-guerre-en-ukraine_5220382.html)
73. https://www.ohchr.org/FR/ProfessionalInterest/Pages/CrimeOfGenocide.aspx
74. Salomé Kourdouli, «Qui est Maria Lvova-Belova, organisatrice russe de la déportation d'enfants ukrainiens?», *rtbf.be*, 21 de febrero de 2023 (https://www.liberation.fr/international/europe/qui-est-maria-lvova-belova-organisatrice-russe-de-la-deportation-denfants-ukrainiens-20230221_FXYNDQNEVFE7RNIY2PXMJNLCN4/)

Para los medios de comunicación que propagan ideologías nauseabundas en Occidente, la discriminación de los ucranianos rusoparlantes no es más que propaganda del Kremlin. En realidad, ocultan la verdad.

A principios de julio de 2021, justo después de la aprobación de la *Ley sobre los Pueblos Indígenas de Ucrania*, Oleg Seminsky, del partido presidencial «Servidores del Pueblo» y diputado de la Rada, declaró[75]:

> *Los rusos no son un pueblo indígena en el sentido de la ley, por lo que no podrán disfrutar plenamente de todos los derechos humanos y libertades fundamentales definidos por el derecho internacional y previstos por la Constitución y las leyes de Ucrania.*

Se trata de la variante ucraniana de las Leyes de Núremberg de 1935, que abarca exactamente lo que un activista de Euromaidán declaró a la BBC en marzo de 2014[76]: la noción de «*una nación, un pueblo y un país*». Esta es la «*Idea de Nación*», que simbolizan las letras «I» y «N» superpuestas que forman el emblema del regimiento AZOV. En otras palabras, Ucrania sólo pertenece a los ucranianos de habla ucraniana, mientras que otros (como los ucranianos de origen ruso) no pueden formar parte de ella plenamente.

Curiosamente, ni un solo medio de comunicación o gobierno europeo ha protestado contra esta ley, que penaliza a los ciudadanos ucranianos por lo que son y no por lo que hacen. Es exactamente lo que intentamos combatir desde los años treinta, para que el origen étnico deje de ser un criterio en la aplicación de las leyes.

Los abusos que sufre la minoría rusoparlante en Donbass son una razón legítima para intervenir. Por eso nuestros medios de comunicación niegan su existencia. Es el caso de RTS, que no ve en ello más que propaganda del Kremlin[77]. En marzo de 2022, en un intercambio surrealista

---

75. «Нардеп від «Слуги народу» Семінський заявив про «позбавлення конституційних прав росіян, які проживають в Україні», AP News, 2 de julio de 2021 (https://apnews.com.ua/ua/news/nardep-vid-slugi-narodu-seminskii-zayaviv-pro-pozbavlennya-konstitutciinikh-prav-rosiyan-yaki-prozhivaiut-v-ukraini/)

76. «Amenaza neonazi en la nueva Ucrania: NEWSNIGHT», *BBC Newsnight/YouTube*, 1 de marzo de 2014 (https://youtu.be/5SBo0akeDMY)

77. «El regimiento Azov, acusado por Rusia de estar infestado de «neonazis»», *rts.ch*, 16 de abril de 2022 (https://www.rts.ch/info/monde/13004251-a-la-rencontre-du-regiment-azov-accuse-par-la-russie-detre-infeste-de-neonazis.html)

con Gennady Gatilov, embajador ruso, el periodista suizo Philippe Revaz negó la existencia de las víctimas del Donbass, en una mezcla de mala fe e imbecilidad, y de forma bastante despreciable, se burló de los crímenes de las milicias neonazis en Ucrania[78].

### *La existencia de neonazis en Ucrania según los medios estadounidenses*

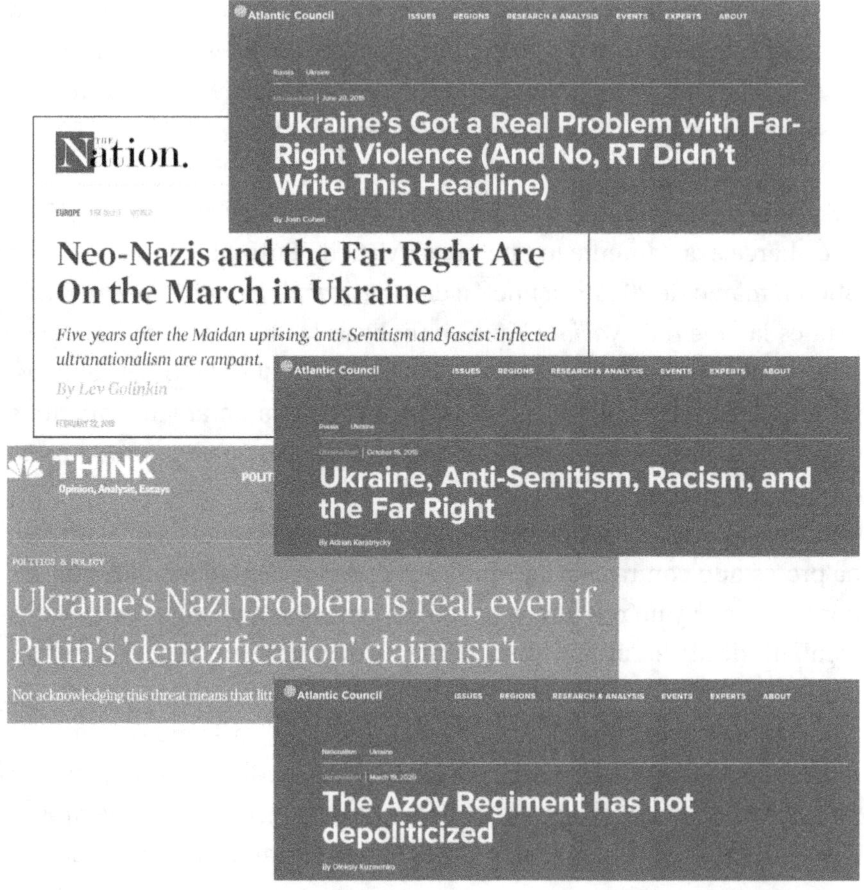


*Figura 7 - Para el periodista de RTS Jean-Philippe Schaller, la presencia de neonazis en las filas ucranianas es simplemente una invención de la propaganda rusa. No es la opinión de la mayoría de los medios de comunicación, y demuestra que el odio a los rusos supera con creces el respeto a los hechos...*

---

78. https://www.rts.ch/play/tv/redirect/detail/12961433

Para afirmar que Vladimir Putin inició una guerra el 24 de febrero de 2022, hay que negar todo lo que la precedió. Sin embargo, el presidente ruso fue claro[79]:

*El objetivo de esta operación es proteger al pueblo que, durante los últimos ocho años, ha sufrido la humillación y el genocidio a manos del régimen de Kiev. Para ello, trataremos de desmilitarizar y desnazificar Ucrania, y de llevar ante la justicia a quienes han perpetrado numerosos crímenes sangrientos contra civiles, incluidos ciudadanos de la Federación de Rusia.*

Las milicias neonazis ucranianas que operan en la región de Donbass consideran a los rusoparlantes *«Untermenschen»*. Con su silencio sobre estos crímenes, nuestros medios de comunicación -y nuestros políticos- demuestran que han adoptado la misma retórica y están en consonancia con la línea ideológica adoptada por Ucrania tras el golpe de febrero de 2014. Pero como no quieren ser equiparados a los neonazis, tratan de restarles importancia en el sistema de seguridad y represión de Ucrania.

El *Atlantic Council,* un medio de comunicación vinculado a la OTAN y al Gobierno estadounidense, llevaba tiempo advirtiendo de que *«El Regimiento Azov no se ha* despolitizado[80]*»* y de que *«Ucrania tiene un problema real con la violencia de extrema derecha (y no, RT no ha escrito ese titular)*[81]*»*. En marzo de este año, *NBC News* escribió que *«el problema nazi de Ucrania es* real»[82], contrariamente a lo que afirma RTS[83], mientras que el medio centrista estadounidense *The Hill* afirma que no tiene nada

79. « Discurso del Presidente de la Federación Rusa, El Kremlin, 24 de febrero de 2022 (http://en.kremlin.ru/events/president/news/67843)

80. Oleksiy Kuzmenko, «El Regimiento Azov no se ha despolitizado», Atlantic Council, 19 de marzo de 2020 (https://www.atlanticcouncil.org/blogs/ukrainealert/the-azov-regiment-has-not-depoliticized/)

81. Josh Cohen, «Ucrania tiene un verdadero problema con la violencia de extrema derecha (y no, RT no escribió este titular)», *The Atlantic Council,* 20 de junio de 2018 (https://www.atlanticcouncil.org/blogs/ukrainealert/ukraine-s-got-a-real-problem-with-far-right-violence-and-no-rt-didn-t-write-this-headline/).

82. Allan Ripp, «Ukraine's Nazi problem is real, even if Putin's 'denazification' claim isn't», NBC News, 5 de marzo de 2022 (https://www.nbcnews.com/think/opinion/ukraine-has-nazi-problem-vladimir-putin-s-denazification-claim-war-ncna1290946)

83. https://www.rts.ch/info/monde/13532090-poutine-na-pas-un-discours-de-desinformation-mais-un-discours-carrement-faux.html

que ver con la propaganda del Kremlin[84]. Está claro que nuestros medios tienen preferencias políticas muy curiosas[85] y me gustaría creer que no tienen simpatías neonazis, pero sus análisis no lo demuestran. ¡Ya hemos visto que algunos periodistas del servicio público suizo sostienen teorías sobre una conspiración islamista que amenazaría a Occidente y tendría como objetivo «gran-reemplazarnos»[86], y que inspiraron a Anders Breivik, responsable de la masacre de Utoya[87]!

Este desprecio por las víctimas ucranianas rusoparlantes se extiende ahora a las víctimas «ucranoparlantes». La resistencia occidental a cualquier forma de negociación entre Ucrania y Rusia se debe en gran medida a la percepción de que la guerra sólo causa víctimas entre los rusos: los ucranianos libran una guerra victoriosa sin víctimas.

### 2.3.1.2.2. Cumplimiento del Derecho internacional

La intervención de Rusia en Ucrania se califica invariablemente de violación del Derecho internacional, entre otras cosas por ser «no provocada e injustificada». Pero, ¿es realmente así?

Los acontecimientos observados entre marzo de 2021 y febrero de 2022 en Ucrania sugieren que se intentó crear una situación en la que Rusia se viera obligada a intervenir. Es probable que los sucesos de Georgia en 2008 sirvieran de modelo.

En agosto de 2008, las promesas occidentales de ingreso en la OTAN animaron al gobierno georgiano a bombardear la población rusoparlante de Tsjinvali, en Osetia del Sur. Este ataque fue juzgado ilegal y desproporcionado por un informe encargado por la Unión Europea[88,89]:

*Está la cuestión de si el uso de la fuerza por parte de Georgia en Osetia del Sur, comenzando con el bombardeo de Tsjinvali durante*

---

84. Lev Golinkin, «La realidad de los neonazis en Ucrania dista mucho de la propaganda del Kremlin», *The Hill*, 9 de noviembre de 2017 (https://thehill.com/opinion/international/359609-the-reality-of-neo-nazis-in-the-ukraine-is-far-from-kremlin-propaganda/).
85. https://youtu.be/bEv4-IJsl9k
86. Sylvain Besson, *La Conquête de L'Occident. Le Projet secret des islamistes*, éditions du Seuil, París, 7 de octubre de 2005 ;
87. https://www.qub.ac.uk/Research/GRI/mitchell-institute/FileStore/Filetoupload,818003,en.pdf
88. «Citas del informe sobre la guerra de Georgia patrocinado por la UE», *Reuters*, 30 de septiembre de 2009.
89. Andrew Rettman, «EU-sponsored report says Georgia started 2008 war», *euobserver.com*, 30 de septiembre de 2009

*la noche del 7 al 8 de agosto, era justificable según el derecho internacional. No lo fue.*

Por tanto, fue el Gobierno georgiano el que provocó la intervención rusa, como señaló Heidi Tagliavini, embajadora suiza encargada de la misión de investigación sobre los sucesos de 2008[90]:

*En opinión de la Misión, fue Georgia quien desencadenó la guerra al atacar Tsjinvali (en Osetia del Sur) con artillería pesada la noche del 7 al 8 de agosto de 2008.*

Fue la responsabilidad de proteger (R2P) lo que impulsó a Dimitri Medvédev (y no Vladimir Putin, como afirma la presentadora Caroline Roux en *France 5*[91]) a decidir intervenir.

Tras la disolución de la URSS, grandes minorías rusoparlantes se encontraron sin quererlo en el territorio de nuevos países con un nacionalismo exacerbado, y tratados con desdén y desconfianza por los nuevos países. En algunos países se han creado estatutos diferenciados para los nacionales étnicos y los rusoparlantes, que -en algunos casos- ni siquiera son considerados ciudadanos. Esta situación ha llevado a Rusia a preocuparse por la suerte de estas minorías y a firmar tratados con estos países para garantizar los derechos de los rusos.

En Ucrania, el *Tratado de Amistad*, firmado el 31 de mayo de 1997, pretendía garantizar a los rusoparlantes «*la protección de la originalidad étnica, cultural, lingüística y religiosa de las minorías nacionales en su territorio*[92]». La abolición de la ley Kivalov-Kolesnichenko, el 23 de febrero de 2014, supuso una violación de este tratado y desencadenó protestas en todo el sur de Ucrania, y llevó a Crimea a reclamar su estatus de enero de 1991 bajo la tutela de Moscú, que tenía justo antes de la independencia de Ucrania en diciembre.

Como el ejército regular ucraniano era reacio a luchar contra sus compatriotas rusoparlantes, el nuevo gobierno de Kiev, con la ayuda

---

90. Timothy Heritage, «Georgia started war with Russia: EU-backed report», *Reuters*, 30 de septiembre de 2009 (https://www.reuters.com/article/us-georgia-russia-report-idUSTRE58T4MO20090930)
91. Caroline Roux en el programa «C dans l'air» el 17 de octubre de 2021 («Poutine, maître du jeu #cdanslair 17.10.2021», *France 5/YouTube*, 18 de octubre de 2021) (53'04")
92. https://apps.dtic.mil/dtic/tr/fulltext/u2/a341002.pdf

de los países occidentales, creó milicias paramilitares formadas por militantes ultranacionalistas y neonazis fanáticos para complementar al ejército. Desde entonces, las atrocidades de Kiev contra los ucranianos rusoparlantes se han multiplicado y son bien conocidas y documentadas. Así que no es de extrañar que, un año después de su anexión por Rusia, la población de Crimea *«prefiriera Moscú a Kiev»*, según la revista estadounidense *Forbes* en 2015[93].

Hubo una solución negociada a esta situación: los acuerdos de Minsk. Al convertirse en la *Resolución 2202 (2015)* del Consejo de Seguridad de las Naciones Unidas, no solo las dos potencias garantes de Ucrania (Alemania y Francia), sino también los otros cuatro miembros permanentes del Consejo de Seguridad y, a fortiori, los demás países miembros de las Naciones Unidas, tuvieron que ayudar a Ucrania a aplicarla.

Occidente no solo declaró que no tenía intención de aplicar estos acuerdos, sino que no hizo absolutamente nada para proteger a la población de Donbass y -al contrario- armó a Ucrania. Es evidente que Occidente se ha negado deliberadamente a aplicar el derecho internacional.

Desde finales de marzo de 2021, después de que Volodymyr Zelensky emitiera un decreto ordenando la reconquista de Crimea y del sur del país[94], se desplegaron tropas en las fronteras del Donbass. A partir de ese momento, los observadores de la OSCE observaron una intensificación de las interferencias contra sus drones que patrullaban a lo largo de la línea de alto el fuego[95]. Para los rusos, los indicadores de una operación ucraniana contra Crimea y el Donbass se consideraron una nueva amenaza para las minorías rusoparlantes.

93. Kenneth Rapoza, «One Year After Russia Annexed Crimea, Locals Prefer Moscow To Kiev», *Forbes*, 20 de marzo de 2015 (https://www.forbes.com/sites/kenrapoza/2015/03/20/one-year-after-russia-annexed-crimea-locals-prefer-moscow-to-kiev/).
94. https://www.president.gov.ua/documents/1172021-37533
95. https://twitter.com/Eire_QC/status/1383830469695860749

*Figura 8 - Es en marzo de 2021, tras la publicación del decreto sobre la reconquista de Crimea y el sur del país, el inicio del despliegue ucraniano en las fronteras del Donbass y una intensificación inicial de los bombardeos, cuando los rusos esperan una operación ucraniana. Por eso están desplegando tropas en su Distrito Militar Sur a partir de abril de 2021.*

Fue esta amenaza la que llevó a Rusia a activar sus fuerzas en el Distrito Militar Sur a partir de abril de 2021 con «*planes de contingencia*» para preparar una intervención en Ucrania si la amenaza se materializaba. Así ocurrió a mediados de febrero de 2022, con la intensificación de los preparativos de artillería contra el Donbass[97].

Es probable que los rusos vieran la oportunidad de convertir un éxito operativo al proteger a la población de Donbass en un éxito estratégico al mantener a Ucrania fuera de la OTAN. Algunos dirán que la RdP fue simplemente un pretexto para Rusia. Puede ser, pero hicimos todo lo posible para darle ese pretexto, que era perfectamente legítimo en sí mismo.

---

96. https://www.crisisgroup.org/content/conflict-ukraines-donbas-visual-explainer

97. «Transcripción del discurso de Vladimir Putin anunciando una 'operación militar especial' en Ucrania», *The Sydney Morning Herald*, 24 de febrero de 2022 (https://www.smh.com.au/world/europe/full-transcript-of-vladimir-putin-s-speech-announcing-a-special-military-operation-20220224-p59zhq.html)

Desde esta perspectiva, gracias a las condiciones creadas por Ucrania y sus aliados occidentales, la intervención rusa se ha convertido en legítima. Por eso nunca se menciona a las víctimas del Donbass, porque el objetivo de la narrativa occidental es desnacionalizar la decisión rusa.

De hecho, Rusia se ha limitado a aplicar el principio de «responsabilidad de proteger» (R2P), definido así por las Naciones Unidas[98]:

> *La responsabilidad de proteger (a menudo denominada «R2P», por sus siglas en inglés) se basa en tres pilares iguales: la responsabilidad de cada Estado de proteger a su población (Pilar I); la responsabilidad de la comunidad internacional de ayudar a los Estados a proteger a su población (Pilar II); y la responsabilidad de la comunidad internacional de proteger cuando es evidente que un Estado no protege a su población (Pilar III).*

En otras palabras, la responsabilidad de proteger recae en primer lugar en el Estado frente a su población (pilar I) (en este caso, Ucrania), pero cuando no lo hace y la comunidad internacional (pilar II) no le ayuda a hacerlo (como Alemania y Francia, que fueron los garantes de la aplicación de los acuerdos de Minsk), los actores externos están facultados para hacerlo en virtud del artículo 51 de la Carta de las Naciones Unidas (pilar III). Esto es lo que han hecho los rusos.

Por decirlo claramente: si nuestros diplomáticos hubieran cumplido su misión, hubieran hecho cumplir el DIH y el principio de la RdP entre 2014 y 2022, y hubieran tratado de garantizar la aplicación de los acuerdos de Minsk, no estaríamos donde estamos hoy.

Como ignoramos las causas reales del conflicto en Georgia, no prestamos atención a los acontecimientos que tenían todas las posibilidades de crear los mismos efectos en Ucrania. Pero «tuvimos» que ignorar esas causas profundas para poder afirmar que la reacción rusa fue irracional, injustificada o «no provocada». De hecho, fue el conspiracionismo desarrollado por nuestros medios de comunicación lo que contribuyó al estallido de la guerra en Ucrania.

---

98. https://www.un.org/fr/chronicle/article/la-responsabilite-de-proteger

### *Proceso que condujo a la intervención rusa en febrero de 2022*

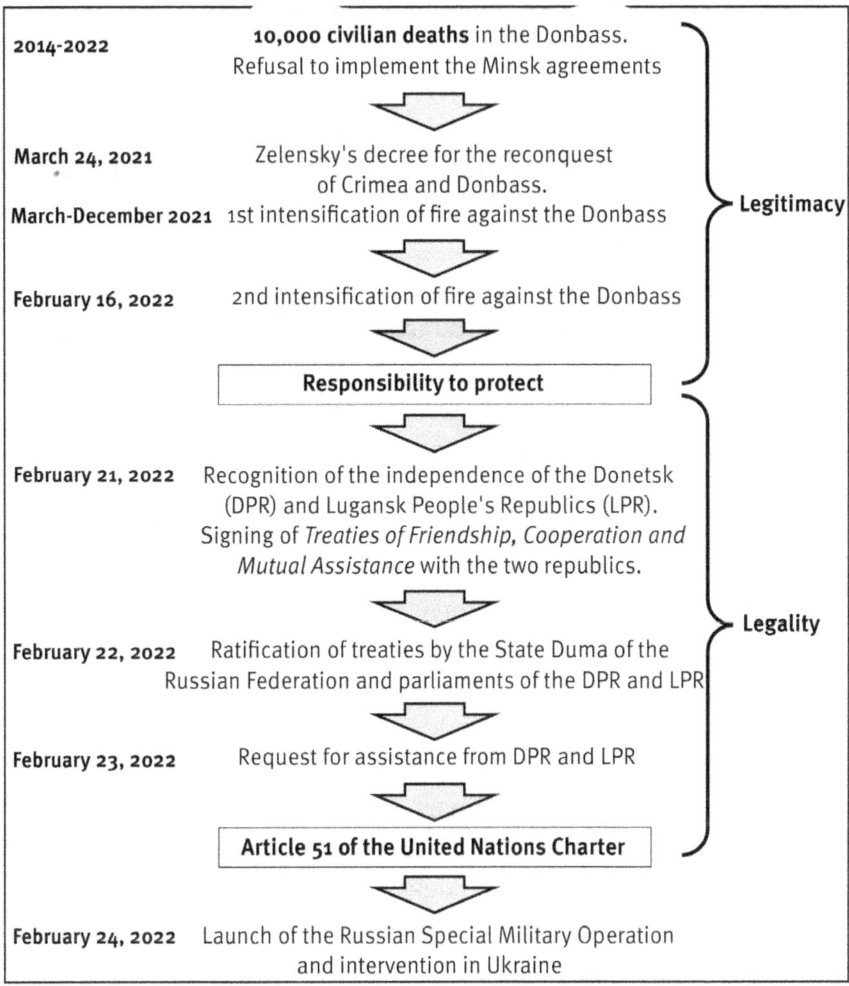


*Figura 9 - El proceso que condujo a la decisión de intervenir en Ucrania. Este es el escenario que los rusos explicaron y presentaron abiertamente en nuestros medios de comunicación entre el 15 y el 24 de febrero. Pero se olvidó rápidamente, porque demuestra que los rusos adoptaron un enfoque perfectamente racional para lanzar su operación. Es más, es el único proceso coherente con las acciones militares sobre el terreno.*

## 2.3.2. La guerra como continuación de la política

El objetivo de la «desmilitarización» era destruir el potencial militar de Ucrania, que amenazaba a la población del Donbass. Podría decirse que este objetivo ya se ha alcanzado dos veces antes de la primavera de 2023:

47

- En junio de 2022, el potencial material del ejército ucraniano[99] y gran parte de su potencial humano quedaron destruidos. El 12 de junio de 2022, el presidente Zelensky firmó un decreto autorizando la participación de unidades de Defensa Territorial (*Terroborona)* en los combates[100]. Fue entonces cuando *Radio Francia Internacional* (RFI) declaró que el ejército ucraniano había agotado sus equipos y armas de origen soviético o ruso y que ahora dependía completamente de la ayuda occidental[101].

- A finales de 2022, el potencial humano había quedado prácticamente destruido. Las autoridades ucranianas modificaron la ley de reclutamiento, ampliando el abanico de personal que podía ser movilizado[102]. Al mismo tiempo, se endureció la legislación militar para desalentar la deserción y castigar más severamente la insubordinación[103]. Se produjo un recrudecimiento del reclutamiento forzoso, que parece haber afectado principalmente a las minorías, en particular a la minoría magiar[104]. Volveremos sobre este tema más adelante.

- En la primavera de 2023, el «tercer» ejército ucraniano, formado por reservistas, voluntarios extranjeros y equipos occidentales, está listo para una contraofensiva primaveral cargada de incertidumbre...

Los objetivos fijados por Vladimir Putin el 24 de febrero de 2022 eran claros y relativamente limitados. La situación permitió a Rusia ir más allá de estos objetivos para crear un margen de negociación. Por ejemplo, el 29 de marzo de 2022, Moscú retiró las tropas que cercaban Kiev como gesto de buena voluntad después de que Volodymyr Zelensky hiciera su

---

99. «Zelenskiy pide a los aliados de la OTAN armas pesadas modernas y más apoyo financiero», *Servicio Ucraniano de RFE/RL*, 29 de junio de 2022 (https://www.rferl.org/a/ukraine-zelenskiy-nato-modern-weapons-financial-supprot/31921346.html).

100. «Country policy and information note: military service, Ukraine, June 2022 (accessible)», *gov.uk*, 17 de julio de 2022 (https://www.gov.uk/government/publications/ukraine-country-policy-and-information-notes/country-policy-and-information-note-military-service-ukraine-june-2022-accessible)

101. «Ucrania depende de las armas de sus aliados tras agotar el armamento de la era soviética», *RFI*, 10 de junio de 2022 (https://www.rfi.fr/en/ukraine-dependent-on-arms-from-allies-after-exhausting-soviet-era-weaponry)

102. Stefan Korshak, «Ukrainian Cabinet's New Conscription Rules: War-critical Workers May Avoid Draft», *Kiyv Post*, 31 de enero de 2023 (https://www.kyivpost.com/post/11701)

103. «Zelensky firma una polémica ley que endurece las penas por deserción en el Ejército», *AFP/Kiyv Post*, 25 de enero de 2023 (https://www.kyivpost.com/post/11498)

104. Füssy Angéla, «Mint a barmokat, úgy fogdossák össze a férfiakat Kárpátalján - Nézze meg helyszíni videóriportunkat!», *PestiSracok*, 23 de enero de 2023 (https://pestisracok.hu/mint-a-barmokat-ugy-fogdossak-ossze-a-ferfiakat-karpataljan-nezze-meg-helyszini-videoriportunkat/)

propuesta en el marco de las negociaciones de Estambul. Occidente lo vio como una retirada, pero en realidad, con sólo 22.000 soldados, Rusia nunca ha desplegado tropas suficientes para tomar una ciudad de casi 3 millones de habitantes.

Tener tropas cercando Kiev tenía una función operativa (fijar a las fuerzas ucranianas), pero también una función estratégica como *moneda de cambio*. Por lo tanto, la retirada de finales de marzo de 2022 probablemente estaba planeada desde hacía mucho tiempo[105], pero los rusos la convirtieron en una baza política. Han retirado tropas de un sector de importancia secundaria para ellos con el fin de reforzar su posición en la zona del Donbass, donde se encuentra su objetivo principal. Es una forma de convertir el éxito operativo en éxito estratégico.

Podemos imaginar que los rusos ven de la misma manera la ofensiva de primavera que espera Occidente en 2023. En caso de ofensiva, tratarían de obtener mayores ganancias de las que desearían, para poder utilizarlas en las negociaciones posteriores.

Como recordó Serguei Lavrov en su entrevista con varios medios rusos el 20 de julio de 2022, los objetivos de Rusia no son geográficos ni territoriales. Como dijo Vladimir Putin el 24 de febrero, el objetivo es «desmilitarizar», es decir, neutralizar la amenaza militar que se cierne sobre el Donbass. Esto significa obviamente un avance sobre el terreno, pero el terreno no es el objetivo. Como dice Lavrov, si Occidente suministra a Ucrania misiles con un alcance de 300 km para lograr su objetivo, las fuerzas rusas tendrán que avanzar 300 km para destruir esos misiles o disponer de una zona tampón de 300 km[106].

### 2.3.3. *Rusia dispuesta a negociar desde el principio*

La incapacidad de nuestros «estrategas de sillón» para comprender una lógica diferente de la suya es exactamente la causa de nuestros fracasos económicos, políticos y militares. Por ejemplo, Patrick Martin-Genier,

---

105. Jonathan Spicer & Gleb Garanich, «Russia pledges to reduce attack on Kyiv but U.S. warns threat not over», *Reuters*, 29 de marzo de 2022 (https://www.reuters.com/world/europe/ukraine-sets-ceasefire-goal-new-russia-talks-breakthrough-looks-distant-2022-03-29/).
106. «Entrevista del Ministro de Asuntos Exteriores Serguéi Lavrov con la televisión RT, la agencia Sputnik y la Agencia Internacional de Información Rossiya Segodnya, Moscú, 20 de julio de 2022», *Embajada de la Federación Rusa en Alemania*, 21 de julio de 2022 (https://russische-botschaft.ru/de/2022/07/21/foreign-minister-sergey-lavrovs-interview-with-rt-television-sputnik-agency-and-rossiya-segodnya-international-information-agency-moscow-july-20-2022/)

que aparece regularmente en *France 5* y *LCI*, afirma que «*Vladimir Putin no quiere negociar nada, quiere exterminar Ucrania*[107]». Esto es una mentira descarada, basada en nada.

En realidad, Vladimir Putin siempre ha sido partidario de una solución negociada. Ha pedido en repetidas ocasiones que se apliquen los acuerdos de Minsk. Fue porque Occidente (con Alemania y Francia a la cabeza) se negó a aplicarlos, y Ucrania se preparaba para adoptar una solución militar ya en marzo de 2021, cuando pasamos a un modo más de confrontación.

El 25 de febrero de 2022, los rusos lograron avances espectaculares, destruyendo la mayor parte de las capacidades militares críticas de Ucrania en un solo día. Volodymyr Zelensky se dio cuenta de que el escenario previsto resultaría desventajoso para Ucrania y pidió que se entablaran negociaciones[108]. Se puso en contacto con Igniazio Cassis, ministro suizo de Asuntos Exteriores, para que organizara una mediación y una conferencia de paz[109].

Rusia se declaró dispuesta a dialogar y se celebró una primera ronda de conversaciones en Gomel, cerca de la frontera bielorrusa. Pero la Unión Europea no estuvo de acuerdo y llegó el 27 de febrero con un paquete de armas de 450 millones de euros para animar a Ucrania a luchar contra[110].

En Ucrania comenzó una «caza de brujas» contra quienes apoyaban el proceso de negociación. Denis Kireyev, miembro de la inteligencia militar ucraniana (GUR), que formaba parte del equipo negociador, fue asesinado el 5 de marzo por el servicio secreto ucraniano (SBU)[111], como confirmaría más tarde Kyrylo Budanov, director de la GUR[112].

---

107. «Guerra en Ucrania: Vladimir Putin «no quiere negociar nada, quiere exterminar Ucrania», dice un experto en Europa», *franceinfo*, 12 de marzo de 2022 (https://www.francetvinfo.fr/monde/europe/manifestations-en-ukraine/guerre-en-ukraine-vladimir-poutine-ne-veut-rien-negocier-il-veut-exterminer-l-ukraine-affirme-un-specialiste-de-l-europe_5006026.html)
108. Olga Rudenko, «Ucrania dispuesta a negociar con Rusia», The Kyiv Independent, 25 de febrero de 2022 (https://kyivindependent.com/national/ukraine-ready-to-negotiate-with-russia/).
109. Arthur Rutishauser, «Schweiz will Friedenskonferenz in Genf organisieren», *Tages Anzeiger*, 26 de febrero de 2022 (https://www.tagesanzeiger.ch/schweiz-will-friedenskonferenz-in-genf-organisieren-129475547083)
110. Maïa de La Baume & Jacopo Barigazzi, «EU agreements to give €500M in arms, aid to Ukrainian military in 'watershed' move», Politico, 27 de febrero de 2022 (https://www.politico.eu/article/eu-ukraine-russia-funding-weapons-budget-military-aid/).
111. https://www.timesofisrael.com/ukraine-reports-claim-negotiator-shot-for-treason-officials-say-he-died-in-intel-op/
112. Vlasta Lazur, «»Денис Кірєєв - співробітник ГУР, якого вбили в автівці СБУ, а тіло викинули на вулицю». Інтерв'ю з Кирилом Будановим», Radio Svoboda, 22 de enero de 2023 (https://www.radiosvoboda.org/a/вбивство-кірєєва/32233661.html).

Siguieron otros asesinatos. El 2 de marzo, Vlodymyr Struk, alcalde de Kreminna, fue asesinado por el SBU tras haber establecido contactos con los rusos. La prensa anglosajona cubrió la noticia[113], pero ninguno de los periodistas francófonos la condenó. El 7 de marzo, Yuriy Prilipko, alcalde de Gostomel, fue asesinado tras intentar negociar con los rusos una evacuación de civiles.

Un mes más tarde, el mismo escenario volvió a repetirse. Volodymyr Zelensky hizo una propuesta que incluía la neutralidad de Ucrania, la prohibición de armas nucleares en su territorio, una resolución no violenta de la situación en Crimea y Sebastopol, la identificación de las regiones de Donetsk y Lugansk como «zonas separadas», la renuncia a pertenecer a la OTAN y al despliegue de bases y contingentes militares extranjeros en su territorio[114]. Los rusos están dispuestos a discutirlo y se espera una resolución de la crisis.[115]

Pero una vez más la Unión Europea y Gran Bretaña amenazaron a Zelensky con retirarle el apoyo y el suministro de armas si persistía en su deseo de negociar. Por ello retiró su propuesta. El medio de comunicación ucraniano *Ukraïnskaya Pravda* señaló que Occidente era el principal obstáculo para la paz[116].

En marzo de 2022, los rusos logran su objetivo de «desnazificación» con el cerco de Mariupol. En junio, logran su objetivo de «desmilitarización». Por lo tanto, puede decirse que a partir de junio de 2022, los rusos no tendrían ninguna razón para no querer una solución negociada.

Pero fue en ese momento cuando la situación se complicó. Viendo que habían perdido la partida, Occidente empezó a entregar armas a Ucrania,


113. Kaya Terry, «Pro-Russian mayor of city in eastern Ukraine who welcomed Putin's invasion is found shot dead in the street after being kidnapped from his home», *The Daily Mail*, 3 de marzo de 2022 (https://www.dailymail.co.uk/news/article-10571663/Pro-Russian-mayor-city-eastern-Ukraine-shot-dead-kidnapped-home.html)

114. «Zelensky says Ukrainian neutrality on the table ahead of fresh talks with Russia in Turkey», France 24, 27 de marzo de 2022 (actualizado el 28 de marzo de 2022) (https://www.france24.com/en/europe/20220327-live-kyiv-accuses-russia-of-destroying-fuel-and-food-storage-depots-in-ukraine); «Ukraine ready to discuss adopting neutral status in Russia peace deal, Zelenskiy says», Reuters, 28 de marzo de 2022 (https://www.reuters.com/world/europe/ukraine-prepared-discuss-neutrality-status-zelenskiy-tells-russian-journalists-2022-03-27/).

115. «Russia, Ukraine 'close to agreement' in negotiations, says Turkey», Aljazeera, 20 de marzo de 2022 (https://www.aljazeera.com/news/2022/3/20/turkey-says-russia-ukraine-close-to-agreement); «After rejecting ultimatum, Zelensky insists 'meeting' with Putin needed to end war», The Times of Israel, 21 de marzo de 2022 (https://www.timesofisrael.com/liveblog-march-21-2022/).

116. https://www.pravda.com.ua/eng/news/2022/05/5/7344206/

para mantener el conflicto «activo». La propaganda occidental habla de «contraofensivas» ucranianas y de que Rusia ha «perdido la guerra», pero es todo lo contrario.

Ucrania y Occidente son cautivos de la teoría de la *falacia del coste hundido*[117]. Conocida en economía, esta teoría describe la tendencia a persistir en una acción cuyos costes superan a los beneficios, pero en la que ya se han invertido importantes recursos[118]. El problema es que este tipo de obstinación conduce inevitablemente a un precio final más elevado, aunque se consiga el objetivo. Este es el precio que han pagado los ucranianos en Marioupol, Severodonetsk y Lysychansk...

Cuanto más dure el conflicto, más recursos y territorio perderá Ucrania. Los rusos creen que cuanto peor sea la situación para Ucrania, más tendrá que perder en un proceso de negociación y más difícil será. Esto es exactamente lo que dijeron Sergei Lavrov y Vladimir Putin en julio de 2022: *«Cuanto más dure el conflicto, más difíciles serán las negociaciones»*[119].

El 18 de agosto de 2022, el presidente Tayyip Erdogan se reunió con Volodymyr Zelensky en Lvov y le ofreció organizar una reunión con Vladimir Putin[120] y mediar con Moscú[121]. Pero el día 24, Boris Johnson hizo una visita improvisada a Zelensky para declarar que *«ahora no es el momento de proponer un plan de negociación a medias»*[122] y proporcionó 54 millones de libras más en ayuda armamentística.

El 14 de septiembre de 2022, en su discurso sobre el estado de la Unión Europea, Ursula von der Leyen declaró que *«es el momento de la determinación, no del apaciguamiento»*[123]. A estas alturas, los europeos estaban

117. https://youtu.be/GCmfXMMhRzk

118. Caeleigh MacNeil, «Costes hundidos: ¿una trampa que influye en nuestras decisiones?», *asana*.com, 10 de enero de 2022 (https://asana.com/fr/resources/sunk-cost-fallacy)

119. «Putin warns negotiations will get harder longer conflict in Ukraine continues», Radio New Zealand, 8 de julio de 2022 (https://www.rnz.co.nz/news/world/470559/putin-warns-negotiations-will-get-harder-longer-conflict-in-ukraine-continues)

120. «Erdogan ofrece a Zelensky la oportunidad de organizar una reunión con Putin», *Ukraïnska Pravda*, 19 de agosto de 2022 (https://www.pravda.com.ua/eng/news/2022/08/19/7363969/)

121. Grzegorz Kuczyński, «La cumbre de Lviv confirma la ofensiva diplomática de Erdogan», *Instituto de Varsovia*, 22 de agosto de 2022 (https://warsawinstitute.org/lviv-summit-confirms-erdogans-diplomatic-offensive/).

122. Tom Balmforth & Andrea Shalal, «UK's Boris Johnson, in Kyiv, warns against 'flimsy' plan for talks with Russia», *Reuters*, 24 de agosto de 2022 (https://www.reuters.com/world/europe/uks-johnson-kyiv-warns-against-flimsy-plan-talks-with-russia-2022-08-24/)

123. «Discurso sobre el Estado de la Unión 2022» de la Presidenta von der Leyen, *Comisión Europea*, 14 de septiembre de 2022 (https://ec.europa.eu/commission/presscorner/detail/fr/speech_22_5493)

convencidos por la propaganda de que Kiev iba camino de la victoria, y habían invertido tanto en el conflicto que ya no había vuelta atrás.

Creyendo que Occidente no podía perder la cara en este ejercicio y que seguiría apoyando a Ucrania tanto más cuanto más se deteriorase su propia situación económica, los rusos cambiaron de estrategia. Han decidido destruir sistemáticamente el potencial de Ucrania. Así lo explicó el general Sourovikine en octubre[124].

**Apoyo de la población rusa a las negociaciones [%].**

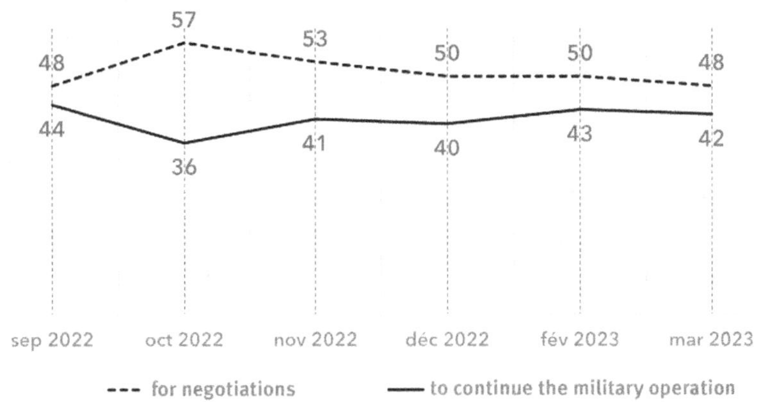


*Figura 10 - La disposición de la población rusa a negociar tiende a debilitarse. Los envíos de armas a Ucrania, los atentados terroristas en suelo ruso y el sabotaje del Nord Stream 2 han reforzado el apoyo a la operación militar en Ucrania. [Fuente: Levada Centre]*

En noviembre de 2022, espoleado por el inminente fracaso de las elecciones de mitad de mandato, el gobierno estadounidense pareció comprender esta dinámica y animó a Volodymyr Zelensky a negociar[125]. Sin embargo, Claude Wild, embajador suizo en Kiev, declaró a RTS que era Rusia la que pedía negociar porque se encontraba en una posición débil[126]. Nada más lejos de la realidad. De hecho, ocurre exactamente lo contrario. Para los rusos, ni los ucranianos ni Occidente son interlo-

---

124. «Суровикин: российская группировка на Украине методично «перемалывает» войска противника», *TASS*, 18 de octubre de 2022 (https://tass.ru/armiya-i-opk/16090805).

125. Missy Ryan, John Hudson & Paul Sonne, «U.S. privately asks Ukraine to show it's open to negotiate with Russia», *The Washington Post*, 5 de noviembre de 2022 (https://www.washingtonpost.com/national-security/2022/11/05/ukraine-russia-peace-negotiations/)

126. https://www.rts.ch/play/tv/redirect/detail/13567586?startTime=383

cutores dignos de confianza. El 9 de diciembre, en una conferencia de prensa en Bishkek (Kirguistán), Vladimir Putin declaró que el nivel de confianza con Occidente estaba «*casi en* cero»[127].

Los rusos no se oponen a la negociación, pero desde octubre de 2022 se han dado cuenta de que Occidente les está arrastrando a una guerra de desgaste y no tienen prisa. Sólo negociarán si tienen garantías sólidas de que Ucrania y Occidente no intentarán repetir lo que hicieron con los acuerdos de Minsk.

En Rusia, la opinión pública se mantiene más o menos en la misma línea que el gobierno. Las cifras del Centro Levada[128] (considerado un agente extranjero en Rusia) se acercan mucho a las de una encuesta «secreta» revelada por el medio de comunicación opositor ruso *Meduza*, cuyo origen y autenticidad no se han podido verificar[129].

En otras palabras, la prolongación del conflicto buscada por Occidente parece estar reforzando el apoyo popular al gobierno ruso. Mientras que en los países europeos la población se manifiesta para que sus países dejen de alimentar el conflicto, en Rusia el apoyo popular a Vladimir Putin parece mantenerse inquebrantable.

---

127. Kevin Liffey, «Putin says loss of trust in West will make future Ukraine talks harder», *Reuters*, 9 de diciembre de 2022 (https://www.reuters.com/world/europe/putin-says-loss-trust-west-will-make-future-ukraine-talks-harder-2022-12-09/)
128. https://www.levada.ru/2023/03/02/konflikt-s-ukrainoj-otsenki-fevralya-2023-goda/
129. https://meduza.io/en/feature/2022/11/30/make-peace-not-war

# 3. Consideraciones geoestratégicas

## 3.1. La amenaza rusa para Europa

La tendencia histórica a la expansión que se atribuye hoy a Rusia no es más que una extrapolación de nuestra comprensión del pensamiento marxista que guiaba la política soviética. En esta lectura, la URSS se veía a sí misma como la punta de lanza de la lucha de clases y participaba en una guerra permanente y sistémica con Occidente, que formaba parte de un proceso histórico. Hasta la muerte de Stalin, el pensamiento militar estratégico de la URSS estuvo dominado por la idea de que su seguridad sólo estaría garantizada por una victoria del socialismo sobre el capitalismo, y que era inevitable una confrontación entre ambos sistemas. Los estrategas soviéticos hablaban del principio de la «inevitabilidad de la guerra».

Sin embargo, la intención de la URSS de invadir Europa parece haber sido un mito, como demuestra un estudio de la *Escuela de Estado Mayor* de Ft. Leavenworth, EEUU[130]. Se basa en documentos soviéticos desclasificados, artículos y actas de reuniones, que indican que los dirigentes soviéticos no tenían intención de invadir Europa[131]. En cambio, temían

---

130. Dr. Mahir J. Ibrahimov, Sr. Gustav A. Otto & Col Lee G. Gentile, Jr, «Cultural Perspectives, Geopolitics & Energy Security of Eurasia: Is the Next Global Conflict Imminent?», US Army Command and General Staff College Press, Fort Leavenworth, 2017 (https://www.armyupress.army.mil/Portals/7/combat-studies-institute/csi-books/cultural-perspectives.pdf).
131. Raymond Garthoff, Deterrence and the Revolution in Soviet Military Doctrine, The Brookings Institute, Washington D.C., 1990, p. 11.

que si parecía débil, Occidente podría aprovechar la oportunidad para atacar a la URSS[132].

Hoy más que nunca, la amenaza militar rusa contra Europa es una ficción cuidadosamente alimentada para fomentar el odio en nuestros países. Es difícil entender por qué Rusia trataría de atacar a su principal cliente de hidrocarburos y su principal fuente de productos manufacturados.

Nuestros medios de comunicación, nuestros políticos y las mismas personas que, en febrero de 2022[133], en marzo[134], en junio[135], en octubre[136], en noviembre[137], en diciembre de 2022[138] y en febrero de 2023[139], decían que Rusia ya había perdido la guerra contra una Ucrania que carece de equipo y de armas, ¡lo blanden y lo contradicen!

Esta amenaza es tanto más incomprensible cuanto que los países europeos están dispuestos a sacrificar parte de sus propias capacidades de defensa para reemplazar el material ucraniano sistemáticamente destruido por Rusia. Esta supuesta amenaza no ha impedido a Estonia ceder toda su artillería a Ucrania, ni a Letonia hacer lo mismo con todos sus misiles antiaéreos portátiles STINGER[140]. Esto demuestra, por si

---

132. Vladislav Zubok, The Kremlin's Cold War: From Stalin to Khrushchev, Harvard University Press, Boston, 1997, p. 20.

133. Jean-Baptiste Jeangène Vilmer, «Por qué Putin ya ha perdido la guerra», *Le Grand Continent*, 27 de febrero de 2022 (https://legrandcontinent.eu/fr/2022/02/27/pourquoi-poutine-a-deja-perdu-la-guerre/)

134. «Invasión de Ucrania: «Rusia ha perdido la guerra», *Le Journal de Montréal*, 2 de marzo de 2022 (https://www.journaldemontreal.com/2022/03/02/invasion-de-lukraine-la-russie-a-perdu-la-guerre)

135. Ian Bremmer, «Rusia ya ha perdido la guerra», *L'Écho*, 18 de junio de 2022 (https://www.lecho.be/opinions/general/la-russie-a-deja-perdu-la-guerre/10396613.html)

136. Paul Véronique, «Général Michel Yakovleff: 'Poutine a perdu la guerre, mais il n'a pas encore l'comprendre'», *L'Express*, 20 de octubre de 2022 (actualizado el 22 de octubre de 2022) (https://www.lexpress.fr/monde/europe/general-michel-yakovleff-poutine-a-perdu-la-guerre-mais-il-ne-l-a-pas-encore-compris_2182214.html)

137. «Ucrania: «Rusia ya ha perdido esta guerra», afirma el historiador Jean-François Colosimo», Public Sénat, 25 de noviembre de 2022 (https://www.publicsenat.fr/article/politique/ukraine-la-russie-a-deja-perdu-cette-guerre-estime-l-historien-jean-francois)

138. «François Hollande: «Vladimir Putin ya ha perdido la guerra en Ucrania», *Le Soir*, 26 de diciembre de 2022 (https://www.lesoir.be/485229/article/2022-12-26/francois-hollande-vladimir-poutine-deja-perdu-la-guerre-en-ukraine)

139. Jonathan Littell, «Poutine a déjà perdu la guerre, mais on ne fait pas ce qui est nécessaire pour l'obliger à l'accepter», *Le Monde*, 24 de febrero de 2023 (https://www.lemonde.fr/idees/article/2023/02/24/jonathan-littell-on-laisse-poutine-croire-qu-il-n-a-pas-perdu-la-guerre_6163122_3232.html)

140. «Latvia to deliver all available Stinger MANPADS to Ukraine», *Ukraïnska Pravda*, 21 de abril de 2023 (https://www.pravda.com.ua/eng/news/2023/04/21/7398940/)

hiciera falta alguna prueba, que estos países fronterizos con Rusia no temen ser atacados.

La idea de que Rusia es una amenaza para nuestra sociedad es bastante reciente, al igual que la de nuestra «dependencia energética», que no parecía plantear problemas a los europeos hasta que Donald Trump la utilizó como argumento para impedir la construcción del gasoducto Nord Stream 2.

## 3.2. Valores

### 3.2.1. Del «orden internacional basado en el derecho» al «orden internacional basado en normas»

Desde principios de la década de 2000, para librar su guerra contra el terrorismo, Estados Unidos y Gran Bretaña han intentado crear un orden internacional alternativo que les dé vía libre. El objetivo es reducir la autoridad de las instituciones internacionales. Para ello, están sustituyendo el *orden internacional basado en el derecho* (*OID)* surgido de la Segunda Guerra Mundial por un *orden internacional basado en normas* (OIRN).

Es evidente que las relaciones internacionales ya no se rigen por normas de derecho reconocidas y aceptadas por todos, sino por normas establecidas unilateralmente. Estas reglas pueden ser «valores» (los famosos «valores occidentales»), pero también intereses nacionales. La OIBR es, pues, más amplia e incorpora elementos distintos del derecho, como normas o principios sociales (a menudo de origen occidental). A primera vista, esto parece más atractivo, pero el problema es que las normas -a diferencia del derecho- son más vagas.

En palabras del *Instituto Australiano de Asuntos Internacionales* (AIIA)[141]:

*En contra de la creencia popular, un orden internacional basado*
*en normas no es una continuidad con el pasado, sino la sustitución*

---

141. Prof. Shirley Scott, «En defensa del orden basado en el derecho internacional», Instituto Australiano de Asuntos Internacionales (AIIA), 7 de junio de 2018 (https://www.internationalaffairs.
org.au/australianoutlook/in-defense-of-the-international-law-based-order/).

*de un orden basado en el derecho internacional. La decadencia del ideal de un derecho internacional políticamente neutral es un cambio peligroso.*

Inspirado en la política israelí, este enfoque ha llevado a Estados Unidos a retirarse de todos los tratados de control de armamento. También es lo que ha permitido a los estadounidenses secuestrar a ciudadanos en el territorio de países europeos sin su aprobación, o el uso de la tortura en Europa.

Estados Unidos ve a las Naciones Unidas en oposición a su visión unipolar del mundo, donde representa el modelo a seguir. Por eso, ante el aumento de poder de China y Rusia, y su cohesión en el Consejo de Seguridad de la ONU, Estados Unidos intenta poner en marcha un sistema alternativo de gestión del orden internacional, basado en los países que le son favorables. Esta es la base de la *«Cumbre de la Democracia»*, lanzada por Joe Biden en diciembre de 2021, cuyo principal objetivo es *«reforzar la democracia y defenderse del autoritarismo»*. Sin embargo, de los 111 países invitados, sólo 19 eran *«democracias plenas»*, según la definición de la *Economist Intelligence Unit* (EIU). Los otros 92 eran (siempre según la EIU) *«democracias fallidas»* (como el propio Estados Unidos, Francia y Bélgica), *«regímenes híbridos»* y *«regímenes* autoritarios»[142].

De hecho, la tendencia es sustituir un orden mundial basado en el derecho internacional, con el sistema de la ONU como piedra angular, por un sistema de «valores», cuya piedra angular es el pensamiento estadounidense.

Una nota fechada el 17 de mayo de 2017, dirigida a Rex Tillerson, entonces secretario de Estado, arroja luz sobre la explotación de nuestros «valores» con fines geopolíticos[143]:

*(...) En el caso de aliados de EE.UU. como Egipto, Arabia Saudí y Filipinas, está plenamente justificado que la Administración haga hincapié en las buenas relaciones por una serie de razones impor-tantes, incluida la lucha antiterrorista, y que afronte honestamente*

---

142. «Democracy Index 2020 - In sickness and in health?», *The Economist Intelligence Unit*, 2021 (https://www.eiu.com/n/campaigns/democracy-index-2020/)
143. https://www.politico.com/f/?id=00000160-6c37-da3c-a371-ec3f13380001

*las difíciles disyuntivas en materia de derechos humanos. (…) En relación con nuestros competidores, el dilema es mucho menor. No buscamos reforzar a los adversarios de Estados Unidos en el exterior; buscamos presionarlos, competir con ellos y superarlos. Por esta razón, debemos considerar los derechos humanos como una cuestión importante en las relaciones de Estados Unidos con China, Rusia, Corea del Norte e Irán. Y ello no sólo por la preocupación moral por las prácticas dentro de esos países. También porque presionar a esos regímenes en materia de derechos humanos es una forma de imponer costes, aplicar contrapresión y recuperar la iniciativa frente a ellos desde el punto de vista estratégico.*

En otras palabras, no utilizamos nuestros valores para difundirlos, sino como palanca para influir en nuestros oponentes o imponerles cambios políticos. Es más, utilizamos estos «valores» de forma extremadamente selectiva. Por ejemplo, mantenemos lazos cordiales con Estados Unidos y, sin embargo, entre 1947 y 1989 intentaron 72 veces derrocar gobiernos: 6 abiertamente y 66 mediante operaciones clandestinas, de las cuales sólo 26 tuvieron éxito[144]. Por no hablar de la (muy probable) implicación de Estados Unidos en la destrucción de infraestructuras europeas críticas (Nord Stream 1 y 2), que el Secretario General de la OTAN, Jens Stoltenberg, no dudó en calificar de «acto de guerra»[145].

El discurso sobre nuestros valores es variable. Con motivo de la crisis ucraniana, Joe Biden repitió una y otra vez que «*las naciones tienen la libertad de elegir su propio camino y de elegir con quién quieren asociarse*[146]». Es un mentiroso. Estados Unidos impone sanciones a los países que compran armas rusas, en virtud de la *Ley para Contrarrestar a los Adversarios de Estados Unidos mediante Sanciones (Countering America's Adversaries Through Sanctions Act*, CAATSA) y, por ejemplo, ¡ha sancionado a China por comprar sistemas de armamento rusos!

---

144. Lindsey A. O'Rourke, «The U.S. tried to change other countries' governments 72 times during the Cold War», *The Washington Post*, 23 de diciembre de 2016.

145. Katya Adler, «Un viaje al lugar de las explosiones del Nord Stream», BBC News, 18 de noviembre de 2022 (https://www.bbc.com/news/world-63636181)

146. Shane Harris, Robyn Dixon, Rachel Pannett & Emily Rauhala, «Biden says U.S. has not verified a pullback of Russian troops from Ukraine's border, despite Moscow's claims», *The Washington Post*, 15 de febrero de 2022.

Como resultado, 33 países[147] han sido objeto de sanciones o han sufrido represalias, con el fin de disuadirles de comprar material militar ruso[148]. Pero Francia no está mejor: el origen de las desavenencias entre Bamako y París tiene poco que ver con el Estado de derecho (París aceptó de buen grado un golpe de Estado en 2020), sino con un contrato de armamento entre Malí y Rusia[149].

Así que no estamos luchando por el respeto del derecho internacional, sino por el mantenimiento de la supremacía occidental. Es una cosa muy distinta, y el conflicto ucraniano ha puesto de relieve esta diferencia ante el mundo.

### 3.2.1.1. *La orden de detención contra Vladimir Putin*

El 14 de marzo de 2023, la *Corte Penal Internacional (CPI) dictó* una orden de detención contra Vladimir Putin por el secuestro, detención y deportación a Rusia de unos 6.000 niños ucranianos.

#### 3.2.1.1.1. La Corte Penal Internacional (CPI) o la justicia «a la carta»

La CPI es un tribunal internacional creado por el Estatuto de Roma de 1998, que entró en vigor en 2002. Su poder sólo puede ejercerse sobre los países que reconocen su jurisdicción. Algunos países, como Estados Unidos, Israel, Ucrania, Rusia, China e India, no la reconocen.

En la década de 2000, los países occidentales presionaron a los países africanos para que firmaran el Estatuto de Roma, utilizando la ayuda financiera que les proporcionaban[150]. Sin embargo, muy pronto se hizo evidente que la CPI ejercía sus poderes principalmente sobre países que no formaban parte del mundo occidental. Aunque la justicia debería ser independiente e imparcial, sólo se ha utilizado para juzgar a personas

---

147. Se trata de: Angola, Arabia Saudí, Argelia, Armenia, Azerbaiyán, Bielorrusia, Camerún, China, Egipto, Emiratos Árabes Unidos, Filipinas, Ghana, India, Indonesia, Irán, Irak, Kazajstán, Kirguizistán, Malasia, Marruecos, México, Myanmar, Nepal, Nicaragua, Nigeria, Pakistán, Perú, Qatar, Serbia, Corea del Sur, Turquía, Uzbekistán y Vietnam.

148. John V. Parachini, Ryan Bauer, Peter A. Wilson, «Impact of the U.S. and Allied Sanction Regimes on Russian Arms Sales», *RAND Corporation,* 2021

149. Georges François Traoré, «Les vraies raisons de la brouille: Bah N'Daw aurait communiqué aux Français des documents de contrat d'armement», *maliweb.net,* 26 de mayo de 2021; Georges Ibrahim Tounkara, «Assimi Goïta, l'homme au centre de la transition au Mali», *dw.com,* 26 de mayo de 2021.

150. Mwangi S. Kimenyi, «¿Puede la Corte Penal Internacional jugar limpio en África?», *Brookings Institution,* 17 de octubre de 2013 (https://www.brookings.edu/blog/africa-in-focus/2013/10/17/can-the-international-criminal-court-play-fair-in-africa/).

de países hostiles a Occidente. Esto ha provocado la retirada de muchos países africanos. Los crímenes de guerra cometidos por países occidentales en Afganistán, Irak y Siria no han sido tratados por la CPI.

El 11 de junio de 2020, el presidente Donald Trump emitió una orden ejecutiva (*Orden Ejecutiva 13928*), autorizando la congelación de activos y la prohibición de entrada para las familias de los funcionarios de la CPI[151].

El 2 de septiembre de 2020, la administración estadounidense adoptó incluso sanciones contra los magistrados de la *Corte Penal Internacional (CPI) «implicados en los esfuerzos de la CPI por investigar al personal estadounidense»* por crímenes de guerra[152]!... Así pues, cualquiera que realice una contribución en forma de «servicios» a las personas designadas para ser objeto de sanciones -el Fiscal o su principal colaborador- podría ser objeto de sanciones civiles y penales[153].

En abril de 2021, justo después de la elección de la nueva dirección de la CPI[154], ahora presidida por el juez polaco (¡!) Piotr Hofmański, la administración Biden revocó *la Orden Ejecutiva 13928*, pero obtuvo de la CPI que no investigara los crímenes de guerra cometidos por el ejército estadounidense en Afganistán[155]... Demasiado para la imparcialidad de los jueces....

Con este fin, en agosto de 2022, Estados Unidos promulgó la *Ley de Protección de los Miembros de Servicio Estadounidenses* (ASPA, por sus siglas en inglés), una ley que impide a la CPI acusar y detener a ciudadanos estadounidenses. Incluso autoriza al gobierno estadounidense a utilizar todos los medios necesarios -incluida la fuerza militar- para

---

151. «Factsheet: U.S. Sanctions on the International Criminal Court», *Centro de Derechos Constitucionales*, 2 de abril de 2021 (https://ccrjustice.org/factsheet-us-sanctions-international-criminal-court).
152. «Sanciones de EE.UU. a la Corte Penal Internacional», *Human Rights Watch*, 14 de diciembre de 2020 (https://www.hrw.org/news/2020/12/14/us-sanctions-international-criminal-court)
153. «Factsheet: U.S. Sanctions on the International Criminal Court», *Centro de Derechos Constitucionales*, 2 de abril de 2021 (https://ccrjustice.org/factsheet-us-sanctions-international-criminal-court).
154. https://www.icc-cpi.int/news/new-icc-presidency-elected-2021-2024
155. Andrea Germanos, «Critics Fume as ICC Excludes US From Probe Into Afghan War Crimes», *commondreams.org*, 27 de septiembre de 2021; «Statement of the Prosecutor of the International Criminal Court, Karim A. A. Khan QC, following the application for an expedited order under article 18(2) seeking authorisation to resume investigations in the Situation in Afghanistan», www.icc-cpi.int, 27 de septiembre de 2021 (https://www.commondreams.org/news/2021/09/27/critics-fume-icc-excludes-us-probe-afghan-war-crimes)



---

liberar a los estadounidenses que hayan sido detenidos[156]. Estados Unidos ha hecho saber incluso que los países que cooperen con la CPI para detener a ciudadanos estadounidenses sufrirán represalias. Por ejemplo, la legislación estadounidense permite retirar la ayuda militar a los países que ratifiquen el Estatuto de Roma[157].

En teoría, la CPI es independiente, pero no lo es. En numerosas ocasiones, ha demostrado que sirve a los intereses de la comunidad occidental y no a la justicia. Esta es la diferencia entre un «orden internacional basado en el derecho» y un «orden internacional basado en normas».

Durante mis muchos años en organismos internacionales, me sorprendió ver cuánta más reacción había ante los crímenes de guerra cometidos en países africanos que ante los cometidos por occidentales. Así que no es realmente sorprendente que la CPI tenga mala reputación en África, donde se ve como una herramienta para imponer la ley occidental, no para hacer justicia. De hecho, a pesar de los cientos de crímenes de guerra y contra la humanidad cometidos por ejércitos occidentales (Estados Unidos, Gran Bretaña, Francia, Polonia, Ucrania, Canadá, etc.) en países que fueron injusta, ilegal e ilegítimamente atacados, son casi exclusivamente africanos los que han sido llevados ante este tribunal[158].

La orden de detención contra Vladimir Putin tendrá probablemente consecuencias negativas... pero probablemente más para Occidente que para Rusia. Al dictar una orden de detención incluso antes de tener pruebas concretas que la respalden, la CPI ha demostrado que sólo puede impartir justicia «a la carta», con objetivos políticos. Una vez más, Occidente ha demostrado al mundo que las instituciones que ha creado sirven a sus propios intereses y no a los del mundo.

Los jueces de la CPI han perdido una oportunidad de demostrar su integridad: su credibilidad y legitimidad en el «resto del mundo» no es muy alta y sin duda seguirá debilitándose. Su negativa a condenar los crímenes cometidos por países occidentales confirma la sensación,

---

156. Todd Buchwald, «Unpacking New Legislation on US Support for the International Criminal Court», *Just Security*, 9 de marzo de 2023 (https://www.justsecurity.org/85408/unpacking-new-le-gislation-on-us-support-for-the-international-criminal-court/)
157. «U.S.: 'Hague Invasion Act' Becomes Law», *Human Rights Watch*, 3 de agosto de 2002 (https://www.hrw.org/news/2002/08/03/us-hague-invasion-act-becomes-law)
158. https://en.wikipedia.org/wiki/International_Criminal_Court

ampliamente compartida, de que no aplican la justicia de forma imparcial, sino que la explotan para obtener beneficios políticos.

### 3.2.1.1.2. El fondo de la acusación

En cuanto al fondo, los periodistas de investigación estadounidenses[159] han examinado el fundamento de las acusaciones contra Rusia.

El mandato de la CPI se basa en un informe publicado en Estados Unidos el 14 de febrero de 2024[160], que la cadena suiza RTS atribuye a la Universidad de Yale[161], sugiriendo que es el resultado de un enfoque científico e imparcial. Sin embargo, no es así.

De hecho, este informe ha sido elaborado por el *Humanitarian Research Lab* (HRL) de la Universidad de Yale, bajo la supervisión del Observatorio de *Conflictos del* gobierno estadounidense. El Observatorio de Conflictos forma parte de la *Oficina de Operaciones de Conflicto y Estabilización*. Fue creado especialmente por el Departamento de Estado estadounidense el 17 de mayo de 2022 para ocuparse de la intervención en Ucrania[162].

Esto dista mucho del enfoque imparcial que sugiere el término «humanitario», ya que el informe fue financiado por el gobierno estadounidense[163]. Además, su metodología suscita dudas, ya que se basa únicamente en información indirecta (de segunda mano):

> *Esta metodología tiene sus limitaciones. Yale HRL se basa explícitamente en información de fuentes abiertas para su trabajo y no entrevista a testigos ni a víctimas.*

De hecho, ¡nuestros «expertos» se han limitado a tomar información de Internet!

---

159. Jeremy Loffredo & Max Blumenthal, «ICC's Putin arrest warrant based on State Dept-funded report that debunked itself», *The Grayzone*, 31 de marzo de 2023 (https://thegrayzone.com/2023/03/31/iccs-putin-arrest-state-dept-report/)

160. «Russia's Systematic Program for the Re-Education & Adoption of Ukraine's Children», *Laboratorio de Investigación Humanitaria de la Escuela de Salud Pública de Yale*, 14 de febrero de 2024 (https://hub.conflictobservatory.org/portal/sharing/rest/content/items/97f919ccfe524d31a241b-53ca44076b8/data).

161. https://www.rts.ch/play/tv/redirect/detail/13792813

162. https://www.state.gov/promoting-accountability-for-war-crimes-and-other-atrocities-in-ukraine/

163. Carly Olson, «Russia has relocated 6,000 Ukrainian children to camps in Russian territory, a report finds», *The New York Times*, 15 de febrero de 2023 (https://www.nytimes.com/2023/02/15/world/europe/russia-ukraine-children-camps.html)

En cuanto a nuestros medios de comunicación, mencionan el carácter secreto de estas acciones, pero omiten cuidadosamente especificar que los padres de los niños temen ser llamados colaboradores:

*Muchas familias ucranianas no desean compartir sus experiencias públicamente, por miedo a ser consideradas colaboradoras de Rusia.*

Dicho esto, es bueno que la comunidad internacional se preocupe por los niños. Pero debemos preocuparnos por *todos los* niños. Nadie responsabilizó al gobierno de Kiev de bombardear a sus propios ciudadanos entre 2014 y 2022... Del mismo modo, nadie reaccionó cuando se reveló que las sanciones contra Irak habían causado la muerte de 500.000 niños, como justificó Madeleine Albright, secretaria de Estado estadounidense en 1996[164]. También en este caso, nuestros medios de comunicación se ofenden ruidosamente por los rumores propagados por Ucrania, pero callan -y por tanto aceptan- los crímenes contra los niños árabes.

Este es el problema con los crímenes de guerra en Ucrania. Los condenamos sin saber siquiera si realmente fueron cometidos por rusos. Después de todo, basta con mirar el mapa para ver que las zonas ocupadas por las fuerzas rusas son zonas rusoparlantes, y es difícil ver por qué o cómo Rusia intentaría alienar a una población que ya le es en gran medida leal. Como afirma Ignazio Cassis, ministro suizo de Asuntos Exteriores,[165]:

*No son crímenes de guerra hasta que un tribunal de justicia diga que lo son.*

En otras palabras, se verifiquen o no los rumores, los que se indignan con Rusia por rumores que no se han confirmado, pero que nunca se

---

164. Programa 60 Minutes, «Madeleine Albright», *newmedia7/YouTube*, 5 de agosto de 2016. (https://www.youtube.com/watch?v=FbIX1CP9qr4) (En realidad, parece que la cifra era más bien de 130.000 niños muertos; lo cual es suficiente para indignarse... ¡excepto nuestros periodistas, políticos y magistrados!)

165.»Ignazio Cassis: «No son crímenes de guerra hasta que un tribunal lo dictamine»», *rts.ch*, 7 de abril de 2022 (https://www.rts.ch/info/suisse/13002882-ignazio-cassis-ce-ne-sont-pas-des-crimes-de-guerre-tant-quun-tribunal-ne-la-pas-decrete.html)

han indignado por la muerte de niños iraquíes, entran en la categoría de «supremacistas». Para ellos, la vida de un niño iraquí vale 1.000 veces menos que la de un niño ucraniano. No es de extrañar, dado que la idea de un «pueblo superior» domina la ideología en el poder en Ucrania y la de quienes la apoyan.

Blinken, Nuland, Baerbock, Albright... las crisis son gestionadas por individuos que sienten un profundo desprecio por los demás y por la vida humana...

### 3.2.1.1.3. La orden de detención contra Vladimir Putin

Varias anomalías hacen que la orden de detención contra Vladimir Putin sea más un acto político que judicial.

En primer lugar, ni Rusia, ni Ucrania, ni Estados Unidos han ratificado el Estatuto de Roma. En otras palabras, no sólo no reconocen la jurisdicción de la CPI, sino que la CPI no tiene jurisdicción sobre ellos. Es interesante observar que Joe Biden se congratuló de esta decisión antes de precisar que Estados Unidos no reconocía a la CPI.

En segundo lugar, ¡nos sorprende que esta orden no cubra el caso de Boutcha! Después de un año, parece que no hemos conseguido reunir pruebas que incriminen a los rusos. Al parecer, la comisión de investigación creada por los europeos, de la que los rusos han sido -naturalmente- excluidos, no está en condiciones de formular acusaciones concluyentes[166]. Además, mientras que cualquier asunto insignificante puede utilizarse para alimentar la propaganda contra Rusia, los crímenes de Boutcha parecen haber desaparecido extrañamente de nuestros medios de comunicación.

En tercer lugar, esta orden de detención no se basa en ninguna investigación seria, sino únicamente en presunciones, declaraciones unilaterales de Ucrania e información de segunda mano. Volveremos sobre este tema.

En cuarto lugar, podemos esperar que la justicia internacional adopte un punto de vista imparcial sobre las cuestiones que tiene que decidir. Pero éste no es el caso. Por ejemplo, ni la CPI ni nuestros medios de

---

166. «Commission de l'ONU: trop tôt pour tirer des conclusions sur des crimes de guerre en Ukraine», *Euronews / AP/ AFP*, 15 de junio de 2022 (https://fr.euronews.com/2022/06/15/commission-de-lonu-trop-tot-pour-tirer-des-conclusions-sur-des-crimes-de-guerre-en-ukraine)

comunicación han considerado «genocidio» el traslado de niños ucranianos de habla rusa a zonas de habla ucraniana para hacerles perder su cultura rusa, como muestra un reportaje de «19:30» de RTBF en el que la profesora explica que tiene que hacerles olvidar el ruso para que hablen ucraniano[167].

Las acusaciones de crímenes de guerra son exigentes. Sobre todo si se expresa en voz tan alta. Impone condiciones tanto al acusado como al acusador. O condenamos todos los crímenes, o no condenamos ninguno, porque condenar sólo a una parte, en voz alta y sin matices, sin reaccionar ante los demás, *significa que aceptamos los otros crímenes*. Esto va mucho más allá de un simple «doble rasero» y no sólo afecta a las instituciones judiciales. Lo vimos con los atentados terroristas en Rusia, que ninguno de nuestros medios de comunicación (incluidos *RTS, RTBF, LCI* y *France 5*) condenó. Pero no hay crímenes de guerra buenos y malos.

El problema es que los rusos conocen la realidad de la situación. Saben que los rusoparlantes de Donbass no son ciudadanos de pleno derecho de Ucrania, que el ejército ucraniano lleva bombardeando a la población civil de Donbass desde 2014 y que la iniciativa de Rusia solo pretendía alejar a los niños de las zonas de guerra desde 2014. El reportaje de los periodistas estadounidenses muestra que los «campamentos» a los que han sido enviados los niños son en realidad hoteles, habilitados para impartir clases de música.

No cabe duda de que esta maniobra no tendrá ningún efecto sobre la gobernanza en Rusia. Al contrario, corre el riesgo de confirmar a la población rusa que Occidente pretende derrocar el poder en Rusia. Vladimir Putin saldrá con la imagen de un hombre valiente que no teme enfrentarse a los países occidentales.

El objetivo es dificultar las negociaciones de paz. Estos jueces no sólo no buscan la justicia, sino que intentan impedir la paz. Con ello, la CPI ha condenado a muerte a Ucrania, porque no es Rusia la que se encuentra en una posición de debilidad.

Todos los sistemas de valores condenan los delitos de cualquier tipo. El rasgo distintivo de los valores occidentales es el tratamiento imparcial y justo de estos delitos. No reconocemos la ley del talión, sino que

---

167. https://www.rtbf.be/article/en-ukraine-le-desamour-pour-la-langue-russe-vue-comme-celle-de-lagresseur-10971374



---

concedemos al acusado el derecho a defenderse. Esta es la esencia de nuestros valores. Sin embargo, ninguno de nuestros medios de comunicación, nuestros periodistas o incluso nuestros gobiernos se ofenden por el hecho de que los rusos estén totalmente excluidos de las comisiones de investigación de los crímenes de los que se les acusa (especialmente en los casos MH-17, Skripal, Navalny, Boutcha, Nord Stream, etc.). Esta incoherencia sobre la esencia de lo que constituía los valores de Occidente está en vías de minar nuestra credibilidad, y con razón.

En realidad, si tuviéramos confianza en nuestros valores y en nuestras acusaciones, respetaríamos las normas que nos hemos fijado y que queremos que sean universales. Por desgracia, la realidad es que nuestra sociedad occidental está en manos de supremacistas que se creen superiores a los demás... Esto es lo que nos está destruyendo.

### 3.2.2. *Una nueva mirada al neonazismo y al extremismo*

Tras la Guerra Fría, en lugar de construir relaciones sobre la base de una cooperación más profunda con Rusia, se mantuvo artificialmente la idea de que seguía representando una amenaza. En los países con intereses nacionales en ultramar, el nuevo panorama geoestratégico les permitió desarrollar fuerzas de proyección. Pero en los países que no tenían tradición de intervenir fuera de Europa, la desaparición de la amenaza del Pacto de Varsovia significó que la propia necesidad de mantener un ejército quedó en entredicho. Esto fue especialmente cierto en el caso de Alemania y Suiza[168]. En términos más generales, Estados Unidos comprendió que las iniciativas «*Swords to Ploughshares*» podían poner en entredicho su presencia militar en Europa.

En este contexto, los países de Europa del Este desempeñan un papel esencial. La forma en que tratan a sus minorías rusas, alimentada por una mezcla de odio y miedo a Rusia, justifica que la vean como una amenaza. En lugar de construir una relación basada en la cooperación constructiva con una Rusia que la pide, Occidente ha hecho todo lo posible por seguir viendo a Rusia como una amenaza potencial.

De este modo, hemos tolerado -e incluso integrado- los valores de aquellos países que siguen venerando su pasado de lucha contra los soviéticos con la ayuda del Tercer Reich. Hemos tolerado a países de la

---

168. https://www.bk.admin.ch/ch/f/pore/vi/vis179.html

Europa del siglo XXI que siguen teniendo ciudadanos con más derechos que otros, por lo que son, no por lo que hacen. El odio a Vladimir Putin sigue impregnado de la ideología «nazi-soviética» que nuestros medios de comunicación han tenido que tratar de enmascarar para preservar su narrativa.

Por lo tanto, era necesario ocultar que las autoridades ucranianas eran profundamente supremacistas. Para ello, basta con declarar que el problema no existe, como hace el periodista suizo Jean-Philippe Schaller en su programa *Geopolitis*[169].

Es importante precisar los términos utilizados. Nuestros verificadores de hechos nos muestran que no hay «nazis» en Ucrania. Esto es cierto. El nazismo es una ideología política de los años 30 que no es necesario describir aquí. El «neonazismo», en cambio, es más un fenómeno social que una ideología en sentido estricto. Se trata de un abigarrado conjunto de ideologías que combinan el odio a todo y a todos en una especie de representación teatral de la violencia, utilizando la simbología nazi. Para distinguirlos de los «nazis» se les llama «neonazis». Este es el término que utiliza habitualmente Vladimir Putin, no «nazi», como afirma la RTS suiza[170]. Algunos utilizan el término «ukronazi», para destacar la dimensión nacionalista ucraniana y las referencias a las fuerzas nazis de la Segunda Guerra Mundial, que están muy presentes.

El término «neonazi» expresa el carácter racialista de sus seguidores en Ucrania, que ven una jerarquía entre los ciudadanos del país basada en su origen étnico.

Por eso nadie menciona la «*Ley de Pueblos Indígenas*» en Ucrania y por eso armamos allí movimientos que abogan por la pureza racial del país. Ninguno de nuestros medios de comunicación ni sus periodistas han reaccionado ante esta ley, que penaliza a los ciudadanos no en función de lo que son. Desde 1948 hemos tolerado que los árabes sean tratados como ciudadanos «inferiores» en Palestina, así que ¿por qué deberíamos indignarnos cuando los rusoparlantes reciben el mismo trato en Ucrania?

Incluso hemos permitido que redes sociales como Facebook e Instagram pasen por alto las normas básicas de tolerancia para aceptar

---

169. https://youtu.be/bEv4-IJsl9k?t=414

170. «Poutine n'a pas un discours de désinformation, mais un discours carrément faux», *RTS.ch*, 19 de noviembre de 2022 (https://www.rts.ch/info/monde/13532090-poutine-na-pas-un-discours-de-desinformation-mais-un-discours-carrement-faux.html)

«posts» que abogan por la violencia contra *«rusos y ocupantes rusos»*[171]. Esto incluye llamamientos al asesinato de Vladimir Putin y Alexander Lukashenko y a la violencia perpetrada por neonazis[172].

La consecuencia lógica de esta situación es que en Estados Unidos[173], en Bélgica[174], en Suiza[175], en todos los círculos el antisemitismo va en aumento[176]. Como en toda esta crisis ucraniana, parece que a los occidentales les cuesta ver más allá del final de sus narices. La violencia que hemos tolerado, e incluso que nuestros medios de comunicación han estimulado, ha desencadenado tres fenómenos distintos que tienden a converger hacia el antisemitismo:

- Para sacar todos los defectos de Ucrania y borrar el carácter racista de su política hacia las minorías lingüísticas, nuestros medios de comunicación han tenido que «blanquear» literalmente a los extremistas que componen sus unidades de voluntarios y hacer la vista gorda ante el extremismo que alimenta el nacionalismo ucraniano. Es lo que hemos visto con el programa *Géopolitis*. Un político suizo de derechas incluso me atacó en su página de Facebook, afirmando que los voluntarios que se marcharon para unirse a los paramilitares ucranianos ¡eran demócratas! En realidad, mucha gente está de acuerdo con lo que dijo este activista de Euromaidan: *«Putin ni siquiera es ruso. Es judío!*[177]

---

171. Munsif Vengattil & y Elizabeth Culliford, «Facebook allows war posts urging violence against Russian invaders», *Reuters*, 11 de marzo de 2022 (https://www.reuters.com/world/europe/exclusive-facebook-instagram-temporarily-allow-calls-violence-against-russians-2022-03-10/)

172. «Facebook e Instagram dicen que está bien apoyar el nazismo en Ucrania y modifican los términos que permiten defender la muerte de los rusos», *The Conservative Treehouse*, 10 de marzo de 2022 (https://theconservativetreehouse.com/blog/2022/03/10/facebook-and-instagram-say-it-is-okay-to-support-nazism-in-ukraine-and-they-modify-terms-allowing-advocacy-for-death-to-russians/).

173. Herb Scribner, «Antisemitism is on the rise in the U.S., surveys say», *Axios*, 13 de febrero de 2023 (https://www.axios.com/2023/02/13/antisemitism-ajc-poll-survey-rise-online)

174. «¿Aumenta el antisemitismo en Bruselas?», VRT.be, 27 de febrero de 2023 (https://www.vrt.be/vrtnws/en/2023/02/27/is-antisemitism-on-the-rise-in-brussels/)

175. «El número de incidentes antisemitas aumentó un 6% en 2022, la gran mayoría de ellos ocurridos en línea, dijeron el martes grupos judíos», *Swissinfo*, 28 de febrero de 2023 (https://www.swissinfo.ch/eng/society/anti-semitism-cases-on-the-rise-in-switzerland--especially-online/48321170)

176. Douglas Belkin, «Antisemitism Is Rising at Colleges, and Jewish Students Are Facing Growing Hostility», *The Wall Street Journal*, 14 de diciembre de 2022 (https://www.wsj.com/articles/antisemitism-is-rising-at-colleges-and-jewish-students-are-facing-growing-hostility-11671027820)

177. Shaun Walker, «Los combatientes de Azov son la mayor arma de Ucrania y pueden ser su mayor amenaza», *The Guardian*, 10 de septiembre de 2014 (https://www.theguardian.com/world/2014/sep/10/azov-far-right-fighters-ukraine-neo-nazis).

- A medida que los países occidentales alinean planes de apoyo a Ucrania y comprueban que sus economías ya no pueden seguir el ritmo, empieza a sentirse cierto fastidio ante las exigencias de Volodymyr Zelensky. Especialmente en Estados Unidos, un número cada vez mayor de comentaristas del conflicto están descubriendo que los principales instigadores y los más acérrimos opositores a cualquier solución política desde 2014 son de la misma religión que Zelensky. Es el caso de Victoria Nuland y Antony Blinken, pero también de muchas figuras del funcionamiento de la administración estadounidense. Sin entrar en más detalles aquí, parece que la comunidad judía está cada vez más atrapada en el fuego cruzado entre republicanos y demócratas.

- La remodelación del paisaje geoestratégico y geopolítico de Oriente Próximo, que podría volverse más hostil hacia el Estado judío, sobre todo con la llegada de un gobierno de extrema derecha. Importante aliado de Estados Unidos en Oriente Próximo, Israel es visto como un problema permanente para su política exterior por una gran parte del llamado Estado Profundo estadounidense.

Para apoyar a Ucrania, hemos tenido que doblar el brazo de nuestros valores, porque su política interna dista mucho de ser democrática, contrariamente a lo que afirman nuestros medios de comunicación. Aquí se ignora por completo la prohibición de los medios de comunicación[178] y de los partidos políticos de la oposición[179]. El 4 de febrero de 2023, un mecánico ucraniano de la región de Nikolaïev fue detenido por el SBU por haber dado «me gusta» a dos publicaciones de 2022 en la red social *VKontakte*, favorables a Vladimir Putin. Este «me gusta» se interpretó como «*difusión de material que justifica la agresión armada de la Federación Rusa contra Ucrania*» (artículo 436-2 del Código Penal, parte 2) y se enfrenta a una pena de hasta 8 años de cárcel. La acusación no menciona ninguna actividad de espionaje. Sin embargo, el 15 de febrero fue sospechoso de facilitar información al «*Imperio Brujo Ruso*», una sociedad secreta que el SBU considera una red de espionaje[180].

---

178. «Ucrania: el Presidente prohíbe el medio de comunicación opositor Strana.ua y sanciona a su redactor jefe», Federación Europea de Periodistas, 26 de agosto de 2021.

179. «El NSDC prohíbe los partidos prorrusos en Ucrania», Ukrinform, 20 de marzo de 2022 (https://www.ukrinform.net/rubric-polytics/3434673-nsdc-bans-prorussian-parties-in-ukraine.html)

180. Oleg Chernish, «Чи міг український «сільський чаклун» стати шпигуном для російських відьом. Історія одного злочину», BBC News Ukrainian Service, 16 de abril de 2023 (https://www.bbc.com/ukrainian/articles/clmdjyrl08do).

***Combatir la glorificación del nazismo, el neonazismo y otras prácticas que contribuyen a las formas contemporáneas de racismo, discriminación racial, xenofobia y formas conexas de intolerancia.***

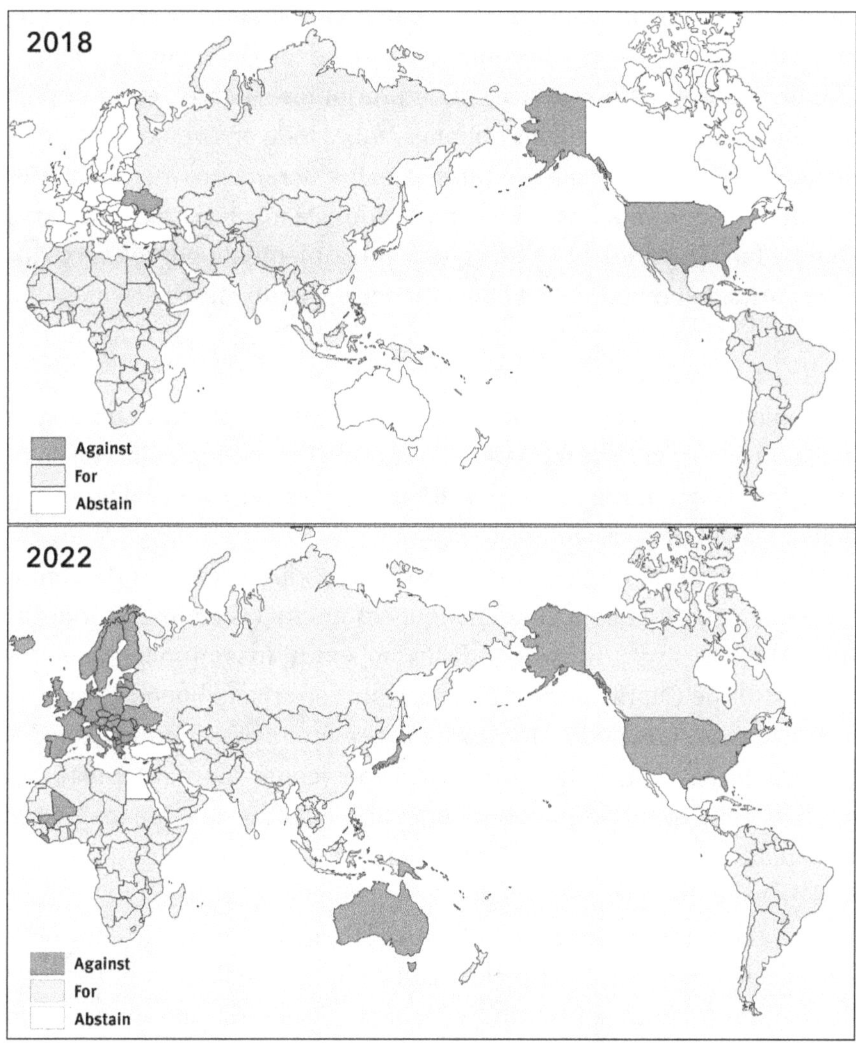


*Figura 11 - Cada año, Rusia somete a votación en la Asamblea General de las Naciones Unidas una resolución contra la glorificación del nazismo. Hasta 2022, sólo dos países rechazaron esta resolución: Estados Unidos y Ucrania. En 2022, con el pretexto de que Rusia había declarado que luchaba contra el nazismo en Ucrania, los países occidentales se unieron a los países contrarios. Demasiado para nuestros valores...*



3. Consideraciones geoestratégicas

### 3.2.3. *Una nueva percepción del terrorismo*

En julio-agosto de 2022, Ucrania fue testigo de una campaña de purgas (léase: eliminaciones) llevada a cabo por el servicio de seguridad (SBU) en los territorios ocupados por la coalición rusófona. Se trata de una campaña terrorista dirigida contra personalidades y funcionarios ucranianos prorrusos. Se produce tras importantes cambios en la cúpula del SBU[181], en Kiev[182], y en las regiones, sobre todo en Lvov y Ternopol[183] desde julio. El objetivo era eliminar a los ucranianos rusoparlantes acusados de apoyar a Rusia. En el marco de esta misma campaña, Darya Dugina fue eliminada el 21 de agosto, probablemente por los servicios de seguridad ucranianos[184]. Lo mismo ocurrió ocho meses después, con el asesinato del periodista y bloguero Vladlen Tatarsky, el 1 de abril de 2023 en San Petersburgo.

El objetivo de estas campañas no está claro. ¿Se trata de desviar la atención de los fracasos militares en la propia Ucrania? ¿Se trata de crear la ilusión de que Rusia está desestabilizada, y así reavivar la ayuda occidental que empieza a agotarse?

El hecho es que ninguno de nuestros periodistas, medios de comunicación o gobiernos ha condenado estos atentados contra periodistas rusos. Sin embargo, estos periodistas no son ni más ni menos que los periodistas de Charlie Hebdo. No existe un terrorismo bueno o malo: el terrorismo es un método. O se aprueba el método o se condena. Puedes aprobar la causa que lleva al terrorismo (como los palestinos), sin aprobar el método. No puedes condenarlo cuando viene de los árabes y aceptarlo cuando viene de Israel, Ucrania o Estados Unidos. ¡Así que tenemos medios de comunicación que apoyan el terrorismo!

En la misma línea, los llamamientos al asesinato realizados por políticos estadounidenses como el senador Lindsay Graham o el ministro de Asuntos Exteriores luxemburgués Jean Asselborn, que no han sido condenados por nadie, demuestran que no valemos gran cosa. Significa

---

181. https://www.republicworld.com/world-news/russia-ukraine-crisis/zelensky-dismisses-dy-head-of-security-service-of-ukraine-and-replaces-several-officials-articleshow.html
182. https://www.kyivpost.com/ukraine-politics/zelensky-replaces-leadership-of-sbus-dept-of-information-and-analytical-support-decrees.html
183. https://en.interfax.com.ua/news/general/852306.html
184. Julian E. Barnes, Adam Goldman, Adam Entous & Michael Schwirtz, «U.S. Believes Ukrainians Were Behind an Assassination in Russia», *The New York Times*, 5 de octubre de 2022 (https://www.nytimes.com/2022/10/05/us/politics/ukraine-russia-dugina-assassination.html)

que nuestros medios de comunicación y nuestros políticos aceptan que matemos basándonos en nuestro criterio personal. Entonces, ¿por qué no iba a tener el Estado Islámico el mismo derecho? Como vemos, ¡esa forma de pensar es totalmente inaceptable! ¿Podríamos aplicar la misma lógica a los políticos y periodistas que los aprobaron?

El 13 de abril de 2023, el programa «C à vous» de *France 5* abordó la situación interna de Rusia a través del caso de unos niños presuntamente detenidos por los servicios de seguridad por difundir imágenes de propaganda. Nuestros periodistas sacan la conclusión de que el país se desliza hacia el fascismo (¡lo que significa que antes no era así!). Es posible, pero en 2015 en Francia, el simple hecho de no «ser Charlie» se consideraba «apología del terrorismo».[185] ¡Un niño de 8 años fue incluso detenido por decir en la escuela que él «no era Charlie»[186]!

Estos casos ilustran exactamente lo que nos critican con razón los no europeos: hemos institucionalizado la «*ley del más fuerte*», que preconiza «*haz lo que yo digo, pero no lo que yo hago*». Francia dista mucho de ser ejemplar en materia de derechos humanos. En una situación de crisis, Francia declaró que dejaría de respetar los derechos humanos[187]. ¿Por qué no habría de ocurrir lo mismo en otros países donde también existe una amenaza terrorista?

## 3.3. Sanciones

Las sanciones se han convertido en una herramienta clave de la política exterior de los países occidentales y han ido sustituyendo a la diplomacia como medio para conseguir que sus socios se alineen con sus decisiones. La razón de ser de las sanciones es crear una presión

185. Grégoire Bézie, «Non, je ne suis pas Charlie»: là où s'arrête la liberté d'expression», *France 3 Corse*, 16 de enero de 2015 (actualizado el 10 de junio de 2020) (https://france3-regions.francetvinfo.fr/corse/2015/01/16/non-je-ne-suis-pas-charlie-la-ou-s-arrete-la-liberte-d-expression-634010.html)
186. Caroline Politi, «Enfant de 8 ans entendu pour apologie du terrorisme: 'Il n'y a pas de poursuites'», *L'Express*, 29 de enero de 2015 (https://www.lexpress.fr/societe/justice/enfant-de-8-ans-entendu-pour-apologie-du-terrorisme-il-n-y-a-pas-de-poursuites_1646040.html).
187. «État d'urgence: la France prévient qu'elle ne respectera pas les droits de l'homme», *AFP/Le Point.fr*, 27 de noviembre de 2015 (https://www.lepoint.fr/societe/etat-d-urgence-la-france-previent-qu-elle-ne-respectera-pas-les-droits-de-l-homme-27-11-2015-1985317_23.php)

intolerable sobre las poblaciones objetivo e incitarlas a provocar un cambio de política en su país[188].

Extienden la política exterior de nuestros países para influir en la política interior de otros países. En otras palabras, son una forma de eludir el artículo 2 de la Carta de las Naciones Unidas, que establece el principio de no injerencia en los asuntos internos de los Estados. Por eso las únicas sanciones legales son las que decide el Consejo de Seguridad de las Naciones Unidas. También es la razón por la que Rusia y China no las utilizan como represalia por las sanciones que se les aplican.

Las sanciones aplicadas a Rusia después del 24 de febrero de 2022 pretendían crear «conmoción *y pavor*», *con el* fin de provocar su colapso[189]. Se trata de la misma expresión utilizada por los estadounidenses en 2003 para describir sus ataques previos a la invasión de Irak. Según el medio de comunicación económico *Bloomberg*, pretendían ser «*el equivalente económico de una bomba* nuclear»[190].

Por tanto, no pretendían «castigar» a Rusia ni influir en su política, sino provocar su colapso, incluso antes de que su intervención tuviera éxito. Así lo afirmaron también Bruno Le Maire, ministro francés de Economía, y Annalena Baerbock, ministra alemana de Asuntos Exteriores. La idea era que, tras el inicio de la ofensiva ucraniana contra Donbass, en preparación desde marzo de 2021, Rusia intervendría para proteger a la población rusoparlante. Entonces sería posible asestar un golpe mortal decisivo mediante sanciones. Por eso las sanciones se impusieron a gran escala y se aplicaron simultáneamente antes de que Rusia pudiera reaccionar.

En este escenario, Estados Unidos y la Unión Europea utilizaron a Ucrania como cebo. Como explicó Olekseï Arestovitch en marzo de 2019, los ucranianos fueron atraídos a una guerra que se suponía iba a ser extremadamente corta y decisiva. Occidente simplemente ha jugado con la vida de los ucranianos explotando su nacionalismo.

---

188. Richard Nephew, *The Art of Sanctions - A View from the Field*, Columbia University Press, Nueva York, 2018.

189. Daniel Flatley, «How Biden's Shock-and-Awe Tactic Is Failing to Stop Russia», *Bloomberg*, 24 de febrero de 2023 (https://www.bloomberg.com/news/features/2023-02-24/russia-sanctions-to-stop-putin-s-war-in-ukraine-became-300b-distraction#xj4y7vzkg)

190. Daniel Flatley, «How Biden's Shock-and-Awe Tactic Is Failing to Stop Russia», *Bloomberg*, 24 de febrero de 2023 (https://archive.is/pRivV#selection-3483.0-3515.30)

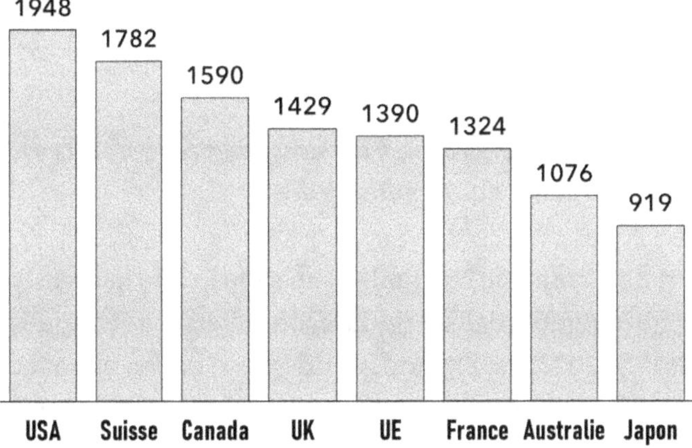


*Figura 12 - Sanciones aplicadas a Rusia desde el 24 de febrero de 2022. Hasta octubre de 2022, Suiza era el país que más sanciones había adoptado. [Fuente: Castellum AI]*

Así pues, las sanciones se han convertido en un arma de guerra, diseñada para alcanzar objetivos bélicos[191]. En el contexto del conflicto ucraniano, estaban destinadas a provocar la derrota total de Rusia, incluso antes de que hablaran las armas, provocando su colapso. Esto significa que quienes se asociaron a estas sanciones se convirtieron *de facto* y *de iure en* cobeligerantes en el conflicto ucraniano.

Por otra parte, las sanciones han tendido a reforzar la unidad del país y a cerrar filas en torno a Vladimir Putin. Se trata de un riesgo que la RAND Corporation previó ya en 2019, basándose en observaciones realizadas en 2014:

> *Las sanciones internacionales no han mejorado el comportamiento de Rusia e incluso han permitido al régimen acusar plausiblemente a Occidente de ser responsable de las dificultades económicas de los ciudadanos de a pie.*

---

191. Nicholas Mulder, *The Economic Weapon: The Rise of Sanctions as a Tool of Modern War*, Yale University Press, Cornell University, 25 de enero de 2022 (https://yalebooks.yale.edu/book/9780300259360/economic-weapon/)

### 3.3.1. La eficacia de las sanciones en la economía rusa

La forma y la naturaleza de las sanciones contra Rusia lo tenían todo para lograr su objetivo. El 1 de marzo de 2022, Bruno Le Maire, ministro francés de Finanzas, declaró[192]:

*Las sanciones son eficaces, y las sanciones económicas y financieras son incluso aterradoramente eficaces.*

Está claro que, como de costumbre, no sabe lo que hace. Su ministerio no ha hecho ningún análisis de la economía rusa. Después de todo, en el verano de 2022, los expertos serios ya se daban cuenta de que las sanciones no habían funcionado. Si nuestros dirigentes hubieran leído con más atención la estrategia de la RAND Corporation que han estado siguiendo, habrían observado que el think tank estadounidense ya había constatado la ineficacia de las sanciones contra Rusia[193]:

*Las debilidades económicas de Rusia son considerables, pero el efecto contraintuitivo de las sanciones demuestra que las debilidades no deben confundirse con vulnerabilidades que Estados Unidos podría explotar en su beneficio.*

Por ello, la UE está empezando a encadenar una serie de paquetes de sanciones, cada uno tan ineficaz como el anterior, llegando incluso a prohibir la venta de aseos a Rusia[194]... El 29 de diciembre de 2022, la revista británica *The Economist* (¡probablemente un «agente de Putin» para el periodista suizo Jean-Philippe Schaller!) declaraba que «*la novena economía del mundo lo ha hecho mucho mejor de lo que nadie esperaba*»[195]:

192. «Vamos a provocar el colapso de la economía rusa», afirma Bruno Le Maire», *France 24/YouTube*, 1 de marzo de 2022 (https://youtu.be/Ntzacqlm-Ac)
193. «Extending Russia: Competing from Advantageous Ground», *RAND Corporation*, 2019 (p.28)
194. James Crisp, «EU stops selling toilets to Russia as punishment for invading Ukraine», *The Telegraph*, 16 de febrero de 2023 (https://www.telegraph.co.uk/world-news/2023/02/16/eu-toilet-ban-russia-ukraine-invasion-export-sanctions/)
195. «In 2022 Russia kept the economic show on the road», *The Economist*, 29 de diciembre de 2022 (https://www.economist.com/finance-and-economics/2022/12/29/in-2022-russia-kept-the-economic-show-on-the-road)

*En la actualidad, el sistema económico ruso está en mejor forma de lo esperado. Al mismo tiempo, Europa, lastrada por los altos precios de la energía, se desliza hacia la recesión.*

Nicholas Mulder, autor de un libro sobre las sanciones estadounidenses, señala que tienen un historial de ineficacia y parecen actuar más bien como un «efecto boomerang». Con respecto a Ucrania, señala[196]:

*[Los países occidentales] han abandonado la idea de que esto influya en el proceso de toma de decisiones ruso. En su lugar, lo ven como una guerra de desgaste económico.*

Esto explica la declaración de Josep Borrel en marzo de 2023[197]:

*No hay mucho más que hacer desde el punto de vista de las sanciones, pero podemos seguir aumentando el apoyo financiero y militar [a Ucrania].*

El problema es que el número de países sancionados no hace más que aumentar, porque las sanciones funcionan según un mecanismo de «trinquete» que no puede invertirse. Los países sancionados se han dado cuenta de que, hagan lo que hagan, las sanciones se mantendrán. Así que acabaron adaptándose y aprendieron a vivir aislados de los países occidentales. Hoy, países como Irán y Rusia ya están sometidos a tantas sanciones que ya no temen nada. Así que colaboran activamente.

El colapso previsto por los economistas europeos no se ha producido. En su evaluación de enero de 2023, el FMI cree que Rusia tiene una economía que está respondiendo mejor de lo esperado a las sanciones y que tendrá mejores resultados que los países que la sancionaron en 2024[198].

---

196. Ben Holland, «Sanctions Are the Economic Weapon with a History of Backfiring», *Bloomberg*, 29 de enero de 2022 (https://archive.is/FR6Kz#selection-3341.0-3407.16)
197. Alexandra Brzozowski, «'Not much left' on Russia sanctions, other support needed now, says EU's Borrell», *EURACTIV.com*, 10 de marzo de 2023 (actualizado el 11 de marzo de 2023) (https://www.euractiv.com/section/defence-and-security/interview/not-much-left-on-russia-sanctions-other-support-needed-now-says-eus-borrell/)
198. www.imf.org/fr/Publications/WEO/Issues/2023/01/31/world-economic-outlook-update-january-2023

El problema es que, hasta 2022, nuestros brillantes economistas se limitaban a comparar la economía rusa con la italiana o la española. Pero eso es un poco simplista. Las sanciones de 2014 fueron una llamada de atención para el Gobierno ruso, que se puso manos a la obra para «endurecer» su economía.

¡Por ejemplo, en términos de balanza de pagos, la última edición del *CIA Factbook* sitúa a Rusia en el cuarto lugar del mundo, a Francia en el 26 y a Estados Unidos en el 209[199]! Con una deuda pública que representa el 25% de su PIB, sitúa a Rusia en el puesto 183 del mundo, mientras que Francia es 14ª (123,01%) y Estados Unidos 11º (126,39%)[200].

Menos financiarizada que los países occidentales, Rusia tiene una economía más robusta y equilibrada, en la que la economía real representa una parte mayor de su PIB que en los países occidentales. Esta es la principal razón por la que ha resistido tan bien las sanciones, que ningún país occidental habría podido absorber de esta manera.

### Estructura del PIB por sectores económicos (2017)

| Countries | Agriculture | Industry | Services |
|---|---|---|---|
| Russia | 4.7 % | 33.0 % | 62.3 % |
| European Union | 1.6 % | 25.1 % | 70.9 % |
| United States | 0.9 % | 19.1 % | 80.0 % |
| Germany | 0.7 % | 30.7 % | 68.6 % |

*Figura 13 - La estructura del PIB ruso muestra una proporción mucho mayor de la agricultura y la industria manufacturera que la de sus principales socios europeos. Se observa que los países occidentales han abandonado progresivamente su capacidad de producción y han creado en gran medida su dependencia del exterior desarrollando el sector de los servicios.*

El 1 de abril de 2023, en el canal LCI -que es sin duda el canal más activo en la desinformación sobre Rusia- el periodista Quentin Bérichel nos dice que la economía rusa se está hundiendo[201]. Es un mentiroso. Porque un mes antes, en su informe sobre el *índice global de gestores de compras*

199. https://www.cia.gov/the-world-factbook/field/current-account-balance/country-comparison
200. https://www.cia.gov/the-world-factbook/field/public-debt/country-comparison
201. «L'économie russe accuse (finalement) le coup des sanctions», *LCI*, 1 de abril de 2023 (https://youtu.be/7bh1ZX0H0E4)

(PMI) de la *industria manufacturera rusa*, la agencia estadounidense *Standard & Poor* constataba «*la mejora más fuerte de las condiciones de producción industrial desde hace seis años en febrero*»[202]:

*Los últimos datos señalan una sólida mejora de la salud del sector manufacturero ruso, la más acusada en poco más de seis años. Este repunte amplió a diez meses la actual secuencia de crecimiento.A la mejora de las condiciones operativas contribuyó un sólido aumento de la producción durante el mes de febrero. El aumento de la producción se aceleró con respecto a enero y fue ligeramente superior a la media de la serie. Las empresas manufactureras rusas supervisadas destacaron que el repunte estaba vinculado a la sustitución de importaciones y a una mayor expansión de los nuevos pedidos.*

Mientras que en marzo de 2022 la Unión Europea decidió excluir a una serie de bancos rusos del sistema de pagos interbancarios SWIFT[203], un año después fue el Gobierno ruso el que prohibió a sus bancos utilizarlo[204]. En 2022, Wall Street desaconsejó a los gobiernos occidentales desconectar a los bancos rusos de SWIFT[205]. Para satisfacer a Kiev, los líderes europeos no hicieron caso. Como resultado, los estadounidenses ya no tienen ninguna visibilidad de los pagos hacia y desde Rusia.

En 2014, tras una primera oleada de sanciones, China creó su propio sistema alternativo, el *Sistema de Transferencia de Mensajes Financieros* (SPFS), operativo desde 2022[206]. Este sistema está conectado al Sistema de *Pagos Interbancarios Transfronterizos* (CIPS) de China, lo que

---


202. www.pmi.spglobal.com/Public/Home/PressRelease/947832c3086449a48a90e75cc273bf64
203. «Russian banks banned from SWIFT», *UK P&I*, 2 de marzo de 2022 (https://www.ukpandi.com/news-and-resources/articles/2022/russian-banks-banned-from-swift/)
204. «Rusia prohíbe SWIFT», *RT*, 20 de marzo de 2023 (https://www.rt.com/business/573298-russia-bans-swift-use/)
205. Daniel Flatley, Katherine Doherty & Hannah Levitt, «Wall Street Counsels Washington Against Kicking Russia Off SWIFT», *Bloomberg*, 25 de febrero de 2022 (https://www.bloomberg.com/news/articles/2022-02-25/wall-street-counsels-washington-against-kicking-russia-off-swift?leadSource=uverify%20wall)
206. Huileng Tan, «China and Russia are working on homegrown alternatives to the SWIFT payment system. Here's what they would mean for the US dollar», *Business Insider*, 19 de abril de 2022 (https://www.businessinsider.com/china-russia-alternative-swift-payment-cips-spfs-yuan-ruble-dollar-2022-4)

debería contribuir a reducir la hegemonía del dólar en las transacciones internacionales[207].

Así que estamos muy lejos del colapso de la economía rusa. Más bien al contrario. ¡A finales de enero de 2023, la revista *Newsweek* incluso predijo que la economía rusa podría superar a la de Estados Unidos en 2025[208]!

### *Perspectivas de crecimiento para 2023-2024*

## Dernières projections de croissance des *Perspectives de l'économie mondiale*

| (PIB réel, variation annuelle en pourcentage) | ESTIMATION 2022 | PROJECTIONS 2023 | PROJECTIONS 2024 |
|---|---|---|---|
| Production mondiale | 3,4 | 2,9 | 3,1 |
| Pays avancés | 2,7 | 1,2 | 1,4 |
| États-Unis | 2,0 | 1,4 | 1,0 |
| Zone euro | 3,5 | 0,7 | 1,6 |
| Allemagne | 1,9 | 0,1 | 1,4 |
| France | 2,6 | 0,7 | 1,6 |
| Italie | 3,9 | 0,6 | 0,9 |
| Espagne | 5,2 | 1,1 | 2,4 |
| Japon | 1,4 | 1,8 | 0,9 |
| Royaume-Uni | 4,1 | -0,6 | 0,9 |
| Canada | 3,5 | 1,5 | 1,5 |
| Autres pays avancés | 2,8 | 2,0 | 2,4 |
| Pays émergents et pays en développement | 3,9 | 4,0 | 4,2 |
| Pays émergents et pays en développement d'Asie | 4,3 | 5,3 | 5,2 |
| Chine | 3,0 | 5,2 | 4,5 |
| Inde | 6,8 | 6,1 | 6,8 |
| Pays émergents et pays en développement d'Europe | 0,7 | 1,5 | 2,6 |
| Russie | -2,2 | 0,3 | 2,1 |

*Figura 14 - Las previsiones del Fondo Monetario Internacional para 2023-2024 muestran que Rusia crecerá más rápido que los países de la eurozona. [Fuente: FMI]*

207. «Moscow, Beijing working on SWIFT workaround», *Reuters*, 16 de marzo de 2022 (https://www.reuters.com/article/ukraine-crisis-russia-china-idUKL5N2VJ39Z)
208. Brendan Cole, «Russia's Economy Forecast to Outperform U.S. Within Two Years», *Newsweek*, 31 de enero de 2023 (https://www.newsweek.com/russias-economy-forecast-outperform-us-within-two-years-1777788)

Las sanciones anunciadas a raíz de la SVO incluían la congelación de los activos públicos y privados rusos («oligarcas») depositados en bancos europeos y estadounidenses. Inicialmente estimada en unos 600.000 millones de dólares[209], esta fortuna se reevaluó en 300.000 millones de euros (14 de abril de 2023)[210]. Sin embargo, se ha sabido que las autoridades judiciales de la UE sólo han podido identificar 33.800 millones de euros de los 250.000 millones depositados en Europa. Los fondos restantes no se han localizado y es probable que sigan bajo control ruso[211].

En enero de 2023, Ursula von der Leyen declaró que quería «incautar y no congelar» estos activos para entregárselos a Ucrania[212]. Pero en realidad, aparte de que la UE no ha sido capaz de localizar estos fondos, la legalidad de incautar fondos de la reserva rusa es cuestionable. No existe ningún marco legal en Europa que respalde tal decisión[213]. La Comisión Europea incluso ha dictaminado que los activos rusos deben devolverse a sus propietarios una vez finalizado el conflicto[214].

También es posible que los rumores de confiscación de activos rusos hayan asustado a los inversores de otros países, aunque por el momento no hay información oficial que lo confirme. Esto podría explicar las retiradas masivas (principalmente en el último trimestre de 2022) de unos 133.000 millones de dólares de Crédit Suisse, que llevaron a la quiebra del banco en marzo de 2023[215].

---

209. Richard Partington, «Russia 'preparing legal action' to unfreeze $600bn foreign currency reserves», *The Guardian*, 19 de abril de 2022 (https://www.theguardian.com/business/2022/apr/19/russia-preparing-legal-action-to-unfreeze-600bn-foreign-currency-reserves)
210. https://www.consilium.europa.eu/en/policies/sanctions/restrictive-measures-against-russia-over-ukraine/sanctions-against-russia-explained/
211. Oleksiy Yarmolenko, «Delfi: La UE no puede encontrar los 300.000 millones de euros congelados del Banco Central ruso, que quieren dar a Ucrania», *Babel.ua*, 21 de febrero de 2023 (https://babel.ua/en/news/90794-delfi-the-eu-cannot-find-the-frozen-300-billion-of-the-russian-central-bank-which-they-want-to-give-to-ukraine)
212. Elisabeth Braw, «Freeze-Don't Seize-Russian Assets», *Foreign Policy*, 13 de enero de 2023 (https://foreignpolicy.com/2023/01/13/putin-sanctions-oligarchs-freeze-seize-assets/)
213. «¿Deberían embargarse los activos rusos congelados para reconstruir Ucrania?», *Swissinfo.ch*, 23 de febrero de 2023 (https://www.swissinfo.ch/fre/politique/faut-il-saisir-les-actifs-gel%C3%A9s-de-la-russie-pour-reconstruire-l-ukraine-/48307052)
214. Wester van Gaal, «EU: Russian assets to be returned in case of peace treaty», *EU Observer*, 30 de noviembre de 2022 (https://euobserver.com/ukraine/156496)
215. Anna Cooban, «Credit Suisse consigue su salvavidas. Investors are unconvinced», *CNN*, 17 de marzo de 2023 (https://edition.cnn.com/2023/03/17/investing/credit-suisse-shares-drop-despite-lifeline/index.html)



---

Cegados por nuestra propia propaganda y por lo ocurrido en 2014, cuando las sanciones tuvieron un marcado efecto en la economía rusa, nuestros expertos han sobrestimado el resultado de las sanciones de 2022. Está claro que tratar de impedir el comercio con un país como Rusia, que es un importante proveedor de materias primas, productos agrícolas y fertilizantes, principalmente a países del hemisferio sur y Asia, es muy diferente de la misma política contra un país «consumidor».

Curiosamente, nadie previó la resistencia de la economía rusa, el impacto de las sanciones que podría haber tenido a nivel mundial (a costa de los países del hemisferio sur) y la falta de apoyo internacional a la política de los países occidentales.

### 3.3.2. *Sanciones sobre los productos petrolíferos*

El efecto lógico de las sanciones sobre los productos petrolíferos -y ese era su objetivo- era impedir que Rusia vendiera sus productos para financiar su operación en Ucrania. Sin duda, estas restricciones han provocado una reducción de los volúmenes vendidos por Rusia. Pero, en virtud de la ley de la oferta y la demanda, esta reducción de la oferta en el mercado condujo muy lógicamente a una subida de los precios y, por tanto, de los ingresos de Rusia. Según *Bloomberg,* en abril de 2022, la subida de los precios proporcionó a Rusia unos ingresos adicionales de más de 9.000 millones de dólares[216].

En LCI, el general Dominique Trinquand, tan brillante en tecnología petrolera como en arte operacional, explica que, con la marcha de las compañías petroleras occidentales, Rusia ya no está en condiciones de garantizar una producción normal[217]. Esto es sencillamente falso.

Tres días antes, *Bloomberg* informaba de que las exportaciones rusas de gasóleo nunca habían sido tan elevadas[218].

En primer lugar, hay que recordar que tras las sanciones a los equipos para yacimientos petrolíferos en 2014, Rusia se lanzó a fabricar ella misma

---

216. «Rusia espera ganar 9.600 millones de dólares más en abril por los altos precios del petróleo», *Reuters,* 5 de abril de 2021 (https://www.reuters.com/business/energy/russia-expects-earn-96-bln-more-april-due-high-oil-prices-2022-04-05/)
217. https://youtu.be/7bh1ZX0H0E4
218. Jack Wittels & Prejula Prem, «Russia's Diesel Exports Heading for Record Despite EU Sanctions», *Bloomberg,* 27 de marzo de 2022 (https://www.bloomberg.com/news/articles/2023-03-27/russia-s-diesel-exports-heading-for-record-despite-eu-sanctions#xj4y7vzkg)

estos equipos… ¡y ahora los exporta[219]! De hecho, a pesar de las sanciones, Rusia ha aumentado su capacidad de producción de petróleo en 2022 incrementando el número de pozos en un 7%, lo que eleva el total a 7.800 pozos[220]. Es más, contrariamente a lo que afirma nuestro general y según un periódico británico, el sector petrolero ruso «*sigue funcionando en gran medida como antes [de las sanciones]. Rusia ha podido conservar la mayoría de las competencias, activos y tecnologías de los servicios petroleros[221]*».

La limitación de los precios del petróleo ruso decidida por el G7 y luego por la Unión Europea a principios de 2023 ha tenido varios efectos desastrosos, aunque perfectamente previsibles. En primer lugar, Rusia ha declarado que sólo venderá su petróleo a los países que respeten el precio de mercado. En otras palabras, esto significa que, potencialmente, el ya tenso mercado de la energía corre el riesgo de contraerse aún más, con una subida generalizada del precio de los hidrocarburos.

En segundo lugar, la decisión de Occidente de intervenir en un mercado regulado por la OPEP+ fue vista por los países de Oriente Medio como un insulto a su soberanía económica. Esto explica -al menos en parte- la negativa de los países árabes a plegarse a las órdenes occidentales de aumentar los niveles de producción.

Paradójicamente, un año después de la adopción de sanciones contra Rusia, los países europeos siguen siendo los principales importadores de productos petrolíferos rusos. Las excepciones al régimen adoptadas por la UE son tan numerosas que no han afectado realmente a las importaciones. El problema es que hoy los países europeos recurren a intermediarios para disimular el origen ruso de sus productos, con el consiguiente coste adicional para los occidentales. Así que hemos tenido las desventajas de las sanciones, sin el efecto esperado[222].

---

219. «Una empresa rusa de fabricación de equipos para petróleo y gas se interesa por el mercado noruego», ernergi24.no, 3 de junio de 2021 (https://energi24.no/betalt-innhold-arkiv/a-russian-oil-and-gas-equipment-manufacturing-company-is-interested-in-the-norwegian-market)
220. Tim McNulty, «Putin enjoys oil boom as Russia sanctions fail to dent Kremlin coffers», *Express (UK)*, 14 de febrero de 2023 (https://www.express.co.uk/news/world/1734625/Vladimir-Putin-Russian-oil-Ukraine-war-sanctions)
221. Tim McNulty, «Putin enjoys oil boom as Russia sanctions fail to dent Kremlin coffers», *Express (UK)*, 14 de febrero de 2023 (https://www.express.co.uk/news/world/1734625/Vladimir-Putin-Russian-oil-Ukraine-war-sanctions)
222. Shweta Sharma, «EU is still largest importer of Russian oil due to loophole in sanctions, report claims», *The Independent*, 19 de abril de 2023 (https://www.independent.co.uk/news/world/europe/eu-largest-importer-russia-oil-ukraine-war-b2321756.html)

Según un informe del *Centro de Investigación sobre Energía y Aire Limpio* (CREA) de abril de 2023, los países occidentales importaron productos petrolíferos por valor de 42.000 millones de euros de países que aumentaron sus importaciones de crudo ruso en los 12 meses siguientes a la invasión de Rusia[223]. Esto significa que los países occidentales no sólo no han impedido a Rusia exportar sus productos petrolíferos, sino que han pagado más por sus importaciones que si hubieran pagado directamente a Rusia. Por tanto, nos encontramos en una situación asimétrica, en la que no sólo los países occidentales no consiguen su objetivo, sino que sus economías se resienten por ello.

### 3.3.3. Falta de microprocesadores

El 1 de abril de 2023, en el canal de televisión francés LCI, el periodista Jean Quatremer explicó que las sanciones estaban golpeando tan duramente a la economía rusa que los rusos estaban teniendo que «*descuartizar lavadoras para obtener chips electrónicos*[224]». Es un mentiroso.

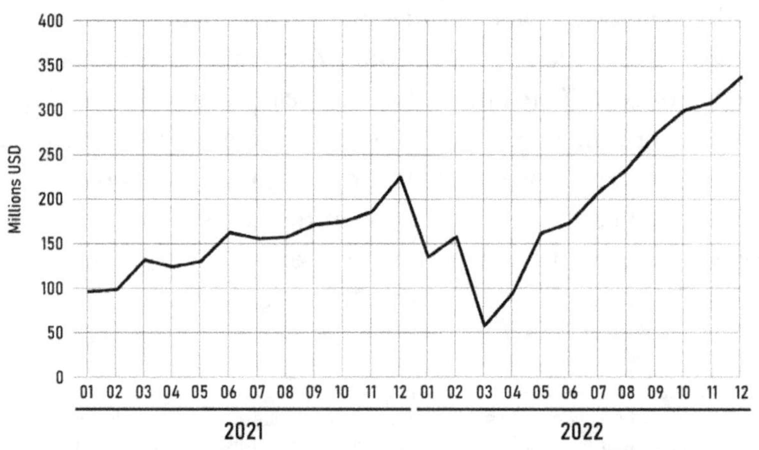



Figura 15 - Contrariamente a lo que afirma la desinformación occidental, Rusia ha aumentado sus importaciones de semiconductores en 2022. Simplemente ha cambiado de proveedores. En lugar de abastecerse principalmente en Occidente, Rusia ha recurrido a Asia. En una economía globalizada, las sanciones no sustituyen a una diplomacia eficaz. [Fuente: Free Russia Foundation]

---

223. https://energyandcleanair.org/wp/wp-content/uploads/2023/04/CREA_Press-release_The-laundromat_EU-G7-and-Australias-indirect-imports-of-Russian-oil-revealed.pdf
224. https://youtu.be/7bh1ZX0H0E4?t=491



---

En enero de 2023, *la Fundación Rusia Libre,* con sede en Washington, publicó un informe sobre la eficacia de las sanciones contra Rusia. En él se constataba que las importaciones rusas de microprocesadores habían pasado de 1.820 millones de dólares en 2021 a 2.450 millones en 2022 (para todo el año). China se ha convertido en la principal fuente de suministro de microprocesadores de Rusia. En 2022, China, Hong Kong, Alemania, Países Bajos y Finlandia fueron los principales proveedores por valor; China, Hong Kong, Estonia, Turquía y Alemania lideraron el número de transacciones[225].

### 3.3.4. *Sanciones contra Nord Stream*

Alemania detuvo el proyecto *Nord Stream 2 (NS2)* antes de que Rusia lanzara su ofensiva en Ucrania. Esta interrupción, deseada por Donald Trump, fue aplaudida por los teóricos de la conspiración occidentales, que vieron en este gasoducto «*el gasoducto de Putin*». Por ejemplo, el diario francés *Libération*[226] inventó una teoría conspirativa según la cual Vladimir Putin pretendía poner a Europa «*a merced de Moscú*» gracias a su gas natural. Esto es totalmente falso.

En 2014, tras la imposición de sanciones a Rusia, Vladimir Putin se dio cuenta de que el objetivo de Occidente era debilitar a su país. También se dio cuenta de que las interminables disputas por las «fugas» de los gasoductos que atraviesan Ucrania iban a empeorar, y de que su dependencia de Europa ponía en peligro su economía. Por eso decidió no construir nuevos gasoductos hacia Europa[227].

En 2016, para iniciar su transición energética lejos del carbón, Angela Merkel logró convencer a Vladimir Putin de construir el NS2, siguiendo la ruta del Nord Stream 1 (NS1), para evitar los peligros de que los suministros pasaran por Ucrania.

---

225. «Effectiveness Of U.S. Sanctions Targeting Russian Companies and Individuals», *Free Russia Foundation,* Washington DC, enero de 2023 (https://www.4freerussia.org/effectiveness-of-u-s-sanctions-targeting-russian-companies-and-individuals/?ref=en.thebell.io)
226. Christophe Bourdoiseau, «Alemania congela el gasoducto de Putin», *Libération,* 22 de febrero de 2022 (https://www.liberation.fr/international/europe/lallemagne-gele-le-gazoduc-de-poutine-20220222_2P4HYGUGOBHE5OO4SG7U6POQFA/)
227. Michael Birnbaum, «Putin cancela el nuevo gasoducto de gas natural a Europa en un movimiento sorpresa», *The Washington Post,* 1 de diciembre de 2014 (https://www.washingtonpost.com/world/europe/putin-cancels-new-natural-gas-pipeline-to-europe-in-a-surprise-move/2014/12/01/c1955c90-73ee-11e4-95a8-fe0b46e8751a_story.html).

Pero en verano de 2017, la Administración Trump puso en marcha una estrategia para aislar a Rusia expulsándola de sus mercados tradicionales[228]. A partir de 2018, Trump presionó a Alemania para que renunciara al NS2[229], y luego aplicó sanciones contra las empresas implicadas en su construcción en enero de 2020[230]. La política de Donald Trump es apoyada en Europa por los ecologistas y los rusófobos de Europa del Este. El 20 de enero de 2021, 58 diputados del Parlamento Europeo (principalmente de antiguos países de Europa del Este, con algunos «occidentales» como Bernard Guetta) propusieron detener el proyecto germano-ruso.[231]

El 14 de junio de 2022, Gazprom cortó el flujo de gas a Alemania en un 40%. RTS informa de que *«Rusia utiliza cada vez más el arma del gas para presionar a los europeos»*. ¿Con qué fin? El medio suizo no lo dice, por supuesto, ni explica la razón de esta reducción. Se trata de una acusación gratuita, insinuando que Rusia libra una guerra económica contra Occidente, para *«tensar el mercado de las materias primas y hacer subir los precios»*[232].

De hecho, lo que ocultan los medios de comunicación suizos es que Siemens, la empresa responsable del mantenimiento de las turbinas de la NS1, tuvo que hacer reparar una de estas turbinas en uno de sus talleres de Canadá. El problema es que -en principio- Canadá se niega a devolver la turbina a Alemania debido a las sanciones contra Rusia. Sin la turbina, Gazprom no puede explotar el gasoducto con normalidad y está reduciendo su capacidad en un 40% por razones técnicas[233]. En

---

228. Sarah McFarlane, Georgi Kantchev, «Gas: Trump dispuesto a pisar los talones a Rusia en Europa», *L'Opinion*, 29 de julio de 2018. (https://www.lopinion.fr/international/gaz-trump-pret-a-marcher-sur-les-plate-bandes-russes-en-europe)
229. Dpa, «Trump kritisiert Deutschland wegen Ostsee-Pipeline» («Trump critica a Alemania por el oleoducto del mar Báltico»), *merkur.de*, 3 de abril de 2018.
230. «Donald Trump aprueba sanciones de EE.UU. a empresas que trabajan en el gasoducto Nord Stream 2», *Agence Europe*, 3 de enero de 2020.
231. *Propuesta de resolución común con arreglo a los apartados 2 y 4 del artículo 132 del Reglamento sobre la detención de Aleksei Navalny*, Parlamento Europeo, 20 de enero de 2021 (2021/2513(RSP)).
232. https://www.rts.ch/info/monde/13181278-le-robinet-de-gaz-russe-pour-leurope-est-progressivement-coupe.html#timeline-anchor-1655470920416
233 «Russia cuts gas flows to Europe with part stuck in Canada», The Associated Press, 14 de junio de 2022 (https://apnews.com/article/russia-ukraine-canada-business-baltic-sea-8558b02f065d79bd5d9f725188239c98); Huileng Tan, «Russia is cutting 40% of one key pipeline's natural-gas supply to Germany because a piece of equipment is stuck in Canada due to sanctions», Business Insider, 15 de junio de 2022 (https://www.businessinsider.com/russia-cuts-gas-supply-germany-siemens-equipment-stuck-canada-sanctions-2022-6?r=US&IR=T).

otras palabras, no sólo Canadá impone sanciones a Alemania, sino que la reducción de los suministros rusos es el resultado -una vez más- de problemas internos en el campo occidental. Así que los medios suizos mintieron... ¡una vez más!

A mediados de julio, tras largas negociaciones, Canadá accedió a la petición de Alemania de devolver la turbina, lo que enfureció a Zelensky, que convocó al embajador canadiense para amonestarle[234]. Pero el problema no acabó ahí. A pesar del acuerdo canadiense, la turbina tardó mucho en llegar y los rusos no tenían ninguna garantía de volver a verla. Es más, a partir de finales de julio de 2022, otras turbinas deberán someterse a trabajos de mantenimiento en Canadá y los occidentales no han definido ninguna política clara. Por eso, el 14 de julio de 2022, Gazprom envió una carta a las autoridades alemanas anunciando que podría invocar «fuerza mayor» tras los trabajos de mantenimiento previstos en la NS1 entre el 11 y el 21 de julio.

Además, a pesar de la petición de Gazprom a Siemens, los canadienses se negaron a facilitar a los rusos una descripción de los trabajos realizados en esta primera turbina. A falta de estos documentos, Rusia no autorizó la devolución de la turbina y su reinstalación en la estación de compresión. Basándose en la experiencia de 1982, los rusos temían que los canadienses hubieran saboteado la turbina antes de devolverla. En consecuencia, la NS 1 funcionaba a una fracción de su capacidad.

Por último, en diciembre de 2022, *Reuters* informó de que Rusia había empezado a producir las turbinas necesarias para hacer circular el gas por sus gasoductos[235]. Reuters demuestra así que los medios de comunicación suizos nos han mentido en todo (¡obviamente no son los únicos!) y que las sanciones no han hecho más que estimular la producción industrial rusa.

---

234. «L'ambassadeur du Canada à Kiev convoqué à la suite du transfert «inacceptable» de turbines», *Le Figaro* / AFP, 11 de julio de 2022 (https://www.lefigaro.fr/flash-actu/l-ambassadeur-du-canada-a-kiev-convoque-a-la-suite-du-transfert-inacceptable-de-turbines-20220711)
235. «UPDATE 1-Russia's Power Machines completes first high-power gas turbine to replace imported equipment», *Reuters*, 26 de diciembre de 2022 (https://www.reuters.com/article/russia-gasturbine/update-1-russias-power-machines-completes-first-high-power-gas-turbine-to-replace-imported-equipment-idUKL8N33G0Q5)

### 3.3.5. *Fertilizantes y cereales*

En mayo-junio de 2022, Occidente se preocupó repentinamente por las exportaciones de grano ucraniano. Acusaron a Rusia de organizar un bloqueo de los puertos ucranianos en el Mar Negro. Evidentemente, esto no es cierto, ya que fueron los propios ucranianos quienes minaron sus puertos para impedir un ataque anfibio de Rusia.

De hecho, a mediados de junio de 2022, David Arakhamia, un asesor cercano a Zelensky, declaró que los militares ucranianos se oponían *«firmemente a la idea de desminar los puertos ucranianos del Mar Negro a cambio de permiso para exportar grano a través de Rusia»*[236]. Sin embargo, esto no impidió que *RTS* escribiera el 27 de junio que *«los barcos de transporte llevan atascados en el puerto desde febrero debido a las minas marinas y a los buques de guerra rusos frente a la costa»*[237].

De hecho, parece ser otro intento del gobierno ucraniano de encontrar una razón para la intervención occidental en el conflicto, como sugiere el *Washington Post*[238]. Se ha acusado a Rusia de utilizar el *«arma del hambre»* para mantener como rehenes a los países del hemisferio sur[239]. En realidad, Rusia no ha impedido a Ucrania exportar sus cereales (la mayoría de los cuales pueden llegar a Europa por vía terrestre). De hecho, son las sanciones occidentales las que han obstaculizado las exportaciones de cereales rusos.

Occidente afirma que los fertilizantes y los productos alimentarios no están sujetos a sanciones. Josep Borrell, responsable de la política exterior de la UE, declaró[240]:


236. Dave Lawler, «Ukraine suffering up to 1,000 casualties per day in Donbas, official says», *Axios*, 15 de junio de 2022 (https://www.axios.com/2022/06/15/ukraine-1000-casualties-day-donbas-arakhamia)

237. https://www.rts.ch/info/monde/13202280-un-missile-russe-touche-un-centre-commercial-du-centre-de-lukraine-faisant-craindre-un-lourd-bilan.html

238. Karoun Demirjian, Alex Horton & Stefano Pitrelli, «Russia's grain blockade may require U.S. intervention, general suggests», *The Washington Post*, 26 de mayo de 2022 (https://www.washingtonpost.com/national-security/2022/05/26/russia-ukraine-grain-blockade/)

239. «Moscou accusée d'utiliser «la faim comme arme de guerre» Acceso a los comentarios Debate», *Euronews / AFP*, 25 de junio de 2022 (https://fr.euronews.com/2022/06/25/moscou-accusee-dutiliser-la-faim-comme-arme-de-guerre)

240. Vince Chadwick, «Exclusive: Internal report shows EU fears losing Africa over Ukraine», devex.com, 22 de julio de 2022 (https://www.devex.com/news/exclusive-internal-report-shows-eu-fears-losing-africa-over-ukraine-103694)

*El sector agrícola ruso no está en el punto de mira. Nuestras sanciones no prohíben la importación de productos agrícolas rusos, ni de fertilizantes, ni el pago por dichas exportaciones rusas.*

Sin embargo, a estos productos les cuesta salir de Rusia. De hecho, si bien no hay sanciones para estos productos, ¡sí las hay para el transporte, las empresas que los exportan y los medios de pago! Por eso estos productos se pudren en los puertos europeos en lugar de abastecer a los países que los necesitan, porque ningún agente económico europeo se atreve a transportarlos.

En cuanto a Ucrania, sus cereales se exportan por barco no a los países del Sur, que escasean, sino a los del hemisferio Norte.

**Destinateires des céréales ukrainiennes au 21 avril 2023 [tonnes] (en toneladas)**

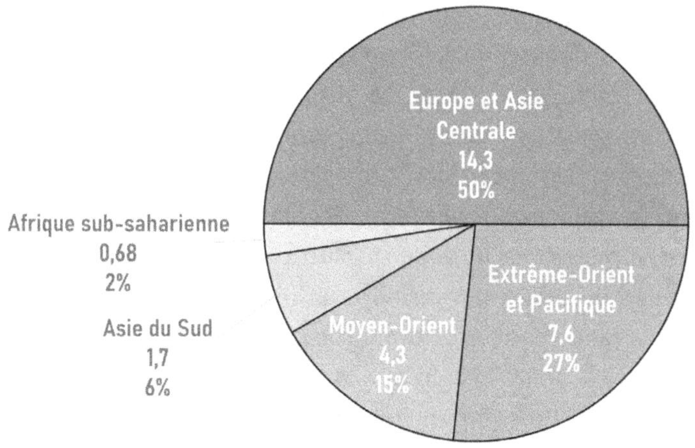


*Figura 16 - Aunque los países occidentales han acusado a Rusia de impedir las entregas de grano a los países del hemisferio sur, sólo el 2% de las entregas ucranianas se destinan al África subsahariana. [Fuente: https://www.un.org/en/black-sea-grain-initiative/ vessel-movements]*

Es el mismo problema con el transporte aéreo. Con los cielos cerrados a los aviones rusos, Rusia también ha cerrado sus cielos a los aviones occidentales. El resultado es una situación asimétrica: estas sanciones afectan más a los occidentales que a los rusos. De hecho, son una bendición para las aerolíneas asiáticas -sobre todo chinas-, que no están obligadas a volar por los cielos rusos, mientras que sus homólogas occidentales tienen que dar rodeos costosos y largos. ¡Pero los estadounidenses son malos jugadores: para compensar esta ventaja comparativa, están considerando imponerles un impuesto[241]!

La propuesta de reabrir los cielos europeos al tráfico ruso está sobre la mesa, pero los rusos no tienen prisa: en cualquier caso, con las sanciones que pesan sobre ciertos ciudadanos rusos, los medios de pago (tarjetas de crédito y sistema bancario) y las exportaciones, ¡los rusos no tienen ningún interés en viajar a Europa!

### 3.3.6. El aislamiento de Rusia

La estrategia de Estados Unidos y la Unión Europea consistía en aislar a Rusia política, económica y diplomáticamente. Era una forma de «mobbing estratégico» destinado a provocar el colapso de la economía rusa y disuadir a otros países de acudir en su ayuda. No ha funcionado[242].

Las sanciones occidentales desempeñan un papel decisivo en esta estrategia. Un elemento central era aislar a Rusia del sistema de pagos interbancarios SWIFT para impedirle comerciar con el exterior y llevarla a la bancarrota. Esto provocaría malestar social, que alimentaría un movimiento revolucionario dirigido al «cambio de régimen».

Pero, por supuesto, la idea de que un país que suministra materias primas y energía deba estar aislado del resto del mundo era aún más absurda dada la saneada economía rusa. En 2021, la deuda pública de Rusia era del 17% de su PIB, lo que la situaba en el puesto 182 (de 198 países) del mundo. En comparación, la deuda externa de Francia era del 112% de su PIB y la de Estados Unidos del 128%[243].

El sistema de sanciones no se limita a las que afectan a Rusia, sino también a las que podrían aplicarse a terceros países que no se asocian a las decisiones estadounidenses y europeas. De hecho, pronto quedó

---

241. Kate Kelly & Mark Walker, «Banned from Russian Airspace, U.S. Airlines Look to Restrict Competitors», The New York Times, 17 de marzo de 2023 (actualizado el 18 de marzo de 2023) (https://www.nytimes.com/2023/03/17/us/politics/russia-us-airlines-ukraine.html)
242. Josh Holder, Lauren Leatherby, Anton Troianovski y Weiyi Cai, «The West Tried to Isolate Russia. It Didn't Work», *The New York Times*, 23 de febrero de 2023 (https://www.nytimes.com/interactive/2023/02/23/world/russia-ukraine-geopolitics.html)
243. https://en.wikipedia.org/wiki/List_of_countries_by_public_debt

claro que los países del hemisferio sur no iban a seguirles en la aplicación de sanciones[244].

La crisis ucraniana ha demostrado que la única herramienta de política exterior de que dispone Occidente son las sanciones. La presión -por no decir chantaje- a la que se sometió a los países africanos durante las votaciones de la ONU sobre Rusia demostró que las alianzas con Occidente son un juego peligroso[245]. De forma bastante inesperada, la presión ejercida sobre los países africanos para que se alineen tiende a volverse en contra de Occidente[246].

A diferencia de los años 1960-2020, cuando Occidente llevaba la voz cantante por su supremacía económica, China es ahora un socio mucho más interesante para el «resto del mundo».

Mientras que en algunos países de la «nueva Europa», como Polonia y los países bálticos, el odio a Rusia domina el pensamiento político, en otros países, como Eslovaquia, los lazos con Rusia siguen siendo fuertes. En septiembre de 2022, por ejemplo, una encuesta mostraba que la mayoría de los eslovacos preferiría una victoria rusa[247].

En febrero de 2023, la Asamblea General de las Naciones Unidas (AGNU) aprobó una resolución por 141 votos a favor y 7 en contra en la que se pedía el cese inmediato de las hostilidades y la retirada de Rusia de Ucrania. Las cifras sugieren un apoyo masivo a la postura occidental. Pero la realidad es más sutil.

El objetivo de Occidente es provocar el colapso de Rusia aislándola. Para lograrlo, tratan de imponer sus decisiones y castigar a quienes no están de acuerdo con ellas. Las votaciones en la AGNU están sometidas a una enorme presión sobre los países del Sur, que va de la mano del chan-

---

244. Sharon Wajsbrot, «L'Opep se refuse à remplacer le pétrole russe», *Les Echos*, 5 de mayo de 2022 (actualizado el 6 de mayo de 2022) (https://www.lesechos.fr/finance-marches/marches-financiers/lopep-se-refuse-a-remplacer-le-petrole-russe-1405149)

245. Krista Larson, «Africa leader warns of pressure to choose sides in Ukraine», *AP News*, 20 de septiembre de 2022 (https://apnews.com/article/russia-ukraine-united-nations-general-assembly-macky-sall-f7b8ec5e6092dc439adc1230e4f64d1d)

246. Robbie Gramer & Jack Detsch, «Western Allies Pressure African Countries to Condemn Russia», *Foreign Policy*, 5 de mayo de 2022 (https://foreignpolicy.com/2022/05/05/western-allies-pressure-african-countries-to-condemn-russia/)

247. Michal Hudec, «La mayoría de los eslovacos quieren que Rusia gane la guerra de Ucrania», *EURACTIV.sk*, 15 de septiembre de 2022 (https://www.euractiv.com/section/politics/short_news/most-slovaks-want-russia-to-win-ukraine-war/)

taje[248]. Así, lo que parece un éxito contra Rusia a corto plazo es un fracaso estratégico a medio y largo plazo. Los países africanos han comprendido que su dependencia de Occidente es una gran vulnerabilidad. Así lo han entendido los países del Sahel, que se han comprometido a expulsar de su territorio a las fuerzas armadas extranjeras.

Las «abstenciones» (formales o mediante la política de la «silla vacía») son una forma de expresar el rechazo a alinearse con las posiciones occidentales, sin enfrentarse abiertamente. Por eso las abstenciones tienen más peso del que nuestros medios de comunicación nos quieren hacer creer.

Contrariamente a lo que afirma Josep Borrell, los africanos están muy bien informados sobre los asuntos europeos, y a menudo incluso mejor informados que los propios ciudadanos europeos. Pero no quieren verse implicados en este conflicto, que no les concierne en absoluto. Siempre volvemos a la misma pregunta: ¿por qué este conflicto es más reprobable que los que hemos creado en África o en Oriente Próximo?

**Países sancionados por EE.UU. (2022)**

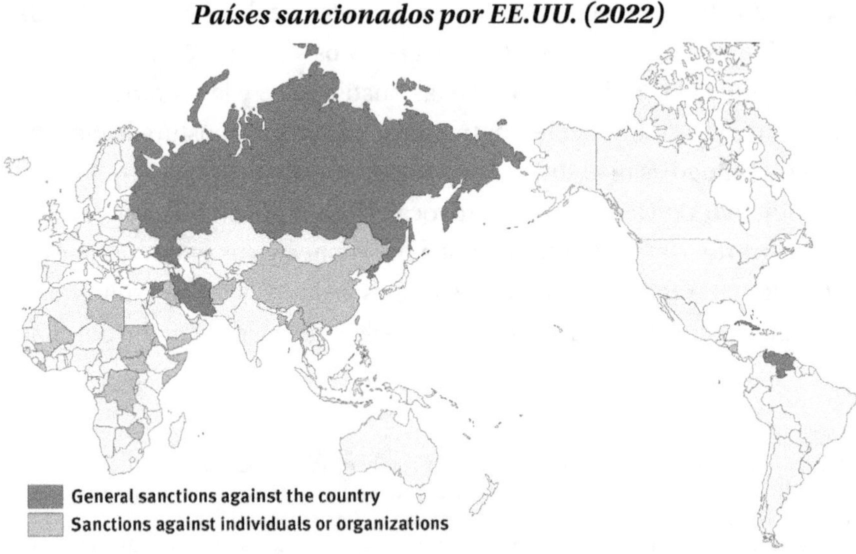


*Figura 17 - Los países sometidos a sanciones estadounidenses tienden ahora a unir sus fuerzas. Las sanciones suelen tener como objetivo imponer políticas, por lo que es poco probable que se relajen.*

---

248. «Western Allies Pressure African Countries to Condemn Russia», *Foreign Policy*, 5 de mayo de 2022 (https://foreignpolicy.com/2022/05/05/western-allies-pressure-african-countries-to-condemn-russia/)

## Llamamiento al cese inmediato de las hostilidades (febrero de 2023)

*Figura 18 - Países miembros de las Naciones Unidas que piden el fin inmediato de la intervención rusa. Varios países se quejaron de haber sido presionados por países occidentales para votar.*

## Países que han adoptado sanciones contra Rusia (febrero de 2023)

*Figura 19 - Países que han adoptado sanciones contra Rusia.*



3. Consideraciones geoestratégicas

### 3.3.6.1. *La relación triangular entre Rusia, India y China.*

En la reunión del G20 en Nueva Delhi en marzo de 2023, los estadounidenses intentaron presionar a India para que incluyera una condena a Rusia en la declaración final. Estados Unidos puso a India en una situación imposible: como Rusia forma parte del G20, era improbable que tal declaración final viera la luz, lo que dejaba la única perspectiva de concluir el G20 sin una declaración final.

De hecho, los estadounidenses contaban con el espectacular acercamiento entre Rusia y China -viejo enemigo de India- para impulsar esta declaración. Pero India no «picó». En Occidente, cuando se trata de China o Rusia, se hace hincapié en las diferencias. En Asia, y más ampliamente en un mundo consciente de sus responsabilidades (lo que excluye a Occidente en su conjunto), el énfasis se pone en lo que une a las personas.

China e India tienen sus diferencias y ambas están cerca de Rusia. India ha comprendido perfectamente (a diferencia de los líderes mono-neurónicos de Occidente) que el acercamiento chino-ruso no va dirigido contra ella, sino contra la agresión estadounidense. Ahora, India no sólo ve en este acercamiento una oportunidad para mejorar su propia situación, sino que Estados Unidos empieza a comportarse también como un adversario para India.

El 31 de marzo de 2023, Rusia publicó su concepto de política exterior, que no se había modificado desde 2016[249]. Es interesante observar que Rusia ya no se ve a sí misma como un país europeo, sino como una «vasta potencia euroasiática y europacífica». En otras palabras, ha iniciado su pivote hacia el Este. Rusia, a la que hemos impedido convertirse en un puente entre Occidente y Oriente, va a consolidar un bloque ya muy fuerte que se convertirá en el epicentro del desarrollo de nuestro planeta en muy poco tiempo.

Hemos hecho con Rusia exactamente lo que la UE hizo con Ucrania en 2013: en lugar de verla como un puente, la vimos como una zanja.

### 3.3.6.2. *China*

En términos económicos, las sanciones occidentales han tenido tres efectos principales: han animado a Rusia a desarrollar una base industrial de productos de consumo que antes no tenía; la han animado a

---

249. https://mid.ru/en/foreign_policy/fundamental_documents/1860586/?lang=fr

desarrollar vínculos con China que antes no tenía; y han reducido su dependencia del capital extranjero. El incentivo para desarrollar la capacidad autóctona en muchas áreas ha ayudado a gestionar el empleo de forma más eficaz.

China es socio de Rusia desde hace algunos años. Los vínculos industriales entre ambos países son históricos e importantes. Las rencillas ideológicas de los años sesenta y ochenta han quedado en el olvido, al igual que las disputas territoriales.

Rusia ha comprendido que sus transacciones con la UE se sitúan sistemáticamente en un contexto político e ideológico y, por tanto, están sujetas a sanciones de forma totalmente imprevisible. También ha comprendido que el desarrollo de China y la explosión del mercado asiático representan una oportunidad: más estable, más previsible, más resistente a las sanciones, pagando más y tratando de reducir su dependencia de Estados Unidos, es claramente más atractivo. Por eso Rusia ha construido una vasta red de oleoductos y comienza a suministrar tantos recursos que ya no estarán disponibles para Europa.

Desde la presidencia de Donald Trump, los estadounidenses se han vuelto más contundentes con China y juegan con la cuestión de Taiwán -como hicieron con Ucrania- para llevarla a un conflicto que la debilite. Los chinos son conscientes de ello y la situación en Rusia ha provocado inevitablemente un acercamiento entre ambos países.

Es interesante observar que en el caso de China, Occidente justifica su apoyo a la independencia de Taiwán, mientras que en el caso de Ucrania, refuta los elementos históricos y políticos que hacen de Crimea un territorio que nunca se ha sentido ucraniano y que los ucranianos nunca han considerado realmente «ucraniano» (sobre todo por sus inversiones en infraestructuras).

En abril de 2023, unas declaraciones del embajador chino en Francia en el canal de televisión francés LCI desataron la polémica[250]. En realidad, la entrevista demostró lo inculto que era el periodista, ya que las declaraciones del embajador distaban mucho de ser falsas.

China ha sido criticada por apoyar a Rusia con un doble rasero debido a la situación en Crimea. Pero se trata de situaciones muy diferentes.

---

250. https://youtu.be/8XYDYf1gmtA

La diferencia fundamental entre Crimea y Taiwán es que Taiwán, al igual que China, considera que sólo hay una China y que Taiwán es una provincia de ella. Así lo afirma también el «Consenso de 1992»[251], reconocido por Estados Unidos y que fue objeto de una declaración conjunta el 16 de diciembre de 1978[252]. En otras palabras, la independencia de Taiwán es una construcción occidental.

Crimea, por su parte, aunque «donada» en 1954 por Jruschov a Ucrania, entonces miembro de la URSS, siempre ha sido rusa, después de haber estado en manos de los tártaros, sobre quienes se habla más adelante. Esta donación nunca fue ratificada por los parlamentos de Rusia, Ucrania o la URSS. Y lo que es más importante, Crimea fue retirada del redil ucraniano y subordinada directamente a Moscú por referéndum popular el 20 de enero de 1991[253]. La nueva configuración de la URSS fue validada por el referéndum del 17 de marzo de 1991, dirigido por Moscú, que confirmó que Ucrania seguiría formando parte de la Unión. Ucrania no se independizó hasta 9 meses más tarde, cuando ya se había completado su separación de Crimea. Tras un tira y afloja jurídico, Ucrania abolió la Constitución de Crimea en 1995 y derrocó a su presidente por la fuerza.

Así pues, contrariamente a lo que afirma Darius Rochebin cuando interpela al embajador chino, éste tiene razón. La situación en los dos países es fundamentalmente diferente. Es el discurso occidental, que evacua partes de la historia y «simplifica» su explicación para apoyar una política claramente desestabilizadora de Estados Unidos y la UE, el que pretende implicarse militarmente en la región[254].

Occidente ha hecho todo lo posible para que Rusia y China se encuentren en una situación similar y sientan la necesidad de reforzarse mutuamente mediante una asociación aún más sólida.

---

251. https://fr.wikipedia.org/wiki/Consensus_de_1992
252. http://us.china-embassy.gov.cn/eng/zmgx/zywj/lhgb/200310/t20031023_4917623.htm
253. NdA: con una participación del 81,3% de la población.
254. «EU's Borrell asks European navies to patrol Taiwan Strait», EURACTIV.com / AFP, 23 de abril de 2023 (https://www.euractiv.com/section/eu-china/news/borrell-asks-european-navies-to-patrol-taiwan-strait/)

## 3.3.7. Estabilidad en Rusia

**La popularidad de Vladimir Putin desde octubre de 2021**

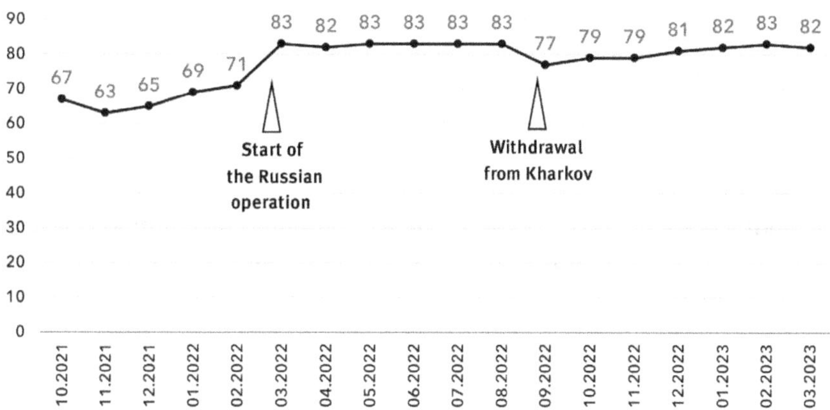


*Figura 20 - El índice de popularidad de Vladimir Putin se ha mantenido relativamente estable desde febrero de 2022. Se observó una inflexión tras la retirada de las fuerzas rusoparlantes de la región de Járkov en septiembre. En general, la población rusa apoya las acciones de su Gobierno. [Fuente: Centro Levada (considerado un agente extranjero en Rusia)*

Lo mismo ocurre con el apoyo a la Operación Especial Rusa (SVO) en Ucrania, que sigue siendo muy fuerte y se ha visto reforzado por las entregas de armas occidentales.

Nuestros medios de comunicación juegan con cifras y fechas para difundir desinformación. Es el caso del controvertido medio suizo *Heidi News, que* intenta demostrar que el Gobierno falsea las encuestas sobre el apoyo a la SVO. Cita un índice de aprobación del 58,8%, medido del 26 al 28 de febrero de 2022 por *Russian Field*, un instituto estrechamente vinculado a la oposición a Vladimir Putin[255]. Los medios de comunicación suizos comparan esta cifra con el 71%, medido por el instituto de sondeos *VTsIOM*, próximo al Gobierno ruso, el 5 de marzo de 2022[256]. La diferencia parece demasiado grande para ser honesta, pero los medios suizos obviamente no mencionan los índices medidos por *VTsIOM del 5* al 7 de marzo de 2022, que muestran un aumento de la aprobación

---

255. https://web.archive.org/web/20220310065852/https:/russianfield.com/netvoine
256. https://wciom.ru/analytical-reviews/analiticheskii-obzor/armija-i-obshchestvo-na-fone-spe-cialnoi-voennoi-operacii

hasta el 64%[257]. Obviamente, los medios suizos no mencionan que la oposición a la SVO medida por *Russian Field,* que era del 34% a finales de febrero, subió al 22% a principios de marzo, una cifra superior a la dada por *VTsIOM* (21%). Por lo tanto, nada hace pensar que el gobierno esté falsificando las cifras, como afirma Heidi News.

Estas cifras pueden compararse con las del *Centro Levada* -considerado un «agente extranjero»-, que mantuvo estadísticas regulares sobre la SVO, haciendo sistemáticamente las mismas preguntas, lo que no ocurre con *el campo ruso*[258] mencionado por los medios suizos. El salto de popularidad de la SVO entre finales de febrero y principios de marzo de 2022 parece ser un hecho y no una manipulación de las cifras, como sugiere *Heidi News.* En marzo de 2023, según el Centro Levada, el apoyo a la operación militar especial en Ucrania se situaba en el 72%[259].

### *Apoyo a la acción de las fuerzas armadas en Ucrania [%].*

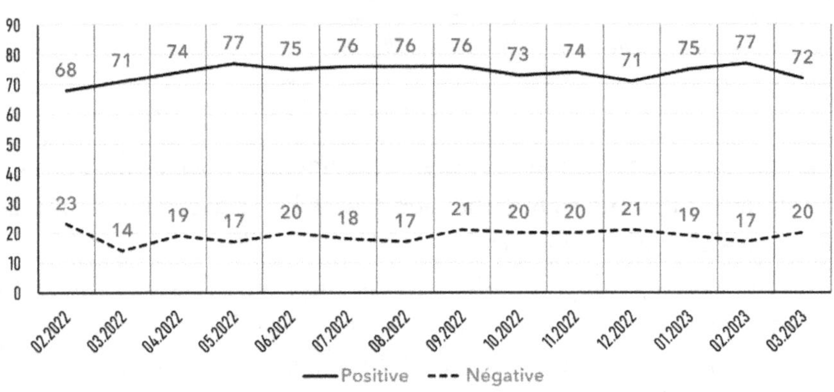


*Figura 21 - El apoyo a la SVO aumenta constantemente. Hubo un ligero descenso a finales de 2022, sobre todo después de la retirada de Járkov, que fue muy mal explicada a la población. En otras palabras, las autoridades rusas no están bajo la presión de la opinión pública, como empiezan a estarlo los gobiernos occidentales. [Cifras: Levada Centre]*

---

257. https://web.archive.org/web/20220308171955/https://russianfield.com/zamir
258. https://russianfield.com/projects
259. https://www.levada.ru/2022/12/23/konflikt-s-ukrainoj-otsenki-dekabrya-2022-goda/

A pesar de la desinformación y la manipulación de nuestros medios de comunicación, la opinión pública rusa apoya abrumadoramente a sus autoridades. Lo que se desprende de las encuestas es que los rusos apoyan a la SVO al tiempo que desean la paz y un final negociado del conflicto, que ha sido la postura del Gobierno ruso desde que comenzó la guerra en 2014.

También es interesante observar que, según Russian Field, la mayoría de los rusos culpan a Occidente del conflicto.

### Responsabilidad del empeoramiento de la situación según la población rusa (a 26-28 de febrero de 2022)

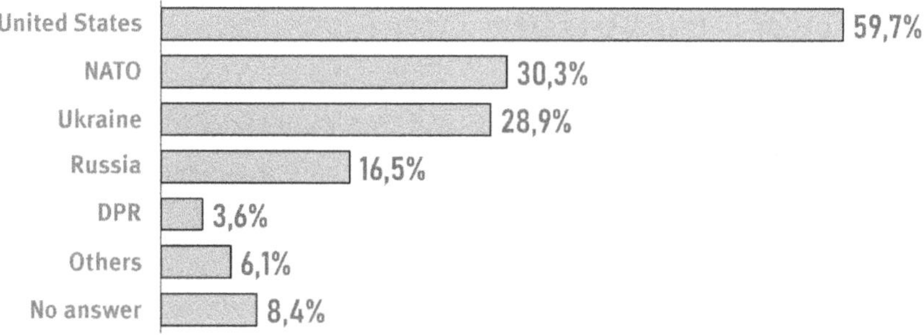


*Figura 22 - Respuestas a la pregunta «¿Quién cree que está detrás de la escalada de las relaciones con Ucrania? según el instituto de sondeos Russian Field, próximo a la oposición en Rusia. La pregunta se formuló al comienzo de la SVO. Como podemos ver, la posición del público es muy cercana a la del gobierno ruso.*

El hecho es que habrá una cierta fatiga en Rusia -como en Occidente- en relación con las hostilidades. Pero parece que esta fatiga es más favorable a Rusia tanto interna como externamente. La insistencia de Occidente en derribar a Rusia y a su gobierno, incluidos los llamamientos al asesinato por parte de ciertos líderes occidentales, no hace sino reforzar el apoyo a Vladimir Putin.

Políticos despreciables sin valor alguno, como Lindsay Graham, senador republicano[260], o Jean Asselborn, ministro luxemburgués de

---

260. Lexi Lonas, «Graham calls for 'somebody in Russia' to take Putin out», *The Hill*, 4 de marzo de 2022 (https://thehill.com/homenews/senate/596843-graham-calls-for-somebody-in-russia-to-take-putin-out/)

Asuntos Exteriores, que declaró en *Radio 100.7* de Luxemburgo que «*Eso sería todo lo que podríamos desear, que fuera efectivamente eliminado físicamente, para que esto se acabe*»[261]. Así que personas que no movieron un dedo para hacer cumplir los acuerdos de Minsk porque el conflicto estaba matando a rusoparlantes, ¡ahora llaman al asesinato! Estamos gobernados por individuos que no valen para nada.

Estas estúpidas declaraciones sólo han servido para cerrar las filas de los rusos en torno a su Presidente. Por el contrario, demuestran que nuestros dirigentes son incapaces de anticiparse a los problemas con inteligencia y sólo pueden prever soluciones de mano dura.

## 3.4. Reforzar la OTAN y la UE

Algunos dirán que el conflicto de Ucrania ha fortalecido a la Alianza Atlántica (OTAN) y a la Unión Europea (UE). Esto no es tan cierto.

En primer lugar, la OTAN sólo ha desempeñado un papel insignificante en esta crisis. Los países miembros de la OTAN han contribuido a apoyar a Ucrania individualmente, pero la OTAN como organización solo ha desempeñado un papel marginal. La OTAN ayudó a poner en pie al ejército ucraniano en 2014, en el marco de la *Asociación Euroatlántica* (AEA). En aquel momento, la EAPC incluía a Ucrania, por supuesto, pero también a Rusia, Bielorrusia y Suiza. El objetivo de esta estructura paralela a la Alianza era ayudar a los llamados países «socios» a mejorar sus instituciones de defensa. Así pues, la intervención de la OTAN para reorganizar y adiestrar al ejército ucraniano formaba parte de un contexto «normal».

Lo más destacado es que, en esta crisis, los Aliados sólo han mostrado una fachada de unidad. Han actuado de forma totalmente errática, desde la destrucción de los gasoductos Nord Stream 1 y 2 contra Alemania hasta el sabotaje de las iniciativas de diálogo propuestas por Turquía.

Ello se debe a que la OTAN no es una estructura colegiada, sino un conjunto de países que se han puesto bajo la protección de una super-

---

261. Guillaume Oblet, «Jean Asselborn: 'Éliminer physiquement Vladimir Poutine'», *Le Quotidien*, 2 de marzo de 2022 (actualizado el 3 de marzo de 2022) (https://lequotidien.lu/politique-societe/jean-asselborn-eliminer-physiquement-vladimir-poutine/)

potencia, que por tanto tiene un verdadero poder de decisión. En otras palabras, en esta crisis, la OTAN ha demostrado no ser más que un instrumento de la política estadounidense.

Cabe señalar que, desde 2014, la OTAN ha sido incapaz de abordar la disputa entre Ucrania y Rusia -ambos miembros del Consejo de Asociación Euroatlántico (CAEA)- en el marco de sus propias instituciones. Sin embargo, el EAPC «*que comprende 50 países, es un foro multilateral de diálogo y consulta sobre cuestiones políticas y de seguridad entre los países miembros y socios de la OTAN*»[262].

En cuanto a la UE, ha demostrado que sólo es capaz de avivar el conflicto suministrando armas y cortando de raíz los intentos de negociación de Ucrania. Ha demostrado una notable incapacidad para intentar calmar la situación.

Esto se debe a que la UE carece de una política exterior común. La *Política Exterior y de Seguridad Común* (PESC) se ha quedado en una piadosa esperanza desde finales de los años ochenta. La existencia de un Ministro de Asuntos Exteriores, en la persona de Josep Borrell, ha quedado reducida a la función de un estéril portavoz. Sin embargo, sin política exterior común no puede haber *Política Común de Seguridad y Defensa (PCSD)*. El asunto Nord Stream y la forma en que se ha gestionado la crisis ucraniana demuestran que la UE navega a ciegas, sin objetivos reales. Sus sanciones han tenido efectos que sus expertos no supieron identificar de antemano.

Un criterio fundamental, invocado repetidamente por Rusia desde 2007, es la indivisibilidad de la seguridad. Este principio ha sido aceptado por los miembros de la OSCE y quedó consagrado en el Documento de Estambul (1999)[263] y en la Declaración de Astana (2010)[264]:

> *La seguridad de cada Estado participante está inextricablemente ligada a la de todos los demás.*

Cuando el Gobierno alemán anunció un presupuesto récord de defensa de 100.000 millones para 2023, los medios de comunicación se

---

262. https://www.nato.int/cps/fr/natohq/topics_49276.htm
263. https://www.osce.org/files/f/documents/0/2/39570.pdf
264. https://www.osce.org/files/f/documents/b/3/74987.pdf

regocijaron: «Putin quería debilitar a Europa», ¡pero Europa se está fortaleciendo! ¿Hasta qué punto Vladimir Putin tenía este objetivo? Lo cierto es que Alemania ha tenido que cambiar de tono. La devaluación del euro frente al dólar y la inflación tras las sanciones contra Rusia han hecho sonar la campana de muerte de este presupuesto extraordinario. En octubre de 2022, el periódico económico alemán *Handelsblatt* anunció que el Ministerio de Defensa iba a realizar importantes recortes en los gastos previstos[265].

### 3.4.1. *Las relaciones entre la OTAN y Rusia*

Todo lo que recordamos de la crisis de los misiles de Cuba en 1962 es lo sensibles que se mostraron los estadounidenses al tener misiles potencialmente hostiles en sus inmediaciones. Pero a menudo olvidamos que el origen de esta crisis fue el despliegue, en 1961, de misiles nucleares estadounidenses PGM-19 JUPITER en Turquía. En aquella época, los estadounidenses aún no disponían de la tecnología necesaria para construir misiles intercontinentales, y los JUPITER no eran más que una versión mejorada de los V2 alemanes, con un alcance de 2.400-2.700 km.

A los estadounidenses no les gusta que les hagan lo que ellos hacen a los demás. Los soviéticos lo comprendieron y empezaron a desplegar misiles en Cuba. Al final, los estadounidenses, atrapados en su propio juego, tuvieron que retirar sus misiles de Turquía... La URSS ganó.

Sin embargo, la OTAN ya estaba en contacto directo con territorio soviético en 1952 con la adhesión de Turquía y ya había tocado territorio ruso en 1949 con Noruega. Así que el problema no es que la OTAN esté tocando la frontera rusa, sino lo que Occidente está haciendo allí.

Los Estados bálticos ingresaron en la OTAN en 2004, sin que ello supusiera realmente un problema para Rusia. De hecho, el problema vino de Estados Unidos. A partir de 2002, al retirarse gradualmente de todos los tratados de control de armas, Bush y Trump también se liberaron de sus obligaciones. En 2004, empezaron a negociar con los nuevos miembros de la OTAN (Polonia, República Checa y Rumanía) la instalación de lanzamisiles. Esto fue lo que desencadenó la inquietud de Moscú.

---

265. Martin Greive, Martin Murphy & Frank Specht, «Regierung kürzt mehrere Rüstungsprojekte», *Handelsblatt*, 24 de octubre de 2022 (https://www.handelsblatt.com/politik/deutschland/bundeswehr-sondervermoegen-regierung-kuerzt-mehrere-ruestungsprojekte/28761788.html)

Esta preocupación se ve reforzada por dos observaciones. En primer lugar, la actitud de los estadounidenses, que desde 1991 se han embarcado en un gran número de operaciones militares contra países soberanos, desafiando el derecho internacional, sin encontrar la más mínima condena por parte de sus aliados occidentales. En segundo lugar, los lanzadores Mk41 en cuestión pueden utilizarse para disparar misiles antibalísticos (defensivos) o misiles nucleares (ofensivos). El emplazamiento de Radzikowo (Polonia) elegido para los lanzadores se encuentra a 800 km de la frontera rusa y a 1.300 km de Moscú. Esta proximidad es exactamente contraria a los principios del Tratado ABM, concebidos para permitir negociaciones hasta los últimos segundos antes de tomar una decisión fatal.

Pero los rusos saben que Occidente no cumple su palabra ni los acuerdos que ha firmado. Por eso, las garantías de Washington de que estos lanzadores se utilizarán exclusivamente con fines defensivos suscitan un legítimo escepticismo en Moscú. Esto es lo que motivó el duro discurso de Vladimir Putin en Múnich en 2007.

La preocupación de los rusos no sólo es legítima, sino que es simétrica en Occidente, como señala la *RAND Corporation*[266]:

> *While putting strike assets close to Russia would reduce the time available for Russian military leaders there to detect and respond to air and cruise missile attacks, it would leave US and allied leaders even less time to detect and respond to Russian missile attacks on the assets now located at those bases. This combination of mutual vulnerability and risk of surprise attack could be seriously destabilizing in a crisis, especially if tactical nuclear weapons are also stored at close bases.*

Así que, contrariamente a lo que nos dicen los generales de opereta en nuestras pantallas de televisión, el problema de los rusos no es tanto tener tanques en su frontera, sino armas con capacidad nuclear.

---

266. James Dobbins, Raphael S. Cohen, Nathan Chandler, Bryan Frederick, Edward Geist, Paul DeLuca, Forrest E. Morgan, Howard J. Shatz, Brent Williams, «Extending Russia: Competing from Advantageous Ground», RAND Corporation, 2019.



3. Consideraciones geoestratégicas

Este fue el motivo de la decisión de Vladimir Putin en marzo de 2023 de acceder a la petición de Alexander Lukashenko de desplegar armas nucleares en territorio bielorruso. Técnicamente, esta decisión no tiene ninguna repercusión, ya que estas armas tienen alcances que permiten dispararlas desde territorio ruso. Sin embargo, envía un mensaje político.

### 3.4.2. La adhesión de Ucrania a la OTAN y a la UE

#### 3.4.2.1. La adhesión de Ucrania a la OTAN

En la Cumbre de la OTAN de 2008, se decidió considerar la adhesión de Georgia y Ucrania a la OTAN. Sin embargo, la decisión de la OTAN no fue acogida con entusiasmo, ya que se reconoció que tenía un carácter provocador y reforzaría la sensación de cerco de los rusos.

En agosto de 2008, el escenario que desembocó en la intervención de Rusia para proteger a la población rusoparlante de Osetia del Sur del desproporcionado ataque[267] del gobierno georgiano[268] sirvió probablemente de modelo para la crisis ucraniana de 2022.

Después de 2014, las relaciones entre Ucrania y sus vecinos distan mucho de ser armoniosas. El nuevo gobierno de extrema derecha considera a los grupos étnicos inferiores a los ucranianos «étnicos». Como resultado, las tensiones étnicas son elevadas.

Además de la mayor comunidad rusoparlante, la minoría magiar lleva muchos años sufriendo a manos de los ucranianos[269,270], con el beneplácito de los países occidentales[271]. Gracias a la complacencia de los medios de comunicación occidentales, ha aumentado la persecución de esta minoría por parte de organizaciones de extrema

---

267. Andrew Rettman, «EU-sponsored report says Georgia started 2008 war», *euobserver.com*, 30 de septiembre de 2009

268. «Citas del informe sobre la guerra de Georgia patrocinado por la UE», *Reuters*, 30 de septiembre de 2009.

269. https://youtu.be/9b07devNZU0

270. «Budapest convoca al embajador ucraniano por las «redadas» contra una organización étnica húngara», *Euractiv.com / Reuters*, 1 de diciembre de 2020 (https://www.euractiv.com/section/europe-s-east/news/budapest-summons-ukrainian-ambassador-over-raids-on-ethnic-hungarian-organization/)

271. Mariann Őry, «Foreign Minister Warns EU about Acts against Hungarians in Ukraine», *Hungary Today*, 24 de enero de 2023 (https://hungarytoday.hu/foreign-minister-warns-eu-about-atrocities-against-hungarians-in-ukraine/)

derecha ucranianas[272]. Esta es la principal razón por la que Hungría se opone a la adhesión de Ucrania a la Alianza Atlántica, como explica el *Washington Times*[273], cuyo artículo se reproduce en la página web de la embajada húngara en Estados Unidos[274]. En marzo de 2023, Peter Szijjarto, ministro de Asuntos Exteriores de Hungría, declaró que su gobierno «*no apoyaría ningún paso concreto hacia la integración (de Ucrania) en la OTAN o la UE*» hasta que la situación mejorara. ¡Para ocultar los crímenes cometidos en Ucrania, nuestros medios de comunicación asocian esta negativa a la supuesta cercanía entre Viktor Orban y Vladimir Putin[275]!

En abril de 2023, la OTAN está dividida sobre la entrada de Ucrania en la Alianza. Mientras que los países extremistas de Europa del Este, como los Estados bálticos y Polonia, presionan a favor del ingreso, Estados Unidos, Alemania y Hungría se oponen. El *Financial Times* habla de profundas diferencias en el seno de la OTAN[276]. De hecho, esta situación ha sido provocada por el propio Volodymyr Zelensky, que ha arrinconado a la Alianza al condicionar su presencia en la cumbre de Vilna (11-12 de julio de 2023) a una declaración concreta a favor de Ucrania.

### 3.4.2.2. La adhesión de Ucrania a la UE

En contra de las divagaciones de nuestros «expertos», Rusia nunca se ha opuesto a la adhesión de Ucrania a la UE[277] y no tiene intención de cambiar su política en el futuro[278]. En 2013, fue la Unión Europea la que se opuso a que Ucrania mantuviera relaciones con Rusia. Rechazó

---

272. https://hhrf.org/on-our-radar/hungarians-in-ukraine/
273. Balazs Tarnok, «Why is Hungary 'blocking' Ukraine's NATO accession?», The Washington Times, 25 de junio de 2021 (https://m.washingtontimes.com/news/2021/jun/25/why-is-hungary-blocking-ukraines-nato-accession/)
274. https://washington.mfa.gov.hu/eng/news/why-is-hungary-blocking-ukraines-nato-accession
275. «Ukraine's Hungarians stuck between Kyiv and 'pro-Putin' Orban», *France 24*, 21 de marzo de 2023 (https://www.france24.com/en/live-news/20230321-ukraine-s-hungarians-stuck-between-kyiv-and-pro-putin-orban)
276. «US opposes offering Ukraine a 'road map' to Nato membership», *Financial Times*, 8 de abril de 2023 (https://www.ft.com/content/c37ed22d-e0e4-4b03-972e-c56af8a36d2e)
277. Elena Teslova, «Russia not worried about Ukraine's EU candidate status: Putin», *Agencia Anadolu*, 17 de junio de 2022 (actualizado el 18 de junio de 2022) (https://www.aa.com.tr/en/world/russia-not-worried-about-ukraines-eu-candidate-status-putin/2616606)
278. Joe Walsh, «Russia-Ukraine Peace Talks: Russia Willing To Let Ukraine Join EU If It Stays Out Of NATO, Report Says», Forbes, 28 de marzo de 2022 (https://www.forbes.com/sites/joewalsh/2022/03/28/russia-ukraine-peace-talks-russia-willing-to-let-ukraine-join-eu-if-it-stays-out-of-nato-report-says/).

la propuesta rusa de acomodar los intereses económicos de Ucrania y Rusia y de que Ucrania formara parte de dos acuerdos al mismo tiempo. Fue José-Manuel Barroso quien exigió a Ucrania que tomara una decisión.[279]

A finales de marzo de 2022, cuando Volodymyr Zelensky hizo sus propuestas de negociación con Rusia, ésta dejó claro que se opondría a que Ucrania entrara en la OTAN, pero no en la UE[280].

La adhesión de los países de Europa del Este ha ido sistemáticamente precedida de su ingreso en la OTAN. No se trata de una norma escrita ni de un proceso inmutable, pero sin duda Ucrania lo percibió como un problema. Su conflicto abierto con Rusia en 2014 hacía prácticamente imposible su ingreso en la OTAN, por el riesgo de invocar el artículo 5 de la Carta Atlántica. De hecho, esto es lo que los estadounidenses dijeron a Zelensky[281]. Pero esto no debería impedir la adhesión del país a la UE. Al menos en teoría. Porque el problema actual es que si Ucrania es admitida en la UE, toda una cascada de problemas podría afectar a Europa.

En primer lugar, exigiría que la UE aportara fondos sustanciales para la reconstrucción del país. Ucrania ya recibe apoyo de la UE a distancia.

En segundo lugar, hasta que no se resuelvan los problemas endémicos de corrupción, los inversores no se apresurarán a venir a Ucrania.

Hungría lleva mucho tiempo dividida sobre la cuestión ucraniana. Contrariamente a lo que afirman los supuestos expertos de medios de comunicación franceses como *France 5* y *LCI*, esto no se debe a que Viktor Orban sea un dictador, sino simplemente a que en Ucrania se persigue a las minorías. Este ha sido el caso durante muchos años con la minoría húngara. A principios de 2023, estas minorías fueron las

---

279. «Barroso recuerda a Ucrania que la unión aduanera y el libre comercio con la UE son incompatibles», *ukrinform*, 25 de febrero de 2013 (https://www.ukrinform.net/rubric-economy/1461921-barroso_reminds_ukraine_that_customs_union_and_free_trade_with_eu_are_incompatible_299321.html)
280. Joe Walsh, «Russia-Ukraine Peace Talks: Russia Willing To Let Ukraine Join EU If It Stays Out Of NATO, Report Says», *Forbes*, 28 de marzo de 2023 (https://www.forbes.com/sites/joewalsh/2022/03/28/russia-ukraine-peace-talks-russia-willing-to-let-ukraine-join-eu-if-it-stays-out-of-nato-report-says/)
281. Chandelis Duster, «Zelensky: 'If we were a NATO member, a war would't have started'», cnn.com, 20 de marzo de 2022 (https://edition.cnn.com/europe/live-news/ukraine-russia-putin-news-03-20-22/h_7c08d64201fdd9d3a141e63e606a62e4)

primeras en ser objeto de reclutamiento forzoso[282]. Esto explica la ira húngara[283] y por qué el 97% de los húngaros se oponen a las sanciones europeas contra Rusia[284].

Dicho esto, la integración de Ucrania en la UE, proclamada urbi et orbi, aún parece lejana. En abril de 2023, Polonia, Hungría y Eslovaquia prohibieron las importaciones de cereales ucranianos.

### 3.4.3. *La adhesión de Suecia y Finlandia a la OTAN*

En mayo de 2022, en medio de la emoción y la histeria desatadas por la ofensiva rusa en Ucrania, Suecia y Finlandia expresaron su intención de solicitar el ingreso en la OTAN. Muchos ven en ello un pulgar en la nariz a Vladimir Putin. Jens Stoltenberg, Secretario General de la Alianza, declara que «*Putin quería menos OTAN, pero consiguió lo contrario[285]*».

Si nos ceñimos al mapa de Europa, es justo, pero una mirada más atenta muestra que es simplista. Nuestros políticos ven la crisis ucraniana como un partido de fútbol en el que todos intentan ganar puntos a costa de Rusia. Pero la realidad tiene más matices.

En primer lugar, los dirigentes de los dos países escandinavos dieron muestras de un diletantismo increíble al no consultar previamente a los distintos miembros de la Alianza -y en primer lugar a Turquía- para calibrar su apoyo.

Está claro que Turquía no quiere incorporar a la Alianza a países que puedan poner en entredicho su política hacia los kurdos, que considera existencial. Todavía no se ha dicho nada al respecto, pero Turquía sabe ser firme con sus aliados de la OTAN, y es muy probable que no aban-

---

282. Füssy Angéla, «Mint a barmokat, úgy fogdossák össze a férfiakat Kárpátaljén - Nézze meg helyszíni videóriportunkat!», *PestiSracok*, 23 de enero de 2023 (https://pestisracok.hu/mint-a-bar-mokat-ugy-fogdossak-ossze-a-ferfiakat-karpataljan-nezze-meg-helyszini-videoriportunkat/)
283. Chris King, «Shocking claims of ethnic Hungarians being forcibly drafted into Ukrainian military in Transcarpathia», *Euro Weekly News*, 24 de enero de 2023 (https://euroweeklynews.com/2023/01/24/shocking-claims-of-ethnic-hungarians-being-forcibly-drafted-into-ukrai-nian-military-in-transcarpathia/);
284. Robert Semonsen, «El 97% de los húngaros rechaza las sanciones de Bruselas contra Rusia», *The European Conservative*, 17 de enero de 2023 (https://europeanconservative.com/articles/news/97-of-hungarians-reject-brussels-sanctions-against-russia/)
285. «L'UE accorde 500 millions d'euros supplémentaires pour armer l'Ukraine», AFP/La Libre, 23 de enero de 2023 (https://www.lalibre.be/international/europe/guerre-ukraine-rus-sie/2023/01/23/lue-accorde-500-millions-deuros-supplementaires-pour-armer-lukraine-3NDE-3VBSGFCJNHNNRW2CP623JQ/)

done sus exigencias respecto a Suecia, cuya política hacia los kurdos es diametralmente opuesta.

Uno de los temas más delicados para Suecia es sin duda la extradición de kurdos considerados terroristas por Ankara. ¡Sería cuando menos paradójico que un país «democrático» entregara a un país que considera «autocrático» a individuos a los que ha concedido protección en nombre de la lucha contra la autocracia!

Desde un punto de vista estratégico, la decisión de Suecia y Finlandia pone de manifiesto la debilidad analítica de sus dirigentes y de los europeos. Piensan que, en caso de conflicto, la potencia nuclear estadounidense les protegería mejor que su neutralidad. Cometen dos errores de razonamiento.

En primer lugar, se basan en la idea de que Rusia ataca a sus vecinos sin motivo. Esto es obviamente falso, como hemos visto. La decisión de Rusia de intervenir en Ucrania dista mucho de ser irracional, aunque no estemos de acuerdo con ella. Nuestra molesta costumbre de no escuchar lo que nos dicen los rusos y sustituirlo por nuestro propio razonamiento nos ha llevado sistemáticamente a tomar decisiones equivocadas.

En segundo lugar, Suecia y Finlandia parecen tener una lectura muy infantil de la estrategia nuclear estadounidense. Estados Unidos nunca sacrificaría su propio suelo nacional golpeando suelo ruso por el bien de Suecia o Finlandia. En otras palabras, estos dos países, que cumplían los criterios de neutralidad que Rusia querría para sus vecinos directos, se han puesto deliberada e innecesariamente en el punto de mira nuclear de Rusia.

Para Rusia, la principal amenaza podía provenir del teatro de guerra centroeuropeo. En el caso de un hipotético conflicto en Europa, con una Escandinavia neutral, Rusia no necesitaba preocuparse por su flanco norte. Al entrar Finlandia en el panorama de la amenaza, podría verse tentada a utilizar las armas nucleares del teatro de operaciones para «flanquear» sus operaciones golpeando a los países nórdicos de forma preventiva o preventiva, prácticamente sin riesgo de una represalia nuclear norteamericana.

En junio de 2022, los medios de comunicación ucranianos ZN, UA declararon con razón[286]:

---

286. «The Economist: Україні вдається борися з армією Росії, але це не означає, що НАТО теж зможе», ZN,UA, 10 de junio de 2022 (https://zn.ua/ukr/WORLD/the-economist-ukrajini-vda-jetsja-borisja-z-armijeju-rosiji-ale-tse-ne-oznachaje-shcho-nato-tezh-zmozhe.html).

*Algunos aliados de la OTAN pueden malinterpretar las lecciones de esta guerra, dadas las perspectivas a largo plazo de la seguridad europea. Rusia no desaparecerá como rival estratégico, y su ejército no es tan «Potemkin» como parece.*

**Posible intercambio nuclear en caso de conflicto en Europa**

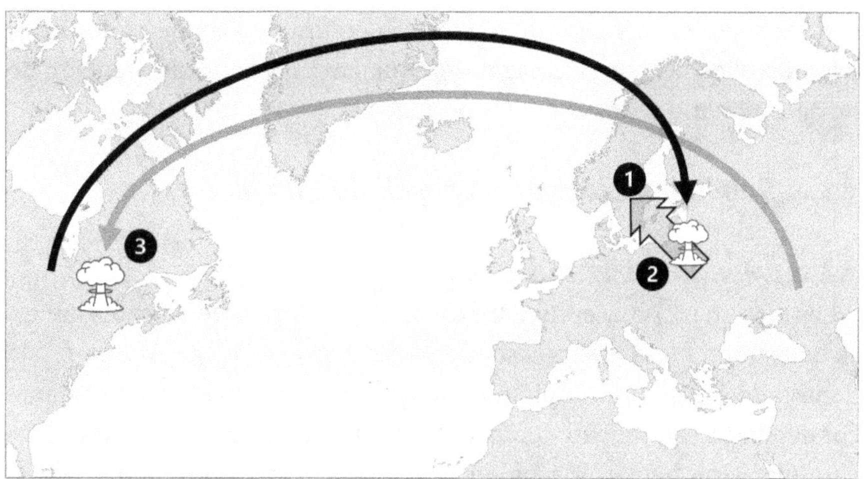

*Figura 23 - Suponiendo que Rusia ataca a Suecia, miembro de la OTAN (1), y que Estados Unidos toma represalias con un ataque nuclear contra las fuerzas rusas (2), Rusia podría atacar territorio estadounidense (3). Por tanto, lo más probable es que la disuasión nuclear no se aplique en un caso como éste, ya que Estados Unidos pretende salvaguardar su suelo nacional. En caso de conflicto en Europa Central, con Suecia y Finlandia como miembros de la OTAN, Rusia podría tener la tentación de «flanquear» con ataques nucleares a estos países. También en este caso, Estados Unidos sería reacio a atacar territorio ruso por temor a extender la destrucción a su propio territorio.*

El 4 de abril de 2023, Finlandia se convertirá en el 31º miembro de la Alianza Atlántica. Aunque su anterior presidente, Sauli Niinisto, había prometido un referéndum popular[287], este no se celebró.

De hecho, tanto en Suecia como en Finlandia hay poco pensamiento estratégico. Son países que desde hace tiempo se oponen visceralmente a Rusia y cuya gobernanza es especialmente infantil, como en los países

---

287. Tuomas Forsell & Jussi Rosendahl, «Finnish president says joining NATO would require referendum», *Reuters*, 30 de octubre de 2017 (https://www.reuters.com/article/us-finland-nato-idUSKBN1CZ2K6).

bálticos. Porque es difícil ver por qué Rusia estaría interesada en entrar en guerra con los países escandinavos (o incluso con los de Europa, para el caso)... Incluso durante la Guerra Fría, el flanco norte de la OTAN nunca supuso una amenaza real para la URSS o Rusia.

La desnacionalización total del conflicto ucraniano ha llevado a la conclusión de que cualquier país puede ser atacado en cualquier momento, a capricho de Vladimir Putin. Esto es simplemente una idiotez. La mejor fuente de seguridad son siempre las buenas relaciones con los vecinos. Rusia no tiene nada en contra de los países nórdicos, y fueron ellos los que se imaginaron que eran el centro de atención de Rusia... ¡El reino de los cielos les pertenece!

### 3.4.4. Sabotaje de los gasoductos Nord Stream 1 y 2

#### 3.4.4.1. Teorías de la conspiración

Los días 26 y 27 de septiembre de 2022, tras una serie de explosiones, se detectaron fugas en los gasoductos Nord Stream 1 y 2 cerca de la isla danesa de Bornholm. Rápidamente surgió un consenso en Occidente condenando este hecho como un acto de sabotaje[288]. Los medios de comunicación hablaron rápidamente de «*acto terrorista*[289]» o de «*acto de guerra*[290]».

La pregunta es ¿quién lo hizo? A pesar de la total falta de hechos, todas las miradas apuntan a Rusia. En el canal de televisión francés LCI, el general francés Michel Yakovleff llegó a afirmar que Rusia podría haber saboteado sus propios gasoductos, que en cualquier caso ya no servían para nada, ¡para demostrar que era capaz de hacerlo[291]! El razonamiento es simplemente idiota: ¿por qué, entonces, los rusos no destruyeron el gasoducto Soyuz en Ucrania, cerrado por Zelensky en mayo? Es un error

---

288. «Nord Stream leaks: Sabotage to blame, says EU», BBC News, 28 de septiembre de 2022 (https://www.bbc.com/news/world-europe-63057966)

289. «Nord Stream: explosiones, «actos deliberados»... Lo que sabemos de las fugas del gasoducto en el Mar Báltico», TF1, 28 de septiembre de 2022 (https://www.tf1info.fr/international/guerre-ukraine-russie-gazoducs-nord-stream-explosions-sabotages-ce-que-l-on-sait-sur-les-fuites-spectaculaires-en-mer-baltique-2233630.html)

290. Charlotte Lalanne, «Sabotages de Nord Stream: la 'guerre hybride' a bel et bien commencé», L'Express, 1 de octubre de 2022 (actualizado el 3 de octubre de 2022), (https://www.lexpress.fr/monde/europe/sabotages-de-nord-stream-la-guerre-hybride-a-bel-et-bien-commence_2181076.html)

291. https://youtu.be/EMD47FFBvTs

pensar que los rusos son tan estúpidos como nosotros: este general haría bien en releer a Sun Tzu.

**Sabotaje de los gasoductos Nord Stream**

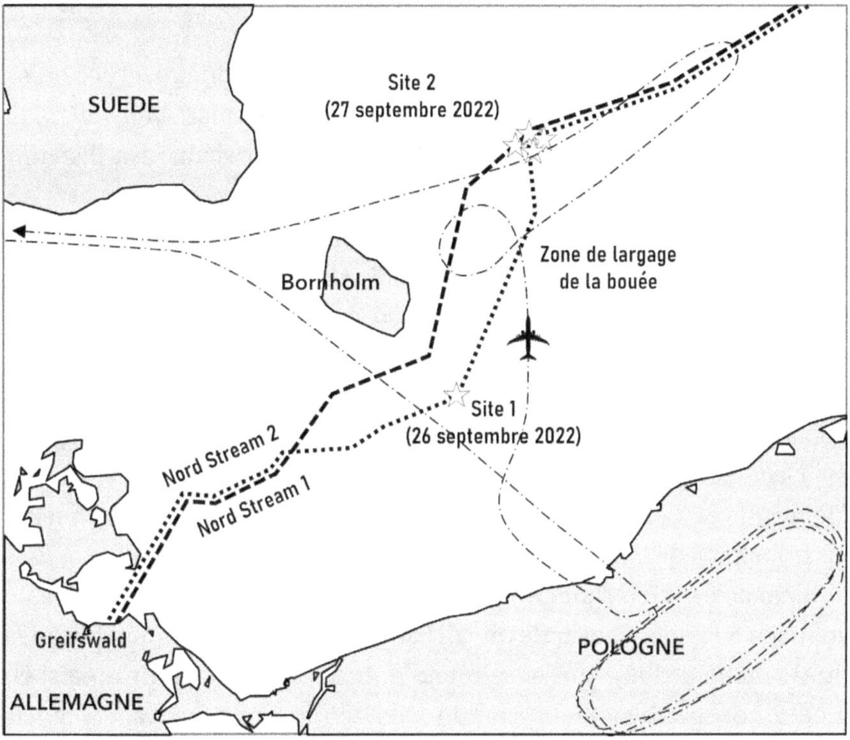

*Figura 24 - Lugares de las explosiones de los días 26 y 27 de septiembre de 2022 cerca de la isla danesa de Bornholm. Los explosivos se colocaron en los gasoductos entre el 17 y el 22 de septiembre de 2022, fecha de la salida del USS Kearsarge de la zona. Para garantizar que las explosiones no estuvieran demasiado cerca del ejercicio naval, se aplazaron. Fue controlada por un transmisor colocado en una boya, lanzada por un avión P8 Poseidon de la US Navy en la mañana del 26, tras ser reabastecido en vuelo sobre Polonia por un avión KC-35R.*

La alternativa es la hipótesis de la responsabilidad estadounidense, popular en ciertos círculos de inteligencia europeos e intelectuales anglosajones. Pero, en cualquiera de los dos casos, no hay hechos que permitan atribuir la autoría del atentado de forma indiscutible. En Europa prevalece la conspiración antirrusa. En RMC, el «periodista Nicolas Poincaré, un veterano de las invenciones sobre Rusia y China, declaró que un escenario en el que estuvieran implicados los estadounidenses «*es bastante inimaginable*» y que, por lo tanto, sólo podían haber sido los rusos[292]. En el canal suizo RTS, Giacomo Luciani, profesor del *Institut de haute étude internationale et du développement* (IHIED) de Ginebra, llega a la misma conclusión sin tener la menor base factual que la respalde[293].

En *France 5, a la* pregunta de quién saboteó los gasoductos, el periodista de *France Inter* Anthony Bellanger respondió sin vacilar: «*¡Rusia!*[294]». En realidad, no sabe nada de nada e inventa una conspiración rusa. ¡Estamos en medio de una conspiración!

En octubre de 2022, el análisis del economista de la Universidad de Columbia Jeffrey Sachs[295] fue calificado de «*teoría de la conspiración*» por el *Neue Zürcher Zeitung* (NZZ), un diario suizo antaño respetable[296]. Pero el NZZ acusa sin ninguna base factual y se basa en un artículo publicado el día anterior por el *Center for European Policy Analysis*[297] (financiado por la industria armamentística estadounidense, la *National Endowment for Democracy* (NED) y los gobiernos estadounidense y estonio). Una fuente que es juez y parte y que demuestra que el NZZ no funciona según los principios de la Carta de Munich...

Además, es interesante observar que el NZZ atribuye sin reservas el atentado a Rusia, ¡a pesar de que ni Estados Unidos, ni la Unión Europea, ni Alemania atribuyeron el sabotaje a Rusia ni a ningún otro país! Un medio conspirativo denunciando una teoría conspirativa... y encubriendo lo que tiene todas las trazas de un atentado terrorista.

Esta línea de razonamiento ilustra la mentalidad conspirativa que reina en los medios de comunicación y la clase política occidentales. Desde el principio, ha habido muchos argumentos en contra de la actuación de Rusia.

---

292. https://youtu.be/hu1J6aA7c-w

293. https://www.rts.ch/play/tv/redirect/detail/13423556?startTime=176

294. https://youtu.be/K-WzRgrzlLU?t=88

295. https://youtu.be/nbt-CsSRJl8?t=6695

296. Lia Pescatore, «Nord-Stream-Lecks: kaum Fakten, dafür umso wildere Spekulationen», NZZ, 18 de octubre de 2022 (https://www.nzz.ch/amp/wirtschaft/nord-stream-lecks-kaum-fakten-dafuer-umso-wildere-spekulationen-ld.1706600)

297. Mary Blankenship & Bill Echikson, «Conspiracy Theorists, Right-wing Politicians Fuel Nord Stream Disinformation», Center for European Policy Analysis (CEPA), 17 de octubre de 2022 (https://cepa.org/article/conspiracy-theorists-right-wing-politicians-fuel-nord-stream-disinformation/)

En primer lugar, desde que suministraron gas natural a Occidente a finales de los años sesenta, la Unión Soviética y luego Rusia nunca han utilizado el gas natural como medio de presión, ni siquiera en plena Guerra Fría. Ya en 1982, los estadounidenses sabotearon el gasoducto ruso de Bratsvo[298]. Cuarenta años después, fueron los occidentales quienes anunciaron que querían dejar de importar gas y productos petrolíferos rusos, para no depender más de su vecino. En marzo, la negativa de Canadá a devolver una turbina para Nord Stream 1, seguida de su negativa a ofrecer garantías para la devolución de otras turbinas, obligó a Rusia a suspender las entregas, pues ya no podía garantizar el buen funcionamiento del gasoducto.

En segundo lugar, si quisiera presionar a Occidente, podría jugar con el grifo para controlar el mercado e imponer su voluntad. Este es el principio del chantaje: poder dar marcha atrás. Al destruir los gasoductos, excluye automáticamente toda capacidad de acción y de chantaje sobre los países europeos. Así que no tiene ningún sentido. La acusación contra Rusia es tanto más absurda cuanto que Rusia y Turquía han anunciado su intención de crear un «eje energético» para suministrar gas a Europa[299].

En un plano más técnico, la isla de Bornholm está situada en el centro del estrecho entre Suecia y Polonia. Desde la Guerra Fría, ha permitido a Dinamarca vigilar para la OTAN el paso de submarinos nucleares rusos entre el mar Báltico y el Atlántico Norte. Conocido en los servicios de inteligencia como BALTAP, este estrecho está cubierto por la mayor densidad de sensores electrónicos submarinos y dispositivos electrónicos de escucha de todo el Báltico. Es difícil imaginar que la actividad de los submarinos rusos haya podido tener lugar tan cerca de Bornholm sin activar una alerta de los servicios de inteligencia daneses.

Rusia no habría tenido ni el interés ni la oportunidad de cometer semejante sabotaje. Por supuesto, las declaraciones de Rusia, pocos días después del atentado, sobre la posible reparación de los gasoductos[300] no

---

298.Roman Kupchinsky, «Analysis: The Recurring Fear of Russian Gas Dependency», Radio Free Europe/Radio Liberty, 11 de mayo de 2006.
299. https://www.reuters.com/business/energy/erdogan-says-he-agreed-with-putin-form-natural-gas-hub-turkey-2022-10-19/
300. «Russia's Novak Says Possible to Repair Nord Stream Pipelines», *Bloomberg News*, 2 de octubre de 2022 (https://www.bloomberg.com/news/articles/2022-10-02/russia-s-novak-says-possible-to-repair-nord-stream-pipelines)

fueron recogidas por la prensa francófona. Esto habría puesto al descubierto sus mentiras...

### 3.4.4.2. Examen de los hechos

Por otra parte, hay muchos culpables potenciales en el «bando» occidental.

Entre ellos, probablemente podamos excluir a Alemania. El gasoducto Nord Stream 1 se construyó a petición de Gerhard Schröder, y el Nord Stream 2 a petición de Angela Merkel, con el fin de alejarse de la energía nuclear y el carbón. Además, Alemania es el país que más sufre las sanciones occidentales a los combustibles fósiles, por lo que se habla de que podría llegar a un acuerdo con Rusia para restablecer el suministro de gas.

Por su parte, Estados Unidos y Polonia se han opuesto al proyecto Nord Stream desde el principio. En febrero de 2022, el Presidente Biden declaró que, en caso de ofensiva rusa, *«no habrá más Nord Stream 2»*. A la pregunta de cómo se haría, respondió: «*Le prometo que podremos hacerlo*[301]». Durante la construcción del gasoducto, la marina polaca interfirió repetidamente de forma peligrosa e irresponsable con los barcos rusos responsables de la obra[302]. Desde el principio de la operación rusa en Ucrania, la dirección política polaca se ha mostrado especialmente inmadura, por lo que muchos analistas militares anglosajones creen que Polonia estuvo implicada en este ataque.

En 2015, la marina sueca interceptó un dron submarino cargado de explosivos cerca del Nord Stream 2[303]. Las autoridades suecas no especificaron la nacionalidad del vehículo submarino, pero parece haber sido de construcción occidental. Es más, dado que este suceso tuvo lugar justo después de los acontecimientos de Maïdan, y teniendo en cuenta el

---

301. «If Russia invades Ukraine, there will be no Nord Stream 2, Biden says», *Reuters*, 8 de febrero de 2022 (https://www.reuters.com/business/energy/if-russia-invades-ukraine-there-will-be-no-nord-stream-2-biden-says-2022-02-07/)
302. «Poland Denies «Provocative» Naval Maneuvers Near Nord Stream 2», *The Maritime Executive*, 2 de abril de 2021 (https://maritime-executive.com/article/poland-denies-provocative-naval-maneuvers-near-nord-stream-2)
303. Mark Iden, «Explosive-Laden Drone Found Near Nord Stream Pipeline», *Pipeline Technology Journal*, 13 de noviembre de 2015 (https://www.pipeline-journal.net/news/explosive-laden-drone-found-near-nord-stream-pipeline).

ambiente de la época, es muy probable que si el submarino hubiera sido ruso, ¡Suecia hubiera dicho que era[304]!

Entre abril y octubre de 2022, la US Navy desplegó el USS Kearsarge y su grupo anfibio[305], para los ejercicios BALTOPS 22 (con unidades de sabotaje y especialistas en demolición submarina) en el Mar Báltico[306]. Los sitios web ads-b.nl y Flightradar24 disponen de una base de datos de movimientos de helicópteros estadounidenses en el Mar Báltico y muestran numerosos movimientos de helicópteros MH-60S estadounidenses en la zona de sabotaje unos días antes de las filtraciones observadas[307].

En resumen, las acusaciones contra Rusia se basan únicamente en opiniones o prejuicios, mientras que las dirigidas contra Estados Unidos se basan en pruebas circunstanciales. En ambos casos, no hay pruebas fácticas que apoyen una hipótesis en este momento.

### 3.4.4.3. ¿Culpa estadounidense?

Lo cierto es que neutralizar el Nord Stream 2 ha sido uno de los principales ejes de la política exterior estadounidense durante casi una década y, en particular, bajo el mandato de Donald Trump. Más allá de las declaraciones de Joe Biden, que pueden interpretarse de diferentes maneras, lo cierto es que ese sabotaje no podría haber tenido lugar sin el conocimiento y la aprobación de Dinamarca y Suecia, que tienen el control técnico del espacio submarino en ese lugar. También es cierto que este sabotaje no podría haber tenido lugar sin el acuerdo político de Estados Unidos.

Además, el contexto político en la propia Alemania tendería a confirmar la hipótesis de la responsabilidad estadounidense. El sabotaje se produce en un momento en que el Parlamento alemán, de izquierdas, pide al Gobierno que entable negociaciones con Rusia y anima a la población a

---

304. Bernhard Trautvetter, «Nord-Stream-Anschläge: Warum spricht kaum jemand über die Drohnenfunde?», *telepolis*, 30 de octubre de 2022 (https://www.telepolis.de/features/Nord-Stream-Anschlaege-Warum-spricht-kaum-jemand-ueber-die-Drohnenfunde-7324248.html?seite=all)

305. Sargento Brittney Vella, «22nd MEU Returns from Seven-Month Deployment», marines.mil, 11 de octubre de 2022 (https://www.marines.mil/News/News-Display/Article/3184121/22nd-meu-returns-from-seven-month-deployment/)

306. https://www.fehmarn24.de/fehmarn/us-navy-passiert-fehmarnbelt-grosser-flottenverband-der-91809308.html

307. https://www.moonofalabama.org/2022/09/whodunnit-facts-related-to-the-sabotage-attack-on-the-nord-stream-pipelines.html



---

salir a la calle para exigir la reapertura del Nord Stream[308], que Alemania (y no Rusia) ha cerrado.

Desde principios de septiembre se multiplican en Alemania las manifestaciones que exigen el fin de las sanciones contra Rusia[309] y el restablecimiento del suministro de gas natural[310]. De ellas no informan los medios de comunicación europeos, que tratan de mantener un estado de tensión. Al mismo tiempo, Alemania mantiene negociaciones secretas con Rusia para encontrar soluciones[311].

Por tanto, Alemania podría haberse inclinado a favor de la «normalización» con Rusia. Por ello, Estados Unidos habría intentado hacer irreversible la situación actual. Al parecer, la CIA advirtió a las autoridades alemanas de un posible sabotaje de los gasoductos[312]. Es difícil interpretar esta advertencia, pero parece que la agencia estadounidense se oponía a tal sabotaje, que podría haber puesto en peligro la cohesión de la OTAN. En cualquier caso, parece que el BND, el servicio de inteligencia estratégica alemán, no fue informado... Así que todo parece una operación dirigida por ciertos países de la OTAN contra Alemania.

Rusia ha solicitado unirse al Equipo Conjunto de Investigación (ECI) creado por Dinamarca, Suecia y Alemania. Como era de esperar, su solicitud fue rechazada. Después, basándose en una investigación preliminar, Suecia se negó a participar en el ECI con el pretexto de que no podía compartir su información con Alemania debido al nivel de clasificación. El 6 de octubre, la policía sueca anunció que había completado su investigación y concluido que se había producido un «sabotaje grave»[313], pero se negó a compartir sus conclusiones por razones de «seguridad nacional». Este fue también el tenor de la respuesta del gobierno alemán

---

308. Sevim Dagdelen, «Sturm statt Burgfrieden», Junge Welt, 5 de septiembre de 2022 (https://www.jungewelt.de/artikel/433948.sturm-statt-burgfrieden.html)

309. «Miles de personas protestan en el este de Alemania por la subida de los precios de la energía», *aa.tr*, 27 de septiembre de 2022 (https://www.aa.com.tr/en/environment/thousands-march-in-eastern-germany-to-protest-soaring-energy-prices/2696034)

310. Philip Oltermann, «Germany's Die Linke on verge of split over sanctions on Russia», *The Guardian*, 19 de septiembre de 2022 (https://www.theguardian.com/world/2022/sep/19/germanys-die-linke-on-verge-of-split-over-sanctions-on-russia)

311. Pepe Escobar, «¿Quién se beneficia del terror de los oleoductos?», La Cuna, 29 de septiembre de 2022 (https://thecradle.co/Article/Columns/16307)

312. https://www.spiegel.de/politik/nord-stream-gasleitungen-cia-warnte-bundesregierung-vor-anschlag-auf-ostsee-pipelines-a-3ab0a183-8af6-4fb2-bae4-d134de0b3d57

313. https://sakerhetspolisen.se/ovriga-sidor/nyheter/nyheter/2022-10-06-starkt-misstanke-om-grovt-sabotage-i-ostersjon.html

a la pregunta de los parlamentarios. En octubre, Dinamarca llevó a cabo una investigación con el Servicio de Inteligencia Interna (PET) y la policía danesa[314], pero se negó a compartir los resultados[315].

A finales de octubre, el gobierno sueco anunció una nueva investigación por parte de las fuerzas armadas suecas.

Al mismo tiempo, Rusia acusaba a Gran Bretaña de estar implicada en el sabotaje[316]. Al parecer, se basó en un tuit de Liz Truss, entonces ministra de Asuntos Exteriores, a Anthony Blinken en el que decía «Está hecho», un minuto después de las explosiones. Falsa o verdadera, la información condujo a una investigación sobre la interceptación de sus comunicaciones por los servicios de inteligencia rusos. ¡Esto demostró que Liz Truss prefería utilizar su iPhone en lugar de los dispositivos encriptados del GCHQ (el servicio de inteligencia electrónica británico)[317]!

En diciembre de 2022, el Washington Post[318] echó tierra sobre el asunto citando a funcionarios europeos que afirmaban que Rusia probablemente no era la autora del sabotaje...

Evidentemente, si la investigación hubiera confirmado la responsabilidad de Rusia, se habrían sucedido las reuniones de emergencia en Europa y en el seno de la OTAN. Pero este no fue el caso. Así que no sabemos con certeza quién llevó a cabo realmente este ataque, pero los alemanes saben que no fue Rusia y que fue uno de sus aliados de la OTAN...

---

314. «PET y *Københavns Politi* nedsætter fælles efterforskningsgruppe i sagen om gaslækager i Østersøen», *Københavns Politi*, 18 de octubre de 2022 (https://politi.dk/koebenhavns-politi/nyhedsliste/pet-og-københavns-politi-nedsætter-fælles-efterforskningsgruppe-i-sagen-om-gaslækager-i-østersøen/2022/10/18).

315. Charlie Duxbury, «Nord Stream investigation tests EU intelligence sharing around the Baltic», *Politico*, 28 de octubre de 2022 (https://www.politico.eu/article/sweden-denmark-germany-nord-stream-investigation-tests-eu-intelligence-sharing-around-the-baltic/)

316. «Rusia acusa al Reino Unido de estar implicado en las explosiones del Nord Stream», *The Moscow Times / AFP*, 29 de octubre de 2022 (https://www.themoscowtimes.com/2022/10/29/russia-accuses-uk-of-being-involved-in-nord-stream-explosions-a79232)

317. Glen Owen & Dan Hodges, «Liz Truss's personal phone that was hacked by Kremlin agents was so compromised it was locked away in a 'secure location' as experts fear top secret negotiations and private messages may have been leaked», *The Mail on Sunday*, 29 de octubre de 2022 (https://www.dailymail.co.uk/news/article-11368619/Liz-Trusss-personal-phone-hacked-Putins-spies-secret-details-negotiations.html)

318. Shane Harris, John Hudson, Missy Ryan & Michael Birnbaum, «No conclusive evidence Russia is behind Nord Stream attack», *The Washington Post*, 21 de diciembre de 2022 (https://www.washingtonpost.com/national-security/2022/12/21/russia-nord-stream-explosions/)

Añádase a esto el hecho de que Anthony Blinken, Secretario de Estado estadounidense, describió el atentado como una «oportunidad increíble»[319], algo que ciertamente ningún occidental habría dicho tras los atentados de septiembre de 2001, y se tendrá una idea de la especial categoría de este sabotaje.

El 13 de octubre de 2022, en un momento en que Rusia proponía a Turquía la creación de un «polo energético», se interceptó un intento de sabotaje del gasoducto TurkStream[320]. No conocemos a los autores de este intento, pero podemos suponer que formaba parte del mismo proyecto, que consiste en aislar a Rusia total e irreversiblemente.

El 8 de febrero de 2023, el periodista de investigación estadounidense Seymour Hersh reveló que el sabotaje de los gasoductos había sido llevado a cabo por Estados Unidos con la ayuda de Noruega[321]. Hersh confirma las sospechas de muchos expertos (fuera de Francia). El punto interesante que señala es el procedimiento utilizado por la administración Biden para eludir los mecanismos de control parlamentario estadounidenses.

El sabotaje de gasoductos submarinos requiere un trabajo muy especializado, discreto y eficaz, y debe llevarse a cabo en circunstancias muy difíciles. El problema es que, desde los años ochenta, el Presidente de Estados Unidos está obligado a notificar al Congreso las operaciones especiales llevadas a cabo en el extranjero por las fuerzas armadas (artículo 50 del Código estadounidense).

Así pues, el primer truco consistió en reclutar buzos de una escuela de buceo de Ciudad de Panamá, que es un vivero de especialistas que generalmente «acaban» en los servicios especiales de la CIA o en los nadadores de combate estadounidenses, los SEAL. Al emplear buzos recién formados y ajenos al *Mando de Operaciones Especiales (SOCOM)*, el presidente Biden evitó la obligación de anunciar su contratación al Congreso. Por eso, el 23 de marzo de 2023, cuando el congresista Sherman pidió a Anthony Blinken que *«certificara que no había ninguna agencia*

---

319. https://www.state.gov/secretary-antony-j-blinken-and-canadian-foreign-minister-melanie-joly-at-a-joint-press-availability/
320. https://www.aa.com.tr/en/politics/several-arrested-after-attempt-to-blow-up-turkstream-pipeline-russia/2710880
321. Seymour Hersh, «How America Took Out the Nord Stream Pipeline», *Substack*, 8 de febrero de 2023 (https://seymourhersh.substack.com/p/how-america-took-out-the-nord-stream)

*gubernamental estadounidense implicada*», estaba intentando mentir al pueblo estadounidense, porque sabíamos desde el principio que no era así. Por lo tanto, Sherman es un tramposo deshonesto[322].

El segundo truco consistió en explotar las declaraciones de Joe Biden en su rueda de prensa con Olaf Scholz en Washington el 7 de febrero de 2022, cuando dijo que si Ucrania era invadida «*no habrá más Nord Stream 2. Lo pararemos. Lo pararemos*[323]»; y la declaración de Victoria Nuland durante una rueda de prensa del Departamento de Estado de que «*si Rusia invade Ucrania, de una forma u otra, Nord Stream 2 se parará.*[324]». Ambas declaraciones fueron tomadas por la administración Biden como una notificación oficial de lo que se iba a hacer.

El tercer truco consistió en situar esta operación bajo el paraguas de la iteración 2022 de un ejercicio marítimo naval que tiene lugar todos los años en el Mar Báltico: el Ejercicio BALTOPS 22. El ejercicio de este año incluía, muy apropiadamente, adiestramiento en desactivación de artefactos explosivos subacuáticos, según anunciaron la US Navy[325] y la OTAN...[326]

Seymour Hersh es sin duda uno de los periodistas más respetados de Estados Unidos. Verdadero periodista de investigación, ha sacado a la luz un gran número de historias, gracias a una incomparable red de fuentes dentro del Pentágono y de la *Comunidad de Inteligencia* estadounidense (CI). Judío lituano de nacimiento, es difícil verle como un «putinolita», ¡pero podemos apostar a que algunos comentaristas franceses sí lo harán!

En cualquier caso, aunque su relato es creíble, no aporta respuestas a ciertas preguntas, como la implicación de Gran Bretaña y el tuit de Liz Truss. No obstante, la investigación de Seymour Hersh es creíble y arroja luz sobre varios puntos:

- La decisión estadounidense fue tomada por un núcleo de 5 personas (Joe Biden; Jake Sullivan, su Consejero de Seguridad Nacional; Anthony

---

322. https://www.c-span.org/video/?c5063543/user-clip-rep-sherman-asks-blinken-nord-stream-sabotage
323. https://youtu.be/OS4O8rGRLf8
324. https://youtu.be/ild-PsPD_Uw
325. «BALTOPS 22, el primer ejercicio marítimo en el Mar Báltico, concluye en Kiel», *US Navy*, 17 de junio de 2022 (https://www.navy.mil/Press-Office/News-Stories/Article/3066830/baltops-22-the-premier-baltic-sea-maritime-exercise-concludes-in-kiel/)
326. «BALTOPS 22 kicks off in the Baltic Sea», *nato.int*, 8 de junio de 2022 (https://shape.nato.int/news-archive/2022/baltops-22-kicks-off-in-the-baltic-sea)

Blinken, Secretario de Estado; Victoria Nuland, Vicesecretaria de Estado; y William Burns, Director de la CIA), al margen de los mecanismos institucionales.

- Las salvaguardias democráticas diseñadas para impedir acciones que podrían conducir a un profundo deterioro de las relaciones internacionales, o incluso a la guerra, no están funcionando.
- La planificación de este incidente comenzó varios meses antes del inicio de la intervención rusa en Ucrania, lo que parece confirmar que, efectivamente, fue provocado. La idea inicial de Occidente era provocar el colapso de Rusia mediante sanciones. Cuando eso no funcionó, en el verano de 2022 intentaron asfixiar al país destruyendo su infraestructura de exportación. Lo que todavía no ha funcionado...
- A principios de 2023, seguimos sin tener pruebas fácticas, pero sí pruebas circunstanciales y un creciente número de indicios que apuntan a la implicación de Estados Unidos en este sabotaje, con la complicidad de países europeos. En cualquier caso, Alemania ha sido blanco de sus propios socios de la OTAN en lo que algunos han calificado de «acto de guerra». Esto plantea la cuestión del fondo de las relaciones entre los países occidentales dentro de Europa y la OTAN: ¿se basan estas relaciones en el chantaje permanente del uso de la fuerza, o incluso del terrorismo?
- Este caso tiende a ilustrar el hecho de que a los servicios de inteligencia occidentales les cuesta integrarse y siguen sirviendo a intereses nacionales o a intereses que no les son necesariamente favorables[327]. ¡Ya en 2021, Dinamarca fue criticada por haber permitido a los servicios estadounidenses espiar a sus socios de la OTAN y de la UE[328]! Si hemos de creer las declaraciones del periodista Nicolas Poincaré[329], los servicios de inteligencia franceses no tenían ni idea de lo que estaba pasando. Está claro que trabajan con un palo blanco...
- Esto pone en tela de juicio la esencia de la democracia alemana, cuyos dirigentes aceptan que sus propios aliados les presenten

---

327. Charlie Duxbury, «Nord Stream investigation tests EU intelligence sharing around the Baltic», *Politico*, 28 de octubre de 2022 (https://www.politico.eu/article/sweden-denmark-germany-nord-stream-investigation-tests-eu-intelligence-sharing-around-the-baltic/)
328. Charlie Duxbury & Laurens Cerulus, «Vestager dodges tough questions on US spy scandal», *Politico*, 3 de junio de 2021 (https://www.politico.eu/article/margrethe-vestager-unsolved-spy-mystery-nsa-surveillance-edward-snowden/)
329. https://youtu.be/hu1J6aA7c-w?t=171

hechos consumados contra su propio pueblo. ¿Qué valores defiende Alemania? Si los alemanes aceptan tales autoridades, no deberían quejarse del desastre económico que les amenaza...

### 3.4.4.4. *El grupo «proucraniano»*

El 7 de marzo de 2023, el *New York Times* (NYT) publicó un artículo en el que sugería que un *«grupo proucraniano»* era el responsable[330]. Ese *mismo día, el* medio de comunicación alemán *Die Zeit* dio algunos detalles más sobre los seis miembros del comando, de los que se dijo que eran aficionados[331]. Lo interesante aquí es que el *Times* afirma haber obtenido su información exclusivamente del famoso «funcionario de inteligencia anónimo» estadounidense, mientras que Die *Zeit* cita como fuente a un fiscal alemán. Ninguno de los dos periódicos menciona las fuentes del otro...

Las revelaciones del NYT y *Die Zeit* se producen cuatro días después de la visita de Olaf Scholz a Washington. La reunión, que duró apenas una hora, sin testigos, no dio lugar a una conferencia de prensa. Al parecer, Scholz no quiso utilizar las comunicaciones telefónicas o por vídeo, sino que prefirió hacer el viaje, lo que sugiere que el tema de la discusión era importante. ¿Fue sobre estas nuevas revelaciones? Tal vez. En cualquier caso, parecen ser una operación de «blanqueo de dinero» para Estados Unidos.

El NYT afirma que ningún estadounidense o británico estuvo implicado en el atentado, y que se cree que el grupo actuó sin el conocimiento del gobierno ucraniano. ¡Nuestros «expertos» de los medios franceses, *France 5, LCI* y *BFM TV,* habían visto sin duda la mano de un Estado al acusar a Rusia! Y eso que eran aficionados... ¡y ucranianos!

Sin embargo, la teoría de un *«grupo proucraniano»* propagada por Estados Unidos se desmoronó rápidamente. El 27 de marzo de 2023, el Consejo de Seguridad de las Naciones Unidas rechazó la propuesta rusa de crear una investigación internacional para esclarecer los hechos[332].

---

330. Adam Entous, Julian E. Barnes & Adam Goldman, «Intelligence Suggests Pro-Ukrainian Group Sabotaged Pipelines, U.S. Officials Say», *The New York Times*, 7 de marzo de 2023 (https://archive.ph/4Qmxx)

331. Holger Stark, «Nord-Stream-Ermittlungen: Spuren führen in die Ukraine», *Die Zeit*, 7 de marzo de 2023 (https://archive.ph/QWVjd)

332. «El Consejo de Seguridad de la ONU rechaza la petición rusa de investigar el Nord Stream», *France 24*, 27 de marzo de 2023 (https://www.france24.com/en/live-news/20230327-un-security-council-rejects-russian-demand-for-nord-stream-probe)

Evidentemente, Occidente intentaba evitar revelar una verdad que les molestaría.

Destruir cien metros de tuberías de acero protegidas por una capa de hormigón requiere varios cientos de kilos de explosivos en los cinco puntos de voladura. Esto requiere horas de trabajo a 60 m de profundidad, equipos especiales y campanas de descompresión. El barco de recreo de 15 m utilizado para la operación no parece estar equipado para realizar tales operaciones, ni tiene capacidad para transportar el equipo de trabajo y probablemente más de una tonelada de explosivos...

Hay muchas razones para creer que se trata de una historia diseñada para desviar la atención del informe de Seymour Hersh, que hasta ahora ofrece la respuesta más coherente al misterio que rodea la destrucción de los gasoductos.

A principios de abril de 2023, el *Washington Post* informó de que los diplomáticos europeos tenían dudas sobre las narrativas alternativas[333]:

*En las reuniones de responsables políticos europeos y de la OTAN, los funcionarios se han acomodado a un ritmo, dijo un alto diplomático europeo: «No hables de Nord Stream». Los líderes ven poco beneficioso indagar demasiado y encontrar una respuesta incómoda, dijo el diplomático, haciéndose eco de los sentimientos de varios homólogos de otros países que dijeron que preferirían no tener que lidiar con la posibilidad de que Ucrania o sus aliados estuvieran implicados.*

### 3.4.4.5. Epílogo

Sea cual sea el curso exacto de la operación, está claro que no fue llevada a cabo por Rusia. Dadas las posibles implicaciones de una acción de este tipo, está absolutamente claro que -sea como fuere- no podría haber tenido lugar sin la aprobación de Estados Unidos, ya que constituye un ataque de un país de la OTAN a una infraestructura considerada crítica por Europa.

---

333. Shane Harris, Souad Mekhennet, Loveday Morris, Michael Birnbaum y Kate Brady, «Investigators skeptical of yacht's role in Nord Stream bombing», *The Washington Post*, 3 de abril de 2023 (https://archive.ph/Xz8wT#selection-693.0-783.14).

Lo más probable es que el sabotaje lo llevara a cabo un país de la OTAN, en contra de los intereses de Alemania, otro país de la OTAN. Por eso resulta cómico comprobar que el 11 de enero la OTAN y la UE decidieron crear una estructura para mejorar las medidas de protección contra las infraestructuras críticas[334]. En otras palabras, ¡la OTAN se protege a sí misma!

La hipótesis de un ataque ucraniano tendría que estar respaldada por hechos para ser creíble, lo que no es el caso en la actualidad. Sin embargo, no es totalmente irrealista en teoría. Sería coherente con los esfuerzos de los dirigentes ucranianos por hacer todo lo posible para que la OTAN se implique físicamente en Ucrania. Se trataría entonces de una operación de bandera falsa, como las que los ucranianos han llevado a cabo en el teatro de operaciones. Por eso nuestros «expertos» señalaron inmediatamente con el dedo a Rusia.

En cuanto a las Naciones Unidas, el Consejo de Seguridad, instado por China y Rusia a investigar el incidente, aplazó la reunión prevista para tratar el asunto. El embajador estadounidense argumenta que *«los recursos destinados a las investigaciones de la ONU deben preservarse para los casos en que los Estados no quieran o no puedan investigar[335]»*. Esto tiende a reforzar la sospecha de que un país de la OTAN llevó a cabo este sabotaje contra uno de sus aliados.

No sería la primera vez, puesto que las actividades de espionaje de Dinamarca contra sus aliados europeos por cuenta de Estados Unidos ya se revelaron en 2021[336], lo que demuestra que Estados Unidos desconfía de sus propios aliados. Todo esto parece indicar que la OTAN funciona de forma mafiosa, con un «padrino» que impone su ley mediante la intimidación.

La contranarrativa presentada por el NYT y el periódico alemán Die Zeit, que culpan a un «grupo proucraniano» del incidente, parece un poco maquillada. Pero no deja de ser interesante, porque revela una

---

334. «NATO and EU set up task force for critical infrastructure resilience and protection», *nato.int*, 11 de enero de 2023 (actualizado el 12 de enero de 2023); (https://www.nato.int/cps/en/natohq/news_210611.htm?selectedLocale=fr)

335. https://news.un.org/en/story/2023/02/1133752

336. «Cómo Dinamarca se convirtió en el puesto de escucha de la NSA en Europa», *France24*, 1 de junio de 2021 (https://www.france24.com/en/technology/20210601-how-denmark-became-the-nsa-s-listening-post-in-europe)

serie de hechos que demuestran la falta de integridad de nuestros medios de comunicación.

En primer lugar, descartó definitivamente la responsabilidad de Rusia en este acto de guerra (y terrorismo). Así que los periodistas que acusaron sin vacilar a Rusia, como Anthony Bellanger en *France 5*[337], no tienen la menor pizca de integridad.

En segundo lugar, pretende claramente restaurar la virginidad de la Alianza Atlántica, que se dice reforzada pero cuyos miembros se atacan entre sí con atentados.

En tercer lugar, que hay fuerzas en Ucrania que el gobierno no controla y que podrían crear una situación de guerra con la OTAN o dentro de ella.

En cuarto lugar, ésta podría ser una de las señales de que Occidente comienza lentamente a «dejar ir» a Zelensky y a Ucrania...

En cualquier caso, este asunto se ha convertido en una fuente de vergüenza para Occidente. Ha demostrado que la operación fue concebida en términos tácticos, por individuos que no supieron ver las implicaciones estratégicas. En este sentido, es muy representativo de la forma en que los occidentales han tomado sus decisiones a lo largo de la crisis.

---

337. https://youtu.be/K-WzRgrzlLU?t=88

# 4. Consideraciones militares

La comparecencia del coronel Michel Goya el 2 de noviembre de 2022 ante una comisión del Senado francés es una caricatura de nuestra incapacidad para analizar la situación militar en Ucrania[338]. Descartó la mitad de los hechos y juzgó las operaciones rusas basándose en su propia experiencia en el Ejército francés, ignorando aspectos esenciales de la doctrina rusa. Por su parte, los senadores parecen más interesados en que se confirmen sus ideas que en comprender realmente las implicaciones de la crisis ucraniana para la defensa nacional.

## 4.1. El retorno de la guerra convencional

A partir de 1991, la perspectiva de una guerra convencional en Europa se desvaneció gradualmente. El «dividendo de la paz» condujo a una reducción significativa de los presupuestos y capacidades militares de los países occidentales. La aparición de nuevas tecnologías y la liberalización del comercio obligaron a reordenar las prioridades.

Desde la Segunda Guerra Mundial, los ejércitos se han estado preparando para lo que se conoce como guerra de 3ª generación. Se trataba de una guerra que integraba diferentes armas en un sistema, como la Blitzkrieg desarrollada por los alemanes. Se trataba del combate conjunto, pilar de las escuelas de guerra.

Tras parecer brevemente guerras de 3ª generación, nuestras guerras en Oriente Próximo se han convertido rápidamente en guerras de 4ª gene-

---

338. https://youtu.be/aZe5diu87sk

ración, libradas por ejércitos tecnológicamente desarrollados contra ejércitos más rústicos, o incluso guerrillas rudimentarias.

### *Tipología de las guerras según las tecnologías*

| Type of war | Brief description |
| --- | --- |
| **1st generation** | Close combat between individuals with simple weapons (sword, shield, etc.) |
| **2nd generation** | Use of modern weapons (rifle, machine gun, artillery, aviation), but not yet in an integrated manner (World War I) |
| **3rd generation** | Integration of weapons into a combat system (combined arms) (World War II, Blitzkrieg) |
| **4th generation** | Non-linear combat by non-state actors (guerrilla, terrorism, etc.) (Iraq, Afghanistan) |
| **5th generation** | Non-kinetic combat in the field of information technology and perception management (Ukrainian Army 2022-) |

*Figura 25 - Tipología de las guerras. La guerra de Ucrania es una mezcla de guerra de 3ª generación (en el bando ruso) y de 5ª generación (en los bandos ucraniano y occidental).*

Nuestros soldados podían actuar lejos del campo de batalla. Ya durante la Guerra del Golfo (1991) se habló de la «guerra de Nintendo». Esta forma de hacer la guerra «a distancia» contra adversarios más débiles, combinada con la desaparición de la amenaza militar en Europa, condujo a una reducción del potencial militar en Europa.

El problema es que, mientras tanto, nuestros ejércitos se han visto inmersos en guerras contra adversarios que no disponen de material pesado, ni fuerza aérea, ni apenas limitaciones logísticas, que luchan contra poblaciones dispersas, etcétera. Así que hoy tenemos una generación de soldados intelectualmente inadecuados para un conflicto en suelo europeo. Los rusos pueden alegrarse de que el ejército ucraniano haya sido entrenado por oficiales de la OTAN.

**_Efectivos del ejército en países seleccionados en 1992 y 2022_**

|  | 1992 | 2022 | Change in % |
|---|---|---|---|
| **Germany** | 476 300 | 62 800 | −86.815 |
| **France** | 453 100 | 130 000 | −71.309 |
| **Great Britain** | 300 100 | 79 380 | −73.549 |
| **United States** | 731 700 | 485 000 | −33.716 |
| **USSR / Russia** | 1 400 000 | 300 000 | −78.571 |

*Figura 26 - Reducción de los «grandes» países occidentales y Rusia. Contrariamente a la opinión popular, esta reducción no fue un error, sino simplemente una adaptación al paisaje de la posguerra fría. [Fuente: The Military Balance 1992 and 2022].*

En Ucrania, los rusos nos han devuelto a la guerra de 3ª generación, aquella para la que nos preparábamos durante la Guerra Fría: un enfrentamiento entre dos ejércitos con equipos y tecnologías comparables y con doctrinas de combate similares. Es el regreso de las operaciones conjuntas, en las que los diferentes componentes de las fuerzas terrestres y aéreas trabajan en sinergia. Su similitud con la Segunda Guerra Mundial explica que haya tantas referencias tácticas/operativas.

El problema es que desde el principio de la operación rusa, el enfoque de los dos beligerantes no fue simétrico. Mientras los rusos libraban una guerra de 3ª generación, los ucranianos pensaban que estaban librando una guerra de 5ª generación. En otras palabras, una guerra «no cinética», en la que la victoria debía lograrse mediante sanciones, acciones en el ciberespacio y operaciones de influencia.

Tras una acción provocadora del ejército ucraniano, que debía incitar a los rusos a lanzar su operación, Occidente pudo desencadenar una avalancha de sanciones. Los ucranianos y los estadounidenses pensaban que estas sanciones bastarían para provocar el colapso económico del país. El resultado habría sido una crisis que habría obligado a Vladimir Putin a cesar su operación y habría incitado a la población rusa a derrocarlo. Así pues, se suponía que Ucrania ganaría la guerra muy rápidamente y prácticamente sin luchar. Así es exactamente como los medios de comunicación occidentales presentaron el conflicto a partir de febrero de 2022.

Pero esta idea se basaba en los parámetros de 2014 y no en los de 2022. La economía rusa resistió muy bien los ataques, el rublo no se desplomó y el apoyo al gobierno creció. Como resultado, los ucranianos tuvieron que luchar durante mucho más tiempo del que esperaban y de una forma para la que no estaban preparados.

Los informes oficiales publicados en 2022 en Francia y Suiza demuestran que la interpretación que nuestros gobiernos hacen del conflicto no va más allá de la de nuestros televisores. A menudo se elaboran sobre la base de interpretaciones de pseudo expertos militares, que sólo tienen una comprensión táctica de la acción militar, pero son incapaces de pensar en términos operativos o incluso estratégicos. Esta es la razón principal de los repetidos fracasos de nuestros ejércitos en la lucha contra el terrorismo. Hemos matado a mucha gente, sin resolver el problema: eliminamos a los terroristas, pero no al terrorismo.

Occidente empujó a Ucrania a una guerra de 3ª generación cuando esperaba una guerra de 5ª generación. Sus fuerzas estaban preparadas para llevar a cabo acciones tácticas hacia Crimea y el Donbass ya en marzo de 2021, pero fueron incapaces de llevar a cabo acciones a nivel operativo y tuvieron que recurrir a la lucha en trincheras, como en 1914.

Por el contrario, gracias a su dominio del «Arte Operativo» (*Operativnoe Iskoustvo*), los rusos explotaron el movimiento para lograr superioridades locales y tomar la iniciativa. Por eso pudieron lanzar su operación con un balance de fuerzas inferior. Los rusos utilizaron la artillería de forma operativa, mientras que los ucranianos la utilizaron de forma táctica. Por eso el consumo de munición es tan diferente en cada bando.

Contrariamente a la creencia popular, el arte de la guerra requiere una gran dosis de creatividad. El conflicto ucraniano puso de relieve la creatividad de los ucranianos a nivel táctico y la de los rusos a nivel operativo/estratégico. La escasez de material y lo repentino del conflicto obligaron a los ucranianos a desarrollar nuevas técnicas, en particular el uso de drones. Esto permite mostrar propaganda en nuestras pantallas de televisión, pero no permite ganar una guerra.

Nuestra imagen de cómo luchan los rusos (y antes los soviéticos) siempre ha estado distorsionada por la diferencia en la escala de pensamiento. Por ejemplo, los occidentales vemos la compañía como la unidad táctica básica de combate, mientras que los soviéticos (y más tarde los rusos) veían el batallón como la unidad táctica básica. Esto tuvo consecuencias en el grado de iniciativa permitido a los oficiales subalternos. Pero los rusos aprendieron las lecciones de Afganistán y desarrollaron el espíritu de iniciativa en los niveles inferiores. Esto es lo que estamos viendo hoy en Bakhmout, por ejemplo.

En la primera fase de la ofensiva, con el tamaño relativamente pequeño de las fuerzas conjuntas, los mandos tuvieron que jugar más con la movilidad operativa para obtener ventaja. Así lo ilustra la acción hacia Kiev, que no estaba diseñada para capturar Kiev y pretendía únicamente impedir que el ejército ucraniano reforzara su posición en el Donbass.

La forma en que nuestros oficiales generales ven y comentan el conflicto debería preocuparnos aún más. Es cierto que los medios de comunicación sólo buscan «percepciones» para apoyar la propaganda que difunden. Pero para los militares, es importante que el jefe sea capaz de aprehender una situación con rigor y flexibilidad de espíritu. En el informe del Senado francés, Bruno Clermont, general del ejército del aire, afirma[339]:

*El principal fracaso del ejército ruso fue la escasa utilización de su poderosa fuerza aérea. Los rusos se mostraron incapaces de llevar a cabo una campaña aérea como lo habría hecho la OTAN bajo liderazgo estadounidense.*

Si la situación en Ucrania no fuera tan grave, este comentario sería risible por su franqueza. No sólo nuestro general parece pensar que sólo hay una forma de hacer la guerra, sino que la guerra debe medirse necesariamente con lo que hacen los estadounidenses. Menos mal que los rusos no piensan como él, porque en *Newsweek*, un analista de la *Defense Intelligence Agency* (DIA) -el equivalente estadounidense de la *Direction du Renseignement Militaire* (DRM) francesa- señala[340]:

---

339. Cédric Perrin & Jean-Marc Todeschini, «Ucrania: un año de guerra. What lessons for France», Comisión de Asuntos Exteriores, Defensa y Fuerzas Armadas del Senado, Documento informativo nº 334, 8 de febrero de 2023, p. 33.
340. William M. Arkin, «Putin's Bombers Could Devastate Ukraine but He's Holding Back. Here's Why», *Newsweek*, 22 de marzo de 2022 (https://www.newsweek.com/putins-bombers-could-de-vastate-ukraine-hes-holding-back-heres-why-1690494)

*La conducta de Rusia en la brutal guerra cuenta una historia dife-*
*rente de la opinión ampliamente aceptada de que Vladimir Putin*
*tiene la intención de demoler Ucrania e infligir el máximo daño*
*civil - y revela el acto de equilibrio estratégico del líder ruso [...] En*
*24 días de conflicto, Rusia ha volado unas 1.400 salidas de ataque y*
*entregado casi 1.000 misiles (en contraste, Estados Unidos voló más*
*salidas y entregó más armas en el primer día de la guerra de Irak de*
*2003).*

La rápida adaptación de ambos bandos a la aparición de nuevas tecnologías en el campo de batalla demuestra que la tecnología sólo es una ventaja en campañas cortas. Esto explica por qué Ucrania estaba dispuesta a entablar negociaciones en febrero-marzo de 2022.

Si el conflicto se prolonga y los dos adversarios se adaptan a las innovaciones del otro, la victoria será para el que disponga de más recursos. Cuando estos recursos son tecnológicamente similares, lo que cuenta son los recursos humanos.

Si los rusos ocuparan la parte occidental de Ucrania, se enfrentarían a una resistencia popular significativa, en la que la calidad de los combatientes no tendría una importancia significativa. Si, por el contrario, permanecieran en la parte rusoparlante del país, no se enfrentarían a ninguna resistencia popular, y toda la carga de la defensa recaería en las fuerzas armadas. Sin embargo, a medida que avanza el conflicto, las enormes pérdidas ucranianas sufridas por Occidente y las oleadas de movilización que buscan combatientes cada vez más desmotivados sólo sirven para reforzar la certeza de una victoria rusa.

En resumen, los aspectos cualitativos de la tecnología son decisivos para una campaña corta, y la calidad de los combatientes es un factor crítico para una campaña larga. La estrategia impuesta por Occidente a Ucrania la ha llevado a la ruina.

### 4.1.1. Ciberguerra

La guerra cibernética, percibida en Occidente como uno de los pilares de la «guerra híbrida» y uno de los principales temores de nuestros estados mayores, no parece haber desempeñado un papel decisivo en las operaciones en Ucrania. El hecho es que Ucrania y Rusia tienen un enorme potencial, dados sus altos niveles de educación. Ucrania presume de tener un «ejército informático» de hasta 400.000 hackers dentro y fuera del país[341]. La cifra es inverificable y sin duda exagerada, pero no significa gran cosa: la calidad, más que la cantidad, define una «fuerza cibernética». Pero sí alimenta el mito de la resistencia popular[342] cuyos efectos sobre el terreno no coinciden con sus declaraciones.

También en este caso, es muy probable que las percepciones occidentales hayan jugado en contra de Ucrania al dar demasiada importancia a aspectos menores, ocultando así los principales.

### *Actividades cibernéticas al inicio de la operación militar especial rusa*

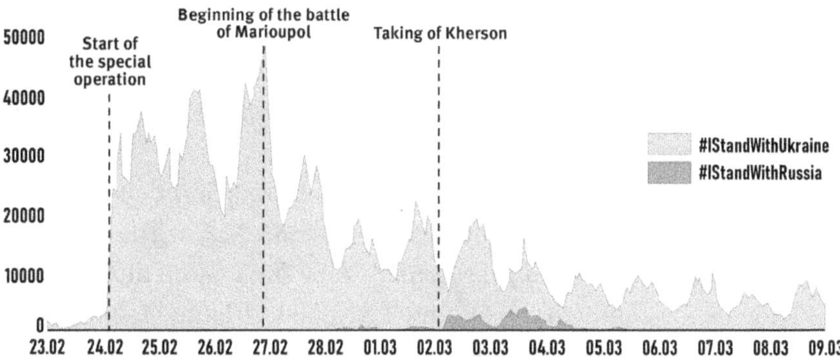


*Figura 27 - Examen de las actividades cibernéticas al inicio de la operación rusa en febrero de 2022 por la Universidad de Adelaida (Australia)[343] tiende a mostrar que los ucranianos habían preparado su ofensiva cibernética. Esto tiende a confirmar que Ucrania se estaba preparando para una ofensiva contra el Donbass antes de que Rusia lanzara su operación.*

---

341. Sam Schechner, «Ukraine's 'IT Army' Has Hundreds of Thousands of Hackers, Kyiv Says», *The Wall Street Journal*, 4 de marzo de 2022 (https://www.wsj.com/livecoverage/russia-ukraine-latest-news-2022-03-04/card/ukraine-s-it-army-has-hundreds-of-thousands-of-hackers-kyiv-says-RfpGa5zmLtavrot27OWX)
342. Max Smeets & Brita Achberger, «Cyber hacktivists are busy undermining Putin's invasion», *The Washington Post*, 13 de mayo de 2022 (https://www.washingtonpost.com/politics/2022/05/13/cyber-attack-hack-russia-putin-ukraine-belarus/)
343. Bridget Smart, Joshua Watt, Sara Benedetti, Lewis Mitchell y Matthew Roughan, «#IStandWithPutin versus #IStandWithUkraine: The interaction of bots and humans in discussion of the Russia/Ukraine war», *Universidad de Adelaida*, 15 de agosto de 2022 (https://arxiv.org/abs/2208.07038).

Un estudio de la Universidad de Adelaida (Australia) sobre las actividades cibernéticas a principios de 2022 en Ucrania muestra que los ucranianos estaban claramente preparados para una intensificación de las operaciones militares. Ya el 24 de febrero, la actividad cibernética de los bots ucranianos alcanzó inmediatamente un nivel muy alto, y sólo unos días después comenzó la actividad cibernética rusa[344]. Esto indica que las redes ucranianas ya habían preparado sus ciberataques antes del 24 de febrero en apoyo de su operación prevista en el Donbass.

### *4.1.2. La desaparición de la guerra híbrida*

La «guerra híbrida» que ha sido la fantasía de los pseudoexpertos militares occidentales desde 2014 parece ser lo que siempre ha sido: un «concepto» comodín, utilizado para dar coherencia artificial a acontecimientos que a priori no tienen nada que ver entre sí, de los que no conocemos ni los ejemplos ni el objetivo, y cuyo único propósito era dar credibilidad a la tesis de una guerra rusa en Ucrania. Era una forma de oficializar la teoría de la conspiración occidental.

La idea de «guerra híbrida» surge de la interpretación de un artículo de 2013 de Valery Guerassimov, Jefe del Estado Mayor ruso, titulado «*El valor de la ciencia en la prospectiva*[345]». Se trata de un análisis de la evolución de los conflictos en Oriente Próximo y Oriente Medio y de las lecciones sobre cómo integrarlos en el pensamiento militar. Se trata de un enfoque metodológico, no de una descripción de la doctrina rusa.

Con la crisis ucraniana de 2014, Occidente intenta dar sentido a una «invasión rusa» sin tropas rusas, a una revolución democrática de militantes nacionalistas de extrema derecha, a la legitimidad de un gobierno que gobierna sin haber sido elegido, etcétera. A continuación se construye una lógica que aúna la ciberguerra, el terrorismo, la guerra clandestina, la guerra convencional y, por supuesto, la guerra de la información. El artículo de Guerassimov se convierte entonces en la clave de lectura de acontecimientos incoherentes en la realidad. Mark Galeotti,

---

344. Bridget Smart, Joshua Watt, Sara Benedetti, Lewis Mitchell & Matthew Roughan, «#IStandWithPutin versus #IStandWithUkraine: The interaction of bots and humans in discussion of the Russia/Ukraine war», *The University of Adelaide*, 15 de agosto de 2022 (actualizado el 20 de agosto de 2022) (https://arxiv.org/abs/2208.07038)

345. Герасимов Валерий, «Ценность науки в предвидении», *vpk-news.ru*, 26 de febrero de 2013 (https://vpk-news.ru/articles/14632).

especialista británico en Rusia, comenta este artículo y deduce la «*Doctrina Guerassimov*», que sería el concepto ruso de guerra híbrida[346].

A raíz de la propaganda ucraniana, se está creando literal y artificialmente una «base doctrinal» rusa, que medios como *Le Temps*[347] y *La Croix*[348] utilizan para condenar a Rusia. La revista *Le Point* va aún más lejos, afirmando que la doctrina está «*validada por el propio Vladimir Putin*»[349]. Son unos mentirosos: en realidad, el concepto no existe, y Rusia ni lo ha teorizado ni lo ha invocado. Tanto es así que, en 2015, incluso la OTAN se pregunta *si la guerra híbrida existe realmente...*[350]

Pero empujar a nuestros responsables a malinterpretar la doctrina del adversario es extremadamente peligroso. Por eso, en 2018, Galeotti se disculpó -con valentía e inteligencia- en un artículo titulado «*Siento haber creado la Doctrina Guerassimov*» publicado en la revista *Foreign Policy*[351]:

> *Fui el primero en escribir sobre la infame estrategia militar rusa de alta tecnología. Un pequeño problema: no existe.*

Para los responsables occidentales, el concepto de «guerra híbrida» viene muy bien para explicar todo lo que nuestros gobiernos no consiguen controlar. Por ejemplo, la guerra híbrida rusa estaría detrás de la crisis de los «chalecos amarillos», según un investigador del *IFRI*[352], y de la crisis del gas natural en Europa, según *Le Figaro*[353]. Conspiracionismo en el sentido literal de la palabra.

---

346. Mark Galeotti, «The 'Gerasimov Doctrine' and Russian Non-Linear War», *inmoscowsshadows. wordpress.com*, 7 de junio de 2014.

347. Frédéric Koller, «Désinformation, l'offensive russe», *Le Temps*, 27 de diciembre de 2016.

348. Olivier Tallès, «Bruxelles s'alarme de la désinformation russe», *La Croix*, 4 de mayo de 2017.

349. Marc Nexon, «Gerasimov, le général russe qui mène la guerre de l'information», *Le Point*, 2 de marzo de 2017.

350. Dr. Damien Van Puyvelde, «¿Existe realmente la guerra híbrida?», *Revista de la OTAN*, 7 de mayo de 2015.

351. Mark Galeotti, «Siento haber creado la 'doctrina Gerasimov'», *Foreign Policy*, 5 de marzo de 2018.

352. Julien Nocetti (con Florian Dèbes y Nicolas Madelaine), «L'informationnel est une arme de guerre clé du Kremlin», *Les Echos/IFRI*, 25 de febrero de 2022 (https://www.ifri.org/fr/espace-media/lifri-medias/linformationnel-une-arme-de-guerre-cle-kremlin)

353. Isabelle Lasserre, «El gas ruso, un arma estratégica en la guerra híbrida de Vladimir Putin», *Le Figaro*, 26 de julio de 2022 (actualizado el 27 de julio de 2022) (https://www.lefigaro.fr/international/le-gaz-russe-une-arme-strategique-dans-la-guerre-hybride-de-vladimir-poutine-20220726)

Desde febrero de 2022, la «guerra híbrida» parece estar ausente... Todos los atributos de la «guerra híbrida», tal y como la ven nuestros expertos, ya estaban presentes en 1942, aunque con medios diferentes, y el conflicto que tiene lugar actualmente en Ucrania no es muy diferente en esencia.

### 4.1.3. La cuestión nuclear - La raíz del problema

En 1945, la URSS había ganado la carrera hacia Berlín y el prestigio de la victoria, pero era incruenta. Para algunos de sus aliados occidentales, como Winston Churchill en Gran Bretaña y ciertos generales estadounidenses como George Patton, ésta sería una oportunidad para continuar la guerra hacia Moscú. Se decía que Stalin tenía intenciones similares hacia el Atlántico... La Guerra Fría había comenzado.

En 1949, la adquisición de armas nucleares por parte de la URSS condujo a la creación de la OTAN en abril, con el fin de colocar a Europa Occidental bajo el paraguas nuclear estadounidense. Este sigue siendo hoy el papel principal de la OTAN. Pero la relación entre las dos superpotencias ha cambiado: Estados Unidos ha perdido su privilegio nuclear y Rusia ha adquirido capacidad disuasoria.

En esta fase, la guerra nuclear se considera principalmente a nivel estratégico. La preocupación de las dos superpotencias es evitar un enfrentamiento directo que podría llegar a la fase nuclear y conducir a la *Destrucción Mutua Asegurada* (MAD).

En aquella época, la OTAN estaba formada únicamente por los países de la «vieja Europa», separados de la URSS por más de 1.000 km. Esta distancia daba margen a cualquier conflicto para desarrollarse convencionalmente, antes de recurrir a las armas nucleares, el arma de último recurso.

Pero en 1952, el ingreso de Turquía en la OTAN acercó la Alianza Atlántica a la URSS, alarmando a los soviéticos. El 8 de mayo de 1955, la entrada de la República Federal de Alemania (RFA) en la OTAN fue decisiva. Una semana después se creó la Organización del Tratado de Varsovia (OMC) o «Pacto de Varsovia».

Contrariamente a lo que nos dicen los pseudoexpertos de nuestras pantallas de televisión, el objetivo del Tratado de Varsovia no es crear una «esfera de influencia». Los países de Europa del Este ya estaban gobernados por partidos comunistas que a menudo eran peores que sus homólogos soviéticos. La razón de ser del Tratado de Varsovia era crear una «zona tampón» («glacis» o *Vorfeld* en alemán), cuyo objetivo era recrear un espacio para la confrontación convencional y evitar que se convirtiera en nuclear demasiado rápidamente.

Desde finales de los años 60, los avances tecnológicos han permitido miniaturizar las armas nucleares. Desde entonces, la gama de sistemas de armas disponibles ha permitido variar la intensidad de un intercambio nuclear.

El problema era mantener el control de un conflicto para evitar un holocausto nuclear (MAD). A ambos lados del Telón de Acero se elaboraron doctrinas para graduar el uso de armas nucleares del nivel táctico al estratégico.

Esto es lo que la OTAN denomina «respuesta flexible». Su propósito era dejar claro a los soviéticos que Estados Unidos no pasaría directa y automáticamente a un intercambio nuclear estratégico. La estrategia nuclear de Estados Unidos mantiene un elemento constante: mantener el uso de armas nucleares lejos de su suelo nacional.

La situación geoestratégica de Estados Unidos y Rusia es profundamente asimétrica. Estados Unidos puede alcanzar territorio ruso con armas nucleares tácticas/operativas, mientras que Rusia sólo puede alcanzar suelo estadounidense con armas estratégicas.

En otras palabras, en caso de conflicto grave, para evitar un intercambio nuclear estratégico que afecte a su territorio, Estados Unidos trataría de mantener un conflicto nuclear en el teatro de operaciones europeo. Para ello, evitaría cuidadosamente golpear directamente suelo ruso, para no desencadenar un «duelo estratégico» con Rusia. Por eso, desde finales de los años setenta, Estados Unidos desplegó armas nucleares tácticas y de teatro en Europa, transformándola en un potencial campo de batalla nuclear.

Pero esta situación asimétrica se ha convertido en asimétrica: Rusia podría utilizar armas nucleares de baja intensidad en Europa, y Estados Unidos sólo podría responder golpeando a sus aliados. Esto desencadenó el movimiento antinuclear y pacifista en Alemania y el norte de Europa.

Los Estados bálticos, Polonia e incluso países como Suecia, Finlandia e incluso Suiza, que piensan que la OTAN podría proporcionarles seguridad adicional, están tristemente equivocados, porque los estadounidenses nunca sacrificarán Washington, Nueva York o Los Ángeles para proteger Helsinki o Estocolmo. En cualquier caso, no se embarcarían en un duelo nuclear estratégico con Rusia sin pasar por una fase nuclear táctica y operativa que destruyera primero los países europeos.

Durante la Guerra Fría, el Tratado de Varsovia ofrecía un espacio para una fase convencional en caso de conflicto en Europa. Con su desaparición y el avance de la OTAN hacia el Este, este espacio ha desaparecido. Por ello, Rusia ha modificado su doctrina de enfrentamiento, lo que le permite utilizar más rápidamente las armas nucleares. Esta situación es el resultado de dos fenómenos que se produjeron en paralelo a principios de la década de 2000: la expansión de la OTAN y la denuncia de los tratados de desarme por parte de Estados Unidos en 2002.

Lo sorprendente es que los occidentales parecen no haber percibido este riesgo. El avance de la OTAN se ha considerado un éxito geográfico, pero no se ha sacado ninguna conclusión estratégica de él. Al acercarse a la frontera rusa, la OTAN también está eliminando su capacidad de alerta temprana.

Por eso Rusia ve a la OTAN a sus puertas -y en particular en Ucrania- como una amenaza existencial. Esto no tiene absolutamente nada que ver con la vocación defensiva de la OTAN -o la falta de ella- porque la Alianza corre exactamente el mismo riesgo, como lo ilustra la crisis ucraniana de diciembre de 2021-febrero de 2022. Esto es lo que Vladimir Putin trató de explicar en su conferencia de prensa del 7 de febrero de 2022, tras la visita de Emmanuel Macron a Moscú. Irónicamente, esto es lo que Suecia y Finlandia no han entendido: en caso de guerra, estos países podrían ser los primeros en ser nuclearizados preventivamente...

### 4.1.4. *La amenaza nuclear rusa*

Desde el comienzo de la intervención rusa, nuestros medios de comunicación han estado afirmando que Rusia amenaza a Occidente con armas nucleares. Esto es falso. Para entenderlo, debemos examinar el contexto de estas acusaciones.

Se trata de dos casos, cada uno de los cuales responde a cuestiones y objetivos distintos: las acusaciones de periodistas occidentales malintencionados (y otros «pseudoexpertos») y las acusaciones de Ucrania.

## 4.1.4.1. Alegaciones de Occidente

En este contexto, Occidente intenta presentar a los rusos como brutos que actúan de forma irracional y están dispuestos a todo para satisfacer las ambiciones de Vladimir Putin. Se trata de una desinformación que procede principalmente de círculos y medios conspiracionistas que ven el conflicto a través del prisma de su propia rusofobia.

Se trata de distorsionar las palabras de Vladimir Putin, eliminando (o negando) el contexto en el que fueron pronunciadas y explicándolas como resultado de su mala salud mental[354]. Es infantil.

De hecho, es Occidente quien ha planteado sistemáticamente la amenaza nuclear. El 24 de febrero de 2022, Jean-Yves Le Drian, ministro francés de Asuntos Exteriores, sugirió que la OTAN podría utilizar armas nucleares[355]. Le siguió, el 27 de febrero de 2022, Liz Truss, ministra británica de Asuntos Exteriores, que habló de la destrucción del complejo militar-industrial ruso y de la posibilidad de un enfrentamiento directo entre la OTAN y Rusia[356].

Por eso, el 27 de febrero de 2022, Vladimir Putin anunció que sus fuerzas nucleares pasarían a un *«régimen especial de alerta de combate»*[357]. Los medios conspirativos hablaron entonces de amenaza y trataron de sembrar el pánico. Por ejemplo, RTS declaró que Putin estaba *«blandiendo claramente la amenaza nuclear»*[358].

---

354. Programa Infrarouge «Menace nucléaire: jusqu'où ira-t-il?», RTS.ch, 2 de marzo de 2022 (https://www.rts.ch/play/tv/infrarouge/video/menace-nucleaire-jusquou-ira-t-il?urn=urn:rts:video:12908299)
355. Anthony Audureau/AFP, «Ucrania: Le Drian recuerda a Putin que «la Alianza Atlántica es también una alianza nuclear»», BFM TV, 24 de febrero de 2022 (https://www.bfmtv.com/international/ukraine-le-drian-rappelle-a-poutine-que-l-alliance-atlantique-est-aussi-une-alliance-nucleaire_AD-202202240685.html).
356. Stephen Mcilkenny, «Liz Truss: Kremlin says decision to put nuclear bases on high alert due to comments made by Foreign Secretary | What did she say about Ukraine crisis?», *The Scotsman*, 28 de febrero de 2022 (https://www.scotsman.com/news/politics/kremlin-says-nuclear-bases-on-high-alert-due-to-comments-made-by-liz-truss-3589463)
357. Andrew Roth, Shaun Walker, Jennifer Rankin y Julian Borger, «Putin signals escalation as he puts Russia's nuclear force on high alert», *The Guardian*, 28 de febrero de 2022; Runai Tairov, «Путин приказал перевести силы сдерживания в особый режим боевого дежурства», Forbes.ru, 27 de febrero de 2022 (https://www.forbes.ru/society/457237-putin-prikazal-perevesti-sily-sderzivania-v-osobyj-rezim-boevogo-dezurstva)..
358. https://www.rts.ch/play/tv/redirect/detail/12908299?startTime=683



---

De hecho, Rose Gottemoeller, ex Subsecretaria de Control de Armamento de la Administración Obama y Vicesecretaria General de la OTAN, pone en perspectiva la declaración de Putin[359]:

*La orden de Putin sólo aportará «entre tres y seis personas más» a los puestos de mando nucleares, que normalmente cuentan con unas seis personas.*

### Amenazas de uso de armas nucleares

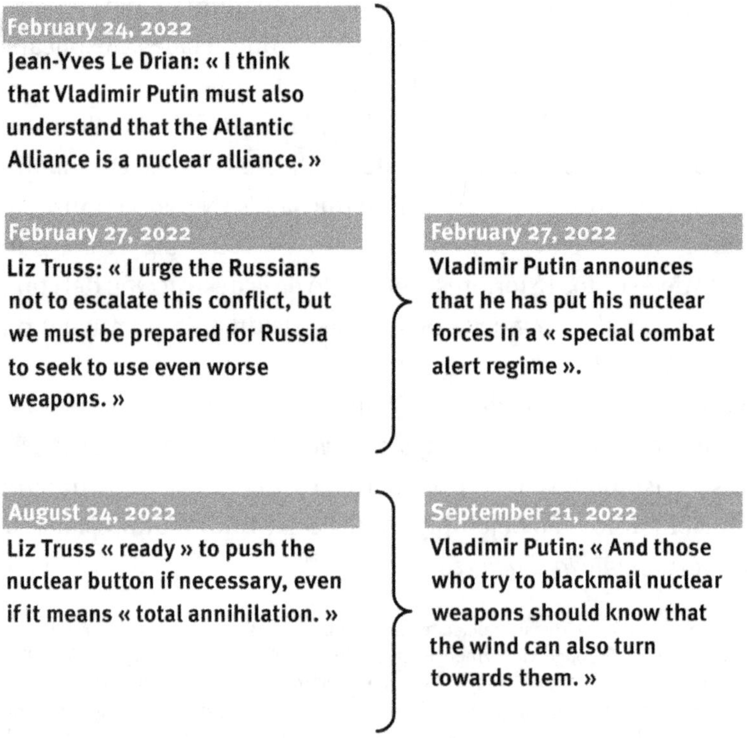

**February 24, 2022**
Jean-Yves Le Drian: « I think that Vladimir Putin must also understand that the Atlantic Alliance is a nuclear alliance. »

**February 27, 2022**
Liz Truss: « I urge the Russians not to escalate this conflict, but we must be prepared for Russia to seek to use even worse weapons. »

**February 27, 2022**
Vladimir Putin announces that he has put his nuclear forces in a « special combat alert regime ».

**August 24, 2022**
Liz Truss « ready » to push the nuclear button if necessary, even if it means « total annihilation. »

**September 21, 2022**
Vladimir Putin: « And those who try to blackmail nuclear weapons should know that the wind can also turn towards them. »

*Figura 28 - A pesar de lo que digan medios como France 5 y RTS, siempre fue Occidente el primero en blandir la amenaza nuclear, incitando a Vladimir Putin a reaccionar.*

---

359. Stephanie Cooke, «¿Utilizará Putin armas nucleares en Ucrania?», *Energy Intelligence*, 17 de marzo de 2022 (https://www.energyintel.com/0000017f-94cd-d81c-a9ff-9ecf7ccf0000)

El 24 de agosto de 2022, Liz Truss, entonces Ministra de Asuntos Exteriores británica y candidata al puesto de Primera Ministra (que ocuparía sólo brevemente), se declaró dispuesta a utilizar armas nucleares, aunque ello supusiera la *«aniquilación global»*[360].

A esta declaración irresponsable -que los medios de comunicación francófonos no recogieron- respondió Vladimir Putin en su discurso del 21 de septiembre de 2022[361]. Advirtió a Occidente contra el uso de armas de destrucción masiva y señaló que Rusia disponía de otras armas muy potentes *«más modernas que las de la OTAN»*. No mencionó las armas nucleares, pero se refería claramente a las armas hipersónicas, que permitirían ataques preventivos o incluso preventivos sin el uso de fuerzas nucleares.

Estos son los hechos. Sin embargo, el 20 de noviembre de 2022, en el programa de *Géopolitis* «Désinformation, arme de guerre», Jean-Philippe Schaller, periodista de RTS, afirmó que Vladimir Putin utilizaba la desinformación *«acusando a Occidente de querer una guerra nuclear»*. *«Sin embargo, fue Putin el primero en blandir la amenaza nuclear. Cuanto más grande, mejor»*. Está claro que el periodista nos miente (¡varias veces en el mismo programa!)[362].

En apoyo de sus alegaciones, nuestro periodista se refiere al caso de la «bomba sucia» ucraniana. En octubre de 2022, temiendo que los ucranianos intentaran una provocación con una «bomba sucia», Rusia hizo públicos los rumores de los que tenía conocimiento. ¡Naturalmente, los países occidentales lo consideraron desinformación, cosa que no habían hecho cuando Ucrania había hecho acusaciones similares en marzo[363]! Pero el enfoque ruso es más sutil.

Una «bomba sucia» no es más que un explosivo convencional (TNT, etc.) alrededor del cual se han fijado materiales radiactivos procedentes de la industria o la investigación. Cuando explota, la bomba dispersa polvo radiactivo, creando un peligro para la salud de las personas, pero con muy pocos daños materiales. Se trata de un arma de fabricación

---

360. https://www.independent.co.uk/news/uk/politics/liz-truss-nuclear-button-ready-b2151614.html; https://youtu.be/IvH7cgbdazU

361. http://en.kremlin.ru/events/president/news/69390

362. https://youtu.be/bEv4-IJsl9k?t=85

363. Richard Stone, «Dirty bomb ingredients go missing from Chornobyl monitoring lab», *Science*, 25 de marzo de 2022 (https://www.science.org/content/article/dirty-bomb-ingredients-go-missing-chornobyl-monitoring-lab)

casera dirigida contra personas en una zona muy limitada. Desde luego, no es probable que desencadene una respuesta nuclear.

La idea de los rusos es simplemente «sacar las castañas del fuego» a quienes pudieran tener la idea de hacerlo. Contrariamente a lo que afirma Jean-Philippe Schaller, no se trata de una operación de desinformación, sino de una acción preventiva, que parece haber funcionado...

Por otra parte, ninguno de nuestros medios de comunicación informó del despliegue de cuatro bombarderos nucleares estratégicos estadounidenses B-52H STRATOFORTRESS en la base aérea de Morón (España) a finales de febrero de 2023 *«para enviar un mensaje a Rusia»*[364]. Tampoco informaron del ataque nuclear simulado (*«simulacro de ataque con misiles»*), el 11 de marzo de 2023, contra la ciudad de San Petersburgo, por uno de estos aviones (nombre en clave: NOBLE61), desde el golfo de Finlandia[365]. El mismo día, el sitio web de la oposición rusa *Meduza*[366] se hizo eco de la información, que, obviamente, no fue recogida por ninguno de los principales medios de comunicación. Sin embargo, fue probablemente este acontecimiento el que impulsó a Vladimir Putin, dos semanas más tarde, a acceder a la petición del presidente Lukashenko de desplegar armas nucleares en territorio bielorruso[367].

De hecho, un análisis de las declaraciones de Vladimir Putin tiende a mostrar que él no cree que Occidente «quiera» una guerra nuclear, sino más bien que los líderes occidentales podrían desencadenar una guerra nuclear debido a que sus decisiones son impulsivas o poco meditadas.

El objetivo de Rusia es destruir el potencial militar de Ucrania. Pero Occidente ha inventado objetivos más amplios: Vladimir Putin pretende apoderarse de los recursos de Ucrania, quiere reconstituir la URSS, o incluso la Rusia zarista, etcétera. Pero en estas condiciones, ¡es difícil

---

364. Tom Dunlop, «American B-52 bombers overfly Estonia in message to Russia», *UK Defence Journal*, 3 de marzo de 2023 (https://ukdefencejournal.org.uk/american-b-52-bombers-overfly-estonia-in-message-to-russia/)

365. David Cenciotti, «Let's Have A Look At B-52's Mission Over The Baltics And Close To Russia Yesterday», *The Aviationist*, 12 de marzo de 2023 (https://theaviationist.com/2023/03/12/lets-have-a-look-at-b-52s-mission-over-the-baltics-and-close-to-russia-yesterday/)

366. «Un bombardero estadounidense B-52 capaz de transportar armas nucleares realizó maniobras planeadas sobre el Mar Báltico», *Meduza.io*, 12 de marzo de 2023 (https://meduza.io/en/news/2023/03/12/an-american-b-52-bomber-capable-of-carrying-nuclear-weapons-conducted-planned-maneuvers-over-the-baltic-sea)

367. Jones Hayden, «Putin says Russia to deploy tactical nuclear weapons in Belarus», *Politico*, 25 de marzo de 2023 (https://www.politico.eu/article/putin-says-russia-to-deploy-tactical-nuclear-weapons-in-belarus-reports/)



Ucrania, entre la guerra y la paz

entender por qué Rusia querría nuclearizar un territorio que pretende ocupar! Occidente está atrapado por su propia retórica.

**_Trayectoria del B-52H (NOBLE61)_**

Figura 29 - El 11 de marzo de 2023, Estados Unidos llevó a cabo un ataque nuclear simulado contra San Petersburgo desde el Golfo de Finlandia[368].

___________

368. https://twitter.com/sentdefender/status/1634633897030950914/photo/1



4. Consideraciones militares

### 4.1.4.2. Alegaciones de Ucrania

Las acusaciones de Ucrania tienen un objetivo diferente.

En las primeras horas de la SVO, las fuerzas rusas neutralizaron la fuerza aérea ucraniana y el grueso de la defensa antiaérea ucraniana. Sin cobertura aérea, el ejército ucraniano era impotente. Por eso Zelensky intentó rápidamente que la OTAN estableciera una zona de exclusión aérea (NFZ) sobre el país.

Pero los occidentales no están dispuestos a implicarse físicamente en el conflicto. Por tanto, Zelensky tuvo que encontrar una razón lo suficientemente dramática o amenazadora para que Europa se sintiera físicamente implicada en el conflicto y pasara a la acción.

Por eso los ucranianos evocan el riesgo de Chernóbil, donde desde los primeros días de su ocupación, los militares rusos y ucranianos unieron sus fuerzas para garantizar la seguridad de la central[369].

A principios de marzo de 2022, aprovechando un incidente menor en la central nuclear de Zaporijia (ZNPP), Zelensky habló de un peligro para Europa[370] y pidió el establecimiento de una ZLAN[371]. Pero la OTAN se negó por el riesgo de verse arrastrada a un enfrentamiento directo con Rusia[372]. Nuestros medios de comunicación estatales, como *France 5*, intentan echar leña al fuego declarando que Vladimir Putin pretende utilizar la NFZ como arma nuclear[373].

Zelensky intenta, pues, reproducir el caso libio. Fue entonces cuando se produjeron -muy oportunamente- los «bombardeos» de la maternidad de Marioupol (9 de marzo) y del teatro (16 de marzo), que fueron desmentidos por los rusos, pero acompañados de una nueva petición de Zelensky a la OTAN, que volvió a negarse[374].

---

369. https://t.me/intelslava/20722

370. «Ukraine nuclear plant: Russia in control after shelling», *BBC News*, 4 de marzo de 2022 (https://www.bbc.com/news/world-europe-60613438)

371. «Ukraine's Zelenskyy condemns NATO over no-fly zone decision», *dw.com*, 4 de marzo de 2022 (https://www.dw.com/en/ukraine-zelenskyy-condemns-nato-over-no-fly-zone-decision-as-it-happened/a-61007081)

372. «Zelensky slams Nato over rejection of no-fly zone», *BBC News*, 5 de marzo de 2022 (https://www.bbc.com/news/world-europe-60629175)

373. «Centrales nucleares, gas... las otras armas de Putin #cdanslair 08.03.2022», *France 5 /YouTube*, 9 de marzo de 2022 (https://youtu.be/8Ub97_37vkg)

374. Siobhan Hughes, «Zelensky Asks U.S. Again for No-Fly Zone», *The Wall Street Journal*, 16 de marzo de 2022 (https://www.wsj.com/livecoverage/russia-ukraine-latest-news-2022-03-15/card/zelensky-asks-u-s-again-for-no-fly-zone-SA6RQHFsz3NUsT9uE4ru)

En julio-agosto de 2022, sabiendo que la OTAN no daría marcha atrás en su decisión de no establecer una NFZ, Zelensky intentó que se desmilitarizara la zona o que se enviara una fuerza internacional al sector de la NFZ. La NFZ fue entonces el blanco de fuego de artillería -obviamente- atribuido a Rusia, ¡que tenía tropas estacionadas allí! La versión occidental fue que Rusia intentaba crear una amenaza nuclear para Europa (¿con qué propósito?). ¡France 2 llegó incluso a presentar una chimenea dañada en el tejado de la ZNPP como un misil[375]! En realidad, los restos de proyectiles encontrados in situ son de origen occidental. Incluyen misiles HIMARS y aviones kamikaze estadounidenses[376] y BRIMSTONE británicos[377,378]. Sus disparos son vigilados por los occidentales, que saben así exactamente quién lleva a cabo estos ataques contra la central de Energodar.

La estrategia ucraniana consistía en situar la ZNPP en el centro de una batalla que obligara a la comunidad internacional a intervenir de un modo u otro. Por eso, el 1 de septiembre de 2022, el día en que una misión del Organismo Internacional de Energía Atómica (OIEA) acudía a inspeccionarla, Ucrania lanzó un ataque comando contra la central, retrasando el despliegue de los expertos. Intentó varios ataques en septiembre-octubre de 2022, todos infructuosos, movilizando a 600 hombres y decenas de barcazas para cruzar el Dniepr. Estos ataques causaron decenas, si no centenares, de muertos y nuestros medios de comunicación no los consideraron más que desinformación rusa. No fueron confirmados hasta seis meses después por The *Times* of London[379]. En realidad, las pruebas concretas de la responsabilidad ucraniana eran conocidas, pero nuestros medios mintieron -una vez más- para preservar su narrativa.

---

375. Emilie Jehanno, «Guerre en Ukraine: Oui, France 2 a confondé une cheminée endommagée avec un missile dans un sujet», 20minutes.fr, 23 de agosto de 2022 (https://www.20minutes.fr/arts-stars/medias/3340383-20220823-guerre-ukraine-oui-france-2-confondu-cheminee-endommagee-missile-sujet)
376. https://www.telegraph.co.uk/world-news/2022/07/20/ukrainian-kamikaze-drones-strike-russian-controlled-zaporizhzhia/
377. https://mezha.media/en/2022/05/12/brimstone-in-ukraine/
378. https://t.me/milinfolive/88735
379. Maxim Tucker, «Ukraine's secret attempt to retake the Zaporizhzhia nuclear plant», *The Times*, 7 de abril de 2023 (https://www.thetimes.co.uk/article/ukrainian-zaporizhzhia-nuclear-power-plant-russia-putin-war-2023-fx82xz3xz)

### 4.1.4.3. *La doctrina rusa*

El 27 de octubre de 2022, en un programa de *France 5* dedicado a la «bomba sucia» que los rusos creen que Ucrania está desarrollando, el criminólogo (?) Alain Bauer explicó que los rusos consideran que las armas nucleares tácticas son armas convencionales[380]. Esto es pura y simplemente mentira.

De hecho, la doctrina rusa no menciona las armas nucleares *tácticas*. Por supuesto, disponen de armas nucleares de potencia variable, que pueden utilizarse en función de las circunstancias y los objetivos. Pero consideran que el uso de armas nucleares -cualquiera que sea su potencia- es de carácter estratégico, porque pueden provocar una escalada nuclear.

El concepto de armas nucleares tácticas fue desarrollado esencialmente por los estadounidenses, con el fin de distinguir entre las armas que podían utilizarse en el continente europeo y las que podían afectar a Estados Unidos. La idea era que al utilizar armas en territorio europeo, los rusos (o soviéticos durante la Guerra Fría) no habrían tomado represalias contra territorio estadounidense. De este modo, Estados Unidos podría haber utilizado armas nucleares en el territorio de sus aliados con «impunidad».

La doctrina nuclear rusa cortocircuita este razonamiento al afirmar que no cabe distinguir entre táctico y estratégico. Así, el uso de armas nucleares en suelo europeo (y a fortiori contra Rusia) podría desencadenar una respuesta intercontinental.

Por ello, Rusia sólo se plantea utilizar armas nucleares en caso de amenaza existencial para el Estado ruso, tal y como se especifica en el decreto presidencial de 2 de junio de 2020[381]:

*La Federación Rusa se reserva el derecho a utilizar armas nucleares en respuesta al uso de armas nucleares y otras armas de destrucción masiva contra ella y/o sus aliados, así como en caso de agresión*

---

380. Programa «C dans l'air», «Bombe sale»: que prépare Poutine? #cdanslair 27.10.2022», France 5/YouTube, 28 de octubre de 2022 (https://youtu.be/1Ub3buKx-yg?t=153)
381. Decreto Presidencial nº 355 de 2 de junio de 2020 «Sobre los fundamentos de la política estatal de la Federación Rusa en el ámbito de la disuasión nuclear» (http://www.consultant.ru/document/cons_doc_LAW_354057/752b5672d30c8f49fddf240797c7daca7e53d781/)

*contra la Federación Rusa con armas convencionales, cuando la propia existencia del Estado se vea amenazada.*

Como explicó Vladimir Putin en la cumbre de la Unión Económica Euroasiática celebrada en Bishkek (Kirguistán) en diciembre de 2022[382], el principio del compromiso nuclear sigue siendo el *«Lanzamiento bajo aviso»* (LOW). En otras palabras, la activación de los sistemas de vigilancia nuclear en estado de alerta. Hasta qué punto el LOW permitiría ataques preventivos es una duda cuidadosamente mantenida por Moscú, lo que es coherente con una política de disuasión. Dicho esto, esta nueva versión de la doctrina nuclear rusa 2020 rebaja un poco el nivel en el que Rusia puede prever el uso de armas nucleares.

Esto es probablemente lo que motivó la decisión del presidente Joe Biden, a finales de marzo de 2022, de abandonar el principio de «no primer uso» para las armas nucleares[383]. Obviamente, ningún medio de comunicación occidental informó sobre este importante cambio en la política nuclear estadounidense. Se trata de una decisión fundamental y, sin embargo, nadie informa sobre ella. Por ejemplo, el Informe anual sobre la seguridad suiza[384] publicado en septiembre de 2022 por el *Servicio Federal de Inteligencia Suizo* (SRC) ¡no dice ni una palabra al respecto!

Hasta ahora, Estados Unidos consideraba el uso de armas nucleares únicamente con fines disuasorios (la política del *«único propósito»*). Pero la decisión de Joe Biden «deja abierta la opción de utilizar armas nucleares no sólo en represalia por un ataque nuclear, sino también para responder a amenazas no nucleares[385]».

En otras palabras, Estados Unidos y Rusia se permiten mutuamente utilizar primero las armas nucleares, pero los estadounidenses pueden hacerlo en cualquier momento, mientras que los rusos sólo lo harán en

---

382. «Putin dice que Rusia podría adoptar el concepto de ataque preventivo de EE.UU.», *AP News*, 9 de diciembre de 2022 (https://apnews.com/article/putin-moscow-strikes-united-states-government-russia-95f1436d23b94fcbc05f1c2242472d5c)

383. Daryl G. Kimball, «Biden Policy Allows First Use of Nuclear Weapons», *Arms Control Today*, abril de 2022 (https://www.armscontrol.org/act/2022-04/news/biden-policy-allows-first-use-nuclear-weapons).

384. https://www.newsd.admin.ch/newsd/message/attachments/72369.pdf

385.Daryl G. Kimball, «Biden Policy Allows First Use of Nuclear Weapons», Arms Control Association, 29 de abril de 2022 (https://www.armscontrol.org/act/2022-04/news/biden-policy-allows-first-use-nuclear-weapons)

caso de amenaza existencial. En pocas palabras (en teoría), Rusia utilizará armas nucleares si -por ejemplo- Moscú y las instituciones del país se ven directamente amenazadas, mientras que Estados Unidos puede utilizarlas si una de sus bases militares es atacada.

A modo de comparación, Francia no indica claramente los criterios de utilización de sus armas nucleares, considerando que ello forma parte de su estrategia de disuasión. En teoría, Francia podría incluso utilizar estas armas contra una amenaza convencional.

Por eso los rusos son mucho menos proclives a utilizar armas nucleares que los occidentales.

### Diagrama de los mecanismos nucleares de decisión y respuesta

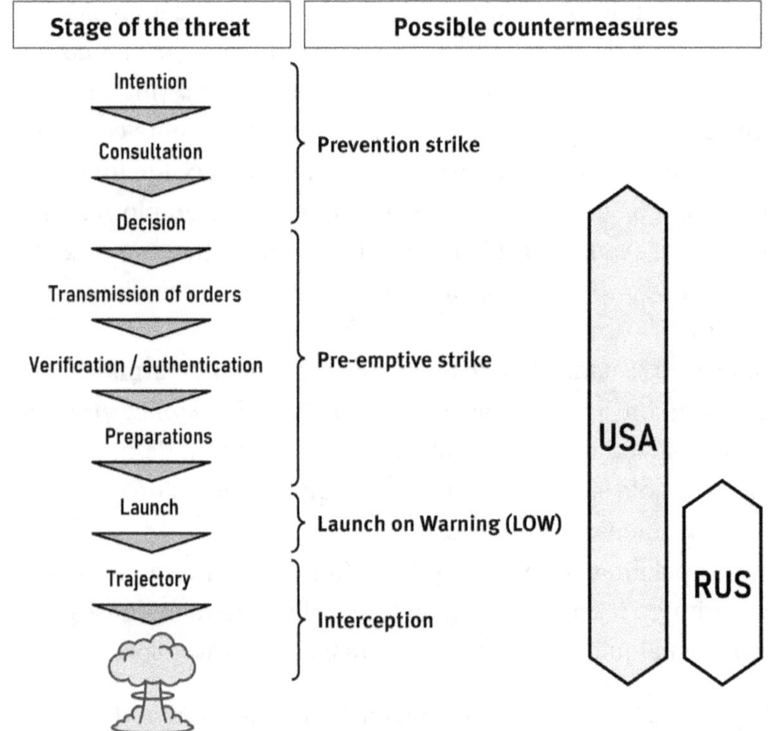


*Figura 30 - La decisión de Joe Biden de abandonar la política de «no first use» permitiría a Estados Unidos llevar a cabo ataques preventivos (o incluso preventivos), mientras que Rusia se limita a los ataques LOW, que algunos consideran parte de los ataques preventivos.*

El 25 de marzo de 2023, durante una visita a Rusia de Alexander Lukashenko, Vladimir Putin declaró en el canal *Rossiya 24* que el presidente bielorruso le había pedido desplegar «*armas nucleares tácticas*» en su territorio[386]. La razón aducida fue la decisión británica de suministrar proyectiles antitanque de uranio empobrecido[387]. Pero -como siempre- la realidad es más compleja.

En primer lugar, Vladimir Putin no hace más que repetir las palabras de Lukashenko, porque los rusos no hacen ninguna distinción doctrinal entre armas nucleares tácticas, operativas y estratégicas. Además, las armas mencionadas tienen un alcance superior a 1.000 km, mientras que -tradicionalmente- las armas nucleares con un alcance de 150-500 km se consideran tácticas.

Tres acontecimientos que nuestros medios de comunicación no recogieron explican la petición bielorrusa.

Desde hace varios años, Polonia trabaja para hacer realidad su vieja idea de un Intermarium, propuesta por el mariscal Józef Piłsudski en los años veinte[388]. Se trataría de una alianza de países que se extendería desde el mar Báltico hasta el Mediterráneo y el mar Negro. Partiendo de la idea de que ni la OTAN ni la UE ofrecían una solución eficaz contra Rusia, Polonia se propuso crear una alianza que le diera los medios para luchar contra su gran vecino. El 11 de mayo de 2011 se creó la «Agrupación de Combate de Visegrado», que reúne fuerzas de Polonia, la República Checa, Eslovaquia y Hungría, bajo mando polaco e independientes de la estructura de la OTAN[389]. El conflicto en Ucrania ha impulsado a Polonia a armarse a gran escala. Su ambición es tener el ejército más poderoso de Europa en 2025[390] con tres veces el tamaño del ejército británico[391].

---

386. «Белоруссия давно просит у России ядерное оружие», *Vesti.ru*, 25 de marzo de 2023 (https://www.vesti.ru/article/3268612)

387. https://www.rts.ch/play/tv/redirect/detail/13894210

388. Agnes Tycner, «Intermarium in the 21st Century», *The Institute of Wold Politics*, 23 de diciembre de 2020 (https://www.iwp.edu/articles/2020/12/23/intermarium-in-the-21st-century/)

389. Henrique Horta, «El papel de Polonia en la idea de Intermarium», *Europa Azul*, 11 de enero de 2023 (https://www.blue-europe.eu/analysis-en/full-reports/polands-role-in-the-intermarium-idea/)

390. «Polish army to be strongest in Europe in two years - defence minister», *The First News*, 12 de abril de 2023, (https://www.thefirstnews.com/article/polish-army-to-be-strongest-in-europe-in-two-years---defence-minister-37781)

391. «Poland to have army three times size of Britain's in two years, defence minister confirms», *The Telegraph*, 12 de abril de 2023 (https://www.telegraph.co.uk/world-news/2023/04/12/ukraine-russia-war-latest-news-putin-crimea-hungary/)

Bielorrusia desempeña un papel fundamental en el concepto polaco[392]. Por eso Polonia, con la bendición de Estados Unidos, fomenta política, material y ostensiblemente la oposición a Bielorrusia. La firma el 11 de enero de 2023 de una declaración conjunta de Polonia, Ucrania y Lituania, que forman el Triángulo de Lublin y apoyan activamente a la oposición en Bielorrusia y llevan a cabo actividades terroristas allí, preocupa a Lukashenko.[393]

### Intermarium y Triángulo de Lublin

*Figura 31 - La política exterior de Polonia está orientada a cumplir un viejo sueño: la construcción del Intermarium. La participación de Ucrania en este proyecto contribuye a mantener la desconfianza de Bielorrusia y Rusia.*

392. Jacek Bartosiak, «Belarus as a Pivot of Poland's Grand Strategy», *The Jamestown Foundation*, 16 de diciembre de 2020 (https://jamestown.org/program/belarus-as-a-pivot-of-polands-grand-strategy/)
393. «Los Presidentes de Ucrania, Lituania y Polonia firmaron la Declaración Conjunta tras la Segunda Cumbre del Triángulo de Lublin en Lviv», *página web del Presidente de Ucrania*, 11 de enero de 2023 (https://www.president.gov.ua/en/news/u-lvovi-prezidenti-ukrayini-litvi-ta-polshi-pidpisali-spilnu-80313).

Por su parte, viendo que la situación en Ucrania se deterioraba y que el éxito previsto contra Rusia se alejaba, Estados Unidos cambió de rumbo y empezó a trabajar en el «cambio de régimen» en Bielorrusia. El 22 de marzo de 2023, Wendy Sherman, subsecretaria de Estado, se reunió con Svyatlana Tsikhanouskaya, líder de la oposición militante bielorrusa, para coordinar sus acciones. Estados Unidos pretendía utilizar a la oposición bielorrusa en beneficio de Ucrania, como señaló el medio de comunicación estadounidense *The Atlantic Council*[394].

Ante la amenaza militar que se cierne sobre él, el Presidente Lukashenko busca el apoyo de Rusia. Por eso pide a Vladimir Putin que despliegue armas nucleares en su territorio. No se trata sólo de reforzar el vínculo y crear una comunidad de destino con Rusia, sino de elevar el precio de los intentos occidentales de subversión.

Para Rusia, esta petición se produce poco después de la provocación estadounidense en el Golfo de Finlandia con un bombardero B-52H, que ya hemos mencionado. Por este motivo, el Presidente ruso accedió a la petición de su homólogo bielorruso.

También hay que ser rigurosos con los términos. El experto suizo Alexandre Vautravers afirma en RTS que se trata de una transferencia de armas, lo que contravendría el Tratado de No Proliferación Nuclear (TNP)[395]. Pero esto no es cierto. Como confirmó el mismo día el medio de oposición ruso *Meduza*, Vladimir Putin dejó claro que no se trataba de una transferencia, sino sólo de un despliegue[396]. La diferencia esencial es que estas armas permanecen bajo la autoridad exclusiva de Rusia. En otras palabras, Rusia no está haciendo más que Estados Unidos, que tiene depósitos de armas nucleares en Alemania, Bélgica, Países Bajos y Turquía.

---

394. Stephen Nix & Mark Dietzen, «La oposición bielorrusa puede ayudar a derrotar a Putin en Ucrania», *The Atlantic Council*, 7 de febrero de 2023 (https://www.atlanticcouncil.org/blogs/ukrainealert/the-belarusian-opposition-can-help-defeat-putin-in-ukraine/)
395. https://www.rts.ch/play/tv/redirect/detail/13894210
396. «Путин пообещал разместить тактическое ядерное оружие в Беларуси. ЕС пригрозил санкциями, Украина потребовала созвать заседание Совбеза ООН», medusa.io, 26 de marzo de 2023 (https://meduza.io/feature/2023/03/26/putin-poobeschal-razmestit-takticheskoe-yadernoe-oruzhie-v-belarusi-v-germanii-zayavili-chto-rossiya-prodolzhaet-yadernoe-zapugivanie).

## 4.2. La conducción ucraniana de la guerra

### 4.2.1. *Operaciones dominadas por la comunicación*

Desde 1991, Occidente ha librado guerras ilegítimas contra adversarios cuyo potencial era inferior en términos tecnológicos y numéricos. Por lo tanto, el problema consistía esencialmente en convencer a la opinión occidental de que el adversario era «malo», encubriendo al mismo tiempo nuestros propios crímenes. Este fue el modelo utilizado por los instructores de la OTAN para reconstruir las fuerzas ucranianas en 2014 con vistas al conflicto de 2022.

El objetivo de Ucrania es la derrota de Rusia. No sólo para recuperar su soberanía sobre los territorios tomados por Rusia, sino también y sobre todo porque la clave de su entrada en la OTAN es una Rusia sin poder.

Ya en marzo de 2022, los servicios de inteligencia ucranianos afirmaban que Rusia ya no tenía misiles, porque los componentes de esos misiles se fabricaban en... Ucrania[397]. Esto resultará ser completamente falso, pero se verán atrapados en su propia mentira, ya que los países occidentales ya no consideran necesario dar a Ucrania misiles para contrarrestar esta amenaza. A finales de año se darán cuenta de que ha sido un error. También demuestra que Occidente no tiene capacidad de inteligencia para corregir la información falsa difundida por la propaganda ucraniana.

La respuesta tiene dos aspectos. El primero es que parece que nuestros medios de comunicación y políticos han atribuido sistemáticamente las debilidades ucranianas a Rusia. Se trata de un «efecto espejo» propagandístico bastante común, que sirve para ocultar las debilidades propias tras las supuestas debilidades del adversario. La conducción de la guerra ucraniana es estrictamente política, mientras que la de Rusia es estrictamente militar. Esto puede verse en la forma en que se llevan a cabo las operaciones. Por eso pudimos saber desde el principio que Ucrania iba a perder. Permítanme recordarles que Rusia atacó a Ucrania con una inferioridad numérica de alrededor de 2-3 a 1: Ucrania, por tanto, tenía

---

397. Tony Diver, «Vladimir Putin 'running out' of missiles - because parts are made in Ukraine», *The Telegraph*, 1 de abril de 2022 (https://www.telegraph.co.uk/world-news/2022/04/01/vladimir-putin-running-missiles-parts-made-ukraine/)

todas las de perder. Pero, paradójicamente, nadie en Occidente se tomó realmente en serio la guerra. Era una guerra política y económica cuyo objetivo no era ganar en Ucrania, sino derrocar a Rusia. Esto es lo que dijo Oleksei Arestovitch en marzo de 2019[398].

Por su parte, Zelensky pensaba que las sanciones y el apoyo masivo de Occidente bastarían para derrotar a Rusia, del mismo modo que Occidente había derrotado a Irak. El problema es que Occidente no tiene ni el deseo ni la capacidad de implicarse junto a Ucrania. Han subestimado a Rusia, su economía y el apoyo público a Vladimir Putin. Las armas suministradas a Ucrania podrían haber marcado la diferencia en un conflicto como el de Irak, pero no contra Rusia. En 6 meses, Occidente ha proporcionado más ayuda que el presupuesto de defensa ruso… en vano.

Los ucranianos tenían algo menos de 500 lanzacohetes múltiples al comienzo de la ofensiva rusa y los perdieron. En marzo de 2023, habían recibido 38 sistemas lanzamisiles HIMARS M142 y 10 sistemas lanzamisiles múltiples (MLRS) M270 de Estados Unidos y Europa, muchos de los cuales han sido destruidos o adquiridos por los rusos. Pretender que esto tendrá un impacto en el curso del conflicto es una ilusión.

Sobre todo porque la producción de misiles HIMARS sufre los mismos problemas que la producción de proyectiles de 155 mm. En febrero de 2023, los estadounidenses tendrán que reconocer que ya no disponen de misiles para suministrar a Ucrania sin tomarlos de sus propias reservas de municiones[399].

Además, a los ucranianos casi no les quedan blindados con los que llevar a cabo ofensivas. Así que están utilizando su artillería occidental de gran movilidad para librar una especie de «guerra de guerrillas», que consiste en intimidar a la población ucraniana de las zonas rusoparlantes para disuadirla de participar en los referendos de autodeterminación. Se trata de la misma estrategia que la campaña de atentados terroristas contra funcionarios ucranianos rusoparlantes en la provincia de Kherson.

Esto explica la diseminación de minas antipersona PFM-1 (minas «mariposa»), que parecen de juguete, en las zonas habitadas de Donetsk

---

398. «Predicted Russian -Ukrainian war in 2019- Alexey Arestovich», *YouTube*, 18 de marzo de 2022 (https://youtu.be/1xNHmHpERH8)
399. Paul McLeary, Lara Seligman & Alexander Ward, «U.S. tells Ukraine it won't send long-range missiles because it has few to spare», *Politico*, 13 de febrero de 2023 (https://www.politico.com/news/2023/02/13/u-s-wont-send-long-range-missiles-ukraine-00082652)

o los disparos contra la central nuclear de Zaporozhie. Por eso Zelensky no quiere una comisión de investigación sobre el terreno[400]. Nuestros medios de comunicación se niegan a reconocer esta estrategia e inventan explicaciones fantasiosas. ¡Por ejemplo, según un experto francés, los rusos disparan contra la central que controlan para cortar la electricidad a Ucrania[401]! Al parecer, ¡¡¡los rusos no han encontrado el interruptor!!!

### 4.2.2. Falta de resistencia popular

La determinación de los militares ucranianos para llevar a cabo su misión de defender el país es indiscutible. Pero cuando se trata de la resistencia de la población a la ocupación rusa, las enfáticas declaraciones ocultan una realidad más prosaica.

La elección corneliana a la que se enfrenta hoy Zelensky parece muy similar a la que probablemente tuvo que afrontar el mariscal Pétain en 1940: elegir entre la vida de los franceses a costa del deshonor de la derrota, o continuar la lucha a costa de aniquilar el país. Quizás esto explique por qué los franceses van tan «al grano» cuando se trata de Ucrania. Pero la situación es menos parecida de lo que parece. La principal diferencia es que en 1940 los franceses veían a los alemanes como invasores con los que tenían poco en común. Hoy, los ciudadanos rusoparlantes de Ucrania (donde se encuentran las fuerzas rusas) se sienten más rusos que ucranianos, sencillamente porque nunca se les ha considerado ucranianos.

Como en todos los países de Europa del Este, incluida Rusia, el apego de la población a su país es muy fuerte. Sin embargo, en Ucrania esta cuestión adquiere una dimensión más compleja porque el apego a Rusia también es muy fuerte. Esto se debe a dos razones.

El primero es histórico y sociológico: los vínculos económicos, familiares y culturales con Rusia son una realidad cotidiana para gran parte de la población ucraniana que vive en el sur y el este del país. Por eso, desde el 24 de febrero de 2022, Rusia ha recibido más refugiados ucranianos que ningún otro país.

---

400. https://www.ilfattoquotidiano.it/2022/06/07/energoatom-contro-il-direttore-dellaiea-grossi-mai-invitato-a-zaporizhzhya-vuole-legittimare-la-permanenza-degli-occupanti/6618145/
401. https://youtu.be/KZDbFcYAbVE?t=1578

# Territorios tomados por Ucrania en septiembre-octubre de 2022

*Figura 32 - Desde el inicio de la SVO, los ucranianos no han recuperado ningún territorio que no hubiera sido abandonado por los rusos de antemano. Desde el inicio de la SVO, la prioridad de Rusia fue eliminar la amenaza militar del Donbass, del que no formaban parte ni Járkov ni Jerson. Las zonas de baja densidad (gris claro) eran áreas en las que no tenían interés en combatir. Son las zonas que abandonaron en septiembre-octubre de 2022.*

El segundo es más político. Como hemos visto, desde 2014, las nuevas autoridades de Ucrania han tratado de «purificar» la etnia del país. Las leyes sobre las lenguas y los derechos de las «poblaciones indígenas» son solo una pequeña parte de una política diseñada para expulsar a los rusoparlantes del país.

Por eso, a pesar de la retórica occidental[402], el pueblo ucraniano dista mucho de ser unánime en su apoyo a su gobierno. Una encuesta del *Instituto Internacional de Sociología de Kiev* (KIIS) sobre la disposición de los ucranianos a resistir una invasión rusa entre el 3 y el 11 de diciembre de 2021[403]. Muestra que sólo el 50,2% de los ucranianos resistiría de alguna manera, y de ellos sólo el 33,3% (o el 16,6% de la población ucraniana) estaría dispuesto a tomar las armas, la mayoría de los cuales se encuentran en el grupo de edad de 50 a 59 años. Los menos interesados en tomar las armas son los jóvenes de 18 a 29 años, el alma de las fuerzas armadas. Un desglose por las cuatro principales regiones de Ucrania muestra que las zonas de habla rusa son mucho menos proclives a tomar las armas.

Como vemos, el mito de una población ucraniana armada forma parte de la desinformación de nuestros medios de comunicación. No cabe duda de que la parte occidental del país, cuna del supremacismo ultra-nacionalista, es extremadamente antirrusa. Por eso es muy improbable que Rusia esté planeando ocupar todo el país. En cambio, la población rusoparlante, a la que Kiev nunca ha tratado como ciudadanos de pleno derecho, está en general a favor de Rusia.

En cuanto a las fuerzas armadas, contrariamente a lo que dicen nuestros «expertos», Ucrania tiene un enorme problema de personal. Ha realizado 8 movilizaciones desde febrero de 2022 y está llegando al final de su potencial, teniendo que recurrir al alistamiento forzoso de sus ciudadanos[404]. Esta crisis de personal no es nueva y ha llevado al ejército

---

402. Amy Mackinnon y Jack Detsch, «Ukraine Ready to Fight to 'Last Drop'», *Foreign Policy*, 8 de diciembre de 2021.

403. «Resistirán los ucranianos a la intervención rusa: resultados de una encuesta telefónica realizada del 3 al 11 de diciembre de 2021», *kiis.com.ua*, diciembre de 2021.

404. Siobhán O'Grady y Kostiantyn Khudov, «As spring offensive nears, Ukraine is draining reinforcements», *The Washington Post*, 10 de abril de 2023 (actualizado el 11 de abril de 2023) (https://www.washingtonpost.com/world/2023/04/10/ukraine-draft-troops-reinforcements-training/)

ucraniano a pedir una ley más dura contra la deserción y la negativa a servir[405]. Esta ley fue firmada por Zelensky en enero de 2023[406].

### Voluntad de defensa en Ucrania

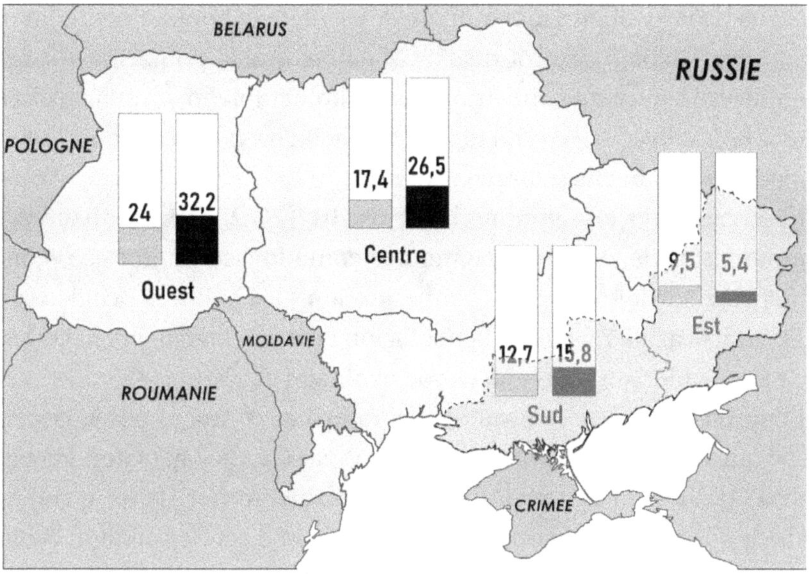

*Figura 33 - Proporción de la población ucraniana [%] dispuesta a tomar las armas en caso de intervención rusa, según una encuesta de KIIS en diciembre de 2021 (gris) y febrero de 2022 (negro). Los territorios tomados por Rusia están superpuestos y punteados. Como puede observarse, la disposición a tomar las armas disminuye constantemente desde el noroeste hacia el sureste del país, precisamente en las zonas donde el apoyo a Rusia es más fuerte. [Fuente: https://www.kiis.com.ua/?lang=eng&cat=reports&id=1099&page=1]*

Un político suizo francófono que propaga ideas neonazis me llamó «Putinoláter» por haber mencionado los suicidios en el ejército ucraniano antes de 2022. Ahora puede lanzar sus insultos a los diputados británicos, que ellos mismos han señalado que la tasa de suicidios allí es alarmante[407]. Así que tenemos políticos tontos, que se ciegan con sus mentiras, ¡en lugar de anticiparse a los problemas!...

---

405. «El general de mayor rango de Ucrania apoya una ley más severa para los desertores y los evasores», *Kyiv Post*, 20 de diciembre de 2022 (https://www.kyivpost.com/post/5943).
406. «Zelensky firma una polémica ley que endurece las penas por deserción en el Ejército», *AFP/Kiyv Post*, 25 de enero de 2023 (https://www.kyivpost.com/post/11498)
407. «Soldados ucranianos se suicidan por el estrés de la guerra, dice Duncan-Smith», *Politics.co.uk*, 16 de enero de 2023 (https://www.politics.co.uk/parliament/ukrainian-soldiers-are-committing-suicide-due-to-war-stress-says-duncan-smith/)

En 2021 (antes de la intervención rusa) los ciudadanos volvieron a preocuparse porque «las pérdidas no relacionadas con el combate habían sido superiores a las de combate entre 2014 y 2019 y solicitaron al presidente Zelensky[408] una investigación».

No ha habido ningún movimiento de resistencia popular ucraniano en los territorios bajo control ruso[409]. Mientras que la población rusoparlante resistió durante ocho años al ejército ucraniano y a sus auxiliares neonazis, apoyados, entrenados y financiados por Occidente, no ha surgido nada parecido contra los rusos.

El problema es que durante los años 2014-2022, Kiev combatió a los autonomistas de Donbass tratándolos como invasores. Por eso -con el beneplácito de los medios de comunicación y los políticos occidentales- utilizaron la artillería contra la población civil. El objetivo era hacerles la vida imposible y animarles así a volver al redil de Kiev.

El problema es que la estrategia para luchar contra una insurrección tiene que ser una inteligente mezcla de «zanahoria y garrote». Hay que aplicar la fuerza sólo cuando sea estrictamente necesario, e intentar seducir a la población con incentivos. En esta fase, Ucrania fue víctima de su propia retórica. Al afirmar que Rusia intentaba invadirla, Ucrania se colocó en la posición de un país en postura defensiva. Pero hoy podemos ver que una «invasión» es muy diferente de la situación entre 2014 y 2022.

Aparte de que Kiev no ha conseguido resultados sobre el terreno, el Gobierno ha alienado a la población rusoparlante del sur del país. En el Donbass, la población acudió a sus hermanos rusos en busca de la generosidad y el comercio que Kiev les negaba. En el resto del país, la represión contra quienes se levantaron para reclamar sus derechos fue muy violenta. De hecho, numerosos relatos muestran que, tras la repatriación de los territorios de Járkov en septiembre de 2022 y de Jerson en octubre, las operaciones de «represalia» dieron lugar a numerosas masacres.

En abril de 2023, la BBC informó de que «*el número de ucranianos sospechosos, o incluso condenados, de trabajar para los servicios*

---

408. https://petition.president.gov.ua/petition/120726
409. Siobhán O'Grady, Serhii Korolchuk & Anastacia Galouchka, «In Slovyansk, conflicted loyalties as Russian forces approach», *The Washington Post*, 18 de junio de 2022 (https://www.washingtonpost.com/world/2022/06/18/ukraine-slovyansk-divided-loyalties-russia/)

*especiales rusos se cuenta ya por miles*[410]». Así que parece que hemos recorrido un largo camino desde la retórica de que los rusos no son bienvenidos en Ucrania.

Los rusos han comprendido muy bien este mecanismo y buscan quedarse con «los corazones y las mentes» de la población. Por eso son recibidos como liberadores y no como ocupantes. También es la razón por la que es poco probable que intenten apoderarse del noroeste del país, que es la cuna del nacionalismo ucraniano y que sin duda plantearía muchos más problemas.

Los periodistas y diplomáticos de Kiev juzgan la situación de Ucrania por lo que ven en el oeste del país. Como niegan la identidad de las minorías, pueden extrapolar sus observaciones y afirmar que todo el país apoya a Zelensky. Pero esto dista mucho de ser así.

### 4.2.3. Realización de operaciones

#### 4.2.3.1. La estrategia operativa ucraniana

Entre 2014 y 2022, Kiev sitió literalmente a las poblaciones rusoparlantes de Donbass. Se cortaron los suministros, incluidos los servicios bancarios y el pago de pensiones, por ejemplo. En Crimea, Kiev llegó a cortar el suministro de agua potable de la península. El objetivo era matar de hambre a la población civil, como explica Petro Poroshenko, presidente ucraniano en aquel momento,[411]. Fue esta situación la que hizo que la población de Donbass dependiera de la ayuda humanitaria y financiera de Rusia.

Militarmente, las fuerzas ucranianas han construido una red de fortificaciones alrededor de las zonas en poder de los autonomistas. Apodada «Línea Zelensky», esta red consta de tres líneas de defensa fuertemente reforzadas. No ha sido diseñada como una línea de defensa (que pasaría por delante de zonas habitadas), sino como una línea de asedio, que pasa por en medio de zonas urbanas y utiliza a la población civil como escudo contra posibles disparos desde el Donbass. Estas fortificaciones

---

410. Oleg Chernish, «Чи міг український «сільський чаклун» стати шпигуном для російських відьом. Історія одного злочину», BBC News Ukrainian Service, 16 de abril de 2023 (https://www.bbc.com/ukrainian/articles/clmdjyrl08do).
411. https://youtu.be/aHWHqj8g7Bk

estarán en el centro de las batallas de Severodonetsk, Lisychansk, Soledar y Bakhmout en 2022.

Nuestros medios de comunicación nunca mencionaron esta línea, que habría demostrado que Kiev estaba asediando a su propia población, y hoy le restan importancia para afirmar que los rusos no son capaces de apoderarse de simples trincheras.

En mayo de 2022, las fuerzas de la coalición rusa avanzaban lenta pero constantemente unos 100 metros al día. Las «contraofensivas» ucranianas no lograron impedir el avance ruso.

No fue hasta finales de 2022, cuando la situación de las tropas ucranianas se estaba deteriorando, que esta batalla atrajo la atención de los medios de comunicación. Volodymyr Zelensky la convirtió en una cuestión simbólica y realizó una llamativa visita a las inmediaciones de Bajmut en diciembre de 2022, justo antes de su viaje a Washington, durante la cual obsequió a Nancy Pelosi con una bandera ucraniana firmada por combatientes de la ciudad.

Pero a principios de 2023, la situación de las tropas ucranianas en Bajmut empeoraba peligrosamente. La derrota que se avecinaba era tanto más importante cuanto que Zelensky y nuestros medios de comunicación lo habían convertido en un símbolo de la defensa ucraniana. Se desarrolló entonces un discurso occidental que fustigaba la incapacidad de las tropas rusas para apoderarse de un objetivo tan insignificante.

El 12 de enero de 2023, en el programa «C dans l'air» de France 5, Guillaume Ancel, un «*antiguo oficial del ejército francés*» (signifique eso lo que signifique), declaró que «*Bajmout no tiene ningún interés militar*[412].» En otras palabras, Zelensky y los ucranianos que construyeron una vasta red de fortificaciones en esta zona son idiotas.

De hecho, Ancel no ha analizado nada en absoluto. Como la mayoría de los «expertos», repite la narrativa estándar de nuestros medios de comunicación, sin entender nada, y dice lo que queremos oír[413]. Bakhmout es una pequeña ciudad situada en el centro de la «línea Zelensky». Su importancia no reside en su papel político, su actividad económica o su tamaño (unos 70.000 habitantes), sino en el lugar que

---

412. https://youtu.be/1oeN9sF9TEI?t=106
413. Brendan Cole, «Russia's Costly Bakhmut Offensive Has Limited Tactical Value: U.K.», Newsweek, 3 de diciembre de 2022 (https://www.newsweek.com/russia-ukraine-mod-bakhmut-donetsk-1764368)

ocupa en el sistema defensivo ucraniano. Está en el corazón de una red de rutas logísticas vitales para la defensa ucraniana. Si nuestro «experto» se hubiera molestado en mirar un mapa, habría visto que hasta Kramatorsk-Slaviansk el Donbass es una región densamente edificada y boscosa. Una vez superado este obstáculo, los rusos tendrían una puerta abierta a las llanuras del Dniéper.

El 20 de enero, según la revista alemana *Der Spiegel,* un informe presentado al Bundestag por el servicio de inteligencia alemán (BND) expresaba su alarma por el nivel de pérdidas ucranianas[414] y declaraba que la caída de Bajmut provocaría el colapso de todo el sistema de defensa ucraniano[415]. Posteriormente, en febrero, la revista estadounidense *Newsweek* estimó que la caída de Bajmut podría decidir el resultado de la guerra[416], mientras que el 7 de marzo, en el diario *Kyiv Independent,* el propio Volodymyr Zelensky declaró que *«la captura de Bajmut [...] «allanaría el camino» para otros centros urbanos críticos de la región de Donetsk»*[417].

Dicho esto, Bakhmout tenía otra importancia. A pesar de las sugerencias del ejército estadounidense[418], Zelensky se negó a retirar sus tropas de la ciudad. Pretendía animar a Occidente a implicarse más en el conflicto y consideraba que una retirada de Bajmut enviaría una señal equivocada[419]. Para él, la heroica defensa de Bajmut es también una herramienta de comunicación para contrarrestar el debilitamiento del apoyo occidental.

---

414. «Spiegel: la inteligencia alemana alarmada por las elevadas pérdidas del ejército ucraniano en Bakhmut», *The Kyiv Independent,* 20 de enero de 2023 (https://kyivindependent.com/news-feed/spiegel-german-intelligence-alarmed-by-high-losses-of-ukrainian-army-in-bakhmut)

415. «La inteligencia alemana alarmada por las pérdidas ucranianas en Bajmut», *Reuters/A News,* 20 de enero de 2023 (https://www.anews.com.tr/world/2023/01/20/german-intelligence-alarmed-by-ukrainian-losses-in-bakhmut)

416. Isabel van Brugen, «Why Bakhmut Could Decide Who Wins Ukraine War», *Newsweek,* 19 de febrero de 2023 (https://www.newsweek.com/why-bakhmut-decide-ukraine-war-1782170)

417. Dinara Khalilova, «Zelensky says capture of Bakhmut would give Russia 'open road' to other cities of Donetsk Oblast», *The Kyiv Independent,* 7 de marzo de 2023 (https://kyivindependent.com/news-feed/zelensky-says-capture-of-bakhmut-would-give-russia-open-road-to-other-cities-of-donetsk-oblast).

418. Roman Vanian, «Estados Unidos cree que Ucrania debe retirar sus fuerzas de Bajmut para avanzar en otra dirección», *Ukrainian News,* 3 de febrero de 2023 (https://ukranews.com/en/news/912744-united-states-believes-ukraine-should-withdraw-its-forces-from-bakhmut-in-order-to-advance-in)

419. «Ukraine Will Hold Bakhmut, Zelenskiy Vows, Amid Warnings About New Offensive In The East», *RFE/RL's Ukrainian Service,* 3 de febrero de 2023 (https://www.rferl.org/a/russia-offensive-ukraine-east/32253748.html)

Como demuestran los documentos TOP SECRET «filtrados» en abril de 2023, los estadounidenses intentaron disuadir a los ucranianos de aferrarse a Bajmut y abandonar la ciudad para perder menos hombres[420]. El resultado ha sido una tensión en la cúpula ucraniana, entre los «políticos» y los «militares», que querrían seguir las recomendaciones de los estadounidenses. Este conflicto afecta a la cohesión de la cúpula estratégica ucraniana. Por ejemplo, el 1 de marzo de 2023, mientras Alexander Rodnyansky, asesor de Zelensky, declaraba en la CNN que Ucrania no iba a sacrificar a sus soldados en Bakhmout[421], el *New York Times* anunciaba el mismo día que el presidente ucraniano iba a enviar refuerzos a la ciudad[422].

Mientras nuestros medios hablan de un «punto muerto», el *Washington Post* habla de un *«avance sostenido»* de las fuerzas rusas.

En la primavera de 2023, la batalla de Bajmut estaba en su fase final. Con una doctrina operativa más dinámica y más medios móviles, Ucrania podría haber despejado sus fuerzas de Bajmut y haberlas conservado para llevar a cabo una contraofensiva, como hicieron los rusos en Járkov en septiembre. El problema es que el ejército ucraniano ya no dispone realmente de recursos para retomar la ciudad después de perderla (como hicieron los rusos en Krasnyy Lyman), y por eso se aferra a Bajmut.

Los vídeos de un ataque mecanizado ucraniano contra Bajmut con vehículos de combate de infantería YPR-765 suministrados por Holanda demuestran que los ucranianos no dominan el combate conjunto[423]. El énfasis puesto por nuestros medios de comunicación en el ingenio de los ucranianos para encontrar soluciones técnicas ha enmascarado las profundas deficiencias de su conducta operativa.

---

420. Susannah George & Serhii Korolchuk, «Ukraine defended Bakhmut despite U.S. warnings in leaked documents», *The Washington Post*, 20 de abril de 2023 (https://www.washingtonpost.com/world/2023/04/20/bakhmut-ukraine-war-leaked-documents/)

421. Susie Blann, «Ukraine official: Forces may pull out of key city of Bakhmut», *AP/The Washington Post*, 1 de marzo de 2023 (https://www.washingtonpost.com/world/ukraine-official-says-military-may-pull-back-from-bakhmut/2023/03/01/e2dd402c-b821-11ed-b0df-8ca14de679ad_story.html)

422. «Daily Briefing: War in Ukraine Kyiv Sends Reinforcements to Besieged Bakhmut. *The New York Times*, 1 de marzo de 2023 (actualizado el 2 de marzo de 2023) (https://www.nytimes.com/live/2023/03/01/world/russia-ukraine-news)

423. Stetson Payne, «Ukraine Situation Report: Armored Personnel Carriers Make A Charge In Bakhmut», *The War Zone*, 18 de marzo de 2023 (https://www.thedrive.com/the-war-zone/ukraine-situation-report-armored-personnel-carriers-make-a-charge-in-bakhmut)

El ejemplo de Bakhmut ilustra no sólo la incompetencia de los llamados «expertos» militares, que no tienen absolutamente ninguna experiencia en conducta operativa y que vienen a contar una historia sin entender ellos mismos lo que dicen. Sino que también muestra su profundo desprecio por los ucranianos y su determinación de distorsionar nuestra percepción del conflicto con el único fin de satisfacer su opinión.

**Bajmut y la «línea Zelensky**

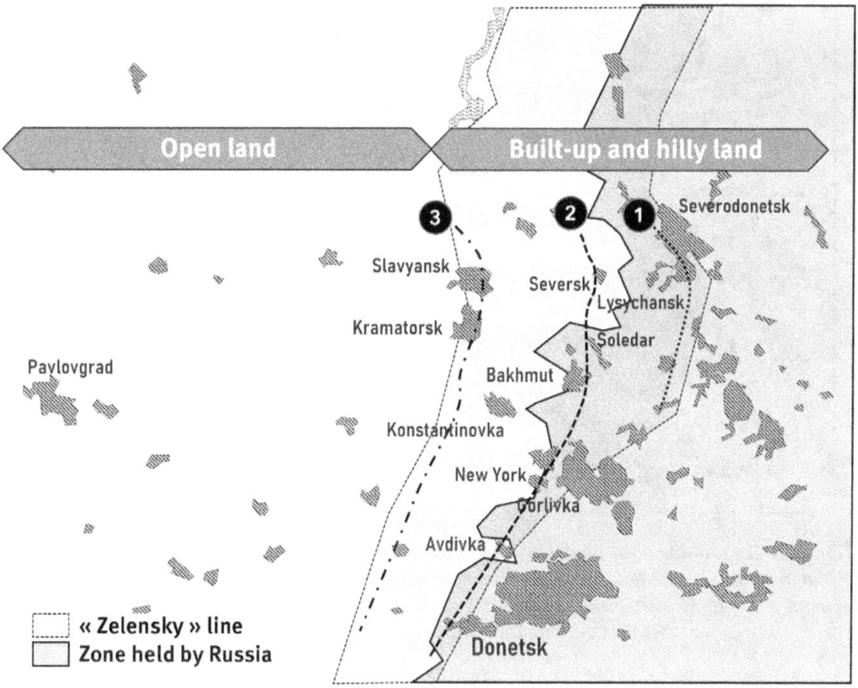

*Figura 34 - En el Donbass, en la región de Bajmut, lo que a veces se denomina «Línea Zelensky» consta de tres líneas de defensa escalonadas en profundidad. Considerada insignificante por nuestros «expertos», Bajmut se encuentra en el centro del sistema puesto en marcha por los ucranianos para asediar el Donbass en el sector de Donetsk. Los ucranianos se basaron en las zonas edificadas para sus líneas de defensa. Después de la tercera línea de defensa, el terreno es difícil de defender hasta el Dniéper.*

En Occidente, el conflicto no se ve desde el ángulo humano, sino exclusivamente como una cuestión política. Hay que recordar que el objetivo de Zelensky no es la preservación de la vida de sus conciudadanos, sino la entrada del país en la OTAN, y que esto sólo será posible si Rusia es derrotada. Dado que las sanciones no han bastado para provocar el colapso económico y político de Rusia, la derrota debe venir del campo de batalla, como dice Josep Borrell[424].

**Líneas de defensa ucranianas en el Donbass**

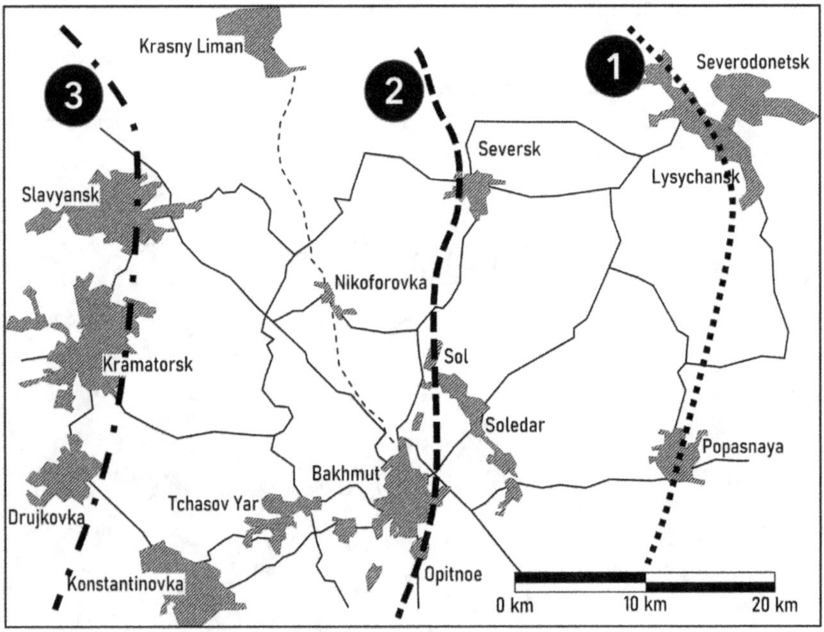

Figura 35 - La primera línea de defensa se rompió a principios de mayo de 2022 en Popasnaya, lo que abrió la puerta a la caída de Severodonetsk-Lysychantsk. La segunda es Seversk-Bakhmut y la tercera Kramatorsk-Slaviansk. Bakhmut es, por tanto, la última línea de defensa antes de Kramatorsk [Según Big Serge Substack].

Concentrados en defender cada metro cuadrado, los ucranianos nunca tuvieron la iniciativa. Al realizar ataques a lo largo de toda la línea del frente, los rusos crearon una presión que impidió a Ucrania concentrar sus fuerzas en un solo lugar. El resultado fue el aparente fallo en la conducta operativa ucraniana, consistente en preferir mantener el terreno antes que correr el riesgo de no poder retomarlo. Por el contrario, a lo largo de toda la operación, los rusos confiaron en su capacidad de maniobra y priorizaron sistemáticamente la vida de sus tropas sobre

---

424. https://www.courrierinternational.com/article/vu-de-russie-l-ue-veut-balayer-la-diploma-tie-au-profit-de-la-guerre-estime-moscou.

la captura de territorio. Los territorios que sólo podían defenderse con grandes pérdidas eran abandonados, aunque ello supusiera recuperarlos más tarde. Esto es lo que ocurrió en Kharkov (septiembre de 2022) y Kherson (octubre de 2022). El cálculo ruso es que el terreno perdido puede recuperarse, mientras que las vidas humanas no.

### 4.2.3.2. Participación de los servicios de inteligencia occidentales

Habiendo perdido muy rápidamente el control de los cielos, los dirigentes ucranianos demostraron inmediatamente sus carencias en materia de inteligencia. Al parecer, los ucranianos esperaban que las poblaciones de las zonas ocupadas por las fuerzas rusas les proporcionaran información. Pero no parece que haya sido así: entre los que han abandonado la zona y los que están a favor de los rusos, el ejército ucraniano no dispone de las fuentes que esperaba.

Así que Occidente tuvo que implicarse muy rápidamente. En términos estratégicos, Estados Unidos proporciona la mayor parte de la inteligencia electrónica y por satélite que recibe Ucrania.

Es evidente que los ucranianos reciben información satelital occidental. Se dice que Rusia dispone de los medios técnicos para cegar satélites hasta una distancia de 1.500 km[425], y está en fase de producción[426]. Esto incluye su sistema KALINA, con base cerca de la ciudad de Zelenchukskaya[427]. Sin embargo, no quiere enfrentarse directamente a los satélites estadounidenses. Todavía no. Por otra parte, ha declarado que los satélites comerciales podrían ser objetivos legítimos (por ejemplo, los satélites pertenecientes a Maxar o Space X)[428]. Ella hizo la misma declaración[429] tras el anuncio de que la OTAN se embarcaba en

---

425. Chay Quinn, «Russia successfully tests new laser weapon that can 'blind' satellites and destroy drones from three miles away», *Daily Mail*, 18 de mayo de 2022 (https://www.dailymail.co.uk/news/article-10829603/Russia-successfully-tests-new-laser-weapon-blind-satellites-destroy-drones.html)
426. Iain Boyd, «Russia is reportedly building a satellite-blinding laser - an expert explains the tech», *Astronomy*, 1 de agosto de 2022 (https://astronomy.com/news/2022/08/russians-is-reportedly-building-a-satellite-blinding-laser--an-expert-explains-the-tech)
427. Bart Hendrickx, «Kalina: a Russian ground-based laser to dazzle imaging satellites», *The Space Review*, 5 de julio de 2022 (https://www.thespacereview.com/article/4416/1)
428. «Russia Says U.S. Satellites Assisting Ukraine Are 'Legitimate' Targets», *The Moscow Times*, 27 de octubre de 2022 (https://www.themoscowtimes.com/2022/10/27/russia-says-us-satellites-assisting-ukraine-are-legitimate-targets-a79208)
429. «Rusia emite una advertencia espacial», *RT*, 12 de abril de 2023 (https://www.rt.com/russia/571585-quasi-civilian-satellites-nato/)

un programa de cooperación entre los sectores militar y comercial para la adquisición de inteligencia por satélite a través de su iniciativa *Alliance Persistent Surveillance from Space* (APSS)[430].

Se trata esencialmente de ubicaciones de objetivos, cuyas coordenadas se transmiten por Starlink al puesto de mando y luego se difunden por la red táctica ucraniana NETTLE.

### *Vigilancia del espacio aéreo occidental*

Stockholm
Tallinn
Riga
Copenhagen
Moscow
Kaliningrad
Vilnius
Minsk
Russia
Belarus
Kyiv
Ukraine
Prague
ADS-B flight tracks
20/1/23 -20/3/23
S102B
S100D
Swedish ISR flights
P-8
EP-3E
G550 CAEW
NATO ISR flights
E-3
RC-135W/V
RQ-4
ARTEMIS
E-8C
Control map data from ISW
Russian fortifications by Brady Africk
Bratislava
Budapest
Chisinau
Zagreb
Belgrade
Sarajevo
Pristina
ORION INTEL

*Figura 36 - Vuelos de reconocimiento occidentales entre el 20 de enero y el 20 de marzo de 2023, que muestran una vigilancia constante del espacio aéreo ucraniano y ruso. A pesar de los suministros de armas y de la gran cantidad de inteligencia de que dispone Ucrania, no está consiguiendo resultados concretos sobre el terreno. Este mapa ha sido elaborado por Orion Intel, que también dispone de una versión animada que muestra las distintas plataformas de inteligencia implicadas[431]. [Fuente: Orion Intel]*

Utilizando aviones de vigilancia, observan el teatro de operaciones desde fuera del espacio aéreo ucraniano. Participan en la vigilancia del

---

430. «NATO's approach to space», *nato.int,* 12 de abril de 2023 (https://www.nato.int/cps/en/natohq/topics_175419.htm)
431. https://twitter.com/Orion__int/status/1645456866393346048

espacio aéreo y la recopilación de información a lo largo de la frontera rusa, Bielorrusia y Ucrania[432]:

- La OTAN, con sus aviones de vigilancia del espacio aéreo E-3A NATO AWACS y RQ-4D PHOENIX;
- Suecia, con su avión de reconocimiento electrónico Gulfstream S102B KORPEN;
- Estados Unidos, con los aviones de vigilancia RQ4 GLOBALHAWK y MQ9 REAPER, los aviones de inteligencia electrónica RC135V/W RIVET JOINT y RC135U COMBAT SENT, el avión de reconocimiento U2S DRAGON LADY y el avión de reconocimiento electrónico ARTEMIS del ejército estadounidense,
- Francia con Mirage 2000 para misiones puntuales[433].

Las actividades de inteligencia aérea se llevan a cabo a lo largo de las fronteras ucraniana, bielorrusa y rusa, desde Rumanía, Polonia y los Estados bálticos; y en el Mar Negro, desde dentro de una zona (*Intelligence Surveillance Reconnaissance - Operational Area o ISR OPAREA*) que se detiene a 15 millas náuticas de la costa. El Secretario de Defensa estadounidense ha definido una línea adicional a 40 millas náuticas de la costa, destinada a evitar el riesgo de enfrentamiento con aviones rusos.

Occidente recopila información sobre la situación en las profundidades del teatro de operaciones y transmite datos a los ucranianos para el fuego de artillería (M-777 y HIMARS, en particular). En diciembre de 2022, el *Wall Street Journal* informó[434]:

> *Estados Unidos ha estado proporcionando a las fuerzas del Presidente ucraniano Volodymyr Zelensky montones de datos sobre la ubicación y los movimientos de tropas y equipos rusos, así como otra información sobre el campo de batalla, en el marco de un acuerdo de intercambio de inteligencia muy ampliado que*

---

432. Thomas Newdick, «This Is The Armada Of Spy Planes Tracking Russia's Forces Surrounding Ukraine», *The War Zone*, 18 de febrero de 2022 (https://www.thedrive.com/the-war-zone/44337/these-are-the-planes-keeping-watch-on-russian-forces-around-ukraine).

433. Documentos secretos americanos

434. Warren P. Strobel, «U.S. Has Eased Intelligence-Sharing Rules to Help Ukraine Target Russians», *The Wall Street Journal*, 21 de diciembre de 2022 (https://www.wsj.com/livecoverage/ukraine-zelensky-biden-congress-washington-trip-russia/card/u-s-has-eased-intelligence-sharing-rules-to-help-ukraine-target-russians-6pgEkPNCQRX8z4KBu4V4)

*prácticamente no tiene precedentes para un aliado estadounidense no perteneciente a la OTAN.*

Como Ucrania es -en teoría- sólo un «socio» de la OTAN y de Estados Unidos (como Suiza o Rusia, antes de su suspensión), sólo tendría un acceso muy limitado a la información operativa clasificada. Por ello, los estadounidenses han tenido que flexibilizar considerablemente sus normas de intercambio de información con ella[435].

### *Zona operativa para los equipos de vigilancia occidentales*

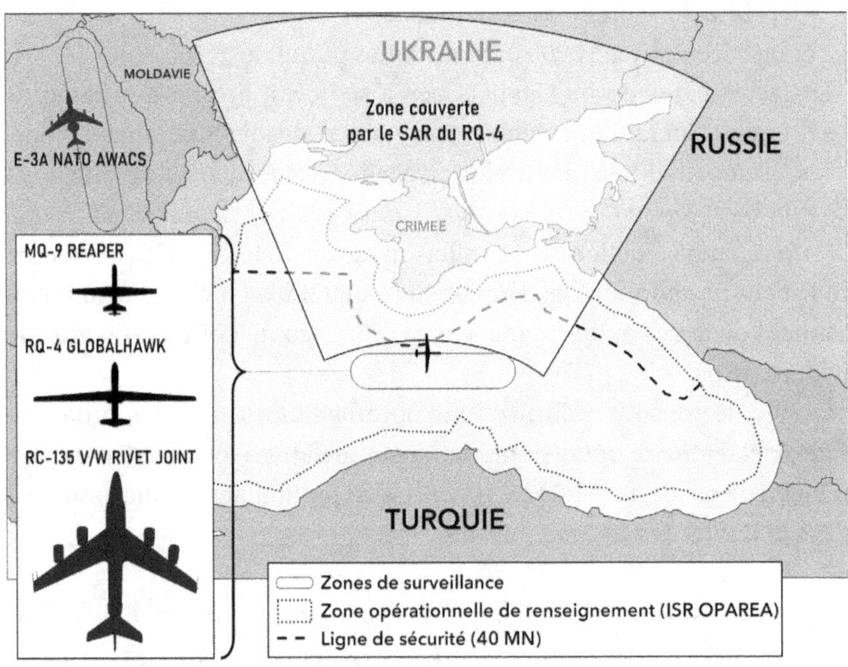


*Figura 37 - Principales sistemas de vigilancia del teatro de operaciones desde fuera del espacio aéreo ucraniano según documentos secretos revelados en abril de 2023.*

El RQ-4 es el heredero de los «aviones espía» de los años sesenta. Con una envergadura de 40 m, tiene un alcance de 22.000 km y una autonomía de 36 horas. Está equipado con un radar de apertura sintética (SAR) AN/

---

435. Warren P. Strobel & Michael R. Gordon, «Biden Administration Altered Rules for Sharing Intelligence with Ukraine», *The Wall Street Journal*, 8 de marzo de 2022 (https://www.wsj.com/articles/biden-administration-altered-rules-for-sharing-intelligence-with-ukraine-11646744400)

APY-8 LYNX II, que le permite «ver» lateralmente hasta una distancia máxima de 600 km cuando se encuentra a 20.000 m de altitud. El SAR se combina con un *Ground Moving Target Indicator* (GMTI) para detectar objetivos en movimiento y transmitir sus coordenadas en tiempo real a una estación terrestre. Al volar en círculos en medio del Mar Negro, entre las costas de Crimea y Turquía, los RQ-4 pueden cubrir literalmente todo el teatro de operaciones ucraniano.

Por ejemplo, el 29 de octubre de 2022, el ataque ucraniano contra el puerto de Sebastopol, llevado a cabo por un enjambre de 9 drones aéreos y 7 navales, fue coordinado por un dron estadounidense RQ-4B GLOBAL HAWK (nombre en clave FORTE10), que navegaba a gran altitud frente a Crimea. Al parecer, los drones ucranianos sólo causaron daños menores, según las autoridades rusas, y todos fueron destruidos.

Otros aviones, como el MQ-9 REAPER, tienen funciones similares, pero a menor escala. Tiene una envergadura de 20 m y un techo de 15.000 m, y su SAR cubre una profundidad máxima de unos 400 km.

### *MQ-9A REAPER*

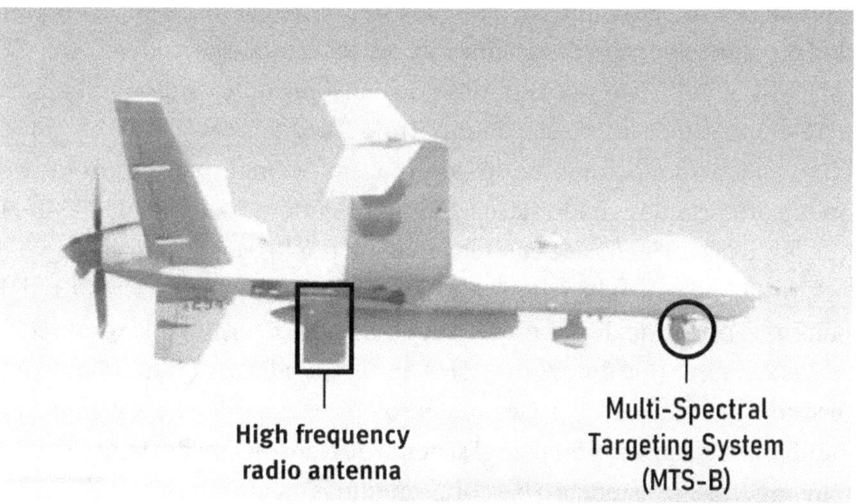


*Figura 38 - Imagen tomada por uno de los pilotos rusos y publicada por el Ministerio de Defensa ruso del MQ-9A REAPER interceptado el 14 de marzo de 2023 frente a las costas de Sebastopol. Estaba equipado con una antena de alta frecuencia y su sistema MTS-B, que le permiten detectar y localizar objetivos. Volando en ese momento con su transpondedor apagado, es probable que se encontrara en una misión de inteligencia electrónica para apoyar una operación ucraniana en curso.*

En el marco de esta vigilancia se produjo el incidente el 14 de marzo de 2023, frente a las costas de Sebastopol, entre dos Sukhoi-27 rusos y un dron MQ-9A REAPER estadounidense. Este último se encontraba en misión de reconocimiento para las fuerzas ucranianas, según confirmó la revista estadounidense *National Review*[436]:

> *Ese avión no tripulado MQ-9 de la Fuerza Aérea de Estados Unidos que Rusia derribó ayer en el Mar Negro estaba recopilando información sobre la ubicación y los movimientos de las tropas rusas, información que se transmitiría a los ucranianos para atacar a esas fuerzas. Puede que no nos guste que aviones de combate rusos derriben nuestros drones de vigilancia sobre aguas internacionales, pero no debería sorprendernos que lo hagan. Es una consecuencia natural y quizá inevitable de estar en una guerra por poderes con Rusia.*

El MQ-9 tiene una antena muy grande en forma de aspa montada en la panza del avión. Este tipo de antena se asocia generalmente a las comunicaciones de radio de alta frecuencia, y puede formar parte de un sistema de radiogoniometría para localizar objetivos. En la parte inferior delantera se encuentra un sistema de puntería multiespectral AN/AAS-52 (MTS-B), compuesto por una serie de sensores ópticos de puntería. El MTS-B incorpora un sensor de infrarrojos, una cámara de TV en color, una cámara monocroma de luz diurna, una cámara de infrarrojos de onda corta, un designador láser y un iluminador láser. Fue el MTS-B el que tomó las imágenes de la interceptación por los dos cazas rusos.

A principios de abril de 2023, la recuperación de los restos del naufragio por parte de la Armada rusa permitió determinar la resolución de los sensores optrónicos del AN/AAS-52 y analizar su rendimiento en distintos tipos de condiciones meteorológicas y a diferentes distancias. También se recuperó y analizó el sistema de transmisión de datos Link-16 para medir su resistencia a las contramedidas electrónicas.

Esta aeronave volaba con su transpondedor apagado, dentro de la extensión del espacio aéreo notificada por Rusia al inicio de su SVO. Esto

436. Jim Geraghty, «U.S. Drone Becomes a Casualty in the Proxy War with Russia», *National Review*, 15 de marzo de 2023 (https://www.nationalreview.com/the-morning-jolt/u-s-drone-becomes-a-casualty-in-the-proxy-war-with-russia/)

sugiere que se encontraba en una operación de reconocimiento o de designación de objetivos para el ejército ucraniano.

## 4.3. La contraofensiva de primavera (2023)

Desde la primavera de 2022, Volodymyr Zelensky promete una gran ofensiva hacia el sur del país, para retomar los territorios ocupados por Rusia. Se trata, de hecho, de una continuación de la ofensiva que planeaba a principios de 2022 y para la que emitió su decreto en marzo de 2021.

La intervención rusa en febrero de 2022 le impidió llevar a cabo su proyecto, que era el objetivo de la SVO. A lo largo de 2022 se habló de «contraofensivas» ucranianas. Pero ninguna de ellas consiguió hacer retroceder a la coalición rusa. En verano, Volodymyr Zelensky prometió una gran ofensiva con 1 millón de hombres[437], pero se pospuso hasta otoño y luego hasta invierno. En respuesta a esta amenaza, Rusia movilizó parcialmente a 300.000 hombres: había atacado con una relación de fuerzas de 23 a 1 a favor de Ucrania, y si ésta duplicaba sus fuerzas, Rusia se encontraría en una desventaja de 56 a 1.

En 2023, bajo la presión de Occidente, se anunció la tan esperada ofensiva para la primavera de 2023. Iba a estar dirigida por 12 brigadas, 3 de ellas creadas por Ucrania y 9 por países occidentales. En abril, documentos estadounidenses filtrados mostraron que en marzo, de las nueve brigadas «occidentales», cinco habían completado el 0% de su entrenamiento, una estaba al 10%, otra al 20%, otra al 40% y otra al 60%. En cuanto a su equipamiento, sólo disponen del 46%. Está claro que Ucrania tiene pocas posibilidades de estar preparada para finales de abril, lo que explica el aplazamiento de la ofensiva hasta el verano de 2023[438].

Inicialmente se habló de 60.000 hombres para las 12 brigadas destinadas a esta gran ofensiva. Sin embargo, documentos filtrados indican

---

437. «Ucrania ataca Kherson, controlada por Rusia, y planea un contraataque», *aljazeerah*, 12 de julio de 2022 (https://www.aljazeera.com/news/2022/7/12/ukraine-strikes-russian-held-kherson-as-kyiv-plans-counterattack)

438. «La contraofensiva ucraniana podría comenzar en verano, según el primer ministro», *The New Voice of Ukraine*, 11 de abril de 2023 (https://english.nv.ua/nation/ukrainian-counteroffensive-could-begin-in-summer-pm-says-war-news-50317188.html)

que el número máximo de tropas es de 30.000, es decir, el 50% de la capacidad prevista inicialmente. Además, se trata esencialmente de soldados nuevos sin experiencia previa en combate.

Parece que Ucrania está obligada a llevar a cabo esta ofensiva o contraofensiva, pero a finales de abril de 2023 no hay forma de saber cómo será. Los documentos clasificados estadounidenses «filtrados» dan una pequeña idea de las fuerzas implicadas, pero no permiten deducir cómo se desarrollará una operación.

Sin embargo, hay algunos puntos interesantes. Estos documentos mencionan tres «ejes»: un Eje del Norte (Bielorrusia, Belgorod), un Eje de Zaporozhie y un Eje de Kherson, con una estimación de las fuerzas desplegadas en cada bando a lo largo de estos posibles ejes de operaciones.

### Las fuerzas que actúan en Ucrania

|  | Ukraine | Russie |
|---|---|---|
| Axe Nord | 4 250-8 500 | 5 850 |
| Axe Zaporojie | 4 000-8 000 | 23 250 |
| Axe Kherson | 1 250-2 500 | 15 650 |

*Figura 39 - Fuerzas presentes el 1 de marzo de 2023 en los posibles ejes de una ofensiva de primavera en 2023. Podemos ver que los estadounidenses tienen cifras muy precisas para los rusos, mientras que para los ucranianos tienen un margen de error del 100%. Esto se debe a que los estadounidenses no tienen capacidad independiente para establecer estas cifras y, por lo tanto, deben confiar en lo que les dicen los ucranianos. [Fuente: Documento «Assessed Operationsin the South», TOP SECRET, 1 de marzo de 2023.]*

- El Eje Kherson parecía el menos indicado para una acción ofensiva porque el cruce del Dniéper era un gran problema. Las fuerzas desplegadas por los ucranianos parecían abogar a favor de una «guardia de flanco».

- El Eje Zaporozhie es en el que coinciden la mayoría de los comentaristas, en consonancia con las numerosas declaraciones sobre la reconquista de Crimea, que parece ser un elemento central para el Gobierno ucraniano.

- El Eje Norte, que nos adentra en territorio ruso. Por cierto, según los documentos estadounidenses, éste es el único de los tres ejes en el que las fuerzas implicadas están en pie de igualdad, o incluso ligeramente a favor de Ucrania. ¿Podría ser esto un indicio de que la ofensiva ucraniana favorece un ataque contra territorio ruso, no para derrotarlo, sino para desestabilizarlo? No es imposible, pero a falta de más detalles, nos encontramos en el terreno de la especulación.

Sin embargo, es importante no dejarse engañar por las cifras. Son muy imprecisas por parte ucraniana y pueden cambiar con relativa rapidez, pero sobre todo, con una buena gestión de las operaciones, un equilibrio de fuerzas aparentemente desfavorable no es incompatible con el éxito.

Pero la obstinación de los ucranianos en mantener posiciones estáticas, especialmente en Bakhmout y Avdiivka, favorece a los rusos, que pueden diezmar a las fuerzas ucranianas con su artillería.

En abril de 2023, los estadounidenses y los ucranianos sabían que la ofensiva pregonada por nuestros medios de comunicación tenía muchas probabilidades de fracasar. A pesar de los intentos estadounidenses a finales de 2022 de animar a Zelensky a entablar negociaciones, éste persistió.

Volodymyr Zelensky se encuentra entre dos fuegos. Por un lado, teme que un estancamiento provoque la fatiga del apoyo occidental, que empieza a disminuir. De hecho, este apoyo está disminuyendo, pero menos por razones logísticas que políticas. Por otra parte, Occidente está condenado al éxito tras haber impedido que Ucrania negociara con Rusia. Tras proclamar repetidamente que Ucrania ya había ganado la guerra y que Rusia no podía ganar, Occidente se ha encerrado en un callejón sin salida.

Occidente y Ucrania están atrapados en el síndrome del coste hundido: resulta políticamente imposible dar marcha atrás después de los sacrificios ya realizados. Porque cuanto más avancemos, más profundas serán las repercusiones de una derrota en Ucrania y Occidente.

La ofensiva de primavera de Zelensky estaba, pues, condenada al éxito sobre el terreno. Habiendo abandonado las negociaciones que él mismo había pedido en febrero, marzo y agosto de 2022, está condenado a continuar la guerra. La vuelta a la negociación es una condena política, y quizás incluso física. Porque hoy, las condiciones de tal negociación serían dictadas por Rusia de manera mucho más intransigente de lo que lo habrían sido un año antes.

Zelensky se vio obligado a seguir adelante con su ofensiva, a pesar de las escasas perspectivas de éxito.

### Tanques disponibles para la ofensiva prevista en la primavera de 2023

| | Nombre au 24.02.2022 | Nombre au 28.02.2023 |
|---|---|---|
| **Leopard 2A4** | 0 | 32 |
| **Challenger 2** | 0 | 14 |
| **PT-91** | 0 | 31 |
| **T-72** | 100 | 38 |
| **T-64** | 850 | 43 |
| **T-55MS** | 0 | 28 |
| **AMX 10 RC** | 0 | 14 |
| **Total** | 950 | 200 |

*Figura 40 - Carros de combate disponibles para las 9 brigadas creadas por Occidente, según documentos secretos estadounidenses «filtrados» en abril de 2023. El AMX-19 RC no es un carro de combate, pero aparece como tal en los documentos estadounidenses, probablemente porque los ucranianos quieren utilizarlo en este papel. La cifra de 200 no representa todos los carros de combate de que dispone Ucrania, sino sólo los que se utilizarían en esta gran ofensiva. Sin embargo, indica lo mermadas que están las fuerzas ucranianas.*

## Artillería disponible para la ofensiva prevista en la primavera de 2023

| | Calibre [mm] | Nombre au 28.02.2023 |
|---|---|---|
| **2S1 GVOZDIKA** | 122 | 10 |
| **AS-90** | 155 | 20 |
| **D-30** | 122 | 46 |
| **M-109** | 155 | 18 |
| **M-119** | 105 | 36 |
| **FH-70** | 155 | 22 |
| Total | | 152 |

*Figura 41 - Piezas de artillería disponibles para las 9 brigadas creadas por Occidente para la ofensiva de 2023. El número de 152 piezas debe compararse con las más de 2.000 piezas de artillería de que disponía Ucrania en 2022.*

## 4.4. Documentos secretos estadounidenses filtrados

A principios de abril de 2023, el *Washington Post*[439] y el *New York Times*[440] revelaron que documentos clasificados estadounidenses aparentemente filtrados circulaban por las redes sociales. El presunto filtrador fue identificado rápidamente como Jack Texeira, un joven de 21 años miembro de la Guardia Nacional estadounidense.

Al parecer, a pesar de su corta edad y su rango relativamente bajo, tiene una habilitación de seguridad TS-SCI, una de las más altas. Esto no significa que automáticamente tenga acceso a todos los documentos de este nivel de clasificación, ya que el acceso se determina en función de la necesidad de conocer, pero sí le da acceso a zonas clasificadas para realizar tareas de mantenimiento en ordenadores[441].

Un examen detallado de los documentos muestra varias cosas. En primer lugar, la filtración no es el resultado de un pirateo informático. Se trata de fotos de documentos de síntesis elaborados por el *Estado Mayor Conjunto (JCS)* para sesiones informativas sobre la situación y «briefs» elaborados por la CIA y la *Oficina del Director de Inteligencia Nacional* (ODNI). El JCS, la CIA y la ODNI son tres instituciones distintas y los documentos tienen fines diferentes.

Esto significa que quienquiera que tomara estas fotos está lo suficientemente alto en la jerarquía del país como para tener acceso a las tres, y que si Jack Texeira las filtró, probablemente no sea el autor de la filtración. Pero con más de 850.000 personas con habilitación de seguridad TOP SECRET, incluidas algunas con habilitación TOP SECRET-SCI, sigue habiendo muchos candidatos...

Por lo tanto, es muy probable que estos documentos sean auténticos. Llevan circulando desde principios de 2023, por lo que es explicable que algunos de ellos hayan sido modificados (de forma bastante burda). En

---

439. Dan Lamothe, Ellen Nakashima, Alex Horton, Dalton Bennett, Samuel Oakford & Evan Hill, «Justice Dept. will investigate leak of classified Pentagon documents», *The Washington Post*, 7 de abril de 2023 (https://www.washingtonpost.com/national-security/2023/04/07/pentagon-leak-ukraine-documents/)

440. «Leaked Pentagon Documents Reveal Secrets About Friends and Foes», *The New York Times*, 8 de abril de 2023 (actualizado el 9 de abril de 2023) (https://www.nytimes.com/explain/2023/russia-ukraine-war-documents-leak)

441. https://www.msn.com/en-us/news/us/why-the-accused-document-leaker-had-high-level-security-clearance/ar-AA19U6R1

conjunto, muestran la debilidad de Ucrania y su dependencia de la ayuda militar occidental. Desde este punto de vista, no se puede descartar que la revelación de su existencia tenga por objeto calmar los ardores de los «halcones» estadounidenses, que pretenden prolongar el conflicto a toda costa.

Por esta razón, los comentaristas sugieren que puede haber sido una filtración organizada, diseñada para calmar las expectativas occidentales sobre la posibilidad de una victoria ucraniana. En Estados Unidos, el equipo presidencial parece relativamente aislado de los militares, que tienen una visión menos partidista de las capacidades ucranianas y del posible resultado del conflicto. Esto podría explicar esta filtración tan oportuna. Porque, al parecer, algunos de estos documentos ya circulaban en enero de 2023, pero no fue hasta abril cuando saltaron a los titulares. Hasta qué punto esta revelación es un efecto de la casualidad es, por tanto, una cuestión abierta.

En cualquier caso, estos documentos son sólo una instantánea de la situación y no son operativos. No dan ninguna indicación sobre la planificación ucraniana de una posible contraofensiva.

***Abreviaturas de clasificación utilizadas en documentos filtrados***

| Classification | Signification | Traitement |
| --- | --- | --- |
| TS | TOP SECRET | Unauthorized distribution can cause exceptional damage |
| S | SECRET | Unauthorized distribution can cause serious damage |
| REL TO FIN, UKR, NATO | Releasable to Finland, Ukraine, NATO | Can be communicated to Finland, Ukraine and NATO |
| NOFORN ou NF | No Foreign | Cannot be communicated abroad |
| HCS-P | HUMINT Controlled System-Product | Derived from human sources |
| SCI-G ou SI-G | Sensitive Compartmented Information – Gamma (SCI-G) | Sensitive information of electromagnetic origin |
| TK | TALENT KEYHOLE | Satellite information (used only with TS and S) |
| FGI | Foreign Government Information | Information from a foreign government |
| RSEN | Risk Sensitive | Risk associated with its distribution (used only with TS and S) |
| ORCON ou OC | Originator Controlled | Cannot be distributed beyond its initial recipient |
| FVEY | Five Eyes | Australia, Canada, United States, Great Britain, New Zealand |
| FISA | Foreign Intelligence Surveillance Act | FISA compatible information |
| RELIDO | Releasable By Information Disclosure Official | Indication to facilitate sharing with foreign partners |

*Figura 42 - Los elementos de clasificación dan una idea del origen de la información y los datos que componen estos documentos.*

## 4.4.1. Documentos militares

Los documentos con mapas y cifras son resúmenes destinados a acompañar los informes de situación (SITREP) de la Inteligencia del JCS (J-2). La mayoría de las cifras sobre logística proceden de la información facilitada por los gobiernos que entregaron material a Ucrania.

La información sobre las tropas ucranianas procede en parte de los ucranianos y en parte de los sistemas de vigilancia occidentales, ya que el Estado Mayor ucraniano no se lo comunica todo. Los mapas que muestran el despliegue de las fuerzas rusas proceden principalmente de la *Agencia Nacional de Inteligencia Geoespacial* (NSGA), que proporciona inteligencia por satélite a través del *Mando Europeo de Estados Unidos* (EUCOM), con sede en Stuttgart. Esto no es más que la explotación de imágenes por satélite.

La mayoría de estos documentos están clasificados con la anotación FGI, lo que significa que la información procede de un país extranjero. En este caso, presumiblemente de Ucrania. Además, una nota advierte pertinentemente al lector sobre las precauciones que debe tomar al interpretar las cifras de pérdidas de mano de obra y equipos[442]:

*Las tasas de desgaste y los inventarios rusos (RUS) y ucranianos (UKR) no son fiables debido a las lagunas de información, las medidas de seguridad operativa (OPSEC) y las operaciones de información (IO), así como a posibles sesgos en el intercambio de información por parte de la UKR.*

Como señaló el *New York Times* en junio de 2022, los ucranianos están dispuestos a recibir ayuda occidental, pero comparten poca de su información[443]. De hecho, sólo cuentan a los estadounidenses lo que ellos quieren contarles. En otras palabras, la información procedente de Ucrania dista mucho de ser fiable.

Las cifras sobre las pérdidas rusas que aparecen en los documentos clasificados se acercan mucho a las que dan las fuentes abiertas, como el sitio Oryx, que sirve de fuente a nuestros medios de comunicación. Esto sugiere que los estadounidenses no tienen capacidad independiente para contabilizar estas pérdidas. El sitio Oryx (www.oryxspioenkop.com) suele considerarse poco fiable, debido a su metodología. Al parecer, se limita a recopilar imágenes de las redes sociales sin analizar realmente su fiabilidad. Aunque el sitio afirma que «sus cifras subestiman considerablemente la verdadera naturaleza de las pérdidas rusas», muchos equipos destruidos se cuentan dos veces, pero aparecen desde ángulos diferentes. La similitud de las armas utilizadas por los dos ejércitos permite la confusión e incluso la desinformación. La magnitud de las pérdidas citadas por Oryx no parece reflejar la situación de las fuerzas rusas sobre el terreno.

---

442. Rusia/Ucrania - Evaluación de la sostenibilidad del combate y el desgaste, JCS, (SECRETO)
443. Julian E. Barnes, «U.S. Lacks a Clear Picture of Ukraine's War Strategy, Officials Say,» *The New York Times*, 8 de junio de 2022 (https://www.nytimes.com/2022/06/08/us/politics/ukraine-war-us-intelligence.html)

### 4.4.2. Documentos de la CIA

En realidad, los documentos de la CIA no son más que «resúmenes», que suelen distribuirse a destinatarios seleccionados con información procedente de diversas fuentes y que se evalúan sumariamente, si es que se evalúan. Por tanto, no son «inteligencia acabada» como tal, sino «inteligencia bruta». En otras palabras, se trata de información reformulada en forma de notas breves, pero que aún no se ha integrado en un análisis. Es el equivalente de un feed de noticias para un ciudadano normal.

Por ejemplo, dos de estas notas mencionan el ataque del 26 de febrero de 2023 contra un avión ruso A-50U MAINSTAY en la base aérea de Matchoulichtchy (Bielorrusia). Aparecen en dos listas distintas de «noticias». Ambas tienen la misma referencia (Z-G/OO/121322 23) y la misma clasificación (TOP SECRET / SCI-G). Sin embargo, presentan el suceso de dos maneras diferentes: una habla de una acción llevada a cabo por un agente del SBU en contra del consejo de sus superiores[444]; la otra afirma que fue llevada a cabo por la oposición bielorrusa, porque el presidente Zelensky no quería provocar al presidente Lukashenko. Pero en ambos casos, el dron utilizado para el ataque fue supuestamente suministrado por Ucrania. Así que parece que el ataque no fue iniciativa de la oposición bielorrusa.

El examen del contenido de estos «resúmenes informativos» muestra que una gran parte de ellos procede de informaciones procedentes de Ucrania (probablemente de los servicios de inteligencia) y de diplomáticos. No parecen mostrar ninguna «penetración» del aparato ruso por parte de los estadounidenses. Estas notas son muy similares a las que pueden encontrarse en redes como *Telegram*. Es importante recordar aquí que la clasificación de la información no tiene nada que ver con su pertinencia o exactitud, sino que la mayoría de las veces sirve para enmascarar su origen.

Contrariamente a lo que afirman nuestros medios de comunicación, estos documentos revelan un sorprendente desconocimiento del teatro de operaciones ucraniano por parte de los estadounidenses y su dependencia de la información procedente de Ucrania. Es evidente que los estadounidenses tienen un sólido conocimiento de lo que se puede observar por satélite, pero un conocimiento muy pobre de los aspectos operativos, tanto del lado ucraniano como del ruso.

---

444. Phil McCausland & Dan De Luce, «Ukraine agents pursued attacks inside Belarus and Russia, leaked U.S. docs say», *NBC News*, 11 de abril de 2023 (https://www.nbcnews.com/politics/national-security/ukraine-agents-attacks-inside-belarus-russia-leaked-us-documents-say-rcna78973)

## 4.5. Operaciones rusas

Los objetivos de Rusia, anunciados por Vladímir Putin el 24 de febrero de 2022, son desmilitarizar y desnazificar la amenaza que pesa sobre la población de Donbass.

Por lo tanto, estos objetivos están vinculados al potencial ucraniano (y no al territorio) y no tienen limitaciones temporales. El objetivo de desnazificación se habría alcanzado a finales de marzo con el cerco de Marioupol y el de desmilitarización a finales de la primavera de 2022. Por eso, desde entonces, Volodymyr Zelensky ha estado pidiendo a Occidente armas y apoyo logístico y ha llevado a cabo varias movilizaciones parciales para reponer las filas del ejército ucraniano.

Esto significa que, desde el verano de 2022, las fuerzas rusas han estado eliminando el potencial que llega al teatro de operaciones. Como los ucranianos tratan de recuperar el territorio del que se han apoderado los rusos, estos últimos no necesitan realmente avanzar, sino que pueden limitarse a esperar a que su adversario los destruya. Esto es exactamente lo que afirma el General Sourovikine, recién nombrado *Comandante de la Fuerza de Tarea Conjunta en la zona de la operación militar especial en Ucrania* en octubre de 2022[445]:

> *Tenemos una estrategia diferente. [...] No intentamos avanzar a gran velocidad, cuidamos a cada uno de nuestros soldados y «aplastamos» metódicamente al enemigo que avanza.*

Mientras que nuestros «expertos» tratan de medir el éxito militar en términos de kilómetros de terreno cubiertos, los rusos lo miden en términos de número de adversarios destruidos.

El problema es que nuestros «expertos» y generales de la televisión tienen una visión muy occidental de la guerra. Para ellos, el objetivo es siempre material (petróleo, tierras, industrias, etc.). Es un poco simple. A los occidentales les cuesta ver los objetivos militares en términos que no sean cuantitativos. En el conflicto ucraniano, nuestros «expertos» cometen exactamente el mismo error. Los rusos han definido un objetivo

---

445. «Суровикин: российская группировка на Украине методично «перемалывает» войска противника», TASS, 18 de octubre de 2022 (https://tass.ru/armiya-i-opk/16090805).

cualitativo: la desaparición de una amenaza. Esto sólo puede lograrse de dos maneras: la negociación o la aniquilación total de la amenaza.

### 4.5.1. *Estructuras de control*

Hasta finales de septiembre de 2022, lo que nuestros medios llaman «los rusos» es simplemente una coalición de fuerzas de tres entidades independientes: Rusia, la DPR y la LPR. No existe un mando unificado, sólo una coordinación por parte del Estado Mayor ruso. Esto explica algunas de las dificultades observadas sobre el terreno entre las unidades combatientes en el Donbass.

Desde principios de octubre de 2022, con la nueva estructura de mando. Todas las fuerzas «rusoparlantes» se integraron bajo un mando único. Las antiguas milicias de Donbass recibieron mejor equipamiento, respaldadas por soldados profesionales y apoyadas por los «músicos» de Wagner.

### *Estructura para la realización de la Operación Militar Especial (24 de febrero de 2022 - 8 de octubre de 2022)*

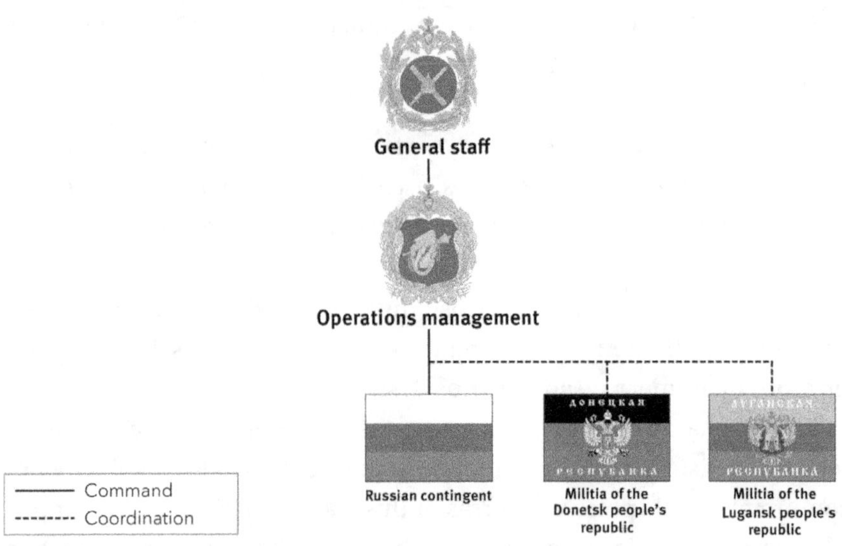


*Figura 43 - Hasta octubre de 2022, la estructura de liderazgo del SVO explica lo que nuestros «expertos» interpretaron como las debilidades del ejército ruso. En realidad, la mayor parte de los combates en el Donbass fueron llevados a cabo por las milicias de las dos repúblicas del Donbass, formadas por reservistas y a menudo equipadas con material obsoleto.*

En enero de 2023, en un momento en que Occidente se planteaba ampliar su apoyo logístico a Ucrania y dotarla de armamento más moderno, Rusia ajustó su estructura de mando para dotar a la SVO de más recursos. Por ello, el mando de la operación se está desplazando hacia arriba, hacia Gherassimov. Contrariamente a lo que imaginaban nuestros «expertos» militares, se trataba simplemente de facilitar el acceso a otros recursos como la aviación, los misiles e incluso la marina.

Mientras que Occidente «prepara» el campo de batalla con ataques intensivos y prolongados antes de enviar sus tropas a la acción, los rusos prefieren un enfoque menos destructivo pero más intensivo en tropas.

**Estructura para la realización de la Operación Militar Especial
(8 de octubre de 2022 - 11 de enero de 2023)**

*Figura 44 - Tras los referendos que permitieron la adhesión de cuatro regiones del sur de Ucrania a la Federación Rusa, todas las fuerzas de la coalición rusoparlante pudieron situarse bajo un mando único. El General Sergei Surovikin fue nombrado Comandante en Jefe de las fuerzas rusas en Ucrania.*

Según un analista de la *Agencia de Inteligencia de Defensa* (DIA), «*la gran mayoría de los ataques aéreos tienen lugar sobre el campo de batalla, con aviones rusos que proporcionan 'apoyo aéreo cercano' a las fuerzas terrestres. El resto -menos del 20%, según los expertos estadounidenses-*

*tiene como objetivo aeródromos militares, cuarteles y depósitos de apoyo».* Así que la frase «*bombardeo indiscriminado [que] devasta la ciudad y mata a todo el mundo*» de la que se hacen eco los medios de comunicación occidentales parece contradecirse por el experto en inteligencia estadounidense que afirma.[446]

> *Si nos limitamos a convencernos de que Rusia bombardea indiscriminadamente, o [que] no consigue infligir más daño porque su personal no está a la altura de las circunstancias o porque es técnicamente inepta, entonces no estamos viendo el conflicto real.*

**Estructura para la realización de la Operación Militar Especial (11 de enero de 2023 -)**

*Figura 45 - Estructura directiva de la SVO a partir del 11 de enero de 2023. El objetivo es ampliar el acceso de la SVO a los recursos militares.*

---

446. William M. Arkin, «Putin's Bombers Could Devastate Ukraine but He's Holding Back. Here's Why», Newsweek, 22 de marzo de 2022 (https://www.newsweek.com/putins-bombers-could-devastate-ukraine-hes-holding-back-heres-why-1690494)

De hecho, las operaciones rusas difieren fundamentalmente del concepto occidental. La obsesión de Occidente por no tener víctimas mortales entre sus propias fuerzas le lleva a llevar a cabo ataques aéreos muy letales antes de comprometer a sus tropas terrestres. Por eso, en Afganistán y el Sahel[447], Occidente mató a más civiles[448] que los talibanes[449] o el Estado Islámico[450]. Por eso, los países occidentales implicados en Afganistán, Oriente Medio y el Norte de África ya no publican el número de víctimas civiles causadas por sus ataques.

En Ucrania, la situación es muy diferente. Basta con mirar un mapa de zonas lingüísticas para ver que la coalición rusa está operando casi exclusivamente en la zona rusoparlante, en medio de poblaciones que en general le son favorables. Esto explica también las declaraciones de un oficial de las Fuerzas Aéreas estadounidenses: *«Sé que los medios de comunicación no paran de decir que Putin está atacando a civiles, pero no hay pruebas de que Rusia lo esté haciendo intencionadamente»*[451].

A la inversa, es por la misma razón -pero de forma diferente- por la que Ucrania ha desplegado a sus combatientes paramilitares ultranacionalistas en ciudades importantes como Marioupol[452]. Sin vínculos afectivos ni culturales con la población local, estas milicias pueden luchar incluso a costa de numerosas bajas civiles. Sus atrocidades[453],

---

447. Nathanaël Charbonnier, «Les armées régulières seraient tout aussi meurtrières (voire plus) que les terroristes au Sahel», radiofrance.fr, 3 de mayo de 2021 (https://www.franceinter.fr/monde/les-armees-regulieres-seraient-tout-aussi-meurtrieres-voire-plus-que-les-terroristes-au-sahel)

448. «Sahel: les populations craignent plus les bavures des forces de protection que les attaques djihadistes», RTBF.be, 14 de abril de 2021 (https://www.rtbf.be/article/sahel-les-populations-craignent-plus-les-bavures-des-forces-de-protection-que-les-attaques-djihadistes-10740544)

449. Amy Woodyatt & Arnaud Siad, «Más civiles están siendo asesinados por las fuerzas afganas e internacionales que por los talibanes y otros militantes», CNN, 31 de julio de 2019 (https://edition.cnn.com/2019/07/30/asia/afghanistan-nato-taliban-intl-scli/index.html)

450. *Midyear Update on the Protection of Civilians in Armed Conflict: 1 January to 30 June 2019*, Misión de Asistencia de las Naciones Unidas en Afganistán (UNAMA), 30 de julio de 2019, p. 12; Amy Woodyatt & Arnaud Siad, «More civilians are being killed by Afghan and international forces than by the Taliban and other militants», *CNN*, 31 de julio de 2019.

451. William M. Arkin, «Putin's Bombers Could Devastate Ukraine but He's Holding Back. Here's Why», Newsweek, 22 de marzo de 2022 (https://www.newsweek.com/putins-bombers-could-devastate-ukraine-hes-holding-back-heres-why-1690494)

452. Roman Goncharenko, «El batallón Azov: extremistas defendiendo Mariupol», dw.com, 16 de marzo de 2022 (https://p.dw.com/p/48aCt)

453. Tim Lister, Celine Alkhaldi, Katerina Krebs & Josh Pennington, «Ukraine promises 'immediate investigation' after video surfaces of soldiers shooting Russian prisoners», *CNN*, 27 de marzo de 2022 (https://edition.cnn.com/europe/live-news/ukraine-russia-putin-news-03-27-22/h_6e-158d3fc5bc5efe7fc3f10b69b7aeee)

son deliberadamente ocultadas por nuestros medios de comunicación, por miedo a perder el apoyo a Ucrania, como han señalado los medios estadounidenses[454].

### 4.5.2. *Dominio ruso del arte operativo*

La doctrina militar rusa distingue tres niveles de conducta: la «táctica» (*taktika*), el «arte operativo» (*operativnoe iskoustvo*) y la «estrategia» (*strategiya*). Mientras que la táctica se considera una actividad esencialmente técnica y la estrategia una actividad esencialmente intelectual de carácter político, el «arte operativo» es el arte de diseñar operaciones.

Por tanto, el arte operacional no es ni un tipo de operación (como afirman algunos expertos) ni una forma de hacer la guerra, sino el marco general en el que se conciben las operaciones militares. Los rusos lo consideran el corazón mismo de la acción militar, razón por la cual su doctrina militar lo describe como un «arte», es decir, una actividad en la que se fomentan la imaginación y la creatividad, como señala el *Diccionario Enciclopédico Militar Ruso*[455].

En Occidente, el «arte operativo» no ha recibido la misma atención en los últimos años. En primer lugar, los términos «operacional» y «operativo» se confunden a menudo, por la sencilla razón de que la palabra «operativo» no existe en inglés. La OTAN utiliza el término «operational», que abarca dos nociones distintas en la terminología rusa: «operacional», que expresa un estado técnico (por ejemplo, equipo operativo), y «operativo», que designa un nivel de conducta.

Desde 1991, los occidentales sólo han librado guerras de contrainsurgencia, que se han librado casi exclusivamente a nivel táctico. Esto ha repercutido en el diseño de los sistemas de armas (volveremos sobre ello más adelante), pero sobre todo en el pensamiento militar. Asistimos a la desaparición gradual del pensamiento operativo, que hoy afecta a los ejércitos de la OTAN y del que carece el ejército ucraniano para la conducción de sus operaciones.

---

454. «Zelenskyy Worried About Western Financial Support After Video Surfaces Showing Ukraine Military Torturing Russian POW's», The Conservative Treehouse, 27 de marzo de 2022 (https:// theconservativetreehouse.com/blog/2022/03/27/zelenskyy-worried-about-western-financial-support-after-video-surfaces-showing-ukraine-military-torturing-russian-pows/?utm_source=rss&utm_medium=rss&utm_campaign=zelenskyy-worried-about-western-financial-support-after-video-surfaces-showing-ukraine-military-torturing-russian-pows).
455. https://encyclopedia.mil.ru/encyclopedia/dictionary/details.htm?id=13724@morfDictionary

Por el contrario, Rusia, cuya prioridad ha sido siempre la defensa de su territorio, ha desarrollado un dominio del arte operativo que podemos ver hoy y que marca la diferencia con la Ucrania entrenada por Occidente.

El 24 de febrero de 2022, Rusia lanza su «operación militar especial» (Специальная военная операция) (*Spetsial'naya Voyennaya Operatsiya - SVO)* en Ucrania «en un momento». Comunica poco sobre su planificación. Sin embargo, la observación y el estudio de su doctrina militar permiten esbozar las líneas generales de su pensamiento operativo.

De acuerdo con la doctrina militar rusa, la SVO se divide en dos ejes:

- una ofensiva principal hacia el sur del país, en la región de Donbass y a lo largo de la costa del Mar de Azov. Está siendo dirigido por una coalición (Z) formada por fuerzas rusas del Distrito Militar Sur a través de Járkov y Crimea, con -en el centro- fuerzas de las Repúblicas de Donetsk y Lugansk, así como una contribución de la Guardia Nacional chechena para los combates en la zona urbana de Marioupol; y
- un empuje secundario sobre Kiev, dirigido por fuerzas rusas de Bielorrusia (V) y Rusia (O).

### *Concepto resumido de la operación rusa (Fase 1)*

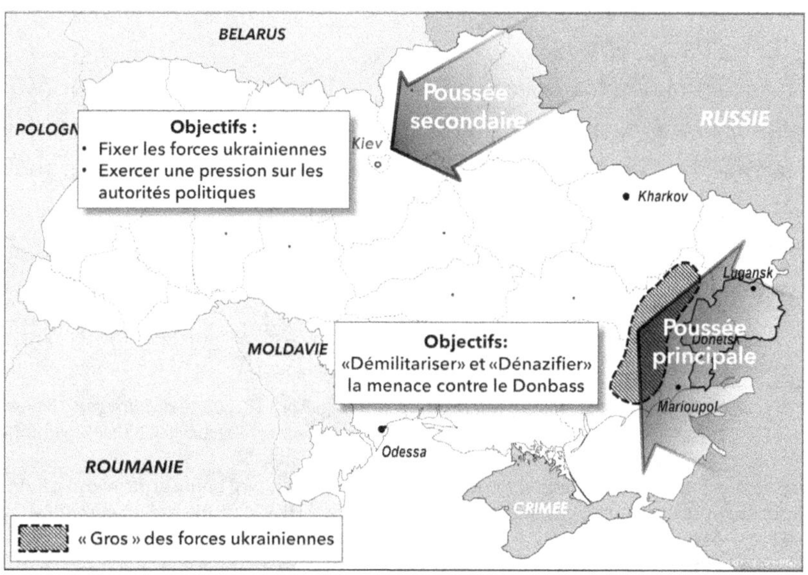


*Figura 46 - La mecánica general de la operación especial rusa siguió fielmente su doctrina operativa. Consiste en un empuje principal y un empuje secundario. El papel del empuje secundario es crear condiciones favorables para el empuje principal.*

Rusia aplica rigurosamente uno de los principios esenciales de la guerra: la economía de fuerzas. Según el Pentágono, los rusos han comprometido alrededor de 80 *Grupos de Combate (BTG)*, que suman entre 65.000 y 100.000 hombres[456], más 30.000-40.000 hombres de las milicias del Donbass. Las fuerzas ucranianas sumaban entonces entre 200.000 y 250.000 hombres[457]. En mayo de 2022, la coalición rusa (Rusia, DPR y LPR) tendrá entre 100.000 y 190.000 efectivos, mientras que Ucrania contará con 700.000[458]. Por lo tanto, podemos ver que los rusos han comenzado su operación con una relación de fuerzas de 3-4:1 a favor de Ucrania.

Tal proporción de fuerzas parece contradecir las reglas del arte militar, ya que se acepta generalmente que se requiere una superioridad de 3 a 1 para que un ataque tenga éxito. En realidad, esta proporción es muy teórica, ya que el éxito de un ataque depende de factores más complejos. Las grandes batallas de la historia demuestran que a menudo es un atacante numéricamente inferior el que gana[459]. Los rusos no desmintieron esta paradoja, llevando a cabo su operación con grupos de combate altamente móviles que podían desplazarse rápidamente para crear superioridades locales.

### 4.5.2.1. Los objetivos

La secuencia de las operaciones sigue los objetivos establecidos por Vladimir Putin en su discurso televisado del 24 de febrero. La intención de la Fase 1 es crear condiciones favorables para la Fase 2, que será la «pièce de résistance» de lo que los rusos denominan «*Operación Militar Especial*» (*OME*).

La mecánica de la operación se deriva del hecho de que las fuerzas de la coalición rusa atacan con un equilibrio de fuerzas desfavorable. Para

---

456. «Senior Defense Official Holds a Background Briefing, April 18, 2022», *defense.gov*, 18 de abril de 2022 (https://www.defense.gov/News/Transcripts/Transcript/Article/3002867/senior-defense-official-holds-a-background-briefing-april-18-2022/)
457. Prasanta Kumar Dutta, Samuel Granados & Michael Ovaska, «Al borde de la guerra», Reuters, 26 de enero de 2022 (https://graphics.reuters.com/RUSSIA-UKRAINE/dwpkrkwkgvm/)
458. «700.000 soldados defienden Ucrania ahora, dice Zelenskyy, mientras arrecian las batallas en el Donbás», Euronews/AP/AFP, 21 de mayo de 2022 (https://www.euronews.com/2022/05/21/live-sievierodonetsk-shelling-brutal-and-pointless-zelenskyy-says-as-russia-continues-offe)
459. T.N. Dupuy, *Números, predicción y guerra: Using history to evaluate combat factors and predict the outcome of battles*, MacDonald & Jane's, 1 de enero de 1979 (https://www.amazon.com/Numbers-prediction-war-history-evaluate/dp/0672521318) (pp. 12-16)

alcanzar sus objetivos, deben ser capaces de crear superioridades limitadas en el espacio y en el tiempo. Esto solo puede lograrse impidiendo que las fuerzas ucranianas en el oeste del país refuercen las fuerzas principales en el Donbass.

El objetivo final de la SVO se desglosa en dos objetivos situados en el eje principal de empuje. Se trata de neutralizar:

- las fuerzas armadas ucranianas se reagruparon en el Donbass con vistas a la ofensiva contra la DPR y la LPR (objetivo de «desmilitarización»), y
- las milicias paramilitares ultranacionalistas de Marioupol (objetivo de «desnazificación»).

Por lo tanto, es necesario empujar muy rápidamente en profundidad hacia Kiev durante la Fase 1, para «fijar» las fuerzas ucranianas en el sector de la capital y retenerlas con acciones de combate. Este es el objetivo del empuje secundario hacia Kiev.

¿Habían previsto los rusos que este empuje secundario atraería más atención occidental que el principal? No lo sabemos. Lo cierto es que la reacción de los países occidentales y la cobertura mediática de la defensa ucraniana centrada en Zelensky facilitaron la tarea de los rusos.

Escuchando sólo sus prejuicios, a los seudoexpertos y políticos occidentales se les ha metido en la cabeza que el objetivo de Rusia es apoderarse de Ucrania y derrocar a su gobierno. Esto es lo que Occidente ha pretendido sistemáticamente en las guerras que ha librado. Formado y asesorado por expertos de la OTAN, el Estado Mayor ucraniano aplicó previsiblemente la misma lógica. Atribuyeron a Rusia el objetivo de cambiar el régimen de Kiev y, por tanto, consideraron que la ciudad era el principal objetivo de los rusos.

Pero el mensaje de Vladimir Putin es inequívoco: quiere erradicar la amenaza que pesa sobre la población rusoparlante del Donbass, y punto. El pensamiento militar ruso se inspira en Clausewitz, que definió el «centro de gravedad» (*Schwerpunkt*) como el objetivo primordial de una estrategia. El «centro de gravedad» es el elemento del que un beligerante extrae su fuerza y capacidad de acción. Para los rusos, en el contexto del Donbass, el centro de gravedad ucraniano son todas sus fuerzas militares y paramilitares que amenazan a la población rusoparlante. Este es, por tanto, el objetivo prioritario.

En un plano más técnico, para crear una superioridad local es necesario llevar fuerzas suficientes al sector deseado, impidiendo al mismo tiempo que el adversario refuerce su posición. Este es el objetivo de las «*shaping operations*» (en terminología estadounidense). Se trata de atraer o fijar las fuerzas adversarias en determinados sectores, para facilitar la ejecución de las operaciones decisivas, es decir, las que permiten alcanzar los objetivos.

En la primera fase de la SVO, la acción en el Donbass es una «*operación decisiva*»: debe permitir alcanzar los objetivos de «desmilitarización» y «desnazificación». En esta fase, las acciones hacia Kiev y Kherson-Zaporojie son meras «operaciones de conformación»: pretenden retener a las fuerzas ucranianas para que no puedan reforzar al grueso de las tropas en el Donbass.

En su comunicado de prensa de 30 de marzo de 2022, el Ministerio de Defensa ruso explica este mecanismo[460]:

> *El objetivo de la primera fase de la operación militar especial llevada a cabo por las fuerzas armadas rusas en el Donbass y Ucrania era obligar al enemigo a concentrar sus fuerzas, recursos y equipos de combate para defender las principales zonas urbanas de estas regiones, incluida Kiev. El objetivo era fijarlas, sin asaltar las ciudades, para evitar víctimas civiles, e infligir tales pérdidas a las fuerzas armadas del régimen de Kiev que no pudiera utilizarlas en la dirección principal de las operaciones de nuestras fuerzas en el Donbass. Todos estos objetivos se han logrado.*

Los rusos entienden la guerra desde una perspectiva Clausewitziana: la guerra es la persecución de la política por otros medios. Por eso pasan con fluidez de una a otra, adaptando sus objetivos políticos a la evolución de la situación militar. En términos prácticos, esto significa transformar los éxitos operativos en éxitos estratégicos. Esto es lo que ocurre al comienzo de la SVO, cuando la parte ucraniana se declara dispuesta a entablar un proceso de negociación.

El 28 de marzo, con el cerco de la última plaza de neonazis en Azovstal, Mariupol, se dio por cumplido el objetivo de «desnazificación» y se

---

460. https://z.mil.ru/spec_mil_oper/news/more.htm?id=12415372@egNews

eliminó de la lista de objetivos rusos, según informó el *Financial Times*[461].
Este cerco tuvo dos efectos:

- Esto llevó a Volodymyr Zelensky a hacer una propuesta por escrito a los rusos como parte de las negociaciones de Estambul. Contenía elementos considerados positivos y sobre los que estaban dispuestos a debatir.
- Permite a los rusos reforzar su posición en el Donbass para pasar a la fase 2 y concentrar sus esfuerzos en el objetivo de la «desmilitarización». Ahora que tiene la sartén por el mango en su zona de operaciones decisiva, Rusia puede retirar sus tropas del sector de Kiev y reagrupar sus fuerzas en el Donbass.

Tras recibir la propuesta de Zelensky, Rusia puede hacer pasar esta retirada por un gesto de buena voluntad. Por su parte, Kiev hace pasar esta retirada por una victoria -lo que es, por así decirlo, bastante justo-, pero que también tiene un efecto perverso, ya que Occidente lo ve como una señal tangible de una derrota a punto de producirse. Esto les anima a presionar a Zelensky para que retire su propuesta y a suministrarle aún más armas, lo que provocará la muerte de miles de soldados ucranianos, sin mejorar la situación militar.

### 4.5.2.2. *El papel de la aviación*

El 21 de febrero de 2023, en *France 5*, el general Patrick Dutatre declaró que los rusos no sabían utilizar la fuerza aérea, señalando que ésta tenía poca presencia en los cielos ucranianos en comparación con las acciones occidentales en Oriente Próximo. Ilustra el defecto de los militares franceses -ya visto en 1940- que no pueden imaginar que el adversario pueda tener un enfoque diferente de las operaciones. No ha entendido absolutamente nada.

Al comienzo de su ofensiva, los rusos destruyeron en cuestión de minutos la mayor parte de las defensas aéreas ucranianas, la infraestructura de la aviación militar y la mayoría de los aviones.

El problema es que, a diferencia de Occidente, los rusos no pretenden invadir u ocupar Ucrania, sino destruir el potencial militar que amenaza

---

461. «Russia no longer requesting Ukraine be «denazified» as part of ceasefire talks», *Financial Times*, 28 de marzo de 2022 (https://www.businessinsider.com/russia-nazi-demand-for-ukraine-dropped-in-ceasefire-talks-2022-3?r=US&IR=T)

a las poblaciones del Donbass. En Oriente Próximo, Occidente quería adentrarse en territorios contrarios, por lo que necesitaba un «paraguas». No es el caso de los rusos, que pueden cumplir su misión sin exponer sus recursos aéreos.

Además, como puede verse en Bakhmut, los combates suelen tener lugar a muy corta distancia, lo que ofrece pocas ventajas sobre la artillería. Durante las campañas de ataque llevadas a cabo por Rusia en las profundidades de Ucrania tras el ataque al puente de Kerch, los misiles permitieron alcanzar los objetivos sin poner en peligro a los pilotos rusos.

## 4.6. ¿Fracaso o éxito ruso?

El éxito (o el fracaso) viene determinado por la consecución o no de los objetivos fijados. El discurso occidental sobre los repetidos fracasos de Rusia se basa casi exclusivamente en objetivos que nunca fueron formulados por Rusia, ¡sino por nosotros mismos! Esto facilita la afirmación de que Rusia no los ha alcanzado.

Lo mismo puede decirse de Kiev, que los estadounidenses habían identificado como objetivo de Rusia, con el fin de derrocar al gobierno ucraniano y sustituirlo. ¿Por qué y por quién? Nadie lo sabe[462]. El 2 de marzo de 2022, en *RTS*, Alexandre Vautravers, experto militar suizo, declaró que *«si Kiev no ha caído en las próximas 48 horas, asistiremos a una «putrefacción» de las hostilidades»*[463]. Pero nuestros «expertos» persisten en considerarlo un fracaso. En mayo de 2022, de nuevo en RTS, Claude Wild, embajador suizo en Kiev, declaró que los rusos habían *«perdido la batalla de Kiev»*[464].

Sin embargo, los rusos nunca dijeron que quisieran tomar la ciudad y nunca desplegaron las fuerzas necesarias para hacerlo. Sólo desple-

---

462. «Guerre en Ukraine: Selon le Pentagone, les Russes prêts à prendre Kiev pour y «décapiter» le pouvoir», *20 Minutes.fr/AFP*, 25 de febrero de 2022 (https://www.20minutes.fr/monde/3242027-20220225-guerre-ukraine-selon-pentagone-russes-prets-prendre-kiev-decapiter-pouvoir)
463. «Alexandre Vautravers: «Rusia tiene un arma tan cruel como las armas químicas», *RTS.ch*, 2 de marzo de 2022 (https://www.rts.ch/info/monde/12906989-alexandre-vautravers-la-russie-dispose-dune-arme-tout-aussi-cruelle-que-larme-chimique.html)
464. «Nadie habría apostado un franco a tal resistencia, dice el embajador suizo en Ucrania», *RTS Info*, 24 de mayo de 2022 (https://www.rts.ch/info/monde/13121067-personne-naurait-parie-un-franc-sur-une-telle-resistance-estime-lambassadeur-suisse-en-ukraine.html)

garon entre 20.000 y 22.000 hombres en este sector, mientras que la ciudad estaba defendida por unos 60.000 hombres. Recordemos que en 1945, en Berlín -entonces defendida por 45.000 hombres- los soviéticos atacaron la ciudad con 1,5 millones de hombres. Así que nunca hubo una «Batalla de Kiev».

La presencia rusa alrededor de Kiev tenía dos objetivos: mantener a las tropas ucranianas alejadas del Donbass y crear presión para las negociaciones. Ambos objetivos se consiguieron y el 25 de febrero Zelensky estaba dispuesto a negociar con Rusia. Fueron la Unión Europea, mediante el suministro de armas, y los elementos neonazis del entorno de Zelensky los que echaron por tierra las primeras negociaciones en Gomel.

Occidente no quiso entender lo que había ocurrido, sino que juzgó la situación según lo que ellos mismos habrían hecho, eligiendo el escenario que mejor apoyaba su retórica. Ven a Rusia como el enemigo que les gustaría que fuera, no como es. Deliberadamente o no, nuestros diplomáticos y periodistas han distorsionado la percepción de los gobiernos occidentales y han causado muertes ucranianas innecesarias.

Del mismo modo, nuestros «expertos» predijeron que Vladímir Putin quería hacer una declaración espectacular y victoriosa el 9 de mayo de 2022, aniversario de la victoria de 1945[465], y luego el 24 de febrero de 2023, aniversario del inicio de la SVO... y no pasó nada.

En realidad, Vladimir Putin nunca dijo que quería tomar Kiev, y mucho menos tomarla en dos días. Nunca dijo que quería derrocar al presidente Zelensky. Nunca dijo que quería apoderarse de toda Ucrania[466]. Nunca dijo que aspiraba a la victoria el 9 de mayo. Nunca dijo que quería anunciar esta victoria durante el desfile del 9 de mayo. Nunca dijo que quería «declarar la guerra» el 9 de mayo para poder lanzar una movilización general[467].

Nuestros «periodistas» no analizan nada: ¡se lo inventan todo! Todo lo que hacen es proyectar sus fantasías y prejuicios, sin ningún análisis de los hechos.

---

465. https://www.rts.ch/emissions/infrarouge/13079683-guerre-en-ukraine-la-russie-dans-limpasse.html
466. https://www.rts.ch/play/tv/redirect/detail/13086647?startTime=790
467. https://www.rts.ch/info/monde/13066001-poutine-prendratil-le-risque-de-declarer-la-mobilisation-generale-le-9-mai.html

Los «expertos militares» que aparecen en nuestras pantallas de televisión parecen haber olvidado lo que debería saber un subteniente: «Conoce a tu enemigo»... ¡Y no cómo quieres que sea, sino cómo es!

Un ejemplo típico es la comparecencia del coronel Michel Goya ante una comisión del Senado francés sobre las lecciones de la guerra de Ucrania. Sin ningún conocimiento de la doctrina militar rusa ni del funcionamiento de la Alianza Atlántica, ¡analizó la guerra en términos de lo que haría un soldado francés! Su enfoque consiste en pensar que la guerra sólo puede librarse según la lógica francesa. Está cometiendo el mismo error que sus predecesores en 1914, en 1940 con la amenaza terrorista en 2015-2016 y en el Sahel. Incluso puede sorprendernos la falta de retrospectiva y el mediocre nivel de conocimientos de los senadores que escuchan a nuestro «experto».

Sea cual sea el conflicto, cada bando tiende a promover una imagen favorable de sí mismo y a denigrar a su adversario. La comunicación de guerra de Ucrania está diseñada para minimizar sus propios errores y maximizar los de los rusos. Esto es bastante justo. El problema es que al querer apoyar a Ucrania también hemos adoptado su comunicación y nuestros medios de comunicación nos han obligado a ver el conflicto de la misma manera. Hay aquí un efecto perverso: al adoptar su forma de ver las cosas, le hemos ayudado a consolidar sus errores y no ha sido capaz de corregirlos. Por eso, desde 2014, vemos sistemáticamente los mismos fallos en la conducta de Ucrania.

Ya en 2014-2015 estaba claro que los ucranianos aplicaban tácticas «al estilo occidental» totalmente inadecuadas a las circunstancias, frente a un adversario más imaginativo, más flexible y con una estructura más ligera. Lo mismo ocurre hoy. Al final, la visión parcial del campo de batalla proporcionada por nuestros medios de comunicación nos ha dejado incapaces de ayudar a los dirigentes ucranianos a tomar las decisiones correctas. Nos ha hecho creer que el objetivo estratégico evidente era Kiev, que la «desmilitarización» tenía como objetivo la adhesión de Ucrania a la OTAN, y que la «desnazificación» pretendía derrocar a Zelensky.

No se gana una guerra con prejuicios: se pierde, y eso es lo que está ocurriendo ahora. La coalición rusa nunca ha estado «desesperada» ni ha sido «detenida» por una heroica resistencia popular: ¡simplemente no ha hecho lo que se esperaba de ella! No hemos querido escuchar lo que Vladimir Putin nos había explicado tan claramente. Por eso nosotros (es decir, nuestros medios de comunicación y nuestros políticos) nos hemos convertido *-volens nolens- en* los principales artífices de la derrota ucraniana que está tomando forma. Paradójicamente, es probablemente debido a unos pocos autoproclamados expertos y estrategas ocasionales en nuestras pantallas de televisión que Ucrania se encuentra hoy en esta situación.

En enero de 2023, la RAND Corporation[468] publicó un informe en el que afirmaba que el conflicto en Ucrania no beneficiaba ni a Ucrania ni a Estados Unidos, y que una guerra prolongada no haría sino acentuar esta tendencia.

## 4.7. El papel de los voluntarios

El conflicto ucraniano ha puesto de manifiesto el papel de los voluntarios en el combate. Aquí es importante distinguir entre los voluntarios que se alistan a título individual, a menudo sin experiencia previa, y los miembros de empresas militares privadas (EMP), que suelen ser combatientes experimentados.

### 4.7.1. Voluntarios individuales

Los voluntarios individuales no son un fenómeno nuevo en Ucrania. Ya en 2014, la prensa ucraniana reveló la presencia de voluntarios rusos para ayudar a los autonomistas del Donbass. Nuestros medios vieron inmediatamente la mano de Vladimir Putin, pero en vísperas de la firma de los acuerdos de Minsk, el jefe del Estado Mayor ucraniano declaró que no había tropas regulares rusas en Donbass[469]. Por su parte, el jefe del SBU ucraniano confirmó 9 meses después que sólo se habían observado 56 combatientes rusos individuales en el Donbass[470].

---

468. Samuel Charap & Miranda Priebe, «Avoiding a Long War», *RAND Corporation*, enero de 2023 (https://www.rand.org/pubs/perspectives/PEA2510-1.html)

469. https://www.dw.com/uk/геншtaб-україна-не-воює-з-російськими-регулярними-військами/a-18225044

470. https://www.kyivpost.com/article/content/war-against-ukraine/sbu-registers-involvement-of-56-russian-in-military-actions-against-ukraine-since-military-conflict-in-eastern-ukraien-unfolded-399718.html

Estos voluntarios rusos distaban mucho de ser los combatientes curtidos que Rusia habría enviado si hubiera intentado influir de este modo en los combates del Donbass. Eran claramente jóvenes entusiasmados por la aventura, pero carentes de las habilidades y la madurez necesarias. Más tarde, veteranos rusos se unieron a las milicias del Donbass, con experiencia de combate en Siria, y se les ocurrió la idea de crear una milicia privada, que se convertiría en «Wagner».

En 2022, Ucrania será testigo de lo mismo, con voluntarios llegados de toda Europa. El gobierno ucraniano anunció a bombo y platillo la creación de una *Legión Internacional para la Defensa de Ucrania* (LIDU)[471]. Rápidamente reunió a miles de combatientes de todo el mundo, pero su calidad era en general deficiente.

El 8 de marzo de 2022, RTBF alabó la acción de un voluntario belga que partía hacia Ucrania, y nos mostró, en la pared de su habitación, un póster del *Corps Franc Wallonie* (los voluntarios belgas del III Reich) y del *Movimiento Nacional Anarquista (MNA)*, una organización radical de extrema derecha. Sin duda, uno de esos «demócratas» glorificados por el político suizo Claude Ruey en su cuenta de Facebook. Al final, el ideal democrático de nuestro voluntario belga no fue impermeable, ya que regresó once días después, sin haber estado siquiera sobre el terreno, sacudido por el ataque ruso a la base de Yavoriv[472]...

Ya en agosto de 2022, el *Kiyv Independent* informó de que la Legión Internacional estaba mal dirigida, con voluntarios que se comportaban de forma mafiosa y realizaban atentados suicidas. Los soldados se han quejado de los crímenes cometidos por los voluntarios extranjeros que han venido a «aplastar a los rusos»[473].

---

471. https://www.president.gov.ua/news/zvernennya-do-gromadyan-inozemnih-derzhav-ya-ki-pragnut-dopom-73213?ref=kyivindependent.com

472. Arnaud Farr, «La moitié des volontaires partis en Ukraine est rentrée en Belgique: «On ne voulait pas servir de chair à canon inutilement», la DH, 25 de marzo de 2022 (https://www.dhnet.be/actu/belgique/2022/03/25/la-moitie-des-volontaires-partis-en-ukraine-est-rentree-en-belgique-on-ne-voulait-pas-servir-de-chair-a-canon-inutilement-OG7FSX7WHJAAFHLKLJIBSLD-FZE/)

473. Anna Myroniuk y Alexander Khrebet, «Suicide missions, abuse, physical threats: International Legion fighters speak out against leadership's misconduct», *The Kiyv Independent*, 17 de agosto de 2022 (https://kyivindependent.com/suicide-missions-abuse-physical-threats-international-legion-fighters-speak-out-against-leaderships-misconduct/).

Demasiado jóvenes, sin experiencia militar y mal equipados[474], estos voluntarios eran utilizados como «carne de cañón», según relataba un joven voluntario británico en el *Times de Londres*[475]. Sus comentarios fueron confirmados por numerosos voluntarios estadounidenses y canadienses, que describieron el desastroso estado de la conducta y el compromiso de estas unidades, a menudo comandadas por oportunistas sin experiencia real.

### 4.7.2. *Empresas militares privadas (EMP)*

El uso de empresas militares privadas en zonas de guerra no es nada nuevo. En Irak, Estados Unidos empleó hasta 100.000 «mercenarios» de un centenar de empresas militares privadas. En Afganistán, la embajada estadounidense en Kabul estaba custodiada por «mercenarios» en lugar de soldados estadounidenses.

Incluso en Ucrania, la CMP tiene un largo historial de participación. En 2014, para ayudar al «movimiento democrático» Maidan, la revista alemana *Der Spiegel* ya había mencionado la presencia de mercenarios de la firma *Academi* (antes *Blackwater*, de siniestro recuerdo en Irak y Afganistán)[476]. Al parecer, el *Bundesnachrichtendienst* (BND) había informado al Gobierno alemán y -en aquel momento en la OTAN- yo había informado a un embajador suizo ante la OSCE, pero la información no fue escuchada...

La batalla de Bakhmout reveló una formación que no era desconocida, pero cuya capacidad de combate no se conocía realmente: el «Wagner».

Nuestros medios de comunicación presentan a los «músicos» de Wagner como incapaces y mal entrenados. Pero esa no es la opinión del *Wall Street Journal*, ni de un voluntario británico de las fuerzas ucranianas.

---

474. Susie Blann & Elaine Ganley, «Foreign fighters are flocking to Ukraine, where they're searching for weapons and risk being 'cannon fodder'», *Associated Press/Business Insider*, 18 de marzo de 2022 (https://www.businessinsider.com/foreign-fighters-in-ukraine-searching-for-weapons-and-feeling-exposed-2022-3?r=US&IR=T)

475. Debbie White, «Britons fight and die like cannon-fodder in Ukraine, says teenage volunteer», *The Times*, 1 de junio de 2022 (https://www.thetimes.co.uk/article/dozens-of-british-fighters-thought-to-have-died-amid-ukrainian-foreign-legion-mayhem-8skt76nkw)

476.»Ukrainische Armee bekommt offenbar Unterstützung von US-Söldnern», Der Spiegel, 11 de mayo de 2014 (https://www.spiegel.de/politik/ausland/ukraine-krise-400-us-soeldner-von-academi-kaempfen-gegen-separatisten-a-968745.html).

Inicialmente una empresa de seguridad, la organización Wagner en Ucrania se ha convertido en el equivalente de la Légion Étrangère en Francia. Sus soldados suelen ser antiguos miembros de las fuerzas especiales, a menudo con experiencia operativa previa en las fuerzas armadas rusas o extranjeras. Se puede observar el mismo espíritu que se encuentra entre las unidades de élite con las que he estado en contacto: una especie de orgullo por exponer la propia vida en combate.

**Símbolos de la unidad Wagner**

*Figura 47 - Izquierda: emblema del cuartel general de la formación Wagner; centro: emblema Wagner en su bandera; derecha: insignia distintiva en el hombro.*

Sin duda, los «músicos» de Wagner han sufrido grandes pérdidas en los combates del Donbass. Pero son eficaces y no tienen equivalente en el otro bando...

## 4.8. El mito del papel de las armas occidentales en Ucrania

En febrero de 2022, Ucrania se preparaba para lanzar una operación contra el Donbass, con el objetivo de recuperar su control para retomar Crimea más adelante, en aplicación del decreto de Volodymyr Zelensky del 24 de marzo de 2021. Como explicó Okseï Arestovitch en marzo de 2019, Ucrania no podía ingresar en la OTAN mientras continuara el conflicto en Donbass, y necesitaba obtener una derrota de Rusia antes de que se pudiera considerar su ingreso. Pero esta derrota sólo podría lograrse mediante una movilización total de Occidente con sanciones y entregas masivas de armas.

El problema es que Occidente, que llevaba armando, instruyendo y entrenando al ejército ucraniano desde 2014, pensó que con la aplicación de sanciones masivas se lograría la victoria de forma rápida e incondicional.

Derrotar a Rusia seguiría siendo, por tanto, el principal objetivo de Zelensky y de los estadounidenses durante todo el conflicto. Esto explica la declaración del ministro de Defensa ucraniano, Oleksei Reznikov, el 31 de diciembre de 2022 en su cuenta de Twitter[477]:

> *En la cumbre de la OTAN celebrada en Madrid en junio de 2022, se dejó claro que, durante la próxima década, la principal amenaza para la alianza sería la Federación Rusa. Hoy, Ucrania se enfrenta a esa amenaza. Hoy, estamos cumpliendo la misión de la OTAN. Ellos no están derramando su sangre. Nosotros derramamos la nuestra. Por eso tienen que suministrarnos armas…*

Se limita a aclarar lo que dijo Arestovich en marzo de 2019. Por eso Reznikov también afirma que Ucrania ya forma parte de la OTAN: este conflicto, y el sacrificio de Ucrania para destruir al enemigo hereditario de la Alianza, es la clave de su ingreso en la OTAN.

### 4.8.1. Inversión occidental

Entre el inicio de la operación rusa en Ucrania y el 23 de noviembre de 2022, Estados Unidos proporcionó aproximadamente 21.800 millones de dólares en asistencia de seguridad para «*ayudar a Ucrania a preservar su integridad territorial, asegurar sus fronteras y mejorar la interoperabilidad con la OTAN[478]*». De esta cantidad, la administración Biden ha prometido más de 19.000 millones de dólares en ayuda a la seguridad desde el inicio de la guerra de 2022.

¡El 23 de febrero de 2023, un año después del inicio de la SVO, el recuento de *Statista* de la ayuda militar estadounidense a Ucrania mostró que en un año había superado el valor de la ayuda militar a Afganistán entre 2001 y 2021[479]!

---


477. https://twitter.com/i/status/1611458894055833600

478. «U.S. Security Assistance to Ukraine», *Congressional Research Service*, 26 de enero de 2023 (https://crsreports.congress.gov/product/pdf/IF/IF12040)

479. Martin Armstrong, «Ukraine: U.S. Military Aid Exceeds Costs of Afghanistan», Statista, 23 de febrero de 2023 (https://www.statista.com/chart/29375/us-military-aid-to-ukraine-compared-to-past-wars/)

A principios de noviembre de 2022, Alemania quiere transferir a Ucrania sistemas antiaéreos móviles GEPARD, montados sobre chasis LEOPARD 1. El problema es que este sistema está obsoleto para el servicio de la Bundeswehr y se ha quedado sin munición. Esta munición se fabrica en Suiza. Sin embargo, la legislación suiza prohíbe la exportación de material bélico a un país en conflicto abierto. Esto fue todo lo que necesitó Oleksander Scherba, ex embajador ucraniano en Austria, para describir a Suiza como *«un gilipollas que está viendo cómo matan a su vecino sin ayudar cuando podía»*[480]. Su reacción es perfectamente comprensible: señala que Suiza se ha quedado de brazos cruzados viendo cómo mataban a los ucranianos del Donbass durante ocho años, ¡y de repente empieza a reclamar el derecho internacional!...

El problema de las entregas de armas radica en la política adoptada por la mayoría de los países exportadores de armamento de incluir una cláusula de usuario final, que obliga al país que recibe las armas a no transferirlas ni utilizarlas para fines contrarios a su propósito original. Estas normas están en vigor en la OSCE, la UE y los países miembros del *Arreglo de Wassenaar sobre el Control de las Exportaciones de Armas Convencionales y de Bienes y Tecnologías de Doble Uso* (WA). Así que cuando una «experta» en RTS dice que se trata de un problema vinculado a la neutralidad de Suiza, se equivoca. En realidad, se trata de una norma adoptada de forma bastante generalizada en Occidente para evitar que las armas se reexporten o se utilicen con fines contrarios a los objetivos de la política de seguridad del país exportador. Por ejemplo, Estados Unidos se opuso a que Canadá enviara 105 vehículos blindados de transporte de tropas Grizzly a la misión de mantenimiento de la paz de la Unión Africana en Darfur porque sus motores eran de fabricación estadounidense. Pero está claro que la paz en Darfur no era uno de los objetivos de Estados Unidos en aquel momento.

### 4.8.2. Una guerra industrial

La particularidad de este conflicto es que, desde el verano de 2022, ha puesto en competencia directa las capacidades industriales rusas y occidentales. Tras la destrucción de la mayor parte de la capacidad militar

---

480. https://www.20min.ch/fr/story/pour-lui-la-suisse-est-un-trou-du-cul-qui-regarde-son-voisin-se-faire-tuer-400605828868



---

de Ucrania en mayo de 2022, Occidente trató de reemplazar el equipo destruido.

Al principio, recogían viejos equipos de la Guerra Fría de Europa del Este y los guardaban en un almacén de naftalina. Pero estos equipos se volvieron raros. A menudo mal mantenidos, eran difíciles de utilizar, pero a pesar de ello se suministraban a los ucranianos, a falta de algo mejor.

En segundo lugar, Occidente suministró entonces material occidental obsoleto procedente de sus propias reservas. Es el caso de los cazas MiG-29 suministrados por Polonia y Eslovaquia, que al parecer apenas funcionan y que los ucranianos sólo pueden utilizar para «canibalizar» sus propios aviones dañados[481].

En tercer lugar, los occidentales tuvieron que recurrir al equipamiento de sus propias fuerzas. Es el caso de los cañones franceses CAESAR, la artillería estonia y los carros de combate británicos CHALLENGER 2. Esto demuestra que el peligro de un ataque ruso a Europa no es más que retórica bélica destinada a crear el pánico entre nuestras poblaciones.

En la cuarta etapa, Occidente intentó producir el equipo necesario para Ucrania y suministrarlo justo a tiempo. Pero esto también fue un fracaso. En marzo de 2023, la Unión Europea decidió un presupuesto de 2.000 millones de euros para financiar municiones. Mil millones se destinaron a reembolsar a los países que habían recurrido a sus propias reservas para apoyar a Ucrania, y mil millones a movilizar los recursos industriales europeos para producir un millón de proyectiles de 155 mm para Ucrania en 12 meses[482].

Parece mucho, ¡pero equivale a lo que Rusia dispara en 20-40 días! Por eso Ucrania ha pedido 350.000 proyectiles al mes a la UE[483].

Esta fase pone de manifiesto la incapacidad de los occidentales para mantener un esfuerzo logístico prolongado en una guerra de alta intensidad.

---

481. «Ukraine's top guns need new jets to win the war», *The Economist*, 23 de abril de 2023 (https://www.economist.com/europe/2023/04/23/ukraines-top-guns-need-new-jets-to-win-the-war)
482. «Ukraine updates: EU agreements €2 billion ammo plan for Kyiv», *Deutsche Welle*, 20 de marzo de 2023 (https://www.dw.com/en/ukraine-updates-eu-agrees-2-billion-ammo-plan-for-kyiv/a-65045955)
483. «La UE acuerda un plan de municiones de 2.000 millones de euros para Ucrania», *France 24*, 20 de marzo de 2023 (https://www.france24.com/en/live-news/20230320-eu-hammers-out-2-bn-euro-ammunition-plan-for-ukraine)

Los equipos occidentales no pueden competir con la capacidad de Rusia para destruirlos. El 24 de enero de 2023, Estonia anunció que iba a donar todos sus obuses de 155 mm, es decir, 24 FH-70, y D-30 de 122 mm de origen soviético con su munición[484]. Una semana más tarde, el 31 de enero, Francia ofreció 12 obuses autopropulsados CAESAR además de los 18 que ya había suministrado a Ucrania[485], mientras que Dinamarca entregó a Ucrania los 19 cañones CAESAR que había pedido a Francia. Sin embargo, según el sitio web *Moonofalabama*, que comparó estas cifras con los anuncios oficiales del Estado Mayor, el ejército ruso destruyó 40 obuses remolcados, 32 obuses autopropulsados y 8 lanzacohetes múltiples durante la misma semana[486]. Difíciles de confirmar, estas cifras tienden a mostrar que las entregas de armas occidentales apenas bastan para compensar las pérdidas ucranianas.

De hecho, los países occidentales han subestimado enormemente las capacidades de Rusia. Su apoyo a Ucrania se ha convertido más en un ejercicio de comunicación que en una ayuda real. Como vemos, están dispuestos a vaciar sus propios arsenales para satisfacer la demanda ucraniana. Según el *Financial Times*, un parlamentario británico afirmó que el ejército británico no podría durar más de 5 días en caso de guerra[487].

El problema es que Occidente no tiene capacidad para librar una guerra contra Rusia. Incluso su apoyo a Ucrania está empujando a los países de la OTAN a una precaria situación de seguridad. Lo que demuestra que los países occidentales no se toman en serio a Rusia como amenaza para Europa.

### 4.8.3. *Los Wunderwaffen*

Al final de la Segunda Guerra Mundial, con el ejército alemán en retirada en todos los frentes, Hitler y su estado mayor seguían creyendo que la situación podía revertirse mediante el uso de nuevas armas. Alemania

---

484. Joe Saballa, «Estonia envía todos sus obuses de 155 mm a Ucrania», *The Defense Post*, 24 de enero de 2023 (https://www.thedefensepost.com/2023/01/24/estonia-sending-howitzers-ukraine/)
485. «La France va fournir douze canons Caesar supplémentaires à l'Ukraine», *France 24*, 31 de enero de 2023 (https://www.france24.com/fr/europe/20230131-en-direct-macron-reçoit-le-ministre-de-la-défense-ukrainien-kiev-réclame-des-avions-de-combat)
486. https://www.moonofalabama.org/2023/01/nato-continues-its-disarmament.html#more
487. George Parker & John-Paul Rathbone, «UK armed forces would last just 'five days' in a war, senior MP warns», *Financial Times*, 10 de febrero de 2023 (https://www.ft.com/content/4eb1af29-2491-458c-9f69-e065cba58bbb)



---

estaba a la vanguardia del desarrollo de nuevas tecnologías y nuevas armas, que se pensaba que podían «cambiar el juego». Aviones a reacción, misiles, nuevos vehículos blindados... más tarde se conocieron como las «Wunderwaffen» («armas milagrosas»). Pero la industria alemana, sometida a bombardeos, ya no podía garantizar una producción regular, mientras que los recursos humanos menguaban. Las Wunderwaffen no impidieron la derrota del III Reich. 80 años después, Ucrania está pasando por la misma experiencia que sus amos.

A partir de marzo de 2022, a medida que las fuerzas de la coalición rusófona avanzaban en Ucrania, el discurso occidental afirmaba que Rusia estaba perdiendo la guerra. Las nuevas armas desplegadas por las fuerzas rusas, en particular los misiles hipersónicos, fueron apodadas «Wunderwaffen» por la prensa extremista de propaganda occidental, para presentarlas como el último recurso de Rusia ante la inevitable derrota[488].

Los éxitos rusos y la destrucción del potencial ucraniano en las primeras horas de la operación especial incitaron a Occidente a suministrar armas a Ucrania desde el principio. El 28 de febrero, tres días después de que Zelensky llamara a Rusia a negociar y de que se iniciara un proceso en la frontera con Bielorrusia, la Unión Europea instó al presidente ucraniano a dar marcha atrás[489] y liberó 450 millones de euros en ayuda militar[490].

La ayuda militar multilateral y bilateral proporcionada a Ucrania desde el inicio de la crisis es considerable: Estados Unidos ha aportado más de 44.000 millones de dólares y la Unión Europea 12.000 millones de euros, mientras que la ayuda bilateral asciende a unos 13.000 millones de euros. En un año de conflicto, Occidente ha proporcionado a Ucrania el equivalente a más de 11 veces su presupuesto militar para 2020.

Desde una perspectiva muy occidental, Ucrania confía más en el número de armas, mientras que los rusos dan más importancia a la forma en que se utilizan. Esto explica, entre otras cosas, las apremiantes demandas ucranianas de armamento occidental moderno, mientras que

---

488. Volker Pabst, «Moskau zeigt auf seine «Wunderwaffen»», *Neue Zürcher Zeitung*, 20 de marzo de 2022 (https://www.nzz.ch/international/russlands-wunderwaffe-erster-kampfeinsatz-von-hyperschall-rakete-ld.1675519)
489. https://eur-lex.europa.eu/legal-content/FR/TXT/PDF/?uri=CELEX:32022D0338
490. https://www.europarl.europa.eu/RegData/etudes/ATAG/2022/729292/EPRS_ATA(2022)729292_ES.pdf

los rusos parecen aprovechar mejor los puntos fuertes de sus diversos sistemas de armas, incluidos los que parecen obsoletos, como veremos.

El historial de los suministros de armas occidentales es, cuando menos, desigual. En primer lugar, la inmensa mayoría de las armas entregadas no se han utilizado nunca en combate. Es el caso del vehículo antiaéreo alemán GEPARD e incluso de los carros de combate LEOPARD 2. Además, los instructores de la OTAN carecen de la experiencia y conocimientos necesarios para entrenar a los ucranianos en el uso de estas armas en combates de alta intensidad.

### Principales armamentos terrestres de Ucrania (2022)

| | | (1)<br>Situation at 24.02.2022 (BBC) | (2)<br>Russian equipment captured in 07.01.2023 (Oryx) | (3)<br>Provided by the West to 06.01.2023 | (1)+(2)+(3)<br>Total as of 06.01.2023 | Needs expressed by Zaloujny on 15.12.2022 (Economist) |
|---|---|---|---|---|---|---|
| Battle tanks | | 987 | 533 | 590 | 2 110 | 300 |
| Armored infantry vehicles | | 831 | 928 | 447 | 2 206 | 600-700 |
| Artillery pieces | | 1818 | 194 | >467 | 2 479 | 500 |
| Multiple rocket launchers | | - | 52 | 46 | 98 | |

*Figura 48 - Equipamiento principal del ejército ucraniano*

## 4.8.4. Formación

Una cuestión clave, pero totalmente evitada por nuestros medios de comunicación, es la formación del personal ucraniano. La destrucción del potencial militar humano de las fuerzas ucranianas ha provocado la desaparición gradual de soldados experimentados.

Para 2023, se calcula que los países occidentales entrenarán entre 30.000 y 40.000 nuevos soldados ucranianos. El problema es que prácticamente ningún instructor occidental tiene experiencia en conflictos de alta intensidad. Al parecer, los soldados ucranianos hechos prisioneros por los rusos han confesado que el adiestramiento proporcionado por los países de la OTAN es superficial y no les proporciona ninguna ventaja en el campo de batalla.

## 4.8.5. Drones

El uso de drones en el campo de batalla no es nuevo. Desde el comienzo de la operación rusa, Ucrania desplegó drones BAYRAKTAR de fabricación turca. A pesar de su alto rendimiento, estos drones no escaparon a la formidable defensa antiaérea rusa.

**Drones en el teatro ucraniano**

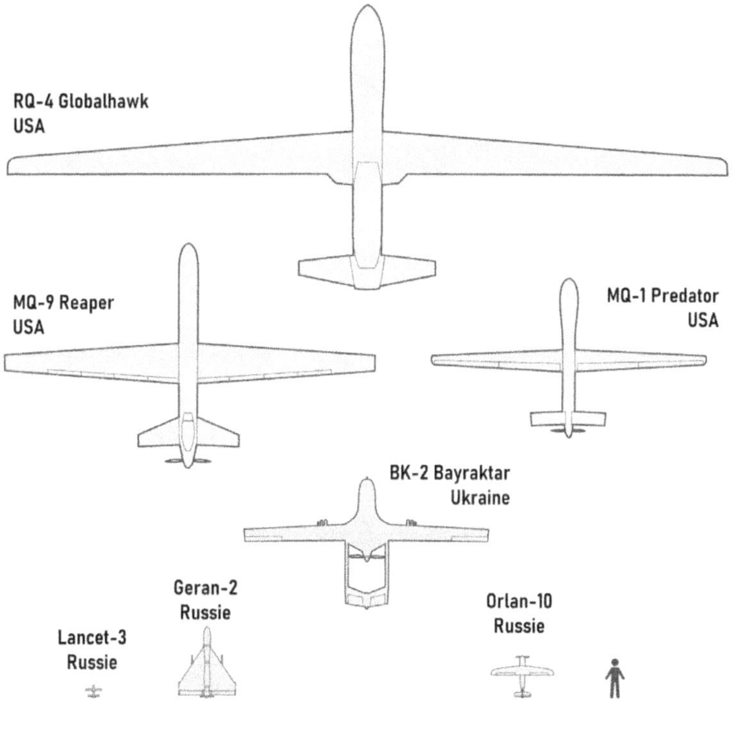

*Figura 49 - Principales sistemas de UAV desplegados en el teatro de operaciones ucraniano.*

### 4.8.5.1. UAV de combate

El uso de drones en combate no es nuevo. El primer prototipo de «torpedo aéreo» se remonta a 1918 (Kettering Bug), y los drones de observación o lanzagranadas se han visto mucho en Oriente Próximo. Pero ésta es probablemente la primera vez que se utilizan drones de forma sistemática y como parte de tácticas establecidas a todos los niveles de mando.

Un avance especialmente importante es el uso sistemático de drones pequeños y baratos, que pueden desplegarse en masa para desbordar las defensas enemigas y que funcionan como mini misiles de crucero. Son los llamados «drones suicidas». Los rusos utilizan el GERAN-2, de fabricación iraní, y el LANCET-3, de fabricación rusa.

**Drone GERAN-2**

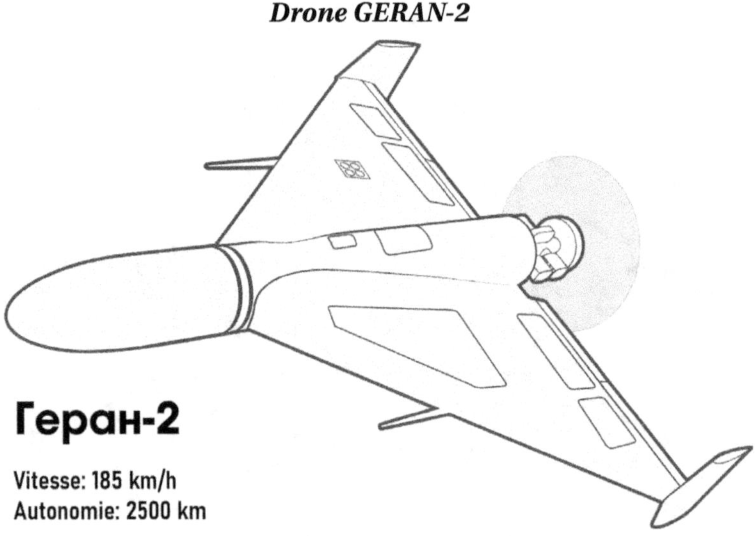



Figura 50 - El vehículo aéreo no tripulado GERAN-2 (Geranium) es la versión rusa del SHAHEED-136 producido por Irán. Su sistema de guiado ha sido modificado para hacerlo invulnerable a las contramedidas electrónicas.

GERAN-2 ha sido ampliamente difundido en los medios de comunicación por varias razones. En primer lugar, se dice que tiene su origen en Irán, donde se fabrica con el nombre de SHAHEED-136, un hecho que llamó la atención en 2022, cuando el país estaba sumido en manifestaciones. En segundo lugar, es una oportunidad para decir que Rusia se ha quedado sin aviones teledirigidos y tiene que mendigar más a sus aliados del «Eje del Mal». En tercer lugar, permite a Occidente acusar a Irán de apoyar a Rusia e imponer nuevas sanciones[491].

Rusia parece haber comprado varios centenares de SHAHEED-136 para modificarlos y utilizarlos en Ucrania. La información sobre estas modificaciones sigue siendo contradictoria, pero parece que el GERAN-2 ha sido dotado de un sistema de guiado por satélite endurecido para resistir las contramedidas electrónicas. Es una especie de «mini misil de crucero», con una carga explosiva mejorada. Su casco de fibra de vidrio dificulta su detección por radar. Su alcance máximo anunciado de 2.500 km es algo sorprendente, y su alcance práctico es probablemente más de 1.000 km.

Fabricado en gran parte con componentes disponibles en el mercado comercial, el GERAN-2 es extremadamente económico y requiere medios muy costosos para destruirlo, lo que lo convierte en un arma de desgaste por excelencia. Su coste de producción se estima en unos 20.000 dólares, mientras que los ucranianos tienen que combatirlos con misiles S-300 de origen soviético cuyo coste unitario se estima en 130.000 dólares o misiles NASAMS estadounidenses a 500.000 dólares cada uno. ¡Un piloto ucraniano llegó a sacrificar un MiG-29 para derribar un GERAN-2[492]!

---

491. «La Suisse sanctionne la livraison de drones iraniens à la Russie», *Gobierno suizo*, 2 de noviembre de 2022 (https://www.admin.ch/gov/fr/accueil/documentation/communiques.msg-id-91102.html); Daphne Psaledakis y Arshad Mohammed, «New U.S. sanctions target supply of Iranian drones to Russia», *Reuters*, 6 de enero de 2023 (https://www.reuters.com/business/aerospace-defense/us-targets-supply-iranian-drones-russia-new-sanctions-2023-01-06/).
492. Girish Linganna, «¡Histórico! A kamikaze drone downs a fighter aircraft, Ukrainian MiG-29 crashes trying to shoot an Iranian Shahed-136 drone», *Frontier India*, 13 de octubre de 2022 (https://frontierindia.com/historic-a-kamikaze-drone-downs-a-fighter-aircraft-ukrainian-mig-29-crashes-trying-to-shoot-an-iranian-shahed-136-drone/)

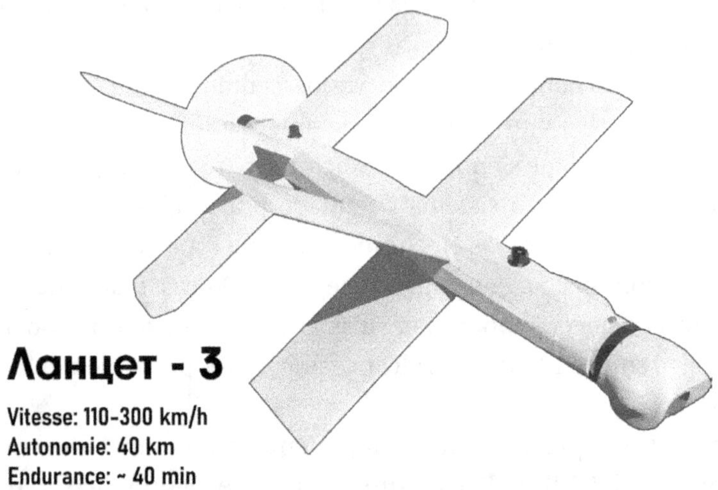


*Figura 51 - Uno de los drones más eficaces de la campaña de Ucrania. Producido por Kalashnikov, el Lancet es un dron suicida de bajo coste que puede proporcionar información antes de caer sobre su objetivo y destruirlo con sus 5-6 kg de explosivos.*

Al parecer, según el Estado Mayor ucraniano, los drones rusos LANCET 1 y 3 han destruido o dañado unas 200 piezas de artillería, principalmente M777. Silenciosos, pequeños y difíciles de detectar, son especialmente eficaces de noche.

En Ucrania, el ejército ruso trabaja con el «Complejo de Reconocimiento-Fuego» (*Razvedivatel'no-Ognevoï Kompleks - ROK*), que integra sistemas de combate a nivel táctico, y el «Complejo de Reconocimiento-Fuego» (*Razvedivatel'no-Udarnyy Kompleks - RUK*), a nivel operativo. Su principio es integrar los medios de reconocimiento con los elementos de ataque (artillería, misiles, aviación, tropas aerotransportadas, fuerzas especiales, etc.). Requiere sistemas de transmisión de datos para comprimir el bucle OODA (*Observar, Orientar, Decidir y Actuar)*, bien conocido por los militares, con el fin de reaccionar muy rápidamente a los cambios de la situación sobre el terreno. Este concepto ya había empezado a desarrollarse en Afganistán. Ahora, con la ayuda de la tecnología, ha alcanzado su madurez.

En el contexto del RUK, pequeños drones de reconocimiento relativamente indetectables como el KUB proporcionan una visión del campo de batalla y transmiten en tiempo real las coordenadas de sistemas altamente móviles como los sistemas ucranianos CAESAR o HIMARS.

***Drone KUB***

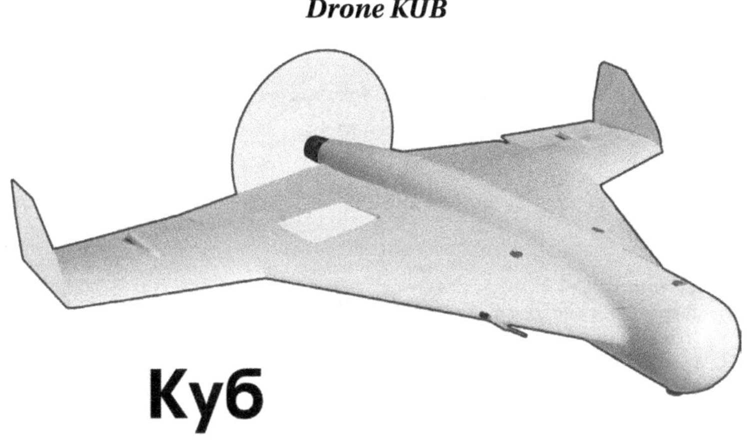


*Figura 52 - El Zala CUB es un dron utilizado para el Reconnaissance Strike Complex (RUK).*

### *4.8.6. Armas «inteligentes»*

Los suministros de armas a Ucrania agotaron rápidamente el potencial occidental. Finalmente, se enviaron a Ucrania armas en desarrollo, como la bomba voladora GBU-39 GLSDB, que puede ser disparada por lanzacohetes múltiples M270 MLRS o M142 HIMARS[493].

El 28 de marzo de 2023, la primera bomba GBU-39 lanzada en territorio ruso fue interceptada por la defensa antiaérea. Se trataba de una bomba planeadora acoplada a un propulsor que podía dispararse desde lanzamisiles múltiples HIMARS o MLRS. Los radares de los sistemas antiaéreos rusos S-300 y S-400 pueden detectar un misil HIMARS a una distancia de 80 km y un GLSDB a 30-40 km, dado su menor tamaño. Sin

---

493. David Axe, «Ukraine's New Rocket-Boosted Glide-Bombs Can Turn Around and Hit Targets on The Backs of Hills, 90 Miles Away», Forbes, 3 de febrero de 2023 (https://www.forbes.com/sites/davidaxe/2023/02/03/ukraines-new-rocket-boosted-glide-bombs-can-turn-around-and-hit-targets-on-the-backs-of-hills-90-miles-away/)

embargo, la velocidad de un GLSDB es tres veces menor que la de un misil HIMARS, lo que facilita su interceptación.

**GBU-39 *Bomba de pequeño diámetro lanzada desde tierra (GLSDB)***

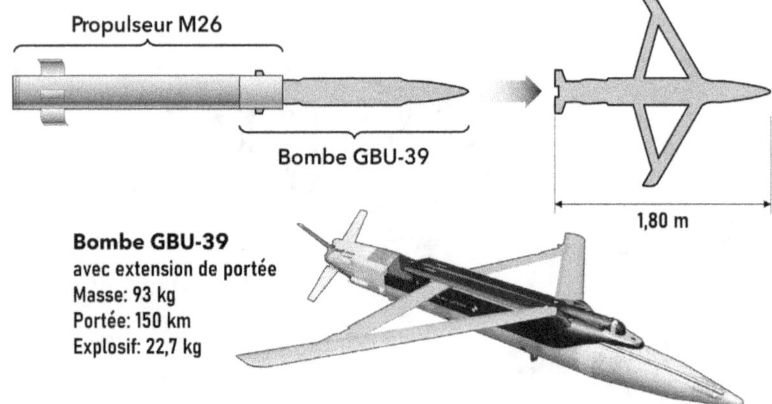


*Figura 53 - El GLSDB de Boeing y Saab está aún en fase de desarrollo. Sin embargo, según las autoridades rusas, ya se ha desplegado en el teatro de operaciones ucraniano en marzo de 2023. El propulsor M26 empuja la bomba 32 km; después se desprende y planea hasta una distancia total de 150 km.*

Desde diciembre de 2022, Estados Unidos suministra a Ucrania bombas guiadas de largo alcance JDAM-ER. Se trata esencialmente de kits que pueden adaptarse a bombas aéreas, convirtiéndolas en autoguiadas. Pero es importante recordar que siguen siendo bombas de gravedad sin sistema de propulsión. Son literalmente bombas planeadoras, que tienen que lanzarse desde una altitud de 10-12 km para alcanzar una distancia de 80 km.

El JDAM-ER utiliza la señal GPS para navegar hacia su objetivo. Pero documentos secretos filtrados en abril de 2023 indican que funcionan mal y son susceptibles a las interferencias rusas[494]. Además, estas bombas planean a una velocidad relativamente modesta y son vulnerables a los sistemas antiaéreos rusos PANTSIR-SM, que pueden alcanzar objetivos muy pequeños como drones o misiles HIMARS.

---

494. Ellie Cook, «Russian Glider Bombs Spark New Air Defence Woes for Ukraine», *Newsweek*, 13 de abril de 2023 (https://www.newsweek.com/russia-glider-bombs-ukraine-air-defense-jdams-1794155)

### *Bomba Planeadora de* Ataque Directo Conjunto - Alcance Extendido
### (JDAM-ER)

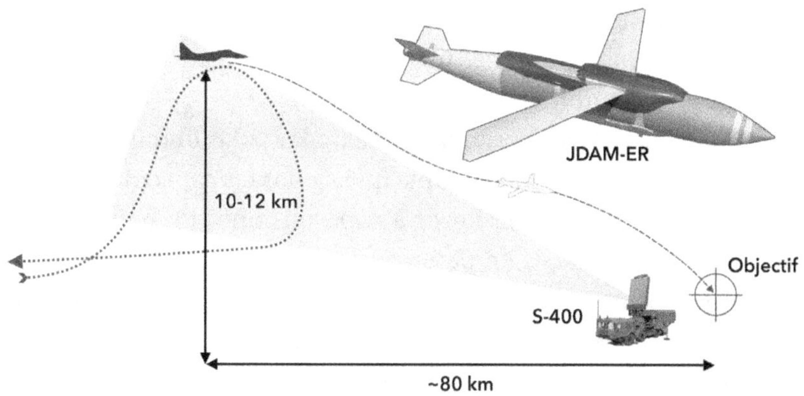



*Figura 54 - La bomba planeadora inteligente JDAM-ER debe lanzarse a gran altura para alcanzar un alcance máximo de 80 km. Sin embargo, esto significa que los aviones MiG-29, Su-27 y Su-24 ucranianos están expuestos al fuego de los misiles S-300V4 o S-400 rusos. Para minimizar su riesgo, tienen que ascender muy rápidamente a la altitud de lanzamiento, antes de agacharse lo más rápidamente posible. Pero entonces son vulnerables a los sistemas TOR-M2 y BUK-M3, que fijan su objetivo más rápidamente.*

Los rusos también han desarrollado una serie de sistemas equivalentes a los entregados a Ucrania. Es el caso del GROM, que es el equivalente del JDAM-ER.

### *Bomba planeadora rusa GROM*

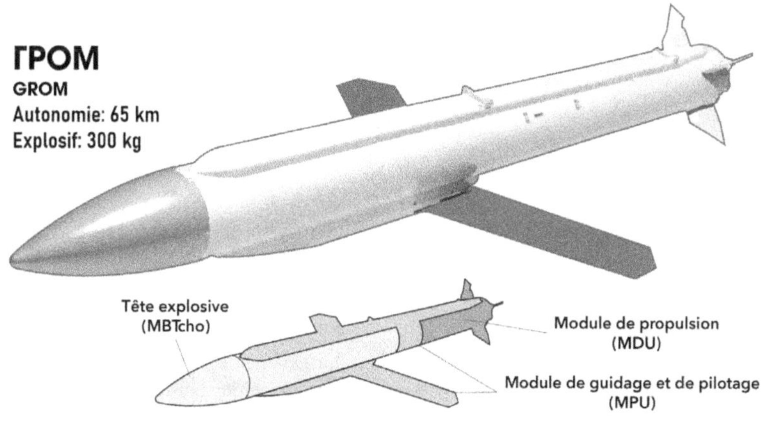

*Figura 55 - La bomba GROM es el equivalente ruso de la bomba estadounidense JDAM-ER. Es una bomba de gravedad con alas retráctiles y un mecanismo de guía.*



4. Consideraciones militares

Los rusos han descubierto que, para luchar contra objetivos fuertemente protegidos o enterrados, las bombas aéreas son más eficaces (y probablemente menos costosas) que los misiles. Para ello, han desarrollado toda una gama de bombas planeadoras «inteligentes», que pueden navegar de forma autónoma hacia su objetivo.

Pero para ello, sus aviones tenían que poder volar libremente por los cielos ucranianos. Por lo tanto, había que agotar las capacidades antiaéreas de Ucrania, para poder llevar a cabo misiones de bombardeo en la línea del frente. Esta es en parte la razón de la campaña de ataques contra la infraestructura eléctrica del país a partir de octubre de 2022. Gracias a nuestros «expertos», que encontraron todas las explicaciones posibles menos la correcta, la estrategia rusa funcionó. En abril de 2023, Yuriy Ignat, portavoz de las fuerzas aéreas ucranianas, señaló que los rusos habían lanzado una vasta campaña de bombardeos *«con un efecto perceptible»*, y que las capacidades antiaéreas ucranianas eran insuficientes para responder[495].

Esto explica la aparente reducción del fuego de artillería ruso en el Donbass desde marzo de 2023. La fuerza aérea rusa tiene mucha más libertad de movimiento para atacar con sus bombas FAB-500[496] y, sobre todo, con sus bombas planeadoras UPAB-1500B. Presentada por primera vez en 2019, la UPAB-1500B puede ser atacada desde una distancia de 40 km, fuera del alcance de los sistemas antiaéreos tácticos. Diseñadas después de los combates en Mariupol para combatir objetivos protegidos, estas bombas se utilizaron en Avdiivka y Bakhmout.

495. Ellie Cook, «Russian Glider Bombs Spark New Air Defence Woes for Ukraine», *Newsweek*, 13 de abril de 2023 (https://www.newsweek.com/russia-glider-bombs-ukraine-air-defense-jdams-1794155)
496. Andrew Stanton, «Ukraine Issues Warning About New Modified Russian FAB-500 Aerial Bombs», *Newsweek*, 8 de abril de 2023 (https://www.newsweek.com/ukraine-issues-warning-about-new-modified-russian-fab-500-aerial-bombs-1793298)

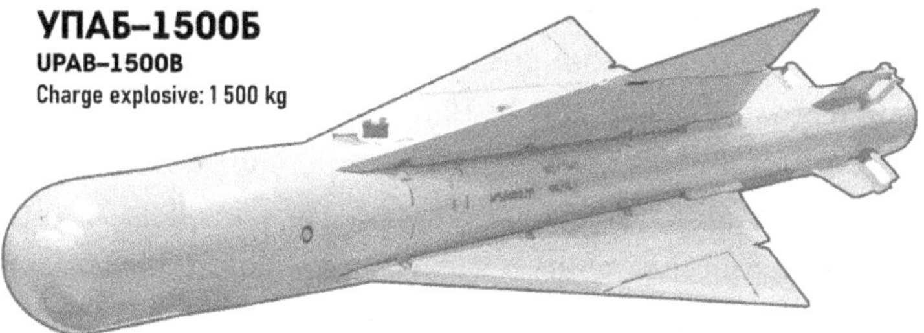


**Bomba autoguiada UPAB-1500B**

*Figura 56 - Diseñada para combatir a la infantería fuertemente protegida, la bomba UPAB-1500B puede lanzarse más allá del alcance de las defensas antiaéreas ucranianas y dirigirse de forma autónoma y precisa hacia su objetivo.*

### 4.8.7. Armas hipersónicas

Los misiles hipersónicos han entrado con fuerza en el conflicto ucraniano. Su importancia en el escenario ucraniano es menor que el cambio que anuncian en el equilibrio de poder entre Rusia y Occidente. Desde los primeros días de la intervención, los misiles KINJAL alcanzaron instalaciones logísticas ucranianas. Es probable que en esta fase los rusos los utilizaran tanto para probarlos en condiciones de combate como para enviar una señal a Occidente. Dado que Occidente tiende a actuar más en función de la narrativa que del análisis de riesgos, sin duda lo pretendían.

**El misil hipersónico KINJAL Kh-47M2**

*Figura 57 - El misil hipersónico KINJAL.*

Mientras nuestros medios de comunicación nos dicen constantemente que Rusia no tiene capacidad de desarrollo tecnológico, podemos comprobar que ha logrado desarrollar toda una gama de misiles hipersónicos (con velocidades de 10.000 a 30.000 km/h). Por ejemplo, Rusia ha empezado a desplegar misiles hipersónicos ZIRCON en sus buques[497]. Al ser difíciles de interceptar, estos misiles suponen una amenaza considerable para los portaaviones estadounidenses, es decir, para la capacidad de proyección de fuerzas de Estados Unidos.

Sin embargo, Estados Unidos ha sido incapaz de desarrollar tales sistemas. En marzo de 2023, Lockheed-Martin, que había estado trabajando en un misil hipersónico como parte del proyecto ARRW (*Air-Launched Rapid Response Weapon*), abandonó el proyecto tras varias pruebas infructuosas[498]. En otras palabras, Rusia tiene una ventaja tecnológica sobre los países occidentales y nada indica que las sanciones hayan afectado a la producción de estas armas.

### El misil hipersónico ZIRKON

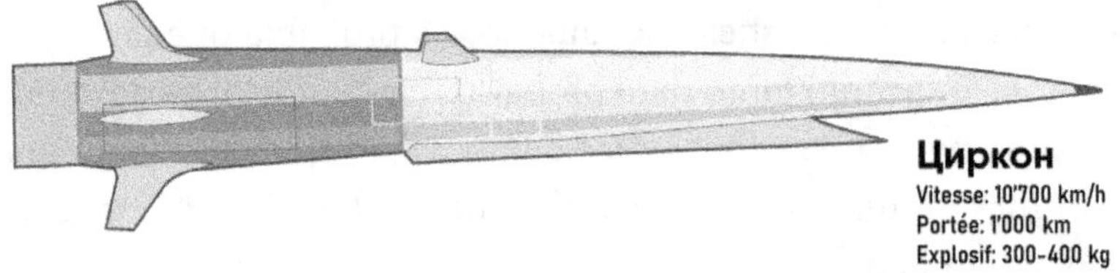


*Figura 58 - El misil hipersónico ZIRKON no parece haber sido utilizado durante el conflicto en Ucrania, pero ilustra la ventaja tecnológica de Rusia sobre Occidente.*

497. Brad Lendon & Anna Chernova, «Putin deployes Russian warship with Zircon hypersonic missile, TASS says», *CNN*, 5 de enero de 2023 (https://edition.cnn.com/2023/01/05/europe/russia-warship-hypersonic-missile-deployed-intl-hnk-ml/index.html)
498. Stephen Losey, «US Air Force drops Lockheed hypersonic missile after failed tests», *Defense News*, 30 de marzo de 2023 (https://www.defensenews.com/air/2023/03/30/us-air-force-drops-lockheed-hypersonic-missile-after-failed-tests/)

## 4.8.8. Carros de combate

### 4.8.8.1. Número insuficiente

Aunque nuestros medios de comunicación sólo hablan de derrotas y pérdidas rusas, hay que decir que en la primavera de 2023, el potencial de tanques de Ucrania se había reducido a un goteo. En febrero de 2022, Ucrania contaba con unos 800 tanques T-64 y alrededor de un centenar de tanques T-72. En 2022, los países de Europa del Este suministraron a Ucrania unos 400 tanques T-72 de sus reservas.

Sin embargo, documentos clasificados estadounidenses «filtrados» a principios de 2023 muestran que Ucrania sólo dispone de 43 T-64 y 38 T-72 para su gran ofensiva decisiva en la primavera de 2023. Es probable que Ucrania disponga de otros tanques T-64 y T-72, pero aparentemente no los suficientes para mantener la homogeneidad logística para una operación de gran envergadura.

Si sumamos el número de carros de combate que Ucrania tenía a su disposición el 24 de febrero de 2022, los que había capturado según el sitio web Oryx (¡creado especialmente por Occidente al inicio de la operación rusa bajo el título «Ataque a Europa»!)[499], y los entregados oficialmente en 2022, Ucrania habría tenido más de 2.000 carros de combate. En estas condiciones, es difícil ver cómo los pocos carros LEOPARD 2 entregados en la primavera de 2023 podrían cambiar la situación...

En febrero de 2022, con unos 80 BTG al inicio de su operación según el Pentágono[500], Rusia sólo disponía de unos 800-1.000 carros de combate. Es más, si hemos de creer a nuestros medios de comunicación y a los ucranianos, estos carros de combate habrían quedado obsoletos y serían de calidad inferior.

Sin embargo, las fuerzas rusas avanzaban y, en la primavera de 2022, los ucranianos pidieron armas pesadas a Occidente. En 2022, los países de la OTAN les suministraron más de 530 tanques de origen soviético, sobrantes de los inventarios de los países de Europa del Este. Aunque

---

499. «Attack On Europe: Documenting Russian Equipment Losses During the 2022 Russian Invasion Of Ukraine», *Oryx*, 24 de febrero de 2022 (https://www.oryxspioenkop.com/2022/02/attack-on-europe-documenting-equipment.html)

500. «Senior Defense Official Holds a Background Briefing, April 18, 2022», defense.gov, 18 de abril de 2022 (https://www.defense.gov/News/Transcripts/Transcript/Article/3002867/senior-defense-official-holds-a-background-briefing-april-18-2022/)

obsoletos, estos equipos tenían la ventaja de ser muy similares a los que los ucranianos habían perdido, lo que permitía un despliegue rápido.

**Número de carros de combate del ejército ucraniano**

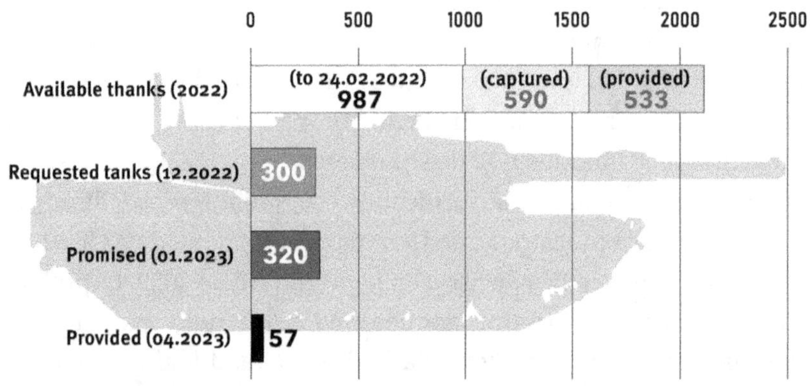


*Figura 59 - Comparación del número de carros de combate del ejército ucraniano y las necesidades expresadas para 2023. El número total de carros de combate disponibles en 2022 se basa en las declaraciones del gobierno ucraniano. Al minimizar sus pérdidas, los ucranianos han dado una imagen distorsionada del conflicto, lo que hace que las necesidades expresadas a finales de 2022 sean malinterpretadas por la opinión pública.*

### 4.8.8.2. Entregas occidentales

A mediados de diciembre de 2022, el general Valeriy Zaloujny, jefe de las fuerzas ucranianas, declaró en una entrevista de alto nivel con *The Economist* que necesitaba 300 carros de combate, entre 500 y 600 vehículos blindados de infantería y 500 nuevas piezas de artillería[501]. Por su parte, Mikhailo Podolyak, Ministro de Defensa ucraniano, incluyó los carros de combate estadounidenses M1 ABRAMS en su «lista de Navidad», publicada en Twitter[502].

Fue con esta «lista de la compra» con la que Zelensky viajó a Washington, con el objetivo de obtener «*armas más potentes para reforzar la capacidad de Ucrania de lanzar grandes ofensivas contra las atrincheradas fuerzas rusas*» en 2023. Por su parte, la administración Biden quería «*discutir el enfoque [de Zelensky] de la diplomacia. En qué punto se encuentra y qué*

---

501. https://www.economist.com/zaluzhny-transcript
502. https://twitter.com/Podolyak_M/status/1601146941186117632

*necesita hacer para asegurarse de que Kiev se encuentra en la posición más fuerte posible para que podamos acelerar las negociaciones».*

En esta fase, Estados Unidos, a diferencia de los europeos, trata de promover un proceso de negociación. Por ello, se niega a suministrar tanques ABRAMS. Para justificar su decisión, los norteamericanos afirman que estos tanques son *«demasiado difíciles de mantener y demasiado complejos de manejar»*, como explica el *Washington Post,* y que Ucrania *«ya tiene suficientes tanques»*[503]. Como señala el principal diario, Zelensky fue incapaz de convencer a su aliado que le había empujado al conflicto. Sólo regresó a Ucrania con un sistema de defensa antiaérea PATRIOT y munición de artillería.

Zelensky se dirigió a Alemania en busca de tanques LEOPARD 2. Mientras los estadounidenses se mostraban reticentes a suministrar sus ABRAMS M1 a Ucrania, el *Frankfurter Allgemeine Zeitung* (FAZ) reveló que estaban presionando a Alemania para que suministrara tanques LEOPARD 2[504]. Sin embargo, el canciller Olaf Scholz sólo está dispuesto a entregar tanques si Estados Unidos acepta suministrar ABRAMS. En un principio, un político estadounidense sugirió que Estados Unidos suministrara un solo tanque M1 para provocar la decisión alemana[505]... Una ilustración de cómo perciben los estadounidenses a sus aliados.

El resto fue revelado por el *Washington Post* y apenas informado por la prensa europea[506]. Y con razón.

Anthony Blinken imaginó entonces un escenario digno de lo que era. Estados Unidos declaró que suministraría 31 carros de combate M1, para obtener el consentimiento de Alemania. Como era de esperar, Scholz

---

503. Karen DeYoung & Missy Ryan, «Amid a show of unity, Zelensky and Biden differ on some war needs», The Washington Post, 21 de diciembre de 2022 (https://www.washingtonpost.com/national-security/2022/12/21/zelensky-biden-weapons-ukraine-patriots/)
504. https://www.faz.net/aktuell/politik/inland/ukraine-usa-ueberlaesst-deutschland-die-entscheidung-ueber-leopard-2-18516545.html; «US encourages German government to deliver Leopard 2 tanks to Ukraine», *Army Recognition*, 9 de diciembre de 2022 (https://www.armyrecognition.com/defense_news_december_2022_global_security_army_industry/us_encourages_german_government_to_deliver_leopard_2_tanks_to_ukraine.html)
505. Tal Axelrod, «McCaul calls on US to send 'just one' Abrams tank to Ukraine to spur European support», *abc news,* 22 de enero de 2023 (https://abcnews.go.com/Politics/mccaul-calls-us-send-abrams-tank-ukraine-spur/story?id=96584865)
506. Karen DeYoung, Dan Lamothe & Loveday Morris, «Short on time, Biden sought new Ukraine tank plan to break stalemate», *The Washington Post,* 28 de enero de 2023 (https://www.washingtonpost.com/national-security/2023/01/28/inside-story-biden-ukraine-tanks/)

autorizó entonces a Polonia a reexportar carros de combate LEOPARD y prometió suministrarlos a Ucrania.

Pero en cuanto Alemania dio su visto bueno, Estados Unidos volvió a la carga, declarando que sus M1 contenían tecnología que no debía caer en manos rusas y que los tanques no podían entregarse inmediatamente. ¡De hecho, serán tanques nuevos construidos especialmente para Ucrania[507] , con una protección inferior (porque el blindaje de uranio empobrecido de la versión estadounidense es clasificado), que no podrán entregarse hasta dentro de un año[508]!

En otras palabras, ¡los Estados Unidos «metieron a Scholz en harina»! Esto demuestra el estado de las relaciones entre los miembros de la OTAN. Ya sabemos que fue un país miembro de la OTAN el que destruyó los gasoductos Nord Stream, y es Alemania la que está pagando el precio de la guerra emprendida por los estadounidenses contra Rusia... Los estadounidenses tienen razón: si has encontrado un bobo más vale explotarlo, ¡sobre todo si el pueblo alemán lo acepta sin rechistar! Cada país es responsable de su propio destino. Lo mismo vale para los ucranianos que para los alemanes.

¡La caridad empieza en casa! Occidente no quiere regalar sus equipos más recientes con la tecnología más avanzada, porque teme que los rusos pongan sus manos sobre ellos.

Vehículos en gran medida obsoletos para este conflicto, como el transporte de tropas estadounidense M113, el VAB francés o el M2/3 BRADLEY estadounidense, cuyo diseño fue tan caótico que se convirtió en una comedia («*Las guerras del Pentágono*»[509]), reaparecieron cerca de la línea del frente.

Los británicos temían que el blindaje Chobham de sus tanques CHALLENGER 2 pudiera interesar a los rusos. Tras largas discusiones, el gobierno aceptó entregar 14 de ellos, a condición de que los ucranianos

---

507. «Ukraine will receive Abrams no earlier than the end of 2023», *Militarnyy*, 29 de enero de 2023 (https://mil.in.ua/en/news/ukraine-will-receive-abrams-no-earlier-than-the-end-of-2023/), Lara Seligman, Paul McLeary y Lee Hudson, «U.S. to send Ukraine more advanced Abrams tanks - but no secret armor», *Politico*, 26 de enero de 2023 (https://www.politico.com/news/2023/01/26/us-sends-ukraine-advanced-abrams-tanks-00079648)
508. David Axe, «The Tungsten M-1-How Ukraine's Tanks Will Differ from America's», *Forbes*, 27 de enero de 2023 (https://www.forbes.com/sites/davidaxe/2023/01/27/the-tungsten-m-1-how-ukraines-tanks-will-differ-from-americas/)
509. https://en.wikipedia.org/wiki/The_Pentagon_Wars



---

hicieran todo lo posible para impedir que los rusos los capturaran. Así pues, impusieron restricciones a los ucranianos. En concreto, los CHALLENGER no podían utilizarse en un sector en el que el frente amenazara con ser abierto por los rusos[510]. Como describió un oficial británico[511]:

> *El primer paso es la formación y el trabajo con los planificadores de la misión para intentar garantizar que los Challengers no se utilicen en escenarios en los que se piense que ese colapso es una posibilidad realista.El segundo paso es asegurarse de que, a nivel táctico, los ucranianos están entrenados para recuperar un tanque bajo fuego. Otras opciones extremas que se están considerando incluyen la contratación de servicios militares privados para la recuperación de los tanques siniestrados*

Así pues, Ucrania recibirá vehículos blindados de recuperación M88 especialmente diseñados para recuperar tanques blindados en condiciones de combate[512].

En cuanto a los tanques LEOPARD 2A4, que acababan de ser entregados, los ucranianos se comprometieron a reforzarlos con blindaje reactivo adicional...

Según fuentes ucranianas, parece que Zelensky está en conversaciones con países occidentales para utilizar estos tanques en el papel para el que fueron diseñados.

Así pues, este equipo no sólo requiere una logística para la que Ucrania no está preparada, sino que cada pieza de equipo requiere su propia cadena de suministro, ¡con el requisito añadido de evitar que estas armas caigan en manos rusas!

---


510. Inder Singh Bisht, «UK Planning to Avoid Challenger Tank from Falling into Russian Hands», *The Defense Post*, 30 de enero de 2023 (https://www.thedefensepost.com/2023/01/30/uk-challenger-tank-russian/)

511. Jerome Starkey, «SHOCK & ROLL Army hammering out emergency plan to keep Putin's hands off top secret British armour if tanks are damaged in Ukraine», *The Sun*, 27 de enero de 2023 (https://www.thesun.co.uk/news/21191872/army-emergency-secret-british-armour-tanks-war-ukraine/)

512. Christopher Woody & Jake Epstein, «Ukraine is getting a new heavy-duty armored vehicle to haul its damaged tanks off the battlefield, US officials say», Business Insider, 25 de enero de 2023 (https://www.businessinsider.com/ukraine-getting-m88-armored-recovery-vehicles-along-with-abrams-tanks-2023-1?r=US&IR=T)

En diciembre de 2022-enero de 2023, el frenesí de Occidente por obtener carros de combate para Ucrania habría llevado a Estados Unidos a obligar a Marruecos a entregar a Ucrania 20 carros T-72B, que en ese momento estaban siendo modernizados en la República Checa[513]. ¿Es cierta o falsa la excusa de Rabat? Es difícil decirlo. El hecho es que Marruecos, fiel aliado de Washington, ha optado por no pronunciarse en condena de Rusia en la Asamblea General de las Naciones Unidas del 3 de marzo de 2023[514].

### 4.8.8.3. *La expresión de la debilidad política occidental*

De los aproximadamente 320 tanques prometidos a principios de 2023, en febrero sólo se habían ensamblado laboriosamente unos cincuenta. En enero de 2023, el canciller Olaf Scholz anunció la creación de dos batallones de tanques: un batallón de tanques LEOPARD 2A4 y un batallón LEOPARD 2A6. Cada batallón contaba con 31 carros de combate, pero un mes más tarde sólo 27 LEOPARD 2A4 (14 de Polonia, 8 de Noruega y 5 de España) y 17 LEOPARD 2A6 (14 de Alemania y 3 de Portugal) fueron finalmente suministrados por los donantes. Finalmente, a principios de abril, sólo 57 tanques fueron entregados a Ucrania, con la promesa de que otros tanques llegarían hacia el verano de 2023.

Sin embargo, todo el mundo en Europa habla de la ofensiva de primavera ucraniana...

La entrega de armas occidentales a Ucrania ha tenido un efecto movilizador en Rusia. Nuestros medios de comunicación explicaron que la llegada de los tanques alemanes despertaría viejos recuerdos en Rusia. De hecho, no se trata sólo de los tanques, sino también de sus insignias. En el 80 aniversario de la victoria en Stalingrado, Vladimir Putin dijo:

> *Es increíble, pero es un hecho: volvemos a estar bajo la amenaza de los tanques LEOPARD alemanes que llevan cruces.*

513. Ekene Lionel, «Morocco's T-72 tanks were sent to Ukraine without permission», *Military Africa*, 30 de enero de 2023 (https://www.military.africa/2023/01/moroccos-t-72-tanks-were-sent-to-ukraine-without-permission/)
514. Basma El Atti, «Morocco's non-vote on UN condemnation of Putin's war raises controversy», *Arab News*, 4 de marzo de 2023 (https://www.newarab.com/news/morocco-chooses-neutrality-un-condemns-putins-war)

Después de todo, los rusos saben que los tanques ucranianos muestran los mismos símbolos que los tanques alemanes durante la campaña polaca de 1939. Nuestros medios de comunicación no lo mencionaron, pero ese es el problema. Los ucranianos deben haberse dado cuenta, porque han publicado un folleto para justificar el uso de la cruz blanca en sus tanques[515].

### Signos distintivos en los tanques ucranianos

*Figura 60 - Los tanques ucranianos llevan los mismos signos distintivos que los utilizados por la Wehrmacht durante la Segunda Guerra Mundial. A la izquierda, la cruz blanca utilizada en 1939 para la campaña contra Polonia. En el centro, la cruz utilizada entre 1939 y 1945. A la derecha, el Wolfsangel, símbolo de la «Idea de Nación», similar al emblema de la 2ª SS Panzerdivision «Das Reich». (Señales vistas en un T-72, al parecer en la región de Kharkov)[516]*

## 4.8.8.4. Equipo inadecuado

Las armas rusas -y las que se suministrarán a Ucrania hasta la primavera de 2022- se diseñaron para la defensa de los vastos territorios del este de la URSS. Pueden producirse en grandes cantidades y son fáciles de mantener y manejar para ejércitos de reclutas con poco tiempo de entrenamiento.

Los equipos occidentales son de muy alta calidad, pero están diseñados para ser utilizados por fuerzas de proyección, por personal profesional. Son sistemas más «finos», que requieren personal altamente especializado para integrarlos. Son más delicados. No son sistemas de defensa, sino de ataque.

---

515. https://www.weareukraine.info/the-backstory-about-the-sense-of-the-white-cross-used-by-the-ukrainian-troops-to-mark-their-vehicles-during-the-latest-counteroffensive-in-the-kharkiv-region/
516. https://i.redd.it/v0s0db1s7tt91.jpg

Así pues, los equipos occidentales llegan con importantes limitaciones logísticas. Algunos sistemas están obsoletos en Occidente y su munición es difícil de conseguir (como es el caso del tanque antiaéreo alemán GEPARD) o algunas piezas de repuesto simplemente ya no se fabrican, como es el caso del tanque LEOPARD 2A4.

La logística de combate puede llevarse a cabo con relativa facilidad intercambiando módulos, como el bloque motor, por ejemplo. Pero las reparaciones más complejas sólo pueden ser llevadas a cabo por personal especializado de los países de la OTAN. Esto implica la creación de centros de reparación fuera de Ucrania. Aparte de que esto introduce a los países «reparadores» en la cadena logística operativa de Ucrania (y por tanto como cobeligerantes), también plantea problemas aduaneros. Eslovaquia, por ejemplo, considera que Ucrania debe pagar derechos de importación, ya que el país no es miembro de la UE.

Los tanques suministrados por Occidente proceden, por lo general, de reservas que fueron paralizadas a principios de los años noventa y se han deteriorado. Por tanto, estos equipos deben someterse a una revisión completa antes de ser enviados a Ucrania.

Por eso se ha retrasado la entrega de tanques LEOPARD 2A4 y se entregarán inmediatamente tanques LEOPARD 1 de los años 1960-1990. Otros países, como Dinamarca y Holanda, no quisieron agotar sus propios arsenales y enviaron a Ucrania tanques LEOPARD 1A5. El problema del LEOPARD 1 es que tiene un cañón de 105 mm, cuya munición prácticamente ya no se utiliza en Europa.

### Depósitos diseñados para distintos entornos

*Figura 61 - Comparación de la silueta de un tanque ruso T-90 (gris) y un tanque alemán LEOPARD 2 (negro). Los tanques occidentales suelen estar diseñados para combatir en Europa Central, donde el terreno es ligeramente accidentado. Por lo tanto, son más altos para que el cañón tenga un mayor rango de movimiento y puedan disparar a la carrera. Los tanques rusos están diseñados para operar en territorio ruso, que es mucho más llano, por lo que suelen ser más bajos. En Ucrania, esto significa que los tanques occidentales son objetivos más fáciles de alcanzar y, por tanto, más vulnerables que sus homólogos rusos.*

El examen de los tanques prometidos por Occidente permite sacar varias conclusiones. En primer lugar, se observa que los vehículos suministrados no son de última generación. Por ejemplo, existe una diferencia significativa entre los LEOPARD 2A6 (14 de los cuales han sido prometidos por Alemania) y los LEOPARD 2A4 (que constituyen la mayoría de los LEOPARD enviados). La versión A6 está equipada con un sistema que le permite integrarse en un sistema de gestión del campo de batalla (BMS), mientras que la versión A4 no. Además, su munición es aparentemente ineficaz contra los T-90 rusos[517].

Los rusos no carecen de sentido del humor. El director del Museo Militar del Don, en Rostov, ha enviado una carta abierta al embajador alemán en Moscú solicitando un LEOPARD 2 para la colección del museo[518], explicando que sería más barato que reacondicionar un tanque recuperado del campo de batalla en Ucrania[519].

517. Thorsten Jungholt, «Bundeswehr-Kampfpanzern fehlt wirksame Munition», *Die Welt am Sonntag*, 26 de abril de 2015 (https://www.welt.de/politik/deutschland/article140083741/Bundeswehr-Kampfpanzern-fehlt-wirksame-Munition.html).
518. https://youtu.be/lMPVV2EnQns
519. https://www.anti-spiegel.ru/2023/offener-brief-an-deutsche-botschaft-russisches-museum-mit-schwarzem-humor/?doing_wp_cron=1678022230.9727001190185546875000

## Comparación de los tanques occidentales ofrecidos a Ucrania (principios de 2023)

| | Canon | Pression au sol [kg/cm²] | Masse en ordre de combat [t] | Carburant Autonomie [km] |
|---|---|---|---|---|
| **Leopard 2A4** | 120 mm âme lisse | 0,83 | 55 | Polycarburant 550 |
| **M1A1 Abrams** | 120 mm âme rayée | 0,94 | 57-65 | Polycarburant 480 |
| **Challenger 2** | 120 mm âme lisse | 0,97 | 65-75 | Diesel 450 |
| **Leclerc** | 120 mm âme lisse | 0,90 | 55 | Diesel 550/650 |
| **AMX 10 RC** | 105 mm âme rayée | | 16,5 | Diesel 500-1000 |

*Figura 62 - Los carros de combate que se propone donar a Ucrania a principios de 2023 muestran una gran diversidad. Uno de los principales problemas es que cada equipo requiere una logística especial. Dado el reducido número de unidades suministradas por Occidente, cabe preguntarse si las complicaciones logísticas no se convierten en una desventaja mayor que la ventaja que ofrecen estas armas. Es concebible que algunas unidades sean de «un solo uso», dadas estas dificultades.*

## 4.8.8.5. Munición de uranio empobrecido

El 20 de marzo de 2023, Annabelle Goldie, Secretaria de Defensa británica, anunció que Gran Bretaña suministraría proyectiles de uranio empobrecido a Ucrania. El uranio empobrecido es un subproducto del proceso de obtención de combustible nuclear. Se trata de un material extremadamente denso, que los estadounidenses utilizan desde los años 90 para fabricar proyectiles de flecha. Se trata de proyectiles tubulares muy largos (60-80 cm) y muy finos (3-4 cm de diámetro) diseñados para perforar el blindaje de los carros de combate. Se disparan desde carros de combate a velocidades muy altas (alrededor de 1.700 m/s), impactando en el objetivo con una energía considerable.

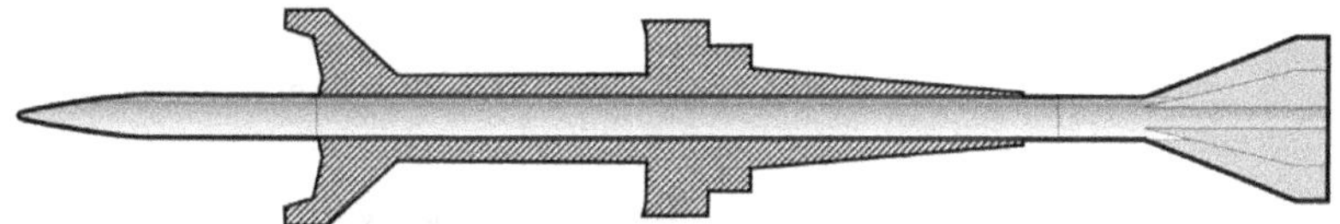


*Figura 63 - Los proyectiles de flecha ADFDS (Armour Piercing Fin Stabilized Discarding Sabot) son proyectiles que actúan por energía cinética. Suelen ser de tungsteno, pero Estados Unidos utiliza también uranio empobrecido por su alta densidad y menor coste. La flecha es guiada hacia el cañón por un «sabot» (parte sombreada) que se desprende cuando sale del cañón. Sólo la flecha continúa hacia el blanco con una trayectoria muy tensa.*

Al impactar, la flecha atraviesa el blindaje del objetivo y explota en finas partículas radiactivas y extremadamente tóxicas. El efecto a largo plazo de este tipo de proyectil es contaminar permanentemente una zona y poner en peligro a sus ocupantes. El efecto es comparable al de una «bomba sucia».

En octubre de 2022, la advertencia rusa de que Ucrania preparaba una «bomba sucia» fue acogida como desinformación por nuestros medios de comunicación, que consideraban impensable que Ucrania contaminara «su propio suelo»[520]. Sin embargo, ¡ni los ecologistas europeos ni los ucranianos reaccionaron ante la idea de contaminar permanentemente con uranio empobrecido una zona que pretenden recuperar! Cabría imaginar que el sentimiento nacional habría llevado a rechazar la oferta británica. Pero no fue así...

La razón es bastante simple. Lo más importante para los ucranianos, desde 2014, es no tener minorías lingüísticas en su territorio. Esto explica el apoyo de las poblaciones de Donbass y del sur de Ucrania a Rusia y la ausencia de resistencia popular ucraniana en estas regiones.

---

520. «La «bomba sucia», un artefacto que esparce polvo radiactivo y miedo», *RTS.ch*, 24 de octubre de 2022 (https://www.rts.ch/info/monde/13489684-la-bombe-sale-un-engin-qui-dissemine-poussieres-radioactives-et-peur.html)

**Desinformación sobre las pérdidas rusas**

Figura 64 - Fotografía del sitio web Oryx, que rastrea las pérdidas de material ruso
y ucraniano. La imagen ha sido claramente (mal) retocada (véase la sombra del hombre
que ha desaparecido). El sitio Oryx, como muchos de sus homólogos, adolece de falta
de imparcialidad y de rigor intelectual. [Fuente: Oryx]

A finales de marzo de 2023, circulaban por las redes sociales vídeos de tanques T-54/55 transportados por ferrocarril a Rusia. Eso fue todo lo que hizo falta para alimentar la propaganda occidental, que veía las insuficiencias del ejército ruso y el éxito de los ucranianos. Los «expertos» de *France 5 estaban* extasiados. En el canal francés LCI, el periodista Jean Quatremer concluye que Rusia ya no es capaz de producir tanques[521].

En el *NZZ*, Marcus Keupp, experto militar de la Politécnica de Zúrich, predice que el conflicto terminará en octubre de 2023 con la derrota de

_______________

521. https://youtu.be/7bh1ZX0H0E4?t=460

Rusia[522]. Basándose en las cifras que dan nuestros medios de comunicación, calcula la tasa de desgaste de su blindaje y llega a la conclusión de que en octubre ¡simplemente no le quedará nada! ¡Es con expertos así como perdemos las guerras!

En primer lugar, es evidente que nuestros medios de comunicación no han tenido en cuenta que Ucrania comenzó a devolver los T-55 al campo de batalla en agosto de 2022[523]. Se trata de una versión modernizada del tanque soviético producido en Eslovenia con el nombre de M-55S. La razón por la que los ucranianos los necesitan es, sencillamente, que ya no tienen carros de combate, y el M-55S es una solución improvisada para desempeñar este papel.

Hay otra razón para el planteamiento de los rusos: no les faltan tanques, su capacidad de producción está intacta y el uso de tanques T-54 o T-55 reacondicionados no tiene nada que ver con las pérdidas sufridas. Se trata de una cuestión puramente técnica vinculada a la naturaleza de los combates en Ucrania.

Tradicionalmente, los carros de combate se diseñan para luchar contra otros carros de combate. Su control de tiro y sus proyectiles están diseñados para este fin. La munición antitanque de tipo flecha (APFSDS) se estabiliza mediante aletas y puede alcanzar velocidades máximas cuando se dispara desde cañones de ánima lisa. Por lo tanto, estos proyectiles tienen una trayectoria muy tensa, lo que les confiere una alta probabilidad de impacto. En cambio, los cañones de ánima lisa son menos aptos para disparar proyectiles explosivos (HE) contra objetivos «blandos» a larga distancia.

De hecho, los rusos descubrieron que no había verdaderos duelos de tanques, pues los ucranianos ya no tenían tanques. Por otra parte, descubrieron que la mayor parte de los combates eran de infantería. Por lo tanto, era necesario encontrar un tipo de artillería móvil que

---

522. Thomas Zaugg y Benedict Neff, «Deswegen sage ich: Russland wird den Krieg im Oktober verloren haben», *NZZ*, 27 de marzo de 2023 (https://www.nzz.ch/feuilleton/marcus-keupp-deswegen-sage-ich-russland-wird-den-krieg-im-oktober-verloren-haben-ld.1731488?reduced=-true&mktcval=Twitter&mktcid=smsh); «Guerre en Ukraine: «L'armée de Poutine sera vaincue au plus tard en octobre»», *La Libre*, 4 de abril de 2023 (https://www.lalibre.be/international/europe/guerre-ukraine-russie/2023/04/04/guerre-en-ukraine-larmee-de-poutine-sera-vaincue-au-plus-tard-en-octobre-B252W43RBBGDPB5YSCBUNFDY7Y/).
523. Oleg Danylov, «El tanque M-55S: una profunda modernización del T-55 soviético para las Fuerzas Armadas», *Mezha*, 20 de septiembre de 2022 (https://mezha.media/en/2022/09/20/the-m-55s-tank-a-deep-modernization-of-the-soviet-t-55-for-the-armed-forces/)

cumpliera la misma función que el «cañón de asalto» (*samokhodnaya ustanovka*, de la Segunda Guerra Mundial). Gracias a su munición explosiva antipersona (HE), los T-54/55 se adaptan muy bien a esta función y pueden alcanzar con precisión posiciones de infantería a 4.000 m.

Por ejemplo, el tanque T-54/55 no se utiliza para fuego directo contra tanques, sino para fuego indirecto contra objetivos «blandos» para las unidades de infantería. Así, proporciona una potencia de fuego considerable a la infantería en las afueras de las zonas urbanas, para disparar contra posiciones protegidas en edificios, por ejemplo.

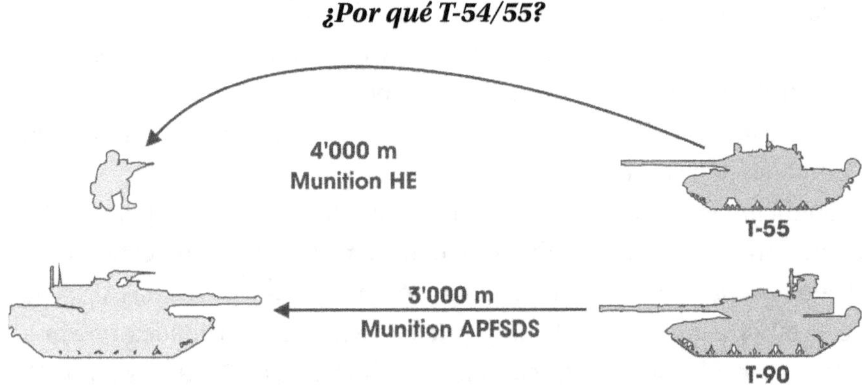


Figura 65 - Aunque obsoletos para los duelos de tanques, los T-54/55 pueden muy bien asumir el papel de «cañones de asalto» para proporcionar fuego de apoyo a la infantería. Por tanto, los carros más modernos (T-72 y T-90) pueden reservarse para el combate contra carros de combate ucranianos.

### 4.8.9. La artillería

### 4.8.9.1. Consumo gigantesco

En junio de 2022, la mayor parte del potencial militar de Ucrania había sido destruido por Rusia, por lo que dependía de los suministros occidentales. Su artillería de 152 mm de origen soviético estaba destruida o se había quedado sin munición, y tenía que depender de la artillería de 155 mm suministrada por los países de la OTAN. Pero a finales de 2022, Ucrania empezaba a quedarse sin munición y Occidente tenía problemas para suministrársela.

En Afganistán, Estados Unidos disparó unos 300 cartuchos al día[524]. Lógicamente, su capacidad de producción se adapta a este nivel de consumo. A finales de 2022, Christine Wormuth, Secretaria del Ejército estadounidense, declaró que era de 500 proyectiles al día, es decir, unos 14.000 proyectiles de 155 mm al mes[525].

Según el *New York Times*, las fuerzas ucranianas disparan entre 2.000 y 4.000 proyectiles al día[526]. El *Kyiv Post* incluso cifra la cifra en 6.000-7.000 proyectiles al día[527]. Según documentos clasificados filtrados en abril de 2023, los ucranianos disparan una media de 3.500 proyectiles de 155 mm al día[528]. En otras palabras, ¡los ucranianos disparan en 2 a 7 días el equivalente de la producción mensual estadounidense! ¡Los ucranianos admiten que su consumo de proyectiles de artillería supera la capacidad de producción de Estados Unidos[529]!

Según el Departamento de Estado estadounidense, hasta el 20 de marzo de 2023, Estados Unidos había suministrado a Ucrania 1,5 millones de proyectiles de artillería de 155 mm, 400.000 proyectiles de 105 mm, 45.000 proyectiles de 152 mm y 20.000 proyectiles de 122 mm[530].

Pero Occidente ha llegado al límite de sus fuerzas y se apresura a satisfacer las insaciables necesidades de Ucrania, cuyas fuerzas están muy maltrechas. Por eso planean aumentar la producción a 20.000 proyectiles al mes en 2023, y han recogido 300.000 proyectiles de un

---

524. Steven Erlanger & Lara Jakes, «U.S. and NATO Scramble to Arm Ukraine and Refill Their Own Arsenals», *The New York Times*, 26 de noviembre de 2022 (actualizado el 29 de noviembre de 2022) (https://www.nytimes.com/2022/11/26/world/europe/nato-weapons-shortage-ukraine.html)

525. «Ukraine's artillery shell expenditure outstrips US production», *The New Voice of Ukraine*, 24 de diciembre de 2022 (https://english.nv.ua/nation/ukraine-s-artillery-shell-expenditure-outstrips-us-production-war-news-50293094.html)

526. John Ismay y Thomas Gibbons-Neff, «Artillery Is Breaking in Ukraine. It's Becoming a Problem for the Pentagon», *The New York Times*, 25 de noviembre de 2022 (https://www.nytimes.com/2022/11/25/us/ukraine-artillery-breakdown.html)

527. https://www.kyivpost.com/post/51

528. Estado Mayor Conjunto Rusia/Ucrania J3/4/5 Actualización diaria (D+369) (28 de febrero de 2023) (SECRET/NO FORN)

529. Oleksandr Syrskyi, «Ukraine's artillery shell expenditure outstrips US production», *The New Voice of Ukraine*, 23 de diciembre de 2022 (https://english.nv.ua/nation/ukraine-s-artillery-shell-expenditure-outstrips-us-production-war-news-50293094.html)

530. «U.S. Security Cooperation with Ukraine», Fact Sheet, *U.S. State Department, Bureau of Political-Military Affairs*, 20 de marzo de 2023 (https://www.state.gov/u-s-security-cooperation-with-ukraine/); https://crsreports.congress.gov/product/pdf/IF/IF12040

depósito secreto en Israel para enviarlos a Ucrania[531]. Para reponer sus propias existencias, planean comprar proyectiles de 155 mm a Corea del Sur, que se niega a permitir que estas municiones se utilicen en Ucrania[532]. La publicación de documentos clasificados «filtrados» en abril de 2023 mostró que Estados Unidos había encargado 330.000 proyectiles y que tardaría dos meses y medio en entregarlos en su totalidad. Sin embargo, no está claro si estos proyectiles llegaron a Estados Unidos para «liberar» proyectiles para Ucrania o si se transfirieron directamente a Ucrania.

Gran Bretaña, Suecia, Canadá y Alemania han aumentado su producción de proyectiles de 155 mm para abastecer a Ucrania. Los estadounidenses pretenden reanudar la producción de munición de 152 mm en los países del antiguo Tratado de Varsovia, en Bulgaria, Rumania, la República Checa y Eslovaquia[533].

En marzo de 2023, Francia decidió aumentar a 2.000 el número de proyectiles de 155 mm que suministraría a Ucrania cada mes[534]; ¡eso es aproximadamente medio día de disparos! Los documentos clasificados «filtrados» también muestran que Estados Unidos ha reducido significativamente sus entregas de munición, probablemente menos por razones políticas que por su capacidad de producción.

En Noruega, ante una demanda de munición de artillería 15 veces mayor, Nammo no puede aumentar su producción de proyectiles por culpa de... ¡TikTok! ¡Según una entrevista con el director de Nammo recogida por el *Financial Times* y *Business Insider*, el centro de datos de TikTok absorbe la energía eléctrica que se necesitaría para aumentar

531. Eric Schmitt, Adam Entous, Ronen Bergman, John Ismay & Thomas Gibbons-Neff, «Pentagon Sends U.S. Arms Stored in Israel to Ukraine», *The New York Times*, 17 de enero de 2023 (https://www.nytimes.com/2023/01/17/us/politics/ukraine-israel-weapons.html)

532. Josh Smith & Mike Stone, «U.S. in talks to buy South Korean ammunition for Ukraine, official says», *Reuters*, 11 de noviembre de 2022 (https://www.reuters.com/world/asia-pacific/skorea-says-us-will-be-end-user-ammunition-after-report-weapons-ukraine-2022-11-11/)

533. «NATO looking at production of Soviet-era weapons used by Ukraine, says Blinken», The New Voice of Ukraine, 30 de noviembre de 2022 (https://english.nv.ua/amp/nato-looking-at-production-of-soviet-era-weapons-used-by-ukraine-says-blinken-50287799.html)

534. «Guerre en Ukraine: la France va doubler, à 2000 par mois, les livraisons d'obus de 155 mm», BFM Business/AFP, 28 de marzo de 2023 (https://www.bfmtv.com/economie/entreprises/defense/guerre-en-ukraine-la-france-va-doubler-a-2000-par-mois-les-livraisons-d-obus-de-155-mm_AD-202303280248.html)

la producción[535]! Como TikTok es propiedad de una empresa china, ¡el director de Nammo sugiere que existe una conspiración china para utilizar la electricidad con el fin de impedir la producción de municiones para Ucrania! Afortunadamente, ¡el ridículo nunca mata!

### Consumo diario de munición de artillería

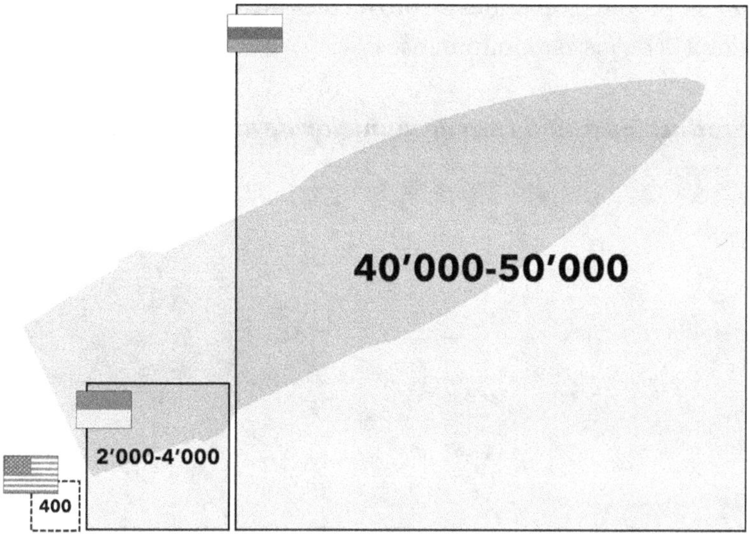

*Figura 66 - Consumo diario de proyectiles de artillería en Ucrania y Rusia. Se trata de valores medios. A la izquierda, la línea de puntos muestra la producción diaria de proyectiles de artillería de Estados Unidos. [Fuente: The New York Times]*

¡En cuanto a los rusos, disparan alrededor de 40.000-50.000 proyectiles de artillería al día según la OTAN[536]!

En noviembre de 2022, el jefe del servicio de inteligencia estonio declaró que Rusia ya había agotado dos tercios de sus reservas de munición de artillería. ¿De dónde proceden estas cifras? Nadie lo sabe[537]. Pero

---


535. Lindsay Dodgson, «Weapons firm says it can't meet soaring demand for artillery shells because a TikTok data centre is eating all the electricity», *Business Insider*, 27 de marzo de 2023 (https://africa.businessinsider.com/military-and-defense/weapons-firm-says-it-cant-meet-soaring-demand-for-artillery-shells-because-a-tiktok/y15srh8)
536. Steven Erlanger & Lara Jakes, «U.S. and NATO Scramble to Arm Ukraine and Refill Their Own Arsenals», *The New York Times*, 26 de noviembre de 2022 (actualizado el 29 de noviembre de 2022) (https://www.nytimes.com/2022/11/26/world/europe/nato-weapons-shortage-ukraine.html)
537. «Rusia ha agotado dos tercios de sus reservas de munición, según la inteligencia estonia»*, *The New Voice of Ukraine*, 25 de noviembre de 2022 (https://english.nv.ua/amp/russia-has-exhausted-two-thirds-of-its-ammunition-reserves-news-50286762.html




---

probablemente se trate de desinformación: Estonia no sólo tiene una política de denigración de Rusia, sino que sus servicios de inteligencia son especialmente malos.

Los occidentales tienden a proyectar las debilidades ucranianas sobre Rusia, porque no hay absolutamente ninguna prueba de que a los rusos les falte munición. ¡Un estudio de la Fundación Jamestown muestra que en 2021 su producción anual de proyectiles de artillería era cuatro veces superior a la de los estadounidenses[538]!

**Producción anual rusa de munición de artillería de 152 mm**

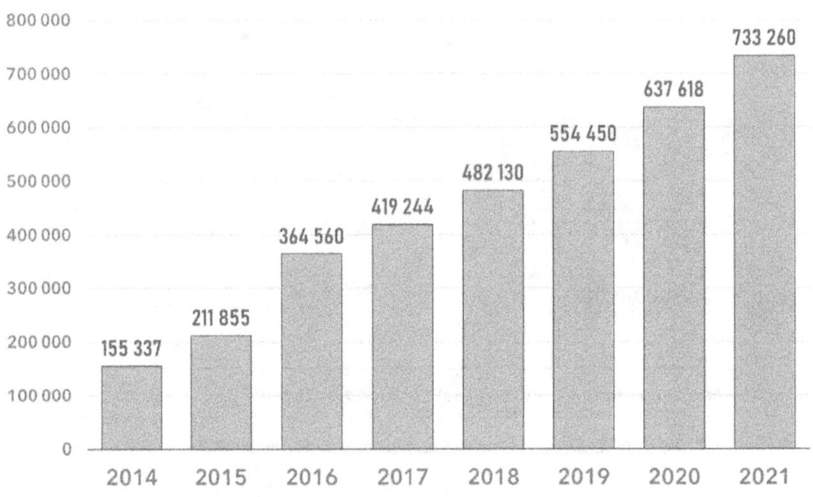


*Figura 67 - Producción estimada de municiones de 152 mm por parte de Rusia entre 2014 y 2021, según la Jamestown Foundation, una institución estadounidense muy opuesta a Rusia. Estas cifras, que pretenden demostrar que Rusia no dispone de medios para producir su munición, consiguen sin embargo mostrar que la capacidad rusa era más de cuatro veces superior a la de Estados Unidos.*

En realidad, es Occidente quien se esfuerza por encontrar la munición que permita a Ucrania mantener su ritmo. El 20 de marzo de 2023, la UE decidió financiar la producción de 1 millón de proyectiles durante

---

538. Hlib Parfonov, «Russia Struggles to Maintain Munition Stocks (Part Two)», *The Jamestown Foundation, Eurasia Daily Monitor*, Volume 19, n° 186 (https://jamestown.org/program/russia-struggles-to-maintain-munition-stocks-part-two/)

12 meses[539]. Para ello, había conseguido reunir 2.000 millones de euros, uno de los cuales se utilizaría para compensar a los países que habían recurrido a sus reservas para acudir en ayuda de Ucrania. Los 1.000 millones de euros restantes se utilizarán para financiar la producción de proyectiles. El problema es que esta capacidad de producción no existe realmente en la UE, por lo que habrá que recurrir a una fuente externa: Turquía[540]. Como era de esperar, esto desata las iras de Francia, Grecia y Chipre, que se ponen contra la pared. Francia quiere que el dinero se quede en la UE, mientras que Grecia y Chipre se niegan a financiar la industria de defensa turca[541].

Esta crisis ha demostrado que Europa no sólo ha perdido su liderazgo político e industrial mundial, sino que está profundamente dividida en un gran número de cuestiones. De hecho, lo único que une a Europa es la rusofobia.

### 4.8.9.2. Lanzamisiles múltiples

Con la destrucción del potencial artillero de Ucrania en la primavera de 2022, Occidente se ha visto obligado a suministrar lanzamisiles múltiples. Sus prestaciones no difieren radicalmente de las de sus equivalentes rusos. Sin embargo, al igual que los M142 HIMARS, pueden disparar munición con trayectoria no balística, lo que dificulta la defensa contra estos misiles. Presentados como armas milagrosas, no han cambiado radicalmente la situación. Los rusos aprendieron rápidamente a descentralizar sus depósitos de municiones y adaptaron el software de sus sistemas antiaéreos para responder eficazmente contra estos misiles.

Los lanzamisiles estadounidenses pueden lanzar varios misiles de calibre «pequeño» *Guided Multiple Launch Rocket Systems* (GMLRS) o un misil de mayor calibre *Army Tactical Missile System* (ATACMS). El ATACMS tiene un alcance de 300 km y una carga explosiva de 200 kg,

---


539. «Боррель уточнив деталі «історичного рішення» ЄС про закупівлю боєприпасів Україні», Європейська правда, 20 de marzo de 2023 (https://www.eurointegration.com.ua/news/2023/03/20/7158323/).

540. «La UE no logra ponerse de acuerdo sobre cómo gastar 1.000 millones de euros en munición para Ucrania», *Ukraïnska Pravda*, 5 de abril de 2023 (https://www.pravda.com.ua/eng/news/2023/04/5/7396641/)

541. «Cyprus worried EU's Ukraine ammunition grant could end up in Turkish arms industry», *In-Cyprus*, 7 de abril de 2023 (https://in-cyprus.philenews.com/news/local/cyprus-worried-eus-ukraine-ammunition-grant-could-end-up-in-turkish-arms-industry/)

y podría permitir a Ucrania alcanzar objetivos en territorio ruso, con una gran capacidad destructiva. Pero los estadounidenses se muestran reticentes a suministrar misiles ATACMS a Ucrania, por temor a que ello pueda provocar una dramática escalada del conflicto[542]. De hecho, según el *Wall Street Journal*[543] y *The Hill*[544], los lanzadores entregados a Ucrania han sido incluso modificados en secreto para que no puedan disparar misiles de largo alcance capaces de alcanzar territorio ruso.

Según documentos clasificados estadounidenses filtrados en abril de 2023, los ucranianos habían recibido 9.584 misiles GMLRS. Por lo tanto, están disparando una media de 36 misiles, o 6 salvas al día[545]. Estamos lejos de cambiar la situación. Dicho esto, es probable que los ucranianos dispararan muchos al principio, pero que con el tiempo se vieran obligados a reducir su consumo para que los estadounidenses pudieran seguirles el ritmo. Los documentos muestran que a finales de febrero habían disparado 17 sistemas, es decir, unas 3 ráfagas al día. Dado que Ucrania recibió 38 sistemas de Estados Unidos[546], podemos concluir que la mayoría de los M-142 o una gran parte de la munición fue destruida por Rusia, lo que confirmaría las declaraciones de su Estado Mayor.

Los M-142 y M-270 tienen probablemente un diseño más sofisticado que los sistemas rusos equivalentes. Como el resto de las armas occidentales producidas en el último cuarto de siglo, fueron diseñadas para operaciones proyectadas. Son modulares y pueden adaptarse a diferentes requisitos operativos, pero su producción es muy cara y compleja. En la actualidad, Lockheed-Martin produce 10.000 misiles GMLRS al

---

542. John Ismay, «The Missile Ukraine Wants Is One the U.S. Says It Doesn't Need», *The New York Times*, 6 de octubre de 2023 (https://www.nytimes.com/2022/10/06/us/ukraine-war-missile.html)

543. Michael R. Gordon & Gordon Lubold, «U.S. Altered Himars Rocket Launchers to Keep Ukraine From Firing Missiles Into Russia», The Wall Street Journal, 5 de diciembre de 2022 (https://www.wsj.com/articles/u-s-altered-himars-rocket-launchers-to-keep-ukraine-from-firing-missiles-into-russia-11670214338)

544. Brad Dress, «US secretly modified HIMARS for Ukraine to prevent Kyiv from shooting long-range missiles into Russia», *The Hill*, 5 de diciembre de 2022 (https://thehill.com/policy/defense/3762042-us-secretly-modified-himars-for-ukraine-to-prevent-kyiv-from-shooting-long-range-missiles-into-russia/)

545. Actualización diaria del Estado Mayor Conjunto Rusia/Ucrania J3/4/5 (D+369) (28 de febrero de 2023) (SECRET/NO FORN)

546. «U.S. Security Cooperation with Ukraine - Fact Sheet», *Oficina de Asuntos Político-Militares, Departamento de Estado*, 19 de abril de 2023 (https://www.state.gov/u-s-security-cooperation-with-ukraine/).

año. Con inversiones adicionales, alcanzará las 14.000 unidades en 2024, pero no logrará duplicar su producción antes de 2026[547]. De hecho, EE.UU. simplemente no tiene la capacidad material y de personal para aumentar la producción y satisfacer las necesidades tanto de Ucrania como de sus otros clientes.

Los sistemas rusos equivalentes son más numerosos, pero más sencillos y, por tanto, menos costosos de producir. Por eso Rusia puede aumentar fácilmente su producción e incrementar la densidad de sistemas desplegados sobre el terreno.

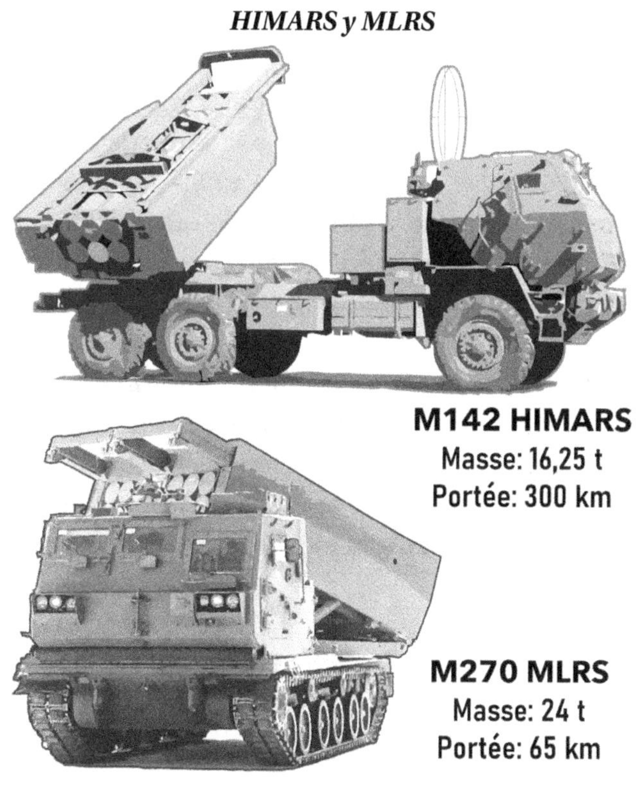


*Figura 68 - Lanzamisiles múltiples estadounidenses suministrados a Ucrania*

---

547. Sam Skove, «Why It's Hard to Double GMLRS Production», *Defense One*, 30 de marzo de 2023 (https://www.defenseone.com/business/2023/03/why-its-hard-double-gmlrs-production/384646/)

### 4.8.9.3. Sistemas de contrabatería

Los rusos han desarrollado una capacidad de fuego contrabatería especialmente eficaz y son capaces de destruir los equipos occidentales casi tan pronto como llegan al teatro de operaciones.

Los rusos necesitan 2 minutos entre la detección de un disparo ucraniano y la transmisión de sus coordenadas para desencadenar el fuego de contrabatería[548]. En el lado ucraniano, mover un obús estadounidense M777 de 155 mm lleva entre 2 y 3 minutos a una tripulación entrenada en condiciones óptimas[549]. En teoría, esto significa no sólo que una pieza de artillería ucraniana sólo puede efectuar un único disparo en cada posición de tiro, sino que puede ser destruida cada vez antes incluso de que pueda moverse.

Esta capacidad de lanzar fuego de contrabatería al instante ha limitado considerablemente la capacidad de la artillería ucraniana. Con el avance gradual de las tropas rusas, la artillería ucraniana ya casi no puede alcanzar la ciudad de Donetsk. Lo que Occidente no pudo detener mediante la negociación, los rusos lo han conseguido por la fuerza.

### 4.8.9.4. Artillería convencional frente a artillería de precisión

Para ayudar a Ucrania a reducir su consumo de proyectiles de artillería, Occidente ha optado por suministrar armas de precisión para reducir el volumen de munición utilizada. Además de obuses y cañones de 155 mm, empezaron a suministrar a Ucrania munición de precisión de 155 mm en julio de 2022[550].

---


548. https://eng.mil.ru/en/special_operation/news/more.htm?id=12449739@egNews

549. http://www.military-today.com/artillery/m777.htm

550. «Ucrania recibirá de EE.UU. nuevos proyectiles de artillería de 155 mm guiados con precisión», Centro Militar Ucraniano, 9 de julio de 2022 (https://mil.in.ua/en/news/ukraine-to-receive-new-precision-guided-155-mm-artillery-rounds-from-usa/).

## M982 Excalibur 155 mm (USA)

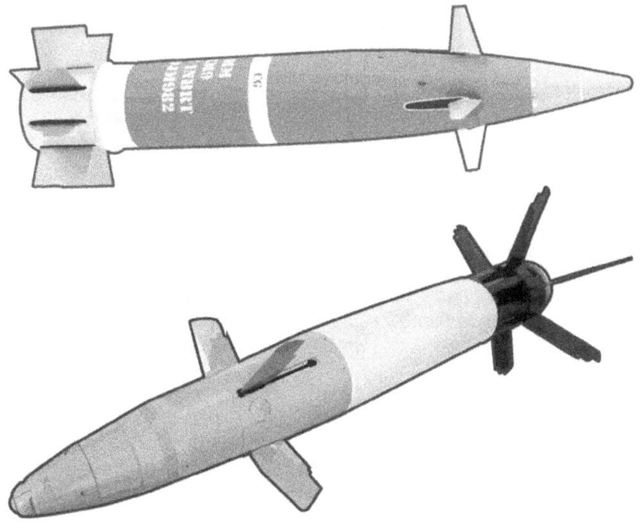

## 2K25 Krasnopol 152 mm (Russie)

*Figura 69 - Municiones guiadas de 155 mm y 152 mm utilizadas por Ucrania y Rusia respectivamente. Estas municiones son extremadamente caras en relación con su eficacia.*

Estos sistemas permiten que el proyectil se mantenga en la trayectoria prevista, reduciendo así su dispersión (Circular Error Probable - CEP). Esto aumenta la probabilidad de alcanzar un objetivo y reduce el número de proyectiles necesarios para destruirlo.

Existen y se han suministrado a Ucrania numerosos sistemas, como los proyectiles autoguiados EXCALIBUR de 155 mm, que pueden alcanzar objetivos con una precisión milimétrica.

Con un coste unitario de 68.000 dólares, estos proyectiles de precisión son 85 veces más caros que un proyectil de 155 mm que cuesta 800 dólares. Por ello, los estadounidenses han estado probando soluciones alternativas en Ucrania, como el kit de guiado de proyectiles (PGK) M1156.

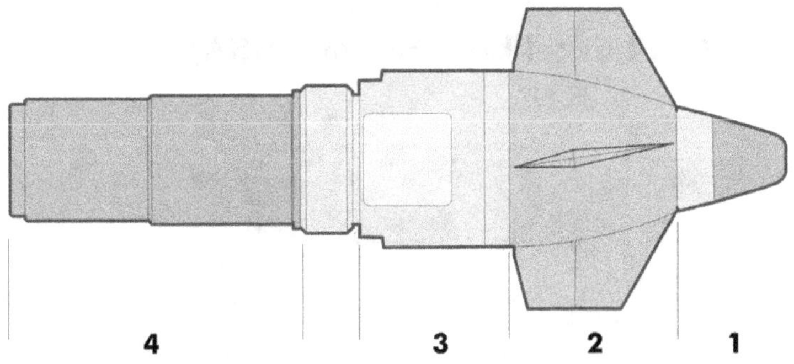


Figura 70 - Kit de mejora de la precisión para proyectiles de artillería M1156 PGK de 155 mm. Consta de: (1) Módulo de telemetría y sensores de proximidad; (2) Módulo de guiado; (3) Módulo GPS; (4) Espoleta y mecanismo de disparo.

El M1156 PGK es un kit para mejorar la precisión de los proyectiles de artillería, consistente en una espoleta provista de aletas orientables que pueden colocarse en lugar de las espoletas de proyectiles «normales». Una vez que ha alcanzado su punto máximo, las aletas mantienen el proyectil en su trayectoria y compensan los efectos del viento, la temperatura, etc. El M1156 PGK es muy sencillo y relativamente barato (unos 20.000 dólares cada uno).

Una munición precisa es una ventaja, pero también tiene sus limitaciones. Esto implica una designación de objetivos muy precisa y la capacidad de guiar el proyectil hasta el objetivo. El guiado se realiza generalmente mediante un módulo GPS, mientras que la designación del objetivo se realiza mediante sistemas de reconocimiento estadounidenses, como el MQ-9 REAPER o el RQ-4 GLOBAL HAWK.

Sin embargo, tras la destrucción de la mayor parte de su potencial en la primavera de 2022, el ejército ucraniano se ha convertido en un mosaico de equipos de distintas procedencias, con diferentes capacidades y cadenas logísticas. El problema de los ucranianos no es realmente la falta de armas, sino la capacidad de integrarlas en una estructura de mando óptima y eficiente.

Además, los rusos tienen una capacidad de guerra electrónica sin rival y son capaces de interferir o desbaratar estos sistemas. Dicho esto, Rusia también dispone de sistemas equivalentes, como el 2K25 KRASNOPOL, guiado por láser mediante un dron. Dicho esto, Rusia parece preferir el uso de bombas aéreas más potentes.

### 4.8.9.5. *Equipo inadecuado*

El problema de Ucrania no es tanto el número de armas como la forma en que se utilizan. Las armas suministradas por Occidente no están diseñadas para este tipo de guerra. Desde los años noventa, los «grandes» ejércitos occidentales han sido equipados para librar guerras de tipo colonial contra adversarios sin apenas equipamiento pesado. Ucrania se encuentra atrapada entre dos conceptos diferentes de artillería: el concepto tradicional ruso, basado en el fuego masivo, y un concepto occidental más táctico, basado en la artillería de francotiradores. La idea es reducir el número de disparos necesarios para destruir un objetivo.

Es el caso de sistemas como el francés *Camion Équipé d'un Système d'Artillerie* (CAESAR) o el obús estadounidense M777. Sus principales cualidades son la precisión y el alcance. Pero se trata de cualidades exigentes. Su precisión depende en gran medida de los sistemas integrados de reconocimiento y designación de objetivos de alto rendimiento, pero también del mantenimiento de los equipos.

Ambos son capaces de disparar la munición de 155 mm de la OTAN, y son excelentes, más precisos que los obuses rusos, pero más frágiles. Pensados para «dar en la diana» en cada disparo, sus cañones no fueron diseñados para disparar grandes volúmenes de fuego y no resisten bien el desgaste. El *New York Times cita el* ejemplo de un obús M777 en Siria que disparó 23.000 cartuchos en 5 meses (es decir, 150 proyectiles al día) y tuvo que ser completamente revisado para volver a ser operativo.

Pocas semanas después de su llegada a Ucrania, los CAESAR se muestran incapaces de mantener el alto ritmo de fuego impuesto por los rusos. A finales de 2022, Francia tiene previsto desplegar un taller cerca de la frontera ucraniana para repararlos, según informa el sitio web militar ucraniano *Militarniy*[551]. En cuanto a los obuses estadou-

---

551. https://mil.in.ua/en/news/the-ministry-of-defense-wants-to-create-a-service-center-for-caesar-self-propelled-howitzers/

nidenses M777, el 30% tienen que ser retirados regularmente para ser reparados[552].

Nuestros medios de comunicación las han presentado como «armas milagrosas», pero en realidad estas armas no tienen el efecto deseado, porque no pueden utilizarse de la forma en que fueron diseñadas[553]. A pesar de la enorme ayuda de los países occidentales, estas armas no pueden integrarse en los sistemas de gestión de los campos de batalla, por lo que se utilizan de forma ineficaz.

### *4.8.10. Guerra electrónica*

Un campo sistemáticamente ignorado por nuestros «expertos» y a menudo confundido con la ciberguerra es *la guerra electrónica (EW), que* los anglosajones llaman *«Electronic Warfare»* (EW). Denominada en Rusia «Radio Electronic Warfare» (радиоэлектронная борьба) (REB), es un área en la que destaca y probablemente está más adelantada que Occidente. También es un área de éxito discreto.

Al comienzo de su intervención, en febrero de 2022, Rusia logró neutralizar todas las comunicaciones militares ucranianas.

Ucrania pudo restablecer sus transmisiones gracias a la donación de unos 20.000 terminales Starlink, financiados por los gobiernos estadounidense, británico y polaco. Desarrollado por SpaceX, la empresa de Elon Musk, el sistema *Starlink* transmite datos a través de una red de satélites. Por ello, resulta especialmente útil en un país tan extenso como Ucrania, para la conducción de combates, incluido el pilotaje de drones o la designación de objetivos. El funcionamiento de esta red en Ucrania cuesta unos 400 millones de dólares al año.

*Starlink* se convirtió así rápidamente en uno de los objetivos prioritarios de la guerra electrónica rusa. En un principio, SpaceX consiguió evitar la interferencia de sus satélites[554], pero los rusos no habían

---

552. Stew Magnuson, «Ukraine to U.S. Defense Industry: We Need Long-Range, Precision Weapons», *National Defense Magazine*, 5 de junio de 2022 (https://www.nationaldefensemagazine.org/articles/2022/6/15/ukraine-to-us-defense-industry-we-need-long-range-precision-weapons)

553. Alex Hollings & Sandboxx News, «Ukraine's troops have been highly effective with the M777 howitzer, but US troops can turn it into a 'giant sniper rifle'», *Business Insider*, 18 de septiembre de 2022 (https://www.businessinsider.com/us-targeting-system-makes-m777-howitzer-highly-accurate-2022-9)

554. Michael Kan, «Pentagon Impressed by Starlink's Fast Signal-Jamming Workaround in Ukraine», *PC Magazine*, 21 de abril de 2022 (https://www.pcmag.com/news/pentagon-impressed-by-starlinks-fast-signal-jamming-workaround-in-ukraine)

dicho su última palabra[555]. A principios de octubre de 2022, los fallos masivos de *Starlink tuvieron* consecuencias «catastróficas» para las transmisiones de las formaciones de combate. Según el general Valeriy Zaloujny, jefe de las fuerzas ucranianas, los rusos destruían 500 terminales al mes[556].

La destrucción de los terminales Starlink obliga a los puestos de mando a intercambiar datos de fuego por voz a través de la red de telefonía por satélite *Iridium*. Esto ralentiza los tiempos de reacción de la artillería, haciéndola más vulnerable al fuego de contrabatería.

Los rusos también han desarrollado formas de interferir las señales GPS, perturbando así el uso de drones y misiles teledirigidos. Según la revista estadounidense *Forbes*, Rusia es capaz de derribar el 90% de los drones ucranianos con sus sistemas electromagnéticos[557]. En *The Economist*, un funcionario ucraniano declaró[558]:

*Los rusos son muy, muy buenos en lo que hacen [...] Hacen magia negra cuando se trata de guerra electromagnética. Pueden interferir frecuencias, engañar al sistema GPS, enviar un dron a la altitud equivocada para que caiga del cielo.*

555. Elizabeth Howell, «Elon Musk says Russia is ramping up cyberattacks on SpaceX's Starlink systems in Ukraine», *Space*, 14 de octubre de 2022 (https://www.space.com/starlink-russian-cyberattacks-ramp-up-efforts-elon-musk)
556. Xander Landen, «Starlink Outages Put 'Dent' in Ukrainian Counteroffensive Against Putin», *Newsweek*, 8 de octubre de 2022 (https://www.newsweek.com/starlink-outages-put-dent-ukrainian-counteroffensive-against-putin-1750116)
557. David Axe, «Russia's Electronic-Warfare Troops Knocked Out 90 Percent of Ukraine's Drones», *Forbes*, 24 de diciembre de 2022 (https://www.forbes.com/sites/davidaxe/2022/12/24/russia-electronic-warfare-troops-knocked-out-90-percent-of-ukraines-drones/?sh=2b8c98a9575c)
558. «Ukraine is betting on drones to strike deep into Russia», *The Economist*, 20 de marzo de 2023 (https://www.economist.com/europe/2023/03/20/ukraine-is-betting-on-drones-to-strike-deep-into-russia)

*Figura 71 - Los rusos han desarrollado toda una serie de sistemas electrónicos para neutralizar los drones antes de que se conviertan en una amenaza. El STRIJ es uno de estos sistemas, que puede utilizarse para proteger unidades tácticas.*

## Sistema de protección electromagnética RANETS-E

*Figura 72 - RANETS-E es un sistema móvil de protección por microondas (MMPS). Genera una onda centimétrica de unos 20 nanosegundos de duración y una potencia de hasta 500 MW. Puede freír toda la electrónica de un avión a una distancia de 15 kilómetros y provocar fallos operativos a distancias de 15 a 40 km.*

Rusia también dispone de todo un arsenal de sistemas que pueden interferir o incluso destruir los sistemas electrónicos enemigos, inutilizando sus transmisiones o sus aviones. Tal es el caso del sistema RANETS-E.

### *4.8.11. Armas antiaéreas*

Al comienzo de la SVO, la defensa antiaérea ucraniana dependía principalmente de los sistemas S300 suministrados por Rusia. La fuerza aérea ucraniana quedó rápidamente en tierra por los primeros ataques rusos, pero las capacidades antiaéreas ucranianas apenas se vieron afectadas. El objetivo de Rusia no era apoderarse de Ucrania, por lo que no necesitaba controlar los cielos de todo el país. Sus misiles le permitían actuar en profundidad sin tener que arriesgar sus aviones y sus pilotos.

A finales del verano de 2022, viendo que Occidente les llevaba a una guerra de desgaste entregando armas a Ucrania, los rusos decidieron completar la destrucción de las fuerzas ucranianas. El objetivo principal era impedir que Ucrania reconstituyera sus fuerzas para la gran ofensiva que llevaba prometiendo desde la primavera de 2022. Sin embargo, los rusos se han dado cuenta de que para la destrucción de posiciones de infantería enterradas, la aviación es la solución más eficaz.

Para reducir la amenaza antiaérea, los rusos decidieron presionar a los ucranianos para que agotaran sus existencias de misiles de largo alcance. Por ello, llevaron a cabo ataques con misiles contra la infraestructura eléctrica, algo que no habían hecho antes. Esto está obligando a los ucranianos a utilizar sus misiles S-300 y BUK, e incluso varios para un mismo objetivo. Por eso, algunos de estos misiles acaban sin rumbo y terminan cayendo en Polonia.

La táctica rusa consiste en enviar una primera oleada de drones baratos o misiles obsoletos como señuelos, que incitan a los ucranianos a activar sus radares. Al mismo tiempo, con un avión de alerta temprana A-50U MAINSTAY que vigila el espacio aéreo desde Bielorrusia, los rusos analizan los patrones de respuesta ucranianos. Entonces pueden enviar una segunda oleada de misiles de crucero capaces de destruir las posiciones de defensa antiaérea ucranianas.

Nuestros medios de comunicación pregonaban a los cuatro vientos que los rusos se habían quedado sin misiles y se veían obligados a utilizar otros obsoletos. Es más, ¡los resultados anunciados por la propaganda sugerían que las defensas aéreas ucranianas estaban funcionando bien! Esto explica por qué Occidente renunció a suministrar armas antiaéreas y concentró sus esfuerzos en la artillería. Así que, irónicamente, al tratar de restar importancia a los éxitos rusos, nuestros medios de comunicación y expertos militares amplificaron la eficacia de la estrategia rusa y contribuyeron directamente a debilitar los recursos ucranianos.

El A-50U MAINSTAY, estacionado en el aeródromo militar de Matchoulichtchy, cerca de Minsk, es una parte esencial de este sistema. Por eso Ucrania intentó destruirlo.

El 26 de febrero de 2023, *Le Figaro*[559] y la *RTS* suiza anunciaron que «*un avión ruso había sido destruido en un aeródromo de Bielorrusia*»[560], por la oposición bielorrusa[561]. Al día siguiente, *Le Point* declaró que el éxito había sido «*confirmado*» y afirmó que se trataba de la «*operación de sabotaje de mayor éxito*[562]». Sin embargo, a pesar de su tono decisivo, nuestros medios de comunicación no saben absolutamente nada al respecto. La inteligencia militar británica (DI) no anunció ninguna acción los días 26 y 27 de febrero, pero mencionó el incidente el día 28, precisando que ni el incidente, ni los autores, ni los daños habían sido confirmados[563]. La DI tenía razón al mostrarse prudente, porque el 28 de febrero, las imágenes por satélite del avión ruso, publicadas por *Maxar Technologies*, mostraban que estaba intacto[564]... Una vez más, nuestros medios de comunicación han fabricado...

559. «Un avion russe détruit sur un aérodrome en Biélorussie, selon l'opposition», *Le Figaro / AFP*, 26 de febrero de 2023 (https://www.lefigaro.fr/international/un-avion-russe-detruit-sur-un-aerodrome-au-belarus-selon-l-opposition-20230226)

560. https://www.rts.ch/info/monde/13820148-attaque-mortelle-dune-dizaine-de-drones-iraniens-sur-khmelnytsky-dans-louest-de-lukraine.html

561. «Un avion russe à 330 millions d'euros détruit sur un aérodrome au Bélarus: «L'opération de sabotage la plus réussie», se réjouit l'opposition», 7 sur 7/ BELGA, 27 de febrero de 2023 (https://www.7sur7.be/monde/un-avion-russe-a-330-millions-deuros-detruit-sur-un-aerodrome-au-belarus-loperation-de-sabotage-la-plus-reussie-se-rejouit-lopposition~a1f4bb60/)

562. I.M. / AFP, «L'opposition biélorusse annonce avoir détruit un avion russe», *Le Point*, 27 de febrero de 2023 (https://www.lepoint.fr/monde/l-opposition-bielorusse-annonce-avoir-detruit-un-avion-russe-27-02-2023-2510106_24.php)

563. https://twitter.com/DefenceHQ/status/1630453726304518144

564. Tyler Rogoway, «Russian A-50 Radar Jet Intact After Claimed Drone Attack In Belarus», *The War Zone*, 28 de febrero de 2023 (https://www.thedrive.com/the-war-zone/first-image-of-russian-a-50-radar-jet-after-claimed-attack-in-belarus)

**A-50 MAINSTAY**

*Figura 73 - Avión de alerta temprana A-50 MAINSTAY. Es el equivalente ruso de los AWACS utilizados por los países de la OTAN en Rumanía y Polonia. Puede detectar y procesar simultáneamente unos 150 objetivos hasta una distancia de 650 km en el aire y hasta 300 km en tierra.*

Al saturar las defensas aéreas con una combinación de misiles, drones y señuelos, los rusos están obligando a los ucranianos a utilizar misiles que cuestan varios cientos de miles de dólares para alcanzar drones que valen unos pocos miles. Documentos secretos estadounidenses «filtrados» en abril de 2023 indican que los sistemas antiaéreos SA-10/S-300 y SA-11/BUK y su munición se agotaron entre finales de marzo y finales de mayo de 2023.

Según la revista estadounidense *Forbes*, Ucrania disponía de 300 sistemas SA-10/S-300 en febrero de 2022. Un año después, según documentos clasificados estadounidenses «filtrados», solo le quedaban 25 sistemas. Según Volodymyr Omelyan, exministro ucraniano de Infraestructuras entre 2016 y 2019, se necesitarían 200 sistemas antiaéreos para proteger eficazmente las 50 principales ciudades del país[565].

---

565. Brendan Cole, «NATO's Patchwork Air Defenses Failed Ukraine. What Now?», *Newsweek*, 14 de octubre de 2022 (https://www.newsweek.com/ukraine-russia-air-defense-zelensky-1751511)



---

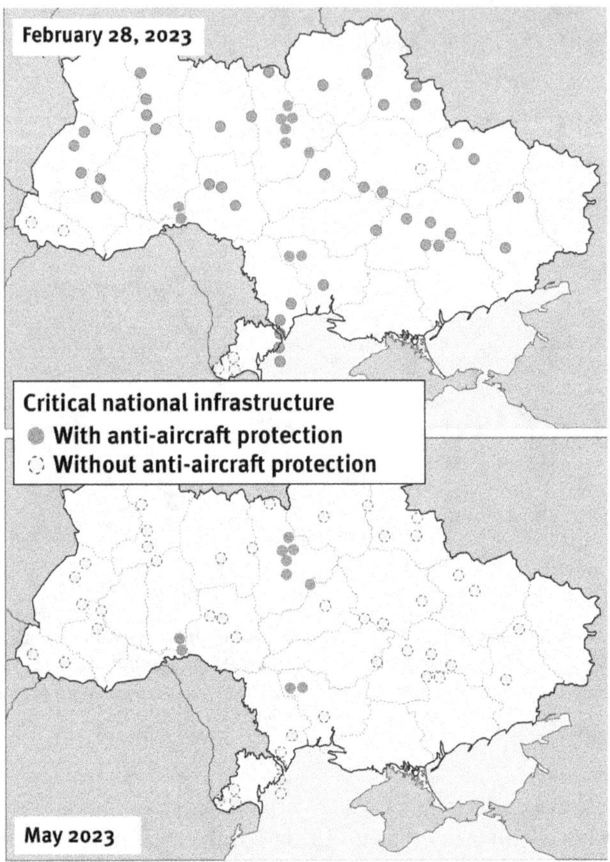


*Figura 74 - Información extraída de documentos clasificados «filtrados» a principios de abril de 2023. Muestran que en mayo prácticamente todos los sistemas antiaéreos se habrán quedado sin munición y Ucrania estará indefensa. Esta es la consecuencia de las declaraciones de la propaganda ucraniana y de nuestros medios de comunicación de que Rusia ya no tenía misiles ni aviones.*

La estrategia rusa ha funcionado bien, porque a finales de 2022 - principios de 2023, Occidente debe enviar urgentemente sistemas antiaéreos a Ucrania. Estados Unidos prometió una unidad de MIM-104 PATRIOT. En marzo de 2023, Francia decidió enviar dos sistemas CROTALE con un alcance de 11 km y se unió a Italia para enviar un sistema MAMBA SAMP/T en verano. A pesar de la calidad áre estos sistemas, estos esfuerzos fueron insuficientes para permitir a Ucrania restablecer su equilibrio.

***Sistemas antiaéreos suministrados por Occidente
a principios de 2023***

| System | Number | Country | Altitude range [km] |
|---|---|---|---|
| S-300 | ? | Russie | 200 / 40 |
| MIN-104 PATRIOT | 3 | USA / Allemagne | 60 / 24 |
| NASAMS | 8 | USA | 50 / 20 |
| IRIS-T | 3 | Allemagne | 40 / 20 |
| ASTER 30 SAMP/T | 1 | France / Italie | 120 / 40 |

*Figura 75 - Número de sistemas. En el momento de redactar este informe, las características de los sistemas suministrados a Ucrania no están claras. Sin embargo, no parece que estos sistemas puedan igualar las prestaciones de los sistemas S-300. Con las defensas aéreas de Ucrania al límite, los sistemas occidentales no ofrecen una ventaja decisiva.*

Estos sistemas son insuficientes para proporcionar una cobertura uniforme de los 600.000 km2 de territorio ucraniano. En otras palabras, el mando ucraniano tiene que elegir entre proteger zonas estratégicas (como Kiev) o sus operaciones terrestres.

Además, en una entrevista concedida a *Associated Press a* finales de marzo de 2023, Volodymyr Zelensky declaró que los sistemas recibidos «de un país europeo» no funcionaban y tuvieron que ser reparados varias veces[566]. Aquí como en otros lugares, los países occidentales envían a Ucrania equipos obsoletos y a menudo defectuosos.

---

566. Julie Pace, Hanna Arhirova y James Jordan, «Takeaways from AP's interview with Ukraine's Zelenskyy», *AP*, 30 de marzo de 2023 (https://apnews.com/article/ukraine-zelenskyy-russia-putin-war-78f55fbf4fb7e57711c2fadaf914fd45)

## 4.9. Desvío

Para que las armas sean eficaces, tienen que llegar al frente. En términos técnicos, la desviación es el acto de desviar las armas de su destino original. Es un fenómeno bien conocido cuando un mercado está saturado de armas. Así ocurrió en Irak y Afganistán.

Lo que los periodistas (¿mentirosos o corruptos?) calificaron de *«desinformación rusa»* en julio de 2022[567], parece haber sido verificado por un documental de *CBS* News titulado «Arming Ukraine» (Armando a Ucrania), que constató que sólo el 30-40% de las armas enviadas llegan a sus destinatarios[568]. Tras las protestas de Kiev, el documental fue rápidamente censurado...[569]

Ahora parece confirmarse que los ucranianos vendieron a los rusos lanzamisiles múltiples estadounidenses HIMARS y cañones autopropulsados franceses CAESAR. Esto permitió a los rusos analizar los sistemas que cayeron en sus manos y desarrollar contramedidas: software para misiles antiaéreos y contramedidas electrónicas. Como resultado, los HIMARS tan cacareados en Occidente se han convertido en amenazas habituales.

Esta es la razón por la que los estadounidenses se negaron a suministrar a Ucrania cuatro drones MQ1C GRAY EAGLE debido al riesgo de fuga de tecnología[570]. Esta fue también la razón aducida para no suministrar los carros de combate M1 ABRAMS, cuyo blindaje está fabricado con una aleación especial clasificada[571].

---


567. Gilles Sengès, «La Russie instille le doute sur la destination des armes occidentales livrées à l'Ukraine», *L'Opinion*, 15 de julio de 2022 (https://www.lopinion.fr/international/la-russie-instille-le-doute-sur-la-destination-des-armes-occidentales-livrees-a-lukraine)

568. Adam Yamaguchi & Alex Pena, «Why military aid in Ukraine may not always get to the front lines», CBS News, 7 de agosto de 2022 (https://www.cbsnews.com/news/ukraine-military-aid-weapons-front-lines/)

569. Sinéad Baker, «CBS partially retracts documentary that outraged Ukraine by claiming that US weapon shipments were going missing», Business Insider, 8 de agosto de 2022 (https://www.businessinsider.com/cbs-partially-retracts-ukraine-docuemtnary-alleging-missing-us-weapons-2022-8)

570. Inder Singh Bisht, «Pentagon Postpones Armed MQ-1C Drone Sale to Ukraine», *The Defense Post*, 21 de junio de 2022 (https://www.thedefensepost.com/2022/06/21/pentagon-postpones-mq1c-drone-ukraine/)

571. Joseph Trevithick, «M1 Abrams Tanks In U.S. Inventory Have Armor Too Secret To Send To Ukraine», *The War Zone*, 25 de enero de 2023 (https://www.thedrive.com/the-war-zone/m1-abrams-tanks-in-u-s-inventory-have-armor-too-secret-to-send-to-ukraine)

Creyendo en su propia propaganda, nuestros periodistas ignoraron totalmente el fenómeno de la distracción. Aunque el informe de *la RAND Corporation* ya advertía de este problema en 2019[572], los occidentales no han puesto en marcha ningún mecanismo de verificación[573].

En abril de 2023, el periodista de investigación Seymour Hersh publicó un artículo sobre la corrupción de las élites estadounidenses y ucranianas[574]. En él se mostraba que Zelensky y su entorno se habían enriquecido vergonzosamente con los fondos que le pagaron, estimados por un analista de la CIA en 400 millones de dólares, traficando con gasóleo procedente de... ¡Rusia! Las armas suministradas a Ucrania llegaron a otros países, a través de empresas tapadera en Polonia, la República Checa e Israel, que revendieron las armas, dejando sustanciosas «comisiones» para Zelensky y su equipo.

A veces se tiene la sensación de que la guerra se ha convertido en una oportunidad para algunas personas en Ucrania. En julio de 2022, en virtud de la ley 2425-IX[575] los miembros de la Verjovna Rada[576], el parlamento ucraniano, acordaron un aumento salarial del 70%, que se financiaría con cargo al presupuesto ucraniano. El fenómeno no es nuevo ni único, y los ucranianos no son peores que otros en este sentido. El problema es que esta corrupción se produce con nuestro apoyo financiero.

En enero de 2023, durante su reunión con Zelensky, William Burns, director de la CIA, expresó su descontento y le entregó una lista de 35 generales cuya corrupción resultaba demasiado llamativa a los ojos del gobierno estadounidense. Pocos días después, Zelensky destituyó a diez de ellos...

Estas destituciones se produjeron en un momento en el que las tensiones crecían en la cúpula ucraniana debido a la situación en Bajmut. En febrero de 2023, Zelensky destituyó a Ruslan Dzyuba, subco-

---

572. James Dobbins, Raphael S. Cohen, Nathan Chandler, Bryan Frederick, Edward Geist, Paul DeLuca, Forrest E. Morgan, Howard J. Shatz, Brent Williams, «Extending Russia: Competing from Advantageous Ground», RAND Corporation, 2019, p. 101.
573. «A Case for More Oversight of Military Aid to Ukraine», *Arms Control Association*, volumen 14, número 6, 9 de agosto de 2022 (https://www.armscontrol.org/issue-briefs/2022-08/case-more-oversight-military-aid-ukraine).
574. Seymour Hersh, «Trading with the Enemy», *Seymour Hersh Substack*, 12 de abril de 2023 (https://seymourhersh.substack.com/p/trading-with-the-enemy)
575. https://zakon.rada.gov.ua/laws/show/2425-IX#Text
576. https://itd.rada.gov.ua/billInfo/Bills/Card/40038

mandante de la Guardia Nacional[577], y después al general de división Eduard Moskalyov, comandante de las fuerzas ucranianas en el Donbass (Fuerzas del Mando Operativo Oriental)[578]. Al mismo tiempo, Zelensky recompuso el Consejo de Seguridad y Defensa incorporando a Ihor Klymenko, nuevo ministro del Interior, y a Vasyl Malyuk, nuevo jefe del servicio de seguridad ucraniano.

### *Los despidos que reflejan el dilema creado por la situación en Donbass*

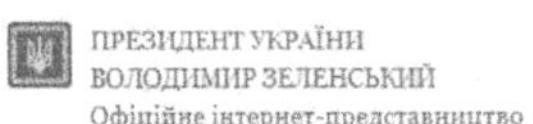

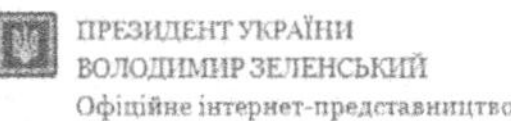

Головна › Документи › Укази

## УКАЗ ПРЕЗИДЕНТА УКРАЇНИ №74/2023

Про звільнення Р.Дзюби з посади заступника командувача Національної гвардії України

Звільнити ДЗЮБУ Руслана Володимировича з посади заступника командувача Національної гвардії України.

**Президент України В.ЗЕЛЕНСЬКИЙ**

11 лютого 2023 року

Головна › Документи › Укази

## УКАЗ ПРЕЗИДЕНТА УКРАЇНИ №113/2023

Про звільнення Е.Москальова з посади Командувача об'єднаних сил

Звільнити МОСКАЛЬОВА Едуарда Михайловича з посади Командувача об'єднаних сил.

**Президент України В.ЗЕЛЕНСЬКИЙ**

26 лютого 2023 року

*Figura 76 - Las destituciones del comandante adjunto de la Guardia Nacional y del comandante de las fuerzas ucranianas en el Donbass ilustran las tensiones existentes a principios de 2023 en el seno de la cúpula ucraniana. La estrategia de mermar las capacidades ucranianas anunciada por Rusia tras las entregas masivas de armas por parte de Occidente está funcionando.*


577. Katerina Tichenko, «Зеленський звільнив заступника командувача Нацгвардії», *Ukraïnska Pravda*, 11 de febrero de 2023 (https://www.pravda.com.ua/news/2023/02/11/7388966/).
578. Kateryna Tyshchenko, «Zelensky despedido comandante de las fuerzas conjuntas», *Ukraïnska Pravda*, 26 de febrero de 2023 (https://www.pravda.com.ua/eng/news/2023/02/26/7391121/)

# 5. La guerra de la información

## 5.1. Fracasos de los medios de comunicación occidentales

Como en cualquier conflicto, cada beligerante intenta convencer a la gente de que su acción está justificada. El problema es que, desde 2014, nuestra interpretación del conflicto ucraniano se ha basado *exclusivamente* en la propaganda ucraniana. Esto ha llevado, a principios de 2023, a un discurso contradictorio sobre una Rusia que está «perdiendo» y una Ucrania que no puede «ganar». Todo lo que estamos viendo hoy era previsible ya en junio de 2022. Pero el odio a Rusia y a los rusos ha ahogado la razón y el sentido común.

Una lección importante del conflicto ucraniano es que nuestros medios de comunicación -que se enorgullecen de su profesionalidad periodística- *nunca* comprueban su información. Todos los grandes medios de comunicación de Bélgica, Francia y Suiza trabajan *exclusivamente* con información difundida por la propaganda ucraniana, sin comprobar nada.

Una comparación posterior de la información ofrecida por nuestros medios de comunicación y la realidad revela un esfuerzo deliberado por dar una percepción de la realidad que no se ajusta a los hechos, sino a la política de los países occidentales (Figura 78). Se pueden hacer varias observaciones.

En primer lugar, los principales medios de comunicación francófonos aquí examinados (*RTBF* en Bélgica, *France 5* y *LCI* en Francia y *RTS* en Suiza) prácticamente sólo tienen como fuente la propaganda ucraniana.

Incluso los medios de comunicación no oficiales ucranianos, e incluso los de la oposición rusa, quedan excluidos cuando ofrecen una imagen más matizada del conflicto.

***Evaluar la información:***
***el principal problema de nuestros medios de comunicación***

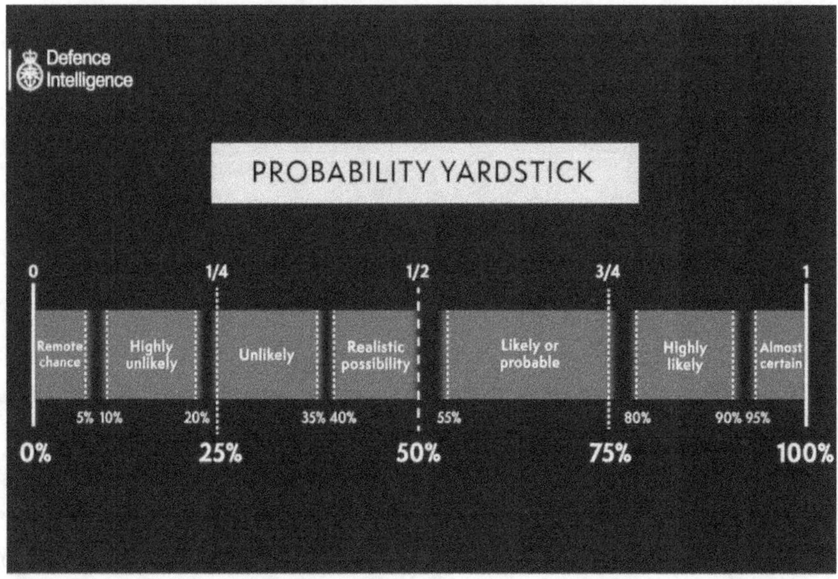


*Figura 77 - Nuestros periodistas aún no han comprendido que las palabras tienen significado. En el mundo de la inteligencia, términos como «probable» o «improbable» tienen un significado cuantificable. Aquí, la escala de terminología utilizada por la inteligencia militar británica. Medios como BFM TV, RTBF, France 5 y RTS no tienen rigor en la forma en que presentan la información y el grado de veracidad de la información que nos dan.*
*[Fuente: Defence Intelligence]*

Luego, cuando echamos la vista atrás unas semanas o incluso meses más tarde para ver la información dada por nuestros medios de comunicación, vemos que la gran mayoría (>90%) era simplemente errónea. Esto podría explicarse por la «niebla de guerra», pero los ejemplos que hemos dado en este libro demuestran que no es así. De hecho, la información correcta estaba disponible en el momento en que fue difundida por nuestros medios.

Hay que matizar el término «falso». La información no se compone de elementos todos falsos. De hecho, la información que nos ofrecen los medios de comunicación suele estar «recompuesta», como un jamón cocido de mala calidad. En otras palabras, medios como BFM TV, LCI o RTS nos proporcionan información de la que sólo se han conservado los elementos que apoyan un determinado discurso. Es el caso, por ejemplo, de las armas nucleares: sistemáticamente omiten mencionar las amenazas occidentales, con el fin de hacer creer que Vladimir Putin lanzó sus amenazas porque sí.

### Comparación de los medios utilizados en este libro

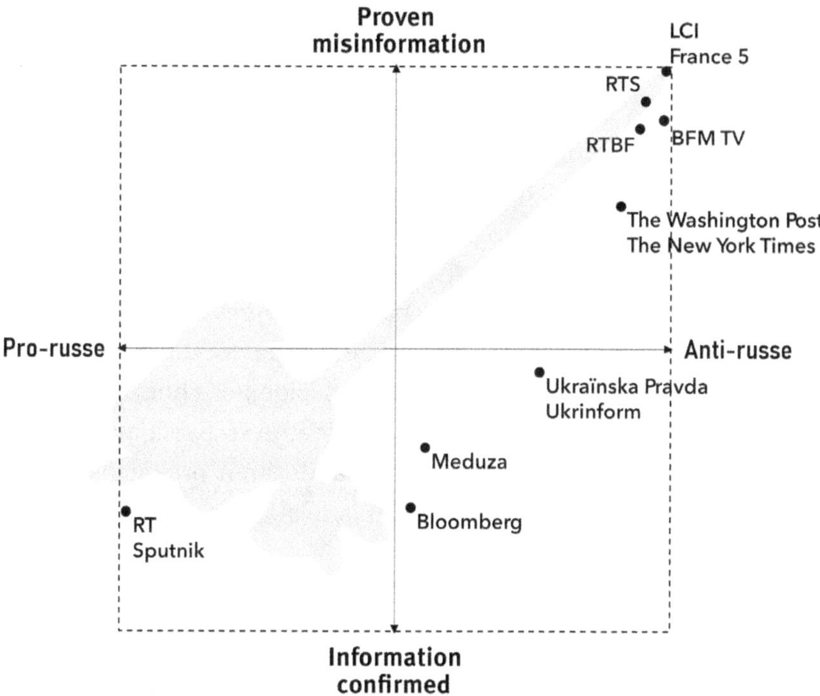


*Figura 78 - Comparando la información dada por los principales medios de comunicación utilizados en este libro y cotejando su información con la realidad unos días después, teniendo en cuenta la información disponible en el momento de la publicación, podemos ver que nos han desinformado sistemáticamente. Como demostramos en este libro, medios como LCI, RTS, France 5 y BFM TV trabajan sin respetar la Carta de Munich sobre el periodismo.*

Así, al descartar sistemáticamente la información que interfiere con la retórica oficial, nuestros medios de comunicación sólo retienen la información que apoya un planteamiento político: una práctica que responde a la definición técnica de conspiracionismo.

Los *fact checkers* se basan en determinados elementos para corroborar la información que dan los medios de comunicación, pero ignoran sistemáticamente los elementos que ignoran nuestros medios: por tanto, estamos dando vueltas en círculo.

La incapacidad de nuestros dirigentes para comprender el conflicto y su dinámica real, y por tanto para idear estrategias que pongan fin a la crisis, es el resultado de la imagen que dan nuestros medios de comunicación:

- Generando sistemáticamente una sucesión de incitaciones al odio, polarizando las mentes y sofocando todas las voces que intentaban aportar razón y desapasionamiento a los hechos.
- Al tergiversar los objetivos declarados de Rusia -que han demostrado ser coherentes-, nuestros medios de comunicación han apartado deliberadamente a nuestros gobiernos y a Ucrania de las soluciones adecuadas.
- Señalando una derrota de Rusia basada en *ningún* elemento fáctico, lo que justificaba no entablar un proceso de negociación.

En la primavera de 2023, la narrativa occidental chocaba cada vez más con la realidad sobre el terreno. Occidente se había atrapado a sí mismo. Tras haber juzgado a Rusia basándose en prejuicios y no en hechos, habían actuado contra un adversario al que habían subestimado enormemente.

### *Comparación de la comunicación de crisis en Ucrania y Rusia*

|  | Ukraine / West | Russia |
| --- | --- | --- |
| **Main axes** | • Glorification of Ukrainian actions<br>• Maximizing Russia's losses and failures | • Denunciation of « Russophobia ».<br>• Absurdity of the Western accusations. |
| **Channel axes** | Communication largely based on social networks | Mainly based on institutional networks. |
| **Style** | Very contemporary and offensive.<br>Emotional approach. | Sober and defensive.<br>Rational and technical approach. |
| **Form** | Modern and using young codes, aiming more to influence than to inform. | Conventional, more academic, but more factual and reliable than in Ukraine. |
| **Architecture** | Zelensky is the keystone of the information strategy and all political and military communication goes through him. | Operational information is provided by the military, while information of a political and strategic nature is the responsibility of the presidential communication team (Maria Zakharova). |
| **Approach** | Volodymyr Zelensky fights in the information space. | Vladimir Putin fights in the material and real space. |

*Figura 79 - Dos enfoques de la comunicación. Si la comunicación ucraniana es más «pegadiza», probablemente sea el enfoque ruso el que dé frutos a largo plazo.*

Como hemos demostrado con numerosos ejemplos en este libro, nuestras observaciones muestran que la política de estos medios es polarizar la percepción del conflicto. En otras palabras: maximizar el odio hacia los rusos.

Por ejemplo, el 15 de abril de 2023, frente al edificio que alberga la Asamblea Parlamentaria de la Comunidad de Estados Independientes (CEI), se desplegaron las banderas de los países miembros de la organización, incluida la de Ucrania. Oficialmente, Ucrania sigue formando parte de la organización y las autoridades rusas querían que su bandera estuviera presente. Los habitantes de San Petersburgo retiraron la bandera, con la desaprobación de las autoridades[579]. Este ejemplo ilustra la natura-

---

579. «В России не поддержали сорвавших украинский флаг возле штаб-квартиры МПА СНГ», Lenta.ru, 16 de abril de 2023 (https://lenta.ru/news/2023/04/16/nosupport/).

leza más madura y desapasionada del enfoque oficial ruso del conflicto. Quizá por eso ninguno de los medios de comunicación occidentales se hizo eco de este incidente, del que se informó ampliamente en Rusia.

## 5.2. El papel de la inteligencia

### *5.2.1. Inteligencia estratégica*

Una vez más vemos la pésima comprensión del papel de la inteligencia en los medios de comunicación franceses. ¡Sin duda más acostumbrados a la prensa sensacionalista que a la reflexión, nuestros periodistas siguen entendiendo la inteligencia como si estuvieran en una película de James Bond[580]!

Existen tres niveles de inteligencia: estratégica, operativa y táctica. El papel de la inteligencia estratégica es informar la toma de decisiones estratégicas políticas y/o militares. Pero sólo puede cumplir su misión en determinadas condiciones:

- La primera es que el responsable toma su decisión tras consultar y escuchar a sus servicios de inteligencia. Hoy, sin embargo, nuestros dirigentes viven y deciden a la velocidad de Twitter, y la rapidez de la decisión prima sobre su pertinencia. Esto es aún más cierto con personalidades débiles y convencidas de su superioridad, como Anthony Blinken en Estados Unidos, Emmanuel Macron (¡y muchos de sus ministros!) en Francia, Annalena Baerbock en Alemania, Sanna Marin en Finlandia y Kaja Kallas en Estonia.
- La segunda es hasta qué punto la inteligencia tiene la independencia (y el valor) necesarios para formular análisis contrarios a las expectativas del responsable de la toma de decisiones.
- La tercera es la capacidad de los servicios de inteligencia para analizar la situación. Esto significa tener la capacidad analítica para procesar toda la información.

Dependiendo de la naturaleza del conflicto, se basa en un 90-97% en fuentes abiertas, siempre que se tenga cuidado de contar con un abanico

---

580. https://youtu.be/c44ZdBhcuno

de fuentes lo suficientemente amplio como para garantizar la imparcialidad del análisis. Y ahí está el problema.

Nuestros ministerios y administraciones basan las decisiones gubernamentales principalmente en lo que dicen los medios de comunicación. Sin embargo, en última instancia, estos medios tienen una y sólo una fuente: la propaganda (no los medios de comunicación) de Ucrania. Por eso nuestra imagen del conflicto guarda poca relación con la realidad, y por eso nuestros periodistas se sorprenden tanto cuando se ven confrontados con los hechos.

La publicación en abril de 2023 de documentos clasificados (hasta TOP SECRET) arroja una luz inesperada sobre el conflicto y la percepción estadounidense del mismo. Estos documentos son muy controvertidos, ya que ofrecen una imagen de la situación operativa en Ucrania más matizada de lo que nuestros medios de comunicación nos quieren hacer creer.

Sin entrar en detalles, lo que estos documentos revelan es que los estadounidenses dependen exclusivamente de los ucranianos y de los medios de comunicación para el análisis estratégico. Tienen una imagen relativamente precisa de lo que se despliega sobre el terreno, gracias a sus drones estratégicos RQ-4 GLOBALHAWK y MQ-9 REAPER. En cambio, su evaluación de las pérdidas parece basarse casi exclusivamente en información ucraniana y fuentes abiertas (como el sitio web ORYX). Larry Johnson, ex agente de la CIA, hizo exactamente la misma observación en enero de 2023[581].

Esta falta de información se ve confirmada por un artículo de Seymour Hersh del 12 de abril de 2023, en el que explica que en enero de 2023, convencido de la victoria ucraniana, el general Mark Milley, jefe del Estado Mayor Conjunto, hizo elaborar un plan de rendición para Rusia tras su derrota sobre el terreno[582]. Esta iniciativa es tanto más sorprendente cuanto que en enero la situación de las fuerzas ucranianas en el Donbass era extremadamente precaria. Esto confirma que, aparte de *contar frijoles*, los estadounidenses tienen una comprensión muy pobre del conflicto.

---

581. Larry Johnson, «Blinded by the Lies - The U.S. Military is Relying on Ukrainian Intelligence», *Sonar 21*, 4 de enero de 2023 (https://sonar21.com/blinded-by-the-lies-the-u-s-military-is-relying-on-ukrainian-intelligence/)
582. Seymour Hersh, «Trading With The Enemy», *Seymour Hersh Substack*, 12 de abril de 2023 (https://seymourhersh.substack.com/p/trading-with-the-enemy)

El mismo fenómeno puede observarse en Francia y Alemania, donde los servicios de inteligencia parecen ir a la zaga. Sin embargo, creo que en estos dos países los servicios de inteligencia tienen una visión más precisa del conflicto que sus dirigentes. El problema reside esencialmente en sus dirigentes.

Suiza no es una excepción. El embajador de Suiza en Ucrania describió la situación en nuestros medios de comunicación como producto directo de la propaganda ucraniana, sin conexión real con la realidad[583]. El problema se repite en el *Informe Anual de Seguridad Suizo*[584] publicado en septiembre de 2022 por el *Servicio Federal de Inteligencia Suizo* (SRC). No contiene literalmente ningún análisis y sólo informa sobre la situación tal y como la proporcionan los servicios ucranianos.

En mayo de 2022, Sauli Niinisto, el presidente finlandés, se sorprendió de que Vladimir Putin no se enfadara por teléfono tras el anuncio de su país de que solicitaría entrar en la OTAN[585]. Esto significaba que su servicio de inteligencia no había sido capaz de informarle sobre la personalidad de su interlocutor, o le había dado información falsa.

El mayor error que se puede cometer en la guerra es subestimar al adversario y sobrestimar las propias capacidades. Nuestros medios de comunicación nos han empujado a hacerlo, mientras que a nivel estatal, la inteligencia estratégica, cuyo papel es ayudar a los políticos a tomar decisiones racionales, ha sido incapaz de hacerlo.

Como ha señalado Sir Jeremy Fleming, Director del *Cuartel General de Comunicaciones del Gobierno* (GCHQ), el servicio de inteligencia electrónica del Reino Unido,[586], en los últimos veinte años aproximadamente ha habido una tendencia en Occidente a utilizar los servicios de inteligencia como órganos de información para el público. De hecho, los servicios de inteligencia se han convertido en órganos de comunicación, diseñados para reforzar el discurso político.

---

583. https://www.rts.ch/play/tv/redirect/detail/13567586?startTime=383

584. https://www.newsd.admin.ch/newsd/message/attachments/72369.pdf

585. Peter Aitken, «Finland President surprised at Putin's 'calm' response to NATO membership news», *Fox News*, 15 de mayo de 2022 (https://www.foxnews.com/world/finland-president-putin-calm-nato-membership)

586. Evie Coffey, «GCHQ head says Ukraine conflict marked 'sea-change' in release of intelligence», *Gloucestershire Live*, 29 de diciembre de 2022 (https://www.gloucestershirelive.co.uk/news/uk-world-news/gchq-head-says-ukraine-conflict-7976536)



---

## 5.3. Desinformación rusa

La principal debilidad de Occidente en el complejo mundo actual es que sólo parece percibir las situaciones a través de sus propios prejuicios. Desde la Guerra Fría, todo lo que procede de Rusia (y antes de la URSS) se percibe en Occidente como propaganda o desinformación (que, en la mente de los periodistas, es exactamente lo mismo).

En pleno conflicto ucraniano, al periodista suizo Jean-Philippe Schaller no se le ocurre mejor ejemplo de desinformación rusa que la operación INFEKTION del KGB, que se remonta a... 1985[587]!

Como admitieron los soviéticos en agosto de 1987[588], INFEKTION fue una operación de desinformación que culpaba a Estados Unidos de la creación del virus del sida[589]. Según Yevgeny Primakov, entonces director del Servicio Central de Inteligencia (TsSR)[590], el objetivo era desviar la atención del intento de asesinato del Papa Juan Pablo II, para no «perder» a las poblaciones católicas de los países en desarrollo, donde la URSS luchaba contra el «imperialismo occidental».

Es sintomático que Jean-Philippe Schaller se vea reducido a recurrir a las operaciones del KGB de los años 80 para demostrar la desinformación rusa en la actualidad. La elección de nuestro periodista demuestra que, incluso durante la Guerra Fría, los ejemplos de desinformación soviética (o rusa) son raros. El sistema comunista favorecía la propaganda (literalmente: «lo que vale la pena difundir») que hace hincapié en los puntos positivos (como en un mensaje publicitario) pero que (generalmente) no es falsa. La misma filosofía se aplica hoy en día.

Para nuestros periodistas, la noción de «desinformación» es variable. El trolling en las redes sociales originado en Rusia se atribuye automáticamente al gobierno ruso y se clasifica como desinformación. Por otra parte, los ejemplos de desinformación occidental son ostensiblemente inverosímiles («Putin se daría baños de sangre»). ¡Lo que se califica

---

587. https://youtu.be/bEv4-IJsl9k?t=1337

588. Thomas Boghardt, «Operation INFEKTION - Soviet Bloc Intelligence and Its AIDS», *Studies in Intelligence* Vol. 53, No. 4, CIA, diciembre de 2009.

589. https://cia.gov/resources/csi/studies-in-intelligence/volume-53-no-4/soviet-bloc-intelligence-and-its-aids-disinformation-campaign/

590. La antigua 1ª Dirección Principal del KGB, que más tarde se convirtió en el *Servicio de Inteligencia Exterior* (SVR).

de «desinformación» para Rusia se convierte en *storytelling* para Ucrania[591]!

La información difundida por los medios de comunicación rusos, como RT y Sputnik, se centra -como es lógico- en los elementos que actúan contra Ucrania. Pero la información difundida es muy a menudo exacta, a diferencia de la información oficial ucraniana, que es muy a menudo falsa. En términos técnicos, Rusia tiende a favorecer la propaganda, mientras que Ucrania utiliza la desinformación.

## 5.4. La guerra de la información ucraniana y occidental

### 5.4.1. Estructuras de información

La comunicación ucraniana sobre el conflicto es extremadamente compleja. Se está desarrollando con el apoyo del *Centro de Excelencia para la Comunicación Estratégica de la OTAN* (*COE StratCom*) con sede en Riga (Letonia), creado en enero de 2014 a raíz del Euromaidán[592]. El 1 de julio de 2014, un Memorando de Entendimiento entre Alemania, España, Italia, Lituania, Letonia, Polonia y el Reino Unido estableció el centro como organización internacional. Fue acreditado como Centro de Excelencia de la OTAN el 1 de septiembre de 2014 por el Consejo del Atlántico Norte, con el objetivo declarado de apoyar a Ucrania[593]. En la actualidad, es uno de los centros que coordinan la desinformación y la propaganda sobre el conflicto ucraniano.

Creada a raíz de la crisis ucraniana de 2014, la *Iniciativa de Integridad Británica* (II) no fue revelada al público hasta finales de 2018 por un hackeo de *Anonymous*[594]. Naturalmente, se acusó entonces a los servicios de inteligencia rusos de llevar a cabo una campaña de desinformación contra la OTAN. Esto no es imposible, pero no hay pruebas de ello en esta etapa, ya que los documentos revelados -incluidas las listas de

---

591. https://youtu.be/bEv4-IJsl9k?t=285

592. www.stratcomcoe.org/

593. «Letonia comparte con Ucrania la experiencia del STRATCOM de la OTAN», LSM.lv, 27 de octubre de 2015 (https://eng.lsm.lv/article/society/society/latvia-shares-nato-stratcom-experience-with-ukraine.a152152/).

594. telegra.ph/OP-HMG-Trojan-Horse-Part-4-Undermining-Russia-I-02-04

nombres de agentes y corresponsales de los NI en el extranjero- parecen ser auténticos. En noviembre de 2018, el Gobierno británico confirmó que financiaba esta iniciativa[595].

El II se creó bajo los auspicios del Ministerio británico de Asuntos Exteriores (FCO), del que también dependen el *Servicio Secreto de Inteligencia* (MI-6) y el *Cuartel General de Comunicaciones del Gobierno* (GCHQ), encargado de la ciberguerra, que están asociados a esta iniciativa. Está financiada por el Ministerio de Defensa y el Ejército británicos, el Ministerio de Defensa lituano y la OTAN, y su objetivo es *«combatir la desinformación rusa en Europa»*. La II utiliza la *BBC* y *Reuters* para promover un discurso «oficial». Incluye redes de marketing informático y agencias de inteligencia privadas como Bellingcat, y se basa en «clusters» nacionales formados por corresponsales en cada país participante.

Los «clusters» nacionales son el aspecto más inquietante del II. Sus miembros pertenecen a instituciones oficiales o supuestamente independientes. En Francia, por ejemplo, funcionarios británicos establecieron los primeros contactos con funcionarios del Gobierno a principios de 2016. Tras una reunión en París en mayo, señalaron:

> *Los franceses son muy nacionalistas y antiamericanos. También sienten admiración por la fuerza bruta («complejo de Napoleón»). Como resultado, existe una clara tendencia a admirar a Putin, combinada con un sentimiento histórico de cercanía a Rusia que les hace simpatizar con este país.[596]*

El resultado será la creación, *«independientemente del Gobierno»*, de la agrupación *«Integridad Francia»*. ¿Hasta qué punto las listas de nombres reveladas en 2018 son completas y siguen siendo correctas? Es incierto, pero plantean interrogantes sobre la integridad de las instituciones que informan o avisan a nuestros políticos. Entre ellos figuran periodistas, funcionarios del Ministerio de Asuntos Exteriores, de la *Secretaría*

---

595. *Ministerio de Asuntos Exteriores y de la Commonwealth: Iniciativa de Integridad, Pregunta para el Ministerio de Asuntos Exteriores y de la Commonwealth,* UIN 196177, 27 de noviembre de 2018.
596. CND París y Bruselas, 2-4 de mayo de 2016 (https://www.pdf-archive.com/2018/12/13/cnd-paris--bxl-may-2016-v2/).

*General de Defensa y Seguridad Nacional* (SGDSN), Rudy Reichstadt y varios colaboradores de *Conspiracy Watch*[597], Françoise Thom (que denuncia a los medios de comunicación pagados en el extranjero (¡!) y se opone al diálogo diplomático con Rusia[598]) y Galia Ackerman, que habla regularmente de Rusia en *France 5. En el clúster belga* (2019), hay funcionarios de la OTAN y de la Unión Europea, así como investigadores de la *Université libre de Bruxelles*; en el clúster suizo (2019), hay personas pagadas por el Ministerio de Defensa suizo. En el clúster británico, como era de esperar, encontramos a *Bellingcat* y a Vladimir Achourkov, estrecho colaborador de Navalny.

En cuanto a *Bellingcat* -referido regularmente por conspiracionistas de extrema derecha, *Conspiracy Watch* y muchos medios de comunicación occidentales-, un documento interno de la Iniciativa de *Integridad* del Reino Unido de junio de 2018 sobre cómo contrarrestar la desinformación rusa lo juzga de la siguiente manera:

> *Bellingcat se ha desacreditado en cierta medida, tanto por difundir ella misma información errónea como por estar dispuesta a elaborar informes para cualquiera que esté dispuesto a pagar.*[599]

Técnicamente, las personas empleadas por una administración, pero que al mismo tiempo trabajan bajo mano en beneficio de otra, en el marco de una actividad de influencia, corresponden a la definición de *«agentes de influencia»*[600]. Se trata de una situación en la que los empleados de las administraciones nacionales pueden tener conflictos de intereses con las decisiones políticas de su empleador. Esto contribuye a lo que algunos llaman el «Estado profundo», que puede generar dinámicas diferentes de las pretendidas por las autoridades elegidas. Esto puede llevar a situaciones comparables a la de Francia con respecto

---

597. Benoît Bréville, «Chasseur de «conspis»», *Le Monde diplomatique*, abril-mayo de 2018; Brice Perrier, «Conspiracy Watch de Rudy Reichstadt: les contradictions de l'anti-complotiste professionnel», *Marianne*, 23 de noviembre de 2019; Laurent Dauré, «Quand les «complotologues» de Franceinfo font l'impasse sur la principale théorie du complot de l'ère Trump», *Acrimed*, 10 de marzo de 2021.
598. Isabelle Mandraud, «Françoise Thom, la procureure de Poutine», *Le Monde*, 21 de octubre de 2019.
599. *Upskilling to Upscale: Unleashing the Capacity of Civil Society to Counter Disinformation*, Informe final, junio de 2018, p. 72.
600. es.wikipedia.org/wiki/Agente_de_influencia



---

a Alemania, cuando Clément Beaune, secretario de Estado de Asuntos Europeos, se pronunció públicamente a favor de abandonar el proyecto *Nord Stream 2*[601] por el asunto Navalny, lo que obligó a Yves Le Drian, y luego a Emmanuel Macron, a dejar claro que Francia considera que ambos asuntos son independientes[602].

El II es esencialmente una estructura de influencia, que tiene poco en común con el «fact-checking». Como se describe en su *«guía»*, su papel es esencialmente desacreditar las respuestas de Rusia a los ataques contra ella, que nunca se han demostrado, permanecen inexplicados o solo se describen parcialmente (el asunto Skripal, el desastre del MH-17 en Ucrania, la «anexión» de Crimea, los ciberataques...)[603]. En junio de 2018, en una reunión organizada por el FCO para movilizar el apoyo a las operaciones de influencia, se expuso claramente el objetivo de la operación: «*El objetivo del programa es debilitar la influencia de Rusia sobre sus vecinos*»[604], sin mencionar ni una sola vez el Estado de derecho o los derechos humanos.

Este tipo de estructura es una amenaza para el Estado de Derecho, porque el problema no es tanto responder a la información procedente de Rusia, sino el espíritu y la ética que ponemos en ella. Por ejemplo, la II es una herramienta que puede utilizarse muy rápidamente para llevar a cabo una campaña contra el Partido Laborista en Gran Bretaña[605]. Si organizaciones como *Conspiracy Watch* en Francia son objeto de polémica, no es tanto por su lucha contra la conspiración como por la falta de rigor intelectual y de ética en su forma de actuar.

El problema es que a fuerza de ver desinformación en todo lo que pueda parecer favorable o positivo para Rusia, medios como RTS, LCI o BFM TV y medios como Conspiracy Watch, que trabajan al margen

---

601. «Affaire Navalny: la France favorable à l'abandon du projet gazoduc Nord Stream 2, selon le secrétaire d'État chargé des Affaires européennes», *franceinfo.fr*, 1 de febrero de 2021.
602. «France will not intervene with Germany on Nord Stream 2, says Le Drian», *Reuters*, 3 de febrero de 2021.
603. Documento «Guía de la Iniciativa de Integridad para contrarrestar la desinformación rusa» (https://www.pdf-archive.com/2018/11/02/untitled-pdf-document-1/)
604. *Supplier Event, Support for Independent Media in Eastern Partnership Countries, Support for Independent Media in the Baltic States*, Foreign & Commonwealth Office, Londres, 26 de junio de 2018.
605. Chris York, 'How A Murky Row Over Russia, Jeremy Corbyn And A «Psyops Campaign» Went Mainstream', *huffingtonpost.co.uk*, 2 de febrero de 2019; Mark McLaughlin, 'Hacker-hit research group the Integrity Initiative is sorry for Jeremy Corbyn tweets', *The Times*, 6 de abril de 2019.

de los principios de la Carta de Múnich, acaban haciendo ellos mismos desinformación. Como dice un documento de *la Iniciativa de Integridad del Reino Unido de junio de 2018*[606]:

> *Otro obstáculo en la lucha contra la desinformación es el hecho de que algunas historias respaldadas por el Kremlin son objetivamente ciertas [...]. Responder a verdades incómodas, frente a la pura propaganda, es naturalmente más problemático.*

Esto explica por qué la estrategia de los medios de comunicación consiste en lanzar ataques personales contra las voces discrepantes para reforzar su propio discurso.

### 5.4.2. Diferentes filosofías

Un análisis de la comunicación sobre el conflicto en Ucrania y Rusia revela diferentes filosofías informativas.

En cuanto a la forma, la comunicación ucraniana es muy «joven». Se basa en difundir «mensajes» más que en reflejar la realidad: no importa si lo que se dice es cierto sobre el terreno, lo importante es que la gente se lo crea. Las películas de propaganda parecen haber salido directamente de los juegos de ordenador. Se trata de comunicación, como la de Volodymyr Zelensky, que actúa por su sola presencia y no por su contenido. Se pone mucho empeño en el tono de voz, que transmite voluntad de lucha y determinación. Se realiza un enorme trabajo en las redes sociales para difundir la propaganda oficial ucraniana, que alimenta nuestros medios de comunicación excluyendo cualquier otra fuente.

---

606. *Upskilling to Upscale: Unleashing the Capacity of Civil Society to Counter Disinformation*, Informe final, junio de 2018, p. 55 (apartado 5.3).( https://www.pdf-archive.com/2019/03/22/untitled-pdf-document-1/)

## El Batallón LGBT ucraniano

*Figura 80 - Insignia de hombro del batallón LGBT. Presenta un unicornio (derecha), fuego (abajo a la izquierda) y el tridente (arriba a la izquierda). La creación de un batallón LGBT ilustra la filosofía comunicativa de Ucrania, basada en códigos populares entre los políticos occidentales. Este batallón se observó en Kremennaya, en la región de Donbass[607].*

Los códigos de comunicación (smileys, pero en un santiamén, etc.) y de vestimenta (traje de batalla y camisetas) también son juveniles y se dirigen a un público acrítico con un nivel cultural mediocre, acostumbrado a recibir información «prefabricada» e incapaz de analizar. Para la cumbre de la Unión Europea que se celebrará en Kiev a principios de febrero de 2023, las directrices para los participantes les pedían que evitaran el color caqui (el color del atuendo del presidente Zelensky[608]) y los colores brillantes (para mantener el foco de atención en Zelensky)[609].

En cambio, la comunicación rusa es más austera, objetiva y tradicional; algunos dirían que «pasada de moda». Se basa en gran medida en las tradiciones y valores de las poblaciones de Europa del Este, como la familia, la iglesia y el respeto a los mayores. Los códigos de vestimenta

---

607. https://lgbtmilitary.org.ua/eng

608. James Crisp, «Don't dress like Volodymyr Zelensky when in Kyiv, EU officials warned», *The Telegraph*, 2 de febrero de 2023 (https://www.telegraph.co.uk/world-news/2023/02/02/dont-dress-like-volodymyr-zelensky-when-kyiv-eu-officials-warned/)

609. Florian Eder, «The EU's Ukraine trip dress code: Wear a suit, not green like Zelenskyy», *Politico*, 1 de febrero de 2023 (https://www.politico.eu/article/eu-ukraine-summit-trip-dress-code-brussels-military-volodymyr-zelenskyy-russian-invasion-solidarity-kyiv/)

siguen siendo tradicionales (traje y corbata). La diferencia de enfoque quedó patente durante los debates iniciados por Ucrania a finales de febrero de 2022, cuando las dos delegaciones se enfrentaron en Bielorrusia: por un lado, los ucranianos con su traje de batalla, y por el otro, los rusos con traje y corbata[610].

En cuanto al fondo, la comunicación ucraniana utiliza temas más juveniles, a menudo extraídos del mundo de los juegos electrónicos, y también es más juvenil en su contenido. En cambio, la comunicación rusa es menos prolífica, más comedida y menos atractiva, pero más madura y fiable.

Si damos un paso atrás, las diferencias de enfoque nos remiten a concepciones distintas de la sociedad. Apoyada fuertemente por el aparato de comunicación occidental, Ucrania parece propugnar una sociedad aligerada, sin valores reales, donde lo inmediato se opone al largo plazo, donde el individuo se opone a lo colectivo.

Rusia juega menos con las emociones y más con los hechos. Si nos fijamos en la información difundida por los medios de comunicación oficiales ucranianos y rusos, vemos que los rusos han comunicado sistemáticamente la información correcta. En general, los ucranianos están dispuestos a falsear la verdad para mantener su imagen, mientras que los rusos se inclinan más por ocultar lo que no les sirve. Mientras que la información ucraniana es muy a menudo falsa, la rusa tiende a ser incompleta.

En términos técnicos, Ucrania tiende a practicar la desinformación, mientras que Rusia se decanta más por la propaganda. La desinformación consiste en difundir información falsa, mientras que la propaganda consiste en difundir sólo «lo que merece la pena difundir».

---

610. «Russia, Ukraine set to resume negotiations via video link Monday», *The Times of Israel,* 14 de marzo de 2022 (https://www.timesofisrael.com/russia-ukraine-set-to-resume-negotiations-via-video-link-monday/)

*Figura 81 - Tweet de la OTAN: «Ucrania es el escenario de una de las mayores epopeyas de este siglo - Somos Harry Potter y William Wallace, los Na'vi y Han Solo. Escapamos de Shawshank y volamos la Estrella de la Muerte. Luchamos contra los Harkonnens y desafiamos a Thanos» [Fuente: https://twitter.com/NATO/status/1628687961477750790/photo/1].*

### 5.4.3. *Principios de la comunicación ucraniana y occidental*

#### 5.4.3.1 *Aislar al adversario*

Este método es muy utilizado por los países occidentales e Israel para intentar quitar toda credibilidad a sus adversarios. Los ejemplos más famosos son los palestinos, Irán, China y Venezuela. Este es obviamente el objetivo de las sanciones, pero la guerra de información amplía sus efectos.

Como en el caso de las sanciones, se trata de llegar a la población para utilizar su cólera o su humillación para provocar un cambio en sus dirigentes. Por eso, desde el principio de la intervención rusa, el lenguaje adoptado por nuestros medios de comunicación y nuestros dirigentes incitó claramente al odio.

Esto explica la exclusión de rusos de concursos como Eurovisión, o incluso de gatos de concursos felinos. En Bélgica, además, preocupa el racismo[611] al que se ven sometidas las personas de origen ruso[612,613]. Un fenómeno que no parece preocupar ni a Francia ni a Suiza... ¡dos países donde el racismo se está imponiendo como cultura!

Aislar a los opositores no es sólo una herramienta de política exterior, sino también una forma de combatir la libertad de expresión. Al estigmatizar las opiniones discrepantes, se las aparta para dejar espacio a la narrativa oficial. Este es el objetivo de la lista publicada en julio de 2022 por el *Centro de Lucha contra la Desinformación* (CPD) del Consejo Nacional de Seguridad y Defensa de Ucrania. En ella figuran oradores internacionales que «*promueven narrativas en línea con la propaganda rusa*», entre ellos miembros del Congreso de Estados Unidos, políticos, periodistas y ex agentes de los servicios de inteligencia occidentales. En su momento se incluyó mi nombre[614], pero en la última versión de la

---

611. Ludovic Jimenez, «Rentre chez toi rejoindre ton peuple de barbares»: les Russes de Belgique victimes de harcèlement et de racisme», DHnet.be, 10 de marzo de 2022 (https://www.dhnet.be/actu/belgique/2022/03/10/rentre-chez-toi-rejoindre-ton-peuple-de-barbares-les-russes-de-belgique-victimes-de-harcelement-et-de-racisme-USQWGLLUZZB6VIT5C4KIZE7F6U/)
612. Romain Van Dyck, «Il se fait embêter à l'école parce qu'il est Russe» (Un alumno nos cuenta), RTL.be, 5 de marzo de 2022 (https://5minutes.rtl.lu/actu/luxembourg/a/1870898.html)
613. «Harcèlement et racisme: les Russes de Belgique victimes collatérales de l'invasion russe», *Metro/AFP*, 10 de marzo de 2022 (https://fr.metrotime.be/belgique/harcelement-et-racisme-les-russes-de-belgique-victimes-collaterales-de-linvasion-russe)
614. https://cpd.gov.ua/reports/спікери-які-просувають-співзвучні-ро/

lista, publicada en diciembre de 2022, se eliminó mi nombre, junto con el de Tulsi Gabbard[615].

Esta práctica sigue siendo ampliamente utilizada por los medios de comunicación estatales europeos. Irónicamente, la mera autorización de una narrativa alineada con la propaganda de Kiev ha significado que las dificultades a las que se enfrenta el ejército ucraniano han sido completamente ignoradas. Así, paradójicamente, al intentar proteger a Ucrania, medios como RTS (Suiza), France 5, LCI, BFM TV (Francia) y RTBF (Bélgica) han contribuido en gran medida a mantener sus carencias. Al tratar de establecer una forma de censura, estos medios se han convertido en los principales responsables (junto con otros) de la evolución de la situación.

### 5.4.3.2. Despreciar y humillar al adversario

Menospreciar sistemáticamente a Rusia o presentarla como débil e ineficaz. Estas van desde afirmaciones infundadas sobre la falta de municiones, la ineficacia de la logística y la incompetencia de los mandos militares, hasta la mala calidad del equipo y el armamento y la falta de voluntad de los rusos para luchar.

El método preferido por Ucrania y los occidentales para desinformar a la población occidental es el «efecto espejo», también conocido como «proyección». Consiste en proyectar los propios defectos, problemas o errores en el adversario y apropiarse de sus éxitos.

A finales de marzo de 2022, las tropas rusas que avanzaban hacia Ucrania descubrieron un gran número de casos de crímenes de guerra: venganza contra la población civil, asesinato de «colaboradores», asesinato de partidarios en una negociación, etc. Las imágenes empiezan a circular por las redes sociales. Zelensky teme que estas revelaciones pongan en entredicho el apoyo occidental[616]. Pero estos crímenes ucranianos son muy reales.

615. https://cpd.gov.ua/reports/spikery-yaki-prosuvayut-spivzvuchni-rosijskij-propagandi-naraty-vy-2/
616. «Zelenskyy Worried About Western Financial Support After Video Surfaces Showing Ukraine Military Torturing Russian POW's», www.theconservativetreehouse.com, 27 de marzo de 2022 (https://theconservativetreehouse.com/blog/2022/03/27/zelenskyy-worried-about-western-financial-support-after-video-surfaces-showing-ukraine-military-torturing-russian-pows/)

La mención de una masacre en Boutcha llega en el momento justo, el 2 de abril de 2022. ¿Qué ocurrió allí exactamente? Nadie lo sabe[617]. Pero algunos civiles fueron ejecutados, mientras que otros parecen haber sido víctimas colaterales de los combates. En cuanto a quién fue el responsable, Ucrania acusa al ejército ruso, mientras que Rusia afirma que se trató de una falsificación. El diputado socialista ucraniano Ilya Kiva[618] revela en su canal de Telegram que la tragedia de Boutcha fue planeada por los servicios especiales británicos MI6 y ejecutada por el SBU[619].

No se trata aquí de determinar quién es el responsable -lo que debería ser tarea de una comisión internacional neutral e imparcial-, sino de constatar que nos encontramos sistemáticamente en un duelo de narrativas. El reto de Ucrania es mantener el nivel de interés -y, por tanto, de apoyo- de Occidente. Por eso tiene una estrategia de comunicación más agresiva, basada no en la veracidad sino en el contenido emocional.

Nuestros medios de comunicación estatales se han convertido en instrumentos de propaganda, afirmando sin demostrar nunca nada. En Suiza, RTS llegó a denunciar crímenes de guerra rusos en Ucrania, que los propios ucranianos consideraron falsificaciones. Tal es el caso de las violaciones cometidas por las tropas rusas. Es muy probable que las violaciones fueran cometidas por soldados de ambos bandos. Pero a principios de abril de 2022, de repente, se produjo un recrudecimiento de estas acusaciones. Las hizo la comisaria ucraniana de Derechos Humanos, Lyudmila Denisova[620]. RTS informó de las violaciones, subrayando que los crímenes habían sido cuidadosamente verificados[621] y que formaban «*parte del arsenal de guerra ruso*», al tiempo que reconocía que «las *denuncias son* raras»[622]. Pero RTS no tiene precisamente una reputación de honestidad e integridad. El problema es que todo

---

617. «Pentagon can't independently confirm atrocities in Ukraine's Bucha, official says», *Reuters*, 4 de abril de 2022 (https://www.reuters.com/world/pentagon-cant-independently-confirm-atro-cities-ukraines-bucha-official-says-2022-04-04/)
618. https://en.wikipedia.org/wiki/Illia_Kyva
619. https://t.me/intelslava/24353
620. https://www.francetvinfo.fr/monde/europe/manifestations-en-ukraine/guerre-en-ukraine-apres-le-massacre-de-boutcha-les-temoignages-glacants-des-victimes-de-viols-commis-par-l-occupant-russe_5145007.htm
621. https://www.rts.ch/audio-podcast/2022/audio/multiplication-des-accusations-de-viols-en-ukraine-interview-de-lea-rose-stoian-25813937.html
622. https://www.rts.ch/info/monde/13005321-les-viols-de-civils-font-partie-de-larsenal-de-guerre-russe-en-ukraine.html

es falso[623]: Denisova fue despedida porque sus acusaciones no estaban respaldadas por pruebas y sus denuncias dañaban la imagen de Ucrania, según el medio de comunicación ucraniano *Ukrinform*[624].

*Figura 82 - Aquí, en el sitio de la inteligencia militar ucraniana (GUR), la palabra «Rusia» (que siempre se escribe con mayúscula en inglés) se escribe deliberada y sistemáticamente con minúscula. Este tipo de comunicación bastante primitiva y muy occidental no se observa en la comunicación rusa. [https://gur.gov.ua/en/content/rosiia-bilshe-ne-stanovyt-viiskovoi-zahrozy-svitu.html]*

---

623. https://hromadske.ua/posts/deputati-zibrali-pidpisi-za-vidstavku-ombudsmenki-denisovoyi-vona-nazivaye-mozhlive-zvilnennya-nezakonnim
624. https://www.ukrinform.fr/rubric-ato/3496821-la-commissaire-aux-droits-de-lhomme-ukrainienne-demise-de-ses-fonctions.html



---

### 5.4.3.3. *Minimizar el fanatismo y el extremismo en Ucrania*

En su discurso del 24 de febrero de 2022, Vladimir Putin expuso los dos objetivos principales de la SVO: «desmilitarización» y «desnazificación». De hecho, utilizó dos de las «cuatro D» de la Declaración de Potsdam de 1945 sobre la Alemania derrotada: *desmilitarización, desnazificación, descentralización* y *democratización*. Cabe señalar que la *descentralización* y la *democratización* estaban en el centro de la filosofía de los acuerdos de Minsk, que habrían permitido resolver la crisis de Donbass. Pero Occidente se ha negado de facto a aplicar estos acuerdos.

Con el objetivo de la «desnazificación», el «nazismo» está resurgiendo con fuerza en la comunicación y la propaganda de todos los bandos. El resultado es una cacofonía en la que el «nazismo» se asocia a veces con Ucrania, a veces con Rusia. La opacidad creada por la incapacidad de nuestros medios de comunicación y pseudoexpertos ha hecho imposible una lectura inteligente del problema.

No es fácil de entender. Nos cuesta entender que Zelensky sea judío y que sus secuaces sean neonazis. Para simplificar las cosas y evitar entrar en vastas controversias históricas, «nazi» se refiere a una ideología política, mientras que «neonazi» se refiere más bien a un comportamiento.

Para los ucranianos, estas dos nociones tienden a confundirse: las SS de la Panzerdivision «Das Reich» liberaron Kharkov en 1943, mientras que las de la 14ª Grenadierdivision «1. Galizien» defendieron la efímera independencia de Ucrania. Galizien» defendieron la efímera independencia de Ucrania. Al igual que en los países bálticos, las tropas del Tercer Reich conservaron un prestigio desconocido en Europa Occidental. Para los rusos, en cambio, los nazis fueron responsables de unos 25 millones de muertos.

En Ucrania, el problema es menos «nazi» que «neonazi», una diferencia que nuestros periodistas evitan establecer. En febrero de 2022, el objetivo de la «desnazificación» era erradicar la amenaza que suponían las milicias ultranacionalistas y neonazis para la población de Donbass. Estas milicias se crearon en 2014 para suplir la falta de combatividad y brutalidad del ejército ucraniano, y el objetivo de los acuerdos de Minsk era precisamente poner fin a sus abusos. Pero Occidente no tenía ninguna intención de hacerlo[625].

---

625. «Civilian casualties in the conflict-affected regions of eastern Ukraine», *Organización para la Seguridad y la Cooperación en Europa,* 9 de noviembre de 2020 (https://www.osce.org/special-monitoring-mission-to-ukraine/469734)

A finales de marzo, con el cerco de Mariupol -cuna de las milicias neonazis-, el coronel general Sergei Rudskoy, jefe de la Dirección Principal de Operaciones del Estado Mayor ruso (GOU), anunció que se habían alcanzado los objetivos de la 1ª fase de la SVO[626]. El *Financial Times*[627] y *Business Insider*[628] afirman que el mando ruso considera que el objetivo de «desnazificación» se ha alcanzado y ya no será objeto de negociaciones.

En la actualidad, el destino de la comunidad tártara se utiliza con frecuencia para estigmatizar el papel de Rusia. En 2016, el Gran Premio de Eurovisión fue concedido a la cantante ucraniana Jamala, que cantó sobre la deportación de tártaros por los soviéticos en 1944. Según *Franceinfo*, «*una minoría de tártaros colaboró aparentemente con los* nazis»[629]. La palabra «*aparentemente*» tiende a sugerir que podría tratarse de una información falsa: se relativiza y minimiza el papel de la colaboración con los nazis, para castigar mejor a Rusia, como en el periódico *La Croix*[630].

De hecho, las decenas de miles de tártaros que se alistaron voluntariamente formaron siete grandes unidades de las Waffen SS[631]. En 1944, tras haberlos rodeado en Crimea, Stalin quiso mantenerlos alejados del frente deportándolos hacia el este. No se les permitió regresar a Crimea hasta principios de la década de 1980.

---

626. «Ukraine: EU doubles military aid to €1 billion - as it happened», dw.com, 23 de marzo de 2022 (https://www.dw.com/en-ukraine-eu-doubles-military-aid-to-1-billion-as-it-happened/a-61226171; https://p.dw.com/p/48tit).

627. «Russia no longer requesting Ukraine be «denazified» as part of ceasefire talks», *Financial Times*, 28 de marzo de 2022 (https://www.ft.com/content/7f14efe8-2f4c-47a2-aa6b-9a755a39b626).

628. Matthew Loh, «Russia is prepared to drop its demand for Ukraine to be 'denazified' from its list of ceasefire conditions», *Business Insider*, 29 de marzo de 2022 (https://www.businessinsider.com/russia-nazi-demand-for-ukraine-dropped-in-ceasefire-talks-2022-3?r=US&IR=T)

629. Jacques Deveaux, «¿Qui sont les Tatars chantés par Jamala, la chanteuse vainqueur de l'Eurovision?», *Franceinfo*, 15 de mayo de 2016 (https://www.francetvinfo.fr/monde/russie/qui-sont-les-tatars-chantes-par-jamala-la-chanteuse-vainqueur-de-leurovision_3063393.html).

630. Olivier Tallès, «Les Tatars de Crimée sous la pression de Moscou», *La Croix*, 13 de septiembre de 2017 (https://www.la-croix.com/Monde/Europe/Tatars-Crimee-pression-Moscou-2017-09-13-1200876387).

631. Los voluntarios tártaros formaron 7 milicias y unidades adscritas a las Waffen-SS: SS-Waffengruppe Idel-Ural, Waffen-Gebirgs-Brigade der SS (Tatar Nr. 1), 30. Waffen-Grenadier-Division der SS (russische Nr. 2), Wolgatatarische Legion, Tataren-Gebirgsjäger-Regiment der SS, Waffen-Gruppe Krim, Schutzmannschaft Battalion. En total, se calcula que entre 40.000 y 60.000 tártaros lucharon con las fuerzas alemanas.

30. Waffen-Grenadier-
Division der SS
(russische Nr. 2)

Waffen-Gebirgs-Brigade
der SS
(Tatar Nr. 1)

SS-Waffengruppe
Idel-Ural
Wolgatatarische Legion

*Figura 83 - Hoy está de moda restar importancia al papel de los tártaros al servicio del III Reich. Aficionados del III Reich intentan restar importancia a su papel para legitimar la oposición a Rusia.*

### 5.4.3.4 Reductio ad-Hitlerum

Desde el final de la Segunda Guerra Mundial, Hitler ha sido utilizado como «vara de medir» del mal por los enemigos de Occidente: Slobodan Milosevic[632], Saddam Hussein[633], Ali Khamenei[634]. Vladimir Putin no es una excepción a la regla. Los medios de comunicación se dejan llevar, pero siguen siendo incapaces de aportar ningún dato[635] que apoye sus acusaciones, con una pobreza intelectual preocupante. En realidad, hemos pasado de la política a la propaganda del orden más bajo.[636]

Porque la comparación es peligrosa: Milosevic fue exonerado en 2016 por el Tribunal Penal para Yugoslavia[637]. Saddam Hussein fue condenado

---

632. Ken Livingstone, «Comment: Why we are not wrong to compare Milosevic to Hitler», *The Independent*, 21 de abril de 1999 (https://www.independent.co.uk/arts-entertainment/comment-why-we-are-not-wrong-to-compare-milosevic-to-hitler-1088574.html)

633. Tom Raum, «Bush dice que Saddam es peor que Hitler», *AP News*, 1 de noviembre de 1990 (https://apnews.com/article/c456d72625fba6c742d17f1699b18a16)

634. Arash Azizi, «Khamenei's Open Dream: Finishing Where Hitler Left Off», *Iranwire*, 21 de mayo de 2020 (https://iranwire.com/en/special-features/67072/); Jas Chana, «Was Hitler's anti-Semitism different than Khamenei's?», The Times of Israel, 18 de septiembre de 2015 (https://www.timesofisrael.com/was-hitlers-anti-semitism-different-than-khameneis/).

635. Laurence Piret, «Poutine et Hitler, des profils similaires? La comparaison qui fait débat!», *Sudinfo.be*, 10 de junio de 2022 (https://www.sudinfo.be/id467294/article/2022-06-10/poutine-et-hitler-des-profils-similaires-la-comparaison-qui-fait-debat)

636. «Putin como Hitler en su búnker: «Rusia está perdiendo», *Courrier International*, 20 de septiembre de 2022 (https://www.courrierinternational.com/une/vu-de-tchequie-poutine-en-hitler-dans-son-bunker-la-russie-est-en-train-de-perdre)

637. Patrick Besson, «Le triomphe modeste», *Le Point*, 17 de septiembre de 2016 (https://www.lepoint.fr/editos-du-point/patrick-besson/besson-le-triomphe-modeste-17-09-2016-2069084_71.php).



---

por ser responsable de la muerte de «sólo» 148 personas. Es cierto que se trata de un crimen, pero 148 sigue siendo muy modesto comparado con el «marcador» de George W. Bush, Barack Obama, Tony Blair, Nicolas Sarkozy, François Hollande, Emmanuel Macron y muchos otros líderes occidentales. Por lo tanto, podemos sacar dos posibles conclusiones: o la comparación es exagerada, ¡o Hitler no era un hombre tan terrible después de todo!

Como vemos, la invectiva fácil, lanzada desde la barrera, puede tener efectos perversos y contraproducentes. En Francia observamos el mismo defecto que en Estados Unidos: la convicción de que sólo nuestra forma de pensar es la correcta. A partir de ahí, los hechos, y cómo los perciben los demás, son insignificantes y arreglamos la realidad como la percibimos. Porque en Ucrania, Vladimir Putin no es Hitler. Como dijo un activista de Euromaidán: «*Putin ni siquiera es ruso. Es judío!*[638]

En la revista francesa *Le Point,* el periodista François-Guillaume Lorrain establece un paralelismo entre la operación especial y la intervención alemana en los Sudetes en 1938[639]. Sería una comparación interesante, siempre que fuera honesta... que no lo es.

La crisis de los Sudetes se desencadenó por la ira de la minoría alemana, cuya lengua había sido prohibida por el gobierno checo, en contra de lo dispuesto en los Tratados de Versalles y Saint-Germain. Alemania no intervino hasta que la minoría germanófona fue violentamente reprimida. Irónicamente, cuando Bernard-Henri Lévy se dirigió al pueblo de Kiev el 2 de marzo de 2014, explicó que «*Hitler (...) utilizó el hecho de que los Sudetes hablaran alemán para invadir Checoslovaquia*[640]», cuando en realidad fue precisamente la abolición de este derecho el origen de la crisis.

Es gracias a periodistas como este que la historia tartamudea, porque las mismas causas tienen a menudo los mismos efectos. Por ejemplo, el 24 de febrero de 2014, Astrid Thors, Alta Comisionada de la OSCE para las Minorías Nacionales, advertía al nuevo Gobierno ucraniano surgido

---

638. Shaun Walker, «Los combatientes de Azov son la mayor arma de Ucrania y pueden ser su mayor amenaza», *The Guardian*, 10 de septiembre de 2014 (https://www.theguardian.com/world/2014/sep/10/azov-far-right-fighters-ukraine-neo-nazis).
639. François-Guillaume Lorrain, «Poutine-Hitler, même combat?», *Le Point*, 23 de febrero de 2022 (https://www.lepoint.fr/debats/poutine-hitler-meme-combat-23-02-2022-2465943_2.php)
640. «2 de marzo de 2014, BHL, Kiev, segundo discurso en la Maidan», *YouTube*, 5 de marzo de 2014 (https://youtu.be/w3jpkzdBTlY).

de Maidan contra «*decisiones rápidas que podrían conducir a una escalada de la situación*» en un contexto en el que «*las lenguas son una cuestión divisoria*»[641]. Tenía razón, ¡y lo sabíamos! Si nuestro periodista de *Le Point* hubiera dado la voz de alarma en su momento, no estaríamos donde estamos hoy… ¡Pero no lo hizo!

Aunque la cuestión lingüística está en la raíz del conflicto ucraniano, está completamente ausente de los análisis en Francia. Francia ha mantenido su unidad reprimiendo duramente el uso de las lenguas regionales, vistas como expresión de un nacionalismo opuesto al poder de París.

De hecho, las infantiles comparaciones «Hitler-Putin» enmascaran nuestra incapacidad para aprender de la historia. Y Francia debería saberlo. Múnich en 1938 fue la consecuencia de un mal Tratado de Versalles, el resultado del espíritu vengativo de Francia. Cien años después, las mismas causas están teniendo los mismos efectos con Ucrania. Francia podría haber evitado este tartamudeo de la historia haciendo cumplir los acuerdos de Minsk que había firmado. Pero ahora sabemos que François Hollande nunca tuvo la intención de obligar a Ucrania a aplicar esos acuerdos. Respaldó así la política de discriminación del gobierno ucraniano, que condujo a la intervención rusa.

### 5.4.4. Pérdidas

Desde el principio de la intervención rusa, la narrativa occidental giró en torno a la derrota rusa, la inesperada resistencia de Ucrania y la incapacidad de Vladimir Putin para evaluar los riesgos de forma racional. Así que tenemos que demostrar que los rusos están perdiendo más hombres que los ucranianos en esta operación. Para ello, nuestros medios de comunicación utilizan el arma más antigua del mundo: la mentira.

Esta guerra de cifras sólo es posible porque se desconocen las cifras reales: el gobierno ucraniano no las comunica, y las autoridades rusas sólo lo hacen en contadas ocasiones. A partir de ahí, las estimaciones se convierten en hechos y los hechos en lenguaje.

Algunos «funcionarios» (no sabemos muy bien qué significa esto) hablan de una proporción de 1 ucraniano por cada 5 rusos muertos.

---

641. http://www.osce.org/hcnm/115643

Olekseï Danilov, secretario del Consejo de Seguridad y Defensa de Ucrania, cifra la proporción en 1 por cada 7[642].

### 5.4.4.1. *Pérdidas rusas: confusión de términos y guerra de influencia*

Observando las cifras de las pérdidas rusas, podemos ver que Ucrania aplica sistemáticamente la técnica de la «proyección» o «reflejo» para comunicar. De este modo, las cifras anunciadas por Ucrania sobre las pérdidas de cada bando tienen que invertirse para dar una imagen más cercana a la realidad.

Desde febrero de 2022, los medios de comunicación occidentales intentan demostrar que Rusia está perdiendo la guerra y se utiliza una confusión permanente entre los términos con fines propagandísticos.

El propio vocabulario se ha convertido así en una forma de desinformar y manipular la información. El término *«víctimas»*, que es un término genérico que incluye a los muertos, heridos y desaparecidos, se utiliza a menudo como sinónimo de *«víctimas mortales»*.

Un ejemplo de mentiras y manipulación de la información lo ofrece *Radio-Télévision Suisse* (RTS). El 22 de agosto de 2022, el medio de comunicación suizo declaró:

> *Rusia, en particular, ha reconocido muy pocas bajas desde el inicio de su invasión (1.300 muertos, última cifra establecida en marzo), mientras que Estados Unidos estima las pérdidas rusas en unos 80.000 muertos y heridos, recordó el alto funcionario francés Cyrille Bret en el programa Tout un monde. «Entre 80.000 y 1.300, podemos ver el alcance de las posibles manipulaciones» de ambas partes, subrayó.*

En un intento de demostrar la «manipulación» rusa, RTS hace trampas en dos aspectos: el tiempo, las fuentes y la naturaleza de las cifras.

---

642. Roman Olearchyk, Ben Hall & John Paul Rathbone, «Bakhmut: Ukrainian losses may limit capacity for counter-attack», *The Irish Times/The Financial Times*, 9 de marzo de 2023 (https://www.irishtimes.com/world/europe/2023/03/09/bakhmut-analysis-ukrainian-losses-may-limit-capacity-for-counter-attack/)

En primer lugar, la cifra de 1.300 procede del balance publicado en marzo por el Ministerio de Defensa ruso, que en realidad es de 1.351[643], es decir, más de lo que afirma RTS, mientras que la estimación de 80.000 se publicó en agosto de 2022, es decir, cinco meses después[644].

En segundo lugar, las fuentes son obviamente diferentes. La cifra de 80.000 la da el Pentágono, basándose en información ucraniana, como confirma el sitio web estadounidense *military.com*[645]. Obsérvese que mientras los medios anglosajones hablan de un rango estimado de 70.000-80.000, RTS toma automáticamente la cifra más alta.

En cuanto a la naturaleza de las cifras, la cifra de 1.351 publicada por Rusia representa «muertos», mientras que 80.000 representa «pérdidas», lo que permite todo tipo de suposiciones. RTS está comparando peras con manzanas. Se trata, por tanto, de algo que técnicamente está a medio camino entre la propaganda y la desinformación. En cualquier caso, es indigno de un servicio público... porque RTS también podría haber consultado la página web de Mediazona.

Nada más comenzar la ofensiva rusa, el medio opositor ruso Mediazona -cercano a Aleksei Navalny- se alió con la BBC para publicar cifras de muertos rusos en Ucrania basadas en esquelas mortuorias publicadas en Rusia. Como el medio es ferozmente anti-Putin, es concebible que sus cifras estén sobreestimadas y tiendan a ser desfavorables para los rusos. No obstante, para el 9 de agosto, Mediazona y la BBC cifraban el número de muertos en 5.185 (a 29 de julio)[646].

El 23 de septiembre de 2022, la sección «Checknews» del diario francés *Libération* titulaba: «*Guerra en Ucrania: ¿hubo 6.000 muertos rusos como afirma Moscú, o 55.000 como afirma Kiev?*» Naturalmente, nuestros fact-checkers sustituyen una aclaración por otra para llegar (no sabemos cómo, pero probablemente simplemente haciendo una media de las dos

---

643. «Unos 1.351 soldados rusos muertos desde el inicio de la operación especial en Ucrania - altos mandos», *Tass*, 25 de marzo de 2022 (https://tass.com/politics/1427515)
644. Caroline Anders, «Rusia ha perdido hasta 80.000 soldados en Ucrania. Or 75,000. Or is it 60,000?», The Washington Post, 9 de agosto de 2022 (https://www.washingtonpost.com/politics/2022/08/09/russia-has-lost-up-80000-troops-ukraine-or-75000-or-is-it-60000/)
645. Travis Tritten, «Rusia ha sufrido hasta 80.000 bajas militares en Ucrania, según el Pentágono», military.com, 8 de agosto de 2022 (https://www.military.com/daily-news/2022/08/08/russia-has-suffered-80000-military-casualties-ukraine-pentagon-says.html)
646. https://zona.media/casualties

cifras) a 20.000-30.000 muertos[647]. Sin embargo, si consultamos el medio de comunicación Mediazona, encontramos que 6.129 rusos habían muerto el 9 de septiembre.

Este ejemplo tendería a demostrar dos cosas: a) que nuestros medios de comunicación se basan únicamente en la propaganda ucraniana, y b) que las cifras elaboradas por las autoridades militares rusas se aproximan probablemente a la verdad.

A finales de noviembre de 2022, el Estado Mayor ucraniano afirmó que las pérdidas rusas habían ascendido a más de 86.000 hombres[648] (¡cifra que *Yahoo News* aumentó a 88.800 hombres!) y Zelensky predijo que alcanzarían los 100.000 muertos a finales de 2022[649]. Su declaración fue claramente premonitoria, ya que tres semanas más tarde afirmó que los rusos tenían casi 100.000 muertos[650]. El 22 de diciembre, el hito de los 100.000 muertos rusos se celebró en Kiev proyectando el número «100K» en un edificio de la ciudad[651]. Sin embargo, en la misma fecha, el medio opositor ruso Mediazona informó de que habían muerto 10.229 personas.[652]

Un vistazo a las cifras de bajas da una buena indicación de cómo funciona la propaganda ucraniana. Asumiendo que es poco probable que Mediazona y la BBC simpaticen con el gobierno ruso, podemos suponer que sus cifras tienden a exagerar las pérdidas rusas.

647. https://www.liberation.fr/checknews/guerre-en-ukraine-y-a-t-il-eu-6000-morts-russes-comme-laffirme-moscou-ou-55000-comme-le-revendique-kiev-20220923_AL4JKOEZ-4BFQDJWMEKPJSFZYEI/
648. «Las pérdidas de tropas rusas en Ucrania superan las 86.000, según el Estado Mayor ucraniano», *The New Voice of Ukraine*, 25 de noviembre de 2022 (https://english.nv.ua/nation/russian-troop-losses-in-ukraine-exceed-86-000-says-ukraine-s-general-staff-50286593.html)
649. https://news.yahoo.com/von-der-leyen-statement-death-163600213.html
650. Jimmy Nsubuga, «Casi 100.000 soldados rusos muertos en la guerra, dice Ucrania», Yahoo Noticias, 21 de diciembre de 2022 (https://news.yahoo.com/almost-100000-russian-soldiers-killed-in-war-ukraine-says-180208808.html)
651. Meghan Roos, «Ukraine Marks Russian Troop Death Milestone With '100K' Light Projection», Newsweek, 22 de diciembre de 2022 (https://www.newsweek.com/ukraine-marks-russian-100000-troop-death-milestone-100k-light-projection-kyiv-library-building-1769193)
652. https://web.archive.org/web/20221222025542/https:/zona.media/casualties

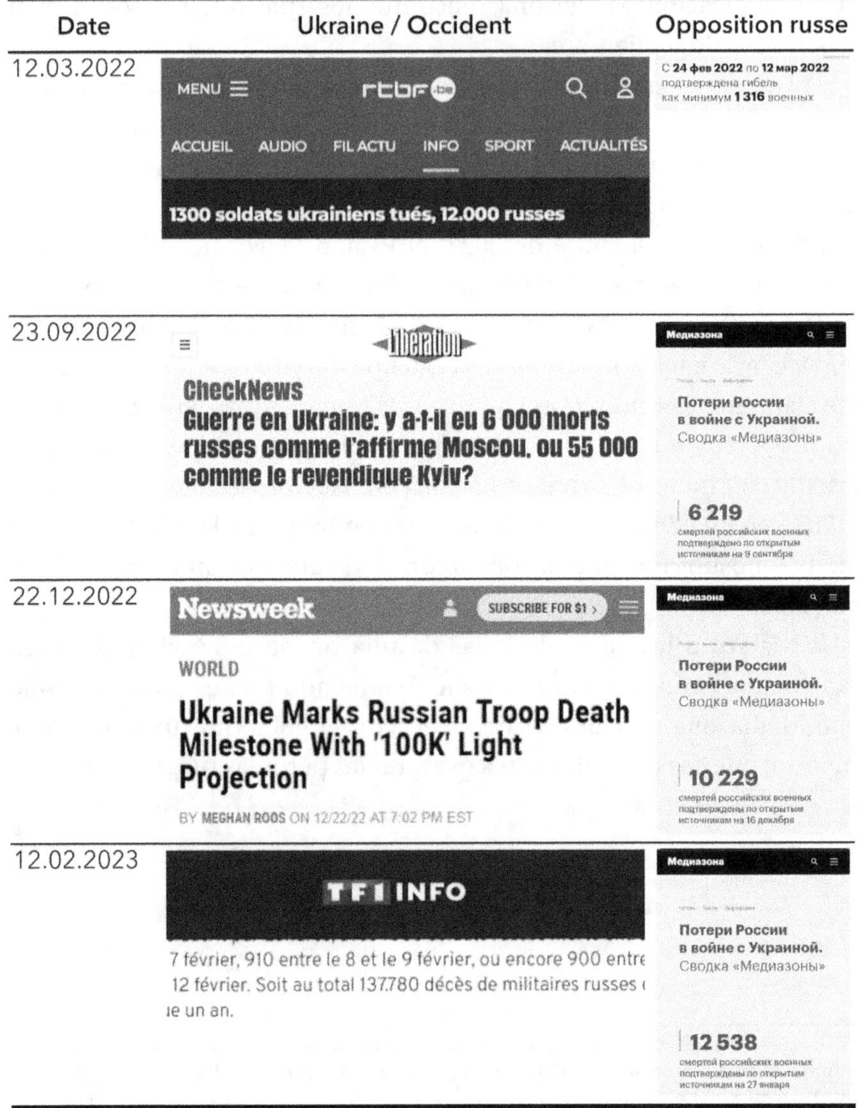


*Figura 84 - Comparación de los muertos rusos anunciados por la propaganda ucraniana y repetidos acríticamente por nuestros medios con las cifras dadas por el medio de oposición ruso Mediazona, asociado a la BBC. El aparente «fact-check» del diario Libération no es, como hemos visto en tantos otros temas, más que un análisis engañoso. En conjunto, se trata de un trabajo poco serio, que sirve sobre todo para apoyar o legitimar prejuicios o incluso informaciones falsas. (NB: los extractos son los publicados en la fecha indicada)*

Por supuesto, los métodos de Mediazona son cuestionables. Sin embargo, al menos Mediazona tiene un método, mientras que medios como *RTS* o *Libération* no tienen ninguno, aparte de transmitir servilmente la propaganda ucraniana sin comprobarla.

Los medios de comunicación que pagamos con nuestros impuestos intentan manipularnos. Es el caso de los medios estatales, como RTBF en Bélgica, RTS en Suiza y France 2, France 5 y France 24 en Francia, pero también de los llamados medios «privados», como LCI o BFM TV en Francia, ampliamente conocidos por ofrecer noticias de mala calidad y cuyos periodistas no tienen las normas éticas que cabría esperar.

Estas falsificaciones nos dicen algo más: la propaganda rusa (es decir, la del gobierno ruso, ¡no la de los bloguerillos y tuiteros!) que nuestros medios de comunicación machacan sin demostrar nunca, parece ser un mito diseñado para allanar el camino a la narrativa occidental.

## 5.4.4.2. Pérdidas ucranianas

### 5.4.4.2.1. Pérdidas militares

Se desconoce el número de militares ucranianos muertos, ya que Ucrania no da cifras. Teme -y con razón- que si la opinión pública occidental conociera el número de muertos, se opondría al apoyo de sus gobiernos a la guerra.

Las observaciones sobre el terreno y los testimonios de los voluntarios occidentales que han regresado tienden a confirmar que las fuerzas ucranianas están sufriendo pérdidas considerablemente mayores que las rusas. Nuestros medios de comunicación nunca dan estimaciones de las pérdidas ucranianas, porque necesitan mantener la ilusión de victoria sobre Rusia, que justifica las entregas de armas.

Esta política de ocultación del número de muertos ha tenido consecuencias inesperadas. Por ejemplo, en Izyum, a finales de marzo de 2022, cuando los rusos ofrecieron a los ucranianos la posibilidad de recoger a sus muertos, éstos se negaron. Algunos han afirmado que esta negativa fue para evitar pagar las pensiones a las viudas, pero lo más probable es que fuera para evitar tener que informar sobre el número de muertos. Hay que recordar que Mediazona calcula el número de muertos rusos a partir de las notificaciones mortuorias. Estos muertos del campo de batalla fueron enterrados por soldados rusos porque sus hermanos ucranianos se negaron a hacerlo[653]. ¡Esto no impidió que la emisora estatal suiza *RTS* atribuyera -sin ninguna verificación- los mismos cadáveres que vimos enterrados en marzo en el mismo lugar a «masacres» rusas a finales de septiembre de 2022[654]!

Esta política de comunicación conduce a una serie de contradicciones, ya que, por un lado, se presentan pérdidas ucranianas insignificantes y, por otro, enormes pérdidas rusas, pero, por otro, son los rusos los que buscan destruir el país y causar el mayor número posible de muertos.

La estrategia ucraniana de defender hasta el final cada metro cuadrado de territorio sólo conduce a la destrucción de sus propias fuerzas. Es lo que hicieron franceses y alemanes en 1914-1918. Pero esta vez los rusos son móviles. Para utilizar una comparación histórica, nos encontramos por tanto ante una situación similar a la de una defensa de 1914 y un atacante de 1940. El resultado: en el verano de 2022, el potencial militar de Ucrania habrá quedado destruido.

Occidente se asustó entonces y empezó a suministrar armas a Ucrania, con la esperanza de dar la vuelta a la situación. Los rusos se dieron cuenta de que Occidente no permitiría a los ucranianos negociar y trataría de prolongar el conflicto hasta agotar a Rusia. Así que cambiaron de planteamiento: si no podían detener el flujo de armas, tendrían que destruir a quienes las utilizaban.

Comienza otro tipo de guerra. El objetivo seguía siendo el potencial militar, pero en lugar de destruir las armas, destruían a sus servidores. A principios de junio de 2022, el presidente Zelensky mencionó pérdidas diarias de 60 a 100 hombres[655]. El 9 de junio, Mykhailo Podoliak, asesor de Zelensky, declaró a la BBC que las fuerzas ucranianas estaban perdiendo entre 100 y 200 hombres al día[656]. A mediados de junio, David Arakhamia, principal negociador y estrecho asesor de Zelensky, habló de 200 a 500 muertos al día, y cifró las pérdidas totales (muertos, heridos, capturados,

653. https://youtu.be/I6ngm-QUn4M

654. «En las ruinas de Izum, una traumatizada ciudad ucraniana», *rts.ch*, 29 de septiembre de 2022    (https://www.rts.ch/info/monde/13419199-dans-les-ruines-dizioum-ville-ukrainienne-traumatisee.html)

655. Mazurenko Alona, «Подоляк: Щодня гине 100-200 українських захисників», Ukraïnska Pravda, 9 de junio de 2022 (https://www.pravda.com.ua/news/2022/06/9/7351600/).

656. «У війні гине 100 - 200 українських військових щодня - Офіс президента», BBC News, 9 de junio de 2022 (https://www.bbc.com/ukrainian/news-61752749).

desertores) en 1.000 hombres al día[657]. Según *Business Insider*, Ucrania perdió el equivalente de toda la infantería británica, es decir, más de 18.000 hombres[658].

No está claro si estas cifras son exactas. Por un lado, los expertos cercanos a los servicios de inteligencia creen que estas cifras están muy por debajo de la realidad. Por otro lado, las cifras ucranianas son superiores a las estimaciones dadas por el ejército ruso. Algunos afirman que las fuerzas ucranianas sufrieron 60.000 muertos y 50.000 desaparecidos. Estamos en junio de 2022 y el ex general estadounidense Stephen Twitty estima las pérdidas del ejército ucraniano en 200.000 hombres[659].

Un grupo que hace el mismo trabajo que la BBC y Mediazona, pero para las bajas ucranianas basándose en los anuncios de muertes y entierros, cifra las bajas ucranianas en 402.000. Lo que pomposamente se denomina «OSINT» (open source intelligence) se ha desarrollado en gran medida con el conflicto ucraniano. Pero la metodología y profesionalidad de estos «analistas» aficionados a menudo deja que desear, por lo que estas cifras deben tratarse con cautela. Sin embargo, es un indicio de que es muy probable que las cifras que dan nuestros medios de comunicación estén muy por debajo de la realidad. Por ejemplo, el *Washington Post cita el* testimonio de un comandante de la 46ª brigada paracaidista ucraniana en Bakhmut, que afirma que él es el único superviviente y que los miembros de sus unidades son nuevos reclutas sin experiencia[660]. Fue destituido tres días después[661].

---

657. Dave Lawler, «Ukraine suffering up to 1,000 casualties per day in Donbas, official says», Axios, 15 de junio de 2022 (https://www.axios.com/2022/06/15/ukraine-1000-casualties-day-donbas-arakhamia)

658. Katie Anthony, «Ukraine has lost more troops during the Russian invasion than there are infantry in the British army, defence expert says», Business Insider, 28 de junio de 2022 (https://www.businessinsider.com/ukraine-has-lost-more-troops-than-there-are-in-the-british-army-expert-2022-6)

659. «US-General verwundert: «200.000 ukrainische Soldaten verschwunden»», Exxpress.at, 8 de junio de 2022 (https://exxpress.at/us-general-verwundert-200-000-ukrainische-soldaten-verschwunden/)

660. Isabelle Khurshudyan, Paul Sonne & Karen DeYoung, «Ukraine short of skilled troops and munitions as losses, pessimism grow», *The Washington Post*, 13 de marzo de 2023 (https://www.washingtonpost.com/world/2023/03/13/ukraine-casualties-pessimism-ammunition-shortage/)

661. Olga Kyrylenko & Olena Roshchina, «Battalion commander of 46th Brigade demoted after Washington Post interview and resigns», Ukraïnska Pravda, 26 de marzo de 2023 (https://www.pravda.com.ua/eng/news/2023/03/16/7393733/)



---

Probablemente sea una exageración, pero demuestra que, a pesar de las pérdidas atribuidas a Rusia, los círculos militares anglosajones empiezan a preguntarse.

En octubre de 2022, el general Surovikin declaró que el ejército ruso no pretendía llevar a cabo grandes operaciones, sino aplastar al enemigo sin exponerse. Occidente y nuestros medios de comunicación vieron en ello un signo de debilidad del ejército ruso y una prueba de que había que seguir en la misma dirección. En noviembre de 2022, el embajador suizo en Kiev declaró que era Rusia la que pedía negociar, porque estaba en una posición débil[662]. Pero esto no era cierto.

El 30 de noviembre de 2022, Ursula von der Leyen, Presidenta de la Comisión Europea, declaró que «*más de 20.000 civiles y más de 100.000 soldados ucranianos han muerto hasta la fecha*[663]». Esto despertó inmediatamente la ira de Kiev, que exigió que se retirara esta cifra. Esto se hizo in situ[664]. Pero esto indica varias cosas. En primer lugar, lo delicado que es el número de muertos para la estabilidad interna de Ucrania. En segundo lugar, la Sra. von der Leyen ciertamente no inventó esta cifra, que probablemente circula confidencialmente en las cancillerías occidentales. En tercer lugar, dada la tendencia de la Sra. von der Leyen a restar importancia a las pérdidas ucranianas, es probable que la cifra de 100.000 muertos esté infravalorada.

También parece que esta hipótesis se ve confirmada por las cifras del Mossad israelí publicadas por el medio de comunicación turco *Hürseda Haber*[665]. ¿Hasta qué punto estas cifras son exactas, su origen auténtico y los medios de comunicación fiables? Es difícil determinarlo. En cualquier caso, el Mossad parece cifrar el número de muertos ucranianos en 157.000, lo que parece realista.

Como hemos visto, la propaganda ucraniana parece atribuir a Rusia el número de sus propias bajas y atribuirse a sí misma el número de bajas rusas. Podemos ver que la proporción de muertos entre Ucrania y Rusia es de alrededor de 10-11 a 1. Suponiendo que el sitio web de la oposición

662. https://www.rts.ch/play/tv/redirect/detail/13567586?startTime=383
663. https://twitter.com/AZgeopolitics/status/1597913370023579648
664. «Declaración de Von der Leyen sobre la muerte de 100.000 soldados ucranianos cortada del discurso», *The New Voice of Ukraine*, 30 de noviembre de 2022 (https://english.nv.ua/nation/von-der-leyen-statement-about-death-of-100-000-ukrainian-soldiers-cut-from-speech-50287771.html)
665. «İddia: MOSSAD'a göre Ukrayna ve Rusya kayıpları», Hürseda *Haber,* 25 de enero de 2023 (https://perma.cc/FD7T-LQU8).

rusa *Mediazona* sea fiable, dados los 14.000 muertos anunciados para Rusia en febrero de 2023, no sería incongruente estimar el número de muertos ucranianos en más de 150.000 hombres.

Otra forma de enfocar la cuestión sería comparar el consumo de munición de artillería para obtener una indicación de la proporción de bajas a ambos lados de la línea del frente. Tomando las cifras dadas por oficiales militares ucranianos y occidentales, los ucranianos disparan alrededor de 2.000-4.000 proyectiles de artillería al día y los rusos alrededor de 40.000-50.000, podemos estimar un ratio de bajas de 1 a 10-25. En otras palabras, para febrero de 2023, habría entre 140.000 y 350.000 muertos en el bando ucraniano. Difícil de confirmar, pero sin duda es más probable que las disparatadas cifras que lanzan nuestros medios de comunicación sin justificación.

Otra forma de ver la cuestión se basa en el tamaño de las fuerzas armadas. En mayo de 2022, el presidente Volodymyr Zelensky declaró que el ejército ucraniano contaba con 700.000 hombres[666]. Una cifra confirmada dos meses después por Olekseï Reznikov, ministro de Defensa ucraniano[667]:

*Tenemos unos 700.000 soldados en las fuerzas armadas y, si añadimos la guardia nacional, la policía y la guardia de fronteras, rondamos el millón.*

Pero en septiembre de 2022, el periódico alemán *Frankfurter Allgemeine Zeitung* describió al ejército ucraniano como «*el segundo más fuerte de Europa*», con 250.000 hombres[668].

A principios de 2023, la batalla en torno a Bajmut adquirió un aspecto trágico. Al principio, Occidente vio la heroica resistencia del ejército ucraniano y una acumulación de muertes en el bando ruso. Luego, nuestros medios de comunicación afirmaron que hubo pérdidas iguales

---

666. «700.000 soldados defienden Ucrania ahora, dice Zelenskyy, mientras arrecian las batallas en el Donbás», Euronews/AP/AFP, 21 de mayo de 2022 (https://www.euronews.com/2022/05/21/live-sievierodonetsk-shelling-brutal-and-pointless-zelenskyy-says-as-russia-continues-offe)
667. Emily McGarvey, «Ukraine aims to amass 'million-strong army' to fight Russia, says defence minister», *BBC News*, 11 de julio de 2022 (https://www.bbc.com/news/world-europe-62118953)
668. Lukas Fuhr, «Die zweitstärkste Armee Europas», Frankfurter Allgemeine Zeitung, 16 de septiembre de 2022 (https://www.faz.net/aktuell/politik/ausland/armee-der-ukraine-ist-die-zweitstaerkste-in-europa-18318445.html)

en ambos bandos, y se revivió la imagen de Verdún en 1916. Pero poco a poco empezó a salir a la luz la verdad: era el ejército ucraniano el que sufría. En la revista *Newsweek*, un antiguo voluntario estadounidense en las filas ucranianas afirma que la esperanza de vida de los ucranianos en Bajmut es de unas 4 horas[669]. No sabemos cómo se calculó esta cifra, ni si se corresponde con la realidad; sin embargo, da una idea de la percepción que tienen los militares ucranianos.

A principios de marzo de 2023, nuestros medios de comunicación declararon que los rusos estaban destruyendo los puentes de Bakhmout. Como siempre, nuestros periodistas confunden sus prejuicios con los hechos[670]. En realidad, eran las milicias fanáticas ucranianas las que estaban destruyendo los puentes que permitían a la gente salir de la ciudad, que entonces estaba casi rodeada, para obligar a los combatientes a luchar[671]. Porque, contrariamente a lo que dicen nuestros medios de comunicación, los soldados ucranianos no están dispuestos a dejarse masacrar por ciudades que ya sabemos que serán abandonadas.

### 5.4.4.2.2. Bajas civiles

Obviamente, los rusos sólo pueden ser brutales. El 22 de marzo de 2022, en la televisión *RTS*, Gennady Gatilov, embajador ruso, habló de los esfuerzos realizados por las tropas rusas para llevar a cabo la operación «con delicadeza», tratando de minimizar los daños colaterales[672]. El periodista suizo Philippe Revaz afirmó irónicamente que los soldados rusos estaban masacrando a mujeres y niños.

---

669. Anna Skinner, «Bakhmut Life Expectancy Near Four Hours on Frontlines, Fighter Warns», *Newsweek*, 20 de febrero de 2023 (https://www.newsweek.com/bakhmut-life-expectancy-near-four-hours-frontlines-ukraine-russia-1782496)

670. Mehdi Bouzouina, «Bakhmout continúa, dos puentes han sido destruidos por los rusos», Le Parisien, 5 de marzo de 2023 (https://www.leparisien.fr/international/guerre-en-ukraine-la-bataille-de-bakhmout-se-poursuit-deux-ponts-ont-ete-detruits-par-les-russes-suivez-notre-direct-05-03-2023-35L4I4NJGRFY7JIPS54SZDAIRM.php)

671. Isobel Koshiw, «Ukrainians blow up bridge in Bakhmut amid reports Russia closing in», *The Guardian*, 14 de febrero de 2023 (https://www.theguardian.com/world/2023/feb/14/ukrainians-blow-up-bridge-in-bakhmut-amid-reports-russia-closing-in)

672. https://www.rts.ch/play/tv/redirect/detail/12960214

Sin embargo, el mismo día, en la revista estadounidense *Newsweek,* un analista de la *Defense Intelligence Agency* (DIA), la agencia de inteligencia militar de Estados Unidos, declaraba[673]:

> *Sé que es difícil... tragarse que la carnicería y la destrucción podrían ser mucho peores de lo que son (...) Pero eso es lo que muestran los hechos. Esto me sugiere, al menos, que Putin no está atacando intencionadamente a los civiles, que tal vez es consciente de que necesita limitar los daños para dejar una salida a las negociaciones.*

Así que el periodista suizo miente. Simplemente no tiene ética profesional: no hace periodismo, hace propaganda.

El objetivo de los rusos no era destruir u ocupar el país, sino destruir su amenaza potencial para el Donbass. Por eso no acompañaron su avance con bombardeos masivos que pudieran afectar a la población, como había hecho Occidente en Irak o Afganistán.

Además, en enero de 2023, Oleksei Arestovitch, entonces asesor personal de Volodymyr Zelensky, entrevistado en el medio de comunicación ucraniano *Mriya,* utilizó casi las mismas palabras que el embajador Gatilov para describir la intervención rusa[674]:

> *Ellos [los rusos] no querían matar a nadie (...) Intentaron librar una guerra inteligente... Una operación especial tan elegante, tan hermosa, tan rápida como un relámpago, en la que gente educada, sin causar ningún daño al gatito o al niño, liquidaba a los pocos resistentes. Y ni siquiera eliminados, sino ofrecidos a rendirse, a desertar, a comprender, etcétera. No querían matar a nadie. Sólo tenían que firmar una renuncia.*

El periodista suizo contradice así las conclusiones de los propios ucranianos. Es un manipulador y esto confirma que la cadena suiza no sigue los principios de la Carta de Múnich, lo que tiene como efecto difundir

---

673. William M. Arkin, «Putin's Bombers Could Devastate Ukraine But He's Holding Back. Here's Why», *Newsweek,* 22 de marzo de 2022 (https://www.newsweek.com/putins-bombers-could-devastate-ukraine-hes-holding-back-heres-why-1690494)
674. https://en.mriya.news/58331-they-didnt-want-to-kill-anyone-arestovich-spoke-about-the-beginning-of-the-nwo

un mensaje de odio. Cabe señalar que ni *RTS* ni su periodista reaccionaron ante la tortura y eliminación de civiles rusoparlantes entre 2014 y 2022[675]… ¡Pero si lo hubieran hecho, probablemente Rusia no se habría sentido obligada a intervenir en 2022! Porque obviamente, para ellos, ¡los rusos son «subhumanos» que no merecen ni nuestro interés ni nuestra compasión!…

### 5.4.4.3. La cuestión de las pérdidas en la propaganda occidental

La comunicación sobre las pérdidas tiene dos vertientes:

- La idea de que Ucrania es victoriosa y que el apoyo occidental es eficaz;
- Ucrania está mucho menos afectada por el conflicto que Rusia.

La unidad occidental sólo puede lograrse acentuando las consecuencias negativas de la guerra para Rusia y ocultando las que afectan a Ucrania. Por eso la referencia de Ursula von der Leyen a los 100.000 muertos fue retirada inmediatamente de los comunicados oficiales.

Al ocultar el número de muertos que Ucrania ha sufrido como consecuencia de su desastrosa gestión de los combates, se da la impresión de que ha salido victoriosa. De este modo, los países occidentales justifican la continuación de sus entregas de armas y su negativa a una solución negociada. Porque si la opinión pública conociera las cifras de las pérdidas ucranianas, se opondría a la prolongación del conflicto mediante el envío de armas.

De hecho, si damos un paso atrás, podemos ver que las pérdidas sufridas por Ucrania han sido sistemáticamente minimizadas, o incluso ignoradas, para no perjudicar el discurso occidental. Es el caso de las víctimas civiles en el Donbass desde 2014, que son el motivo de la intervención rusa, y que son consideradas «cantidades insignificantes» por nuestros medios de comunicación y los gobiernos que apoyan los crímenes de guerra. Esta es también la razón por la que los occidentales fechan el inicio de la guerra el 24 de febrero de 2022 y no el 23 de febrero de 2014. Porque las víctimas de este periodo contribuyen a legitimar la intervención rusa, sobre todo porque Occidente ha admitido que nunca tuvo intención de aplicar los acuerdos de Minsk.

---

675. «Tú no existes» - Detenciones arbitrarias, desapariciones forzadas y tortura en el este de Ucrania», *Human Rights Watch*, 21 de julio de 2016 (https://www.hrw.org/report/2016/07/21/ you-dont-exist/arbitrary-detentions-enforced-disappearances-and-torture-eastern#).

Un político neonazi de la Suiza francófona me llamó «Putinoláter» por haber mencionado los suicidios en el ejército ucraniano antes de 2022. Hoy, puede lanzar sus insultos contra los diputados británicos, porque en enero de 2023, ellos mismos constataron que la tasa de suicidios allí es alarmante[676]. Nuestro político habría hecho mejor en animar a nuestros diplomáticos a hacer cumplir los acuerdos de Minsk, cosa que no hizo...

Así que tenemos políticos insensatos, que se ciegan con sus mentiras, en lugar de anticiparse a los problemas...

El reclutamiento forzoso parece afectar sobre todo a las minorías, y en particular a la minoría magiar[677]. Esto ha provocado la ira en Hungría[678]. En la actualidad, el 97% de los húngaros se opone a las sanciones europeas contra Rusia[679].

### 5.4.4.4. El mito de las «oleadas de infantería»

En nuestros medios de comunicación, a medida que se acumulan las cifras de bajas ucranianas, se intenta demostrar que los rusos están perdiendo un número equivalente de hombres. Entonces se saca a relucir el viejo mito de las «olas humanas» rusas que atacan con el pecho al viento para ser masacradas. Como cabría esperar de los pseudoexpertos militares de la televisión, esto no es cierto.

Es un mito que surgió al final de la Segunda Guerra Mundial, cuando el Ejército Rojo adaptó sus operaciones para romper las poderosas defensas alemanas. En 1984, el US Army Handbook of Soviet Tactics describió las operaciones de ruptura soviéticas como[680]:

---

676. «Soldados ucranianos se suicidan por el estrés de la guerra, dice Duncan-Smith», *Politics. co.uk*, 16 de enero de 2023 (https://www.politics.co.uk/parliament/ukrainian-soldiers-are-committing-suicide-due-to-war-stress-says-duncan-smith/)

677. Füssy Angéla, «Mint a barmokat, úgy fogdossák össze a férfiakat Kárpátalján - Nézze meg helyszíni videóriportunkat!», *PestiSracok*, 23 de enero de 2023 (https://pestisracok.hu/mint-a-barmokat-ugy-fogdossak-ossze-a-ferfiakat-karpataljan-nezze-meg-helyszini-videoriportunkat/)

678. Chris King, «Shocking claims of ethnic Hungarians being forcibly drafted into Ukrainian military in Transcarpathia», *Euro Weekly News*, 24 de enero de 2023 (https://euroweeklynews.com/2023/01/24/shocking-claims-of-ethnic-hungarians-being-forcibly-drafted-into-ukrainian-military-in-transcarpathia/)

679. Robert Semonsen, «El 97% de los húngaros rechaza las sanciones de Bruselas contra Rusia», *The European Conservative*, 17 de enero de 2023 (https://europeanconservative.com/articles/news/97-of-hungarians-reject-brussels-sanctions-against-russia/)

680. «Field Manual 100-2-1, The Soviet Army: Operations and Tactics», *Departamento del Ejército* Washington, DC, 16 de julio de 1984 (https://irp.fas.org/doddir/army/fm100-2-1.pdf).

*Por ejemplo, en un caso, a un cuerpo de fusileros de la guardia se le asignó una zona de avance de 22 kilómetros, pero concentró entre el 80 y el 90 por ciento de su fuerza en un sector de menos de un tercio de la anchura de la zona. Como consecuencia, en un sector de 7 kilómetros de ancho, el cuerpo concentró 27 batallones, 1.087 piezas de artillería remolcada y morteros, y 156 tanques y armas de artillería autopropulsadas, lo que dio como resultado una ventaja de fuerzas de 4 a 1 en infantería, 10 a 1 en artillería y 17 a 1 en tanques.*

Esta concentración de fuerzas en una línea de frente muy estrecha parece contraria al sentido común. Cualquier cabo de infantería sabe que, para evitar bajas, los soldados deben estar lo más dispersos posible. Esta fue la dura lección que aprendieron los soldados de infantería de la Primera Guerra Mundial (pero no sus oficiales). Cien años después, los oficiales lo han entendido, pero son incapaces de adaptar su pensamiento, como podemos ver en los platós del canal de televisión francés LCI. Porque lo que es cierto a nivel táctico no lo es necesariamente a nivel operativo.

Por ejemplo, suponiendo que un arma antitanque dispare un proyectil cada diez segundos, si se le presenta un tanque cada diez segundos, cada tanque será alcanzado. En cambio, si se le presentan diez tanques juntos, el primero será alcanzado, pero no los otros nueve. Este es el principio de la saturación de las defensas enemigas.

Merece la pena señalar de paso que entregar armas a Ucrania con cuentagotas facilita que Rusia las destruya a medida que llegan al teatro de operaciones. En otras palabras, sea cual sea la calidad de las armas suministradas, su cantidad nunca alcanzará la masa crítica que permitiría a Ucrania marcar la diferencia. Esto demuestra que Occidente no intenta ayudar a Ucrania, sino prolongar la guerra para agotar a Rusia.

En cuanto a las «oleadas» de soldados rusos, se trata de una leyenda, creada por la propaganda ucraniana. En abril de 2023, Christopher Perryman, un veterano británico que luchaba por Ucrania, explicaba en *The Spectator* que casi nunca había visto a un combatiente ruso. De hecho, los rusos utilizan la artillería y después vienen a despejar el terreno, pero casi nunca se exponen al fuego de la infantería. Perryman dice de los rusos: «*Sus equipos de artillería son realmente excelentes. No se puede comparar Irak con eso, es mucho más intenso.*[681]»

En Ucrania, ni los ucranianos ni los rusos luchan con «*oleadas de infantería*». Eso es pura propaganda, como se ve en el canal francés LCI, basada en unas pocas imágenes que no tienen nada que ver con «*oleadas humanas*», cifras no verificadas y «expertos» que no saben absolutamente nada[682].

## 5.5. Refugiados

La desinformación occidental está que arde, y nuestros medios de comunicación muestran una increíble falta de integridad. El diario suizo *Le Temps* publicó un mapa que muestra la distribución de los refugiados ucranianos[683]. En enero de 2023, el mapa muestra 9.076.773 refugiados en Polonia y 2.852.395 en Rusia. El periódico suizo miente y engaña. Para no mostrar que la mayoría de los refugiados ucranianos han elegido ir a Rusia, da cifras diferentes. Por ejemplo, da el número de pasos fronterizos de Polonia y el número de refugiados de Rusia. ¡En realidad, en esa fecha, el número de refugiados en Polonia era de 1.353.338, es decir, menos de la mitad de los refugiados que habían elegido Rusia[684]!

---

681. Colin Freeman, «'Iraq does not compare to this': the British soldier on Ukraine's front line», *The Spectator*, 15 de abril de 2023 (https://www.spectator.co.uk/article/iraq-does-not-compare-to-this-the-british-soldier-on-ukraines-front-line/)
682. https://youtu.be/pe2khpEykc4
683. https://labs.letemps.ch/chat/custom/guerre-russie-ukraine-2704/
684. https://data.unhcr.org/en/situations/ukraine

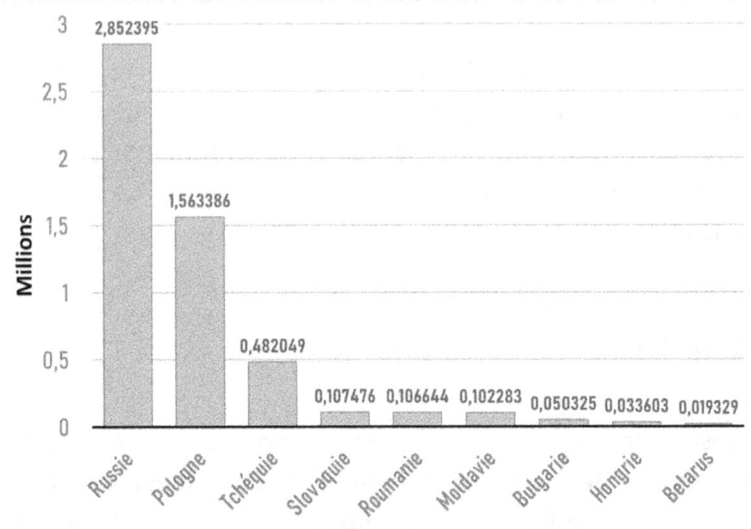


*Figura 85 - Distribución de los refugiados ucranianos en los países vecinos desde el 24 de febrero de 2022. [Fuente: Oficina del Alto Comisionado de las Naciones Unidas para los Refugiados (ACNUR).*

Como hemos dicho, los neonazis consideran infrahumanos a los ucranianos de habla rusa. Lo mismo ocurre con los medios de comunicación, que se inspiran en ideologías nauseabundas. Desde 2014, Occidente ha seguido a Ucrania y ha considerado a la población del Donbass como infrahumana e indigna de interés. Por eso nadie ha condenado las atrocidades cometidas contra ellos. También por eso, cuando se habla de refugiados, solo se habla de refugiados desde el 24 de febrero.

Además, entre 2014 y febrero de 2022, 1.044.862 ucranianos huyeron a Rusia, lo que da un total de no menos de 3,8 millones de refugiados ucranianos en Rusia a principios de 2023[685]. ¡Obviamente, nuestros medios de comunicación no mencionan esto porque demostraría que estos millones de ucranianos no han elegido ni quedarse en el país ni ir a Europa!

---

685. https://data.unhcr.org/en/dataviz/107?sv=0&geo=0

*Figura 86 - Mapa publicado por el diario suizo* Le Temps[686]. *En realidad, según las cifras del ACNUR, el 17 de enero de 2023 había un total de 7.977.980 refugiados ucranianos en Europa, y sólo 1.563.386 refugiados en Polonia. La cifra de 17.688.945 no es un número de refugiados, sino el número de personas que cruzan la frontera ucraniana y vuelven. Las cifras reales son terribles, pero nuestros medios de comunicación tratan sistemáticamente de exagerar la situación. El diario suizo trata simplemente de ocultar que Rusia fue la primera opción de los ucranianos.*

---

686. https://labs.letemps.ch/chat/custom/guerre-russie-ukraine-2704/

# 6. Poner el mundo patas arriba

El término «resto del mundo» es profundamente detestable, porque implica una especie de clasificación entre naciones y subraya el desdén de los occidentales por todo lo que no pertenece a su esfera. Pero es interesante, porque explica por sí solo la alteración del orden mundial que estamos presenciando a raíz del conflicto ucraniano.

Las diversas crisis que ha vivido el mundo en los últimos años, desde el derrocamiento de Gadafi hasta el conflicto ucraniano, pasando por la crisis del CoViD-19 y la derrota estadounidense en Afganistán, han puesto de manifiesto la incompetencia, la ineficacia y la arrogancia de Occidente.

## 6.1. Desdolarización

Una de las principales consecuencias del conflicto en Ucrania es la pérdida de confianza en Occidente por parte del «resto del mundo». No se trata de un fenómeno completamente nuevo, y algunos países del Sahel ya han mostrado el camino expulsando a las fuerzas occidentales de su territorio.

La increíble virulencia de la reacción occidental a la intervención rusa contrasta con la complacencia que acompañó a las intervenciones occidentales en Oriente Medio y África. Eso fue todo lo que hizo falta para despertar la desconfianza del «resto del mundo», que ve, más que un doble rasero, la expresión de un profundo desprecio por parte de los occidentales hacia todo lo que no proceda de ellos.

En noviembre de 2019, entonces en plena campaña electoral, Joe Biden dijo sobre Arabia Saudí y el caso Khashoggi[687]:

*De hecho, íbamos a hacerles pagar el precio, y convertirles de hecho en los parias que son.*

Sin duda podemos debatir sobre el asunto Khashoggi, pero una promesa así viniendo de uno de los dirigentes de un país que derroca gobiernos, practica la tortura, las ejecuciones extrajudiciales y comete abiertamente crímenes de guerra no es nada tranquilizadora. Tanto más cuanto que el presidente estadounidense hizo la misma promesa a Rusia[688]. Gestionar el mundo mediante sanciones y confiscaciones, cuando no se trata de intentos de derrocamiento, no favorece unas relaciones armoniosas.

Las sanciones contra Rusia han recordado a los países del «resto del mundo» que están a merced de Occidente. Se han dado cuenta de que Occidente adapta las reglas a sus propios intereses. Así que tienen que deshacerse de los dólares que son la palanca detrás de las sanciones. Eso es lo que dice el senador republicano Marco Rubio[689]:

*Hoy mismo, Brasil, el país más grande del hemisferio occidental, ha firmado un acuerdo comercial con China. A partir de ahora, comerciarán en sus propias monedas, evitando el dólar. Están creando una economía paralela en el mundo, totalmente independiente de Estados Unidos. Dentro de 5 años, ya no hablaremos de sanciones. Tantos países comerciarán en monedas distintas del dólar que ya no podremos sancionarlos.*

687. Alex Emmons, Aída Chávez & Akela Lacy, «Joe Biden, in Departure From Obama Policy, Says He Would Make Saudi Arabia a 'Pariah'», *The Intercept*, 21 de noviembre de 2019 (https://theinter-cept.com/2019/11/21/democratic-debate-joe-biden-saudi-arabia/).
688. Olivier Knox, «Biden warns Russia will be a pariah as long as Putin's in charge», *The Washington Post*, 5 de abril de 2022 (https://www.washingtonpost.com/politics/2022/04/05/biden-war-ns-russia-will-be-pariah-long-putins-charge/)
689. https://twitter.com/i/status/1642727525800460290

Este temor es la fuerza motriz de la «desdolarización» que se avecina. Ya en febrero de 2023, el yuan chino sustituyó al dólar como moneda más utilizada en las transacciones comerciales en Rusia[690].

Países como Rusia e incluso Irán, que exportan materias primas vitales, pueden sin duda resistir las sanciones, pero no todos los países. Es más, el alineamiento de Europa con Estados Unidos hace temer que la dependencia del euro pueda acarrear los mismos problemas.

El reto consiste, pues, en reducir la dependencia del dólar (y del euro), que es la principal palanca de que dispone Estados Unidos para imponer su voluntad. Pero esto no deja de tener consecuencias para la economía estadounidense.

En 1972, la presión inflacionista creada por la financiación de la guerra de Vietnam llevó a Estados Unidos a abandonar el sistema de Bretton Woods y la convertibilidad del dólar en oro. Para evitar el hundimiento del dólar, maniobraron con los países del Golfo (1973) y luego con todos los países productores de petróleo (1975) para que el petróleo se pagara exclusivamente en dólares.

La idea era obligar a los países del mundo a comprar dólares para comprar petróleo. Esto creó una demanda de dólares que permitió a Estados Unidos imprimir dólares casi indefinidamente sin verse atrapado en un bucle inflacionista. Era una especie de «esquema Ponzi»[691] que permitía a la economía estadounidense -que es esencialmente una economía de consumo- sostenerse gracias a las economías de otros países del mundo. Se trata del sistema del «petrodólar», cuya desaparición supondría una amenaza considerable para la economía estadounidense y podría llevarla al colapso.

En una época en que Estados Unidos era la única gran potencia económica, los países del «resto del mundo» no tenían muchas opciones. Pero hoy, con el auge de una China dinámica que no intenta exportar sus «valores», sino que simplemente comercia sin juzgar, la situación es muy diferente. Porque no se trata simplemente de una cuestión de «valores», sino de «alineación». Como vimos con Nord Stream 2, no

---

690. «China's Yuan Replaces Dollar as Most Traded Currency in Russia», *Bloomberg*, 3 de abril de 2023 (actualizado el 4 de abril de 2023) (https://www.bloomberg.com/news/articles/2023-04-03/china-s-yuan-replaces-dollar-as-most-traded-currency-in-russia#xj4y7vzkg)
691. Wikipedia: Un esquema Ponzi es un acuerdo financiero fraudulento por el que las inversiones de los clientes se remuneran principalmente con fondos aportados por nuevos participantes.

basta con ser aliado de Estados Unidos: hay que estar alineado con ellos. Pero la gran mayoría de los países del mundo tienen intereses nacionales que no coinciden con los de Estados Unidos, y no quieren una sociedad «a la americana». Tienen sus propios valores, tradiciones y culturas que desean gestionar a su manera. Para evitar la espada de Damocles que representan las sanciones occidentales, prefieren distanciarse del dólar.

### *Desdolarización*

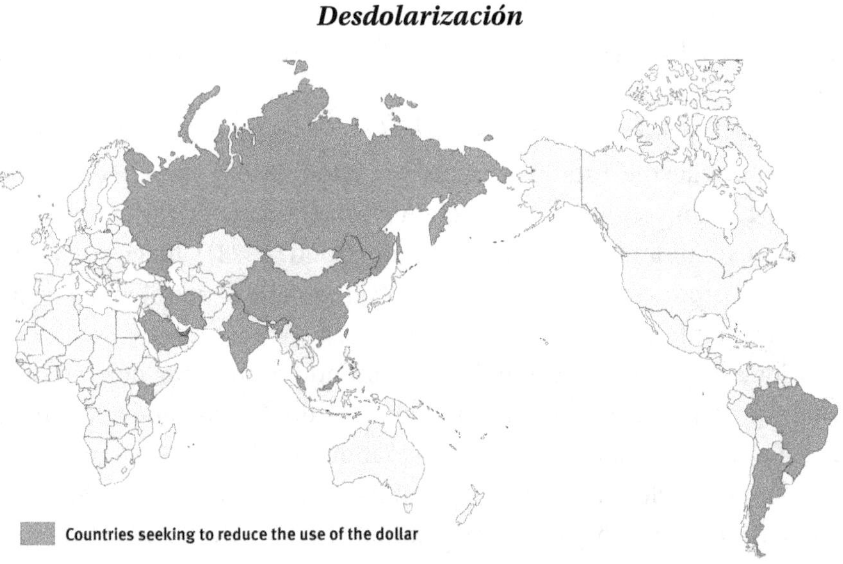


*Figura 87 - Países que han declarado utilizar monedas distintas del dólar para sus transacciones comerciales (a 20 de abril de 2023).*

Muchos países buscan medios de pago alternativos y acuerdos para escapar del dólar. Aumenta el uso del yuan chino, el rublo o las monedas nacionales para el comercio, incluidos los productos petrolíferos. Sin embargo, debemos mantener la cautela: el dólar sigue siendo la moneda más utilizada en el comercio mundial (88% del comercio según el Banco Mundial) y como moneda de reserva. La tendencia a la desdolarización se acelera, pero aún está lejos de amenazar a la economía estadounidense.

## 6.2. El fracaso de la diplomacia

### *6.2.1. El fracaso de la diplomacia occidental*

La función de la diplomacia es mantener los canales de comunicación entre los distintos actores de una crisis y crear las condiciones propicias para una solución. Pero desde el principio del conflicto ucraniano, en lugar de dar un paso atrás, la diplomacia occidental se puso del lado de uno de los beligerantes. La UE ha favorecido el suministro de armas frente a la acción diplomática. Se trata de un papel sin precedentes para una estructura multilateral.

Por otra parte, este compromiso sigue siendo mal comprendido en todo el mundo. Aunque se espera que la UE desempeñe el papel de árbitro, ha asumido el de jugador. ¿Con qué fin? Suponiendo que sea una forma de mostrar su voluntad de apoyar el derecho internacional, ¿por qué no ha suministrado armas a Irak o Afganistán?

Desde finales de 2021, la diplomacia occidental está centrada en la situación de Ucrania. Hace todo lo posible por mantener a raya a los enemigos de Rusia e intenta animar a otros a seguirles alimentando el conflicto con armas. Nuestra diplomacia parece haber perdido de vista los problemas del mundo y, probablemente por primera vez desde el final de la Guerra Fría, está perdiendo la iniciativa en todos los frentes.

Peor aún, en un momento en que los países del hemisferio sur están preocupados por la política de palo y zanahoria aplicada por Occidente, Josep Borrell, jefe de la diplomacia europea, destaca por sus declaraciones destempladas e infantiles. Su comparación de Europa como un «jardín» a codiciar por el resto del mundo, calificado despectivamente de «jungla», fue muy mal recibida en África, que la consideró, con razón, esencialmente racista. Difícilmente un diplomático podría haber sido más torpe.

Preocupada por el cariz que está tomando la cuestión de Taiwán, China ha publicado un documento de política exterior en el que condena la actitud hegemónica de Estados Unidos en todo el mundo[692], y ha elabo-

---

692. «La hegemonía estadounidense y sus peligros», Ministerio de Asuntos Exteriores, 20 de febrero de 2023 (https://www.fmprc.gov.cn/mfa_eng/wjbxw/202302/t20230220_11027664.html)

rado una *Iniciativa de Seguridad Global* (GSI)[693]. También ha propuesto un marco conceptual para las relaciones normales entre Estados y la resolución pacífica de las disputas[694], que podría aplicarse a la resolución del conflicto de Ucrania.

Sin embargo, tras la visita de Xi Jinping a Moscú, los países occidentales temen que estas iniciativas conduzcan a un alto el fuego o a la paz[695]. Mientras nuestros diplomáticos[696] declaran *urbi et orbi* que la decisión de negociar corresponde a Ucrania[697], la Casa Blanca declara desde el principio que cualquier intento de entablar negociaciones sería inaceptable[698]. Occidente está en total contradicción.

La negociación se ve como una recompensa para Rusia, no como una forma de preservar la existencia de Ucrania y los ucranianos. Nuestra diplomacia está más preocupada por castigar a Rusia que por encontrar una solución al problema, por lo que es juez y parte, y le resulta imposible desempeñar un papel mediador.

Como no podemos apoyar logísticamente a Ucrania, se ha generalizado la idea de que nos hemos desarmado y que fue un error creer en un dividendo de paz. Pero esto no es cierto. Pudimos reducir nuestro aparato militar al final de la Guerra Fría porque tuvimos la oportunidad de replantear nuestras políticas de seguridad. Tuvimos la oportunidad de garantizar nuestra seguridad mediante la cooperación en lugar de la confrontación. Fue este cambio el que desaprovechamos.

Nuestra seguridad no está vinculada al número de armas de que disponemos, sino a la coherencia con que utilizamos una combinación de fuerza y diplomacia. Rusia mantiene a raya a la OTAN, a pesar de contar

---

693. «The Global Security Initiative Concept Paper», Ministerio de Asuntos Exteriores, 21 de febrero de 2023 (https://www.fmprc.gov.cn/eng/wjbxw/202302/t20230221_11028348.html).

694. «China's Position on the Political Settlement of the Ukraine Crisis», *Ministerio de Asuntos Exteriores*, 24 de febrero de 2023 (https://www.fmprc.gov.cn/mfa_eng/zxxx_662805/202302/t20230224_11030713.html)

695. Charles Hutzler, «U.S. Seeks to Head Off Any Chinese Call for Cease-Fire in Ukraine», *The Wall Street Journal*, 17 de marzo de 2023 (https://www.wsj.com/articles/u-s-seeks-to-head-off-any-chinese-call-for-cease-fire-in-ukraine-ef456819)

696. https://www.rts.ch/play/tv/redirect/detail/13567586?startTime=508

697. Michael Birnbaum, «NATO says Ukraine to decide on peace deal with Russia - within limits», *The Washington Post*, 5 de abril de 2022 (https://www.washingtonpost.com/national-security/2022/04/05/ukraine-nato-russia-limits-peace/)

698. Tim Hains, «NSC's John Kirby: Any Call For A Ukraine Ceasefire That Comes From Xi's Trip To Russia This Week Will Be 'Unacceptable'», Real Clear Politics, 19 de marzo de 2023 (https://www.realclearpolitics.com/video/2023/03/19/nscs_john_kirby_china_and_russia_are_chafing_against_the_us-led_international_rules-based_order.html)

con un presupuesto de defensa que sólo representa el 3,1% del gasto militar total, frente a un Occidente que gasta el 50% del gasto militar total año tras año. Los problemas a los que nos enfrentamos hoy no tienen nada que ver con el número de armas que poseemos, sino con nuestra incapacidad para forjar lazos sólidos y cumplir nuestros compromisos, como hemos visto. El viejo adagio de Vegecio «Si vis pacem para bellum» no significa que la paz dependa de nuestra capacidad para hacer la guerra, sino de nuestra sabiduría para evitarla. La guerra y la paz están íntimamente ligadas.

Una política de seguridad hábil consiste en integrar armoniosamente diplomacia y defensa. Si hubiéramos ayudado más eficazmente a África y contribuido eficazmente a su desarrollo, hoy no tendríamos refugiados. En Ucrania, si hubiéramos respetado nuestros compromisos y aplicado los acuerdos de Minsk, hoy no tendríamos una guerra. Mientras la diplomacia occidental parece estancada en el conflicto ucraniano, la diplomacia rusa es activa. No sólo eso, sino que Rusia ha conseguido inclinar la balanza de poder entre Occidente y el «resto del mundo».

### *6.2.2. ¿El fin de la neutralidad suiza?*

Uno de los acontecimientos clave del conflicto en Ucrania fue el abandono por parte de Suiza de su política de neutralidad. Esta evolución no es del todo sorprendente, ya que observadores atentos han señalado que los fundamentos de la política exterior suiza se han ido alejando lentamente desde 2019. Ese año, un informe sobre el futuro de la política exterior suiza hablaba del predominio de un *orden internacional basado en normas*[699]. Una orientación confirmada por el embajador Jürg Lauber, representante permanente de Suiza ante las Naciones Unidas en Ginebra, en plena crisis ucraniana[700].

El 23 de noviembre de 2022, Claude Wild, embajador suizo en Kiev, confirmó que Suiza *«no era neutral»* en el conflicto ucraniano, sino que aplicaba *«la ley de neutralidad»*, un sutil matiz que consiste en no unirse

---

699. https://www.eda.admin.ch/dam/eda/fr/documents/aktuell/dossiers/avis28-bericht-190619_FR.pdf
700. Jürg Lauber, «En el futuro, seguiremos necesitando un orden internacional basado en normas», *Le Temps*, 29 de septiembre de 2022 (https://www.letemps.ch/opinions/lavenir-aurons-toujours-besoin-dun-ordre-international-fonde-regles)



---

a una alianza y no suministrar armas a los beligerantes[701]. Explica que no se puede ser neutral en una situación en la que hay «*una guerra de agresión y un* claro *agresor*»[702].

Es un poco miope e incluso chocante. Cabe preguntarse por qué Suiza no adoptó la misma actitud durante los conflictos de Afganistán, Irak y Libia, en los que de hecho apoyó al atacante. Y eso que sabíamos que eran ilegítimos, porque se basaban en acusaciones que *ya sabíamos que eran mentira*.

Esto representa un cambio radical en la aplicación de la neutralidad por parte de Suiza. Su neutralidad se diferencia sustancialmente de la de otros países occidentales en que fue impuesta -y garantizada- por las Grandes Potencias cuando se desmanteló el imperio de Napoleón en 1815, y en que es permanente. Por el contrario, la neutralidad de Estados Unidos al comienzo de la Segunda Guerra Mundial fue una política decidida unilateralmente, que se abandonó tras el ataque a Pearl Harbor el 7 de diciembre de 1941.

En otras palabras, en espíritu y en letra, la neutralidad suiza no es una política circunstancial, sino que se aplica independientemente de la naturaleza de los actores implicados en un conflicto. Así es como se percibe en el mundo, y es precisamente esta característica la que le ha dado su credibilidad única.

Aunque Suiza siempre ha actuado como si formara parte del mundo occidental, su política de neutralidad le permitió actuar como intermediario durante toda la Guerra Fría. Hoy, la aplicación «a la carta» de la neutralidad en función de si considera «bueno» o «malo» al atacante le quita toda credibilidad.

En febrero de 2022, Zelensky se dirigió a Suiza en busca de mediación. En ese momento, Suiza aún no había adoptado sanciones contra Rusia y sería ideal para este papel. Occidente obligó entonces a Zelensky a renunciar a negociar.

En marzo, cuando la situación en Mariupol iba de mal en peor, Zelensky revivió la idea de las negociaciones y envió una propuesta a Rusia. Pero esta vez, Zelensky recurrió a tres países para encontrar un mediador:

701. https://www.rts.ch/play/tv/redirect/detail/13567586?startTime=547
702. https://www.rts.ch/info/suisse/13567448-claude-wild-la-suisse-nest-pas-neutre-dans-le-conflit-en-ukraine.html

China, Turquía e Israel. Sin embargo, ninguno de estos países es un modelo de neutralidad, y Turquía incluso suministra armas a Ucrania. Entonces, ¿por qué Rusia confía más en Turquía que en Suiza, que se ha negado a suministrar municiones a Ucrania?

Los teóricos de la conspiración dirán que «sólo los dictadores pueden entenderse». Pero una explicación menos primitiva es que Turquía tiene un análisis menos apasionado del conflicto. Como escribe el *Kyiv Independent*[703]:

> *Turquía apoya firmemente la integridad territorial de Ucrania, al tiempo que se opone a cualquier incitación a la tensión en la región mediante una «política incomprensible» hacia Rusia.*

Así, mientras Suiza se posiciona como juez, Erdogan busca resolver un problema de seguridad regional y detener la pérdida de vidas humanas[704]. Esta es la diferencia entre un enfoque ideológico y uno pragmático. Una mediación eficaz no consiste en adaptar los hechos a las conclusiones, sino las conclusiones a los hechos.

En aquel momento, Suiza era uno de los países occidentales que más sanciones había impuesto a Rusia, y el propio Zelensky probablemente consideraba que ya no tenía suficiente credibilidad ante Rusia para poder mediar con eficacia. Por eso, en agosto de 2022, Rusia se negó a conceder a Suiza la acreditación para representar los intereses de Ucrania en Moscú, explicando que «*había perdido su estatus de Estado neutral y no podía actuar ni como mediador ni como representante de los intereses* ucranianos»[705].

---

703. «Erdogan anuncia nuevas conversaciones con Zelensky y Putin», *The Kyiv Independent*, 9 de diciembre de 2022 (https://kyivindependent.com/news-feed/erdogan-announces-new-talks-with-zelensky-putin)
704. «El turco Erdogan anuncia reuniones con Zelenskyy y Putin», *The New Voice of Ukraine*, 9 de diciembre de 2022 (https://english.nv.ua/nation/turkey-s-erdogan-announces-meetings-with-zelenskyy-putin-50289792.html)
705. «Moscú rechaza que Suiza represente a Ucrania en Rusia», *rts.ch*, 11 de agosto de 2022 (https://www.rts.ch/info/monde/13300549-moscou-refuse-que-lukraine-soit-representee-en-russie-par-la-suisse.html)

### 6.2.3. *Cumplimiento del Derecho internacional*

Esto nos lleva a la cuestión del respeto del derecho internacional. Consideramos que la acción de Rusia es ilegal e ilegítima, lo que justifica la entrega de armas a Ucrania. Visto desde la distancia esto parece coherente, pero no lo es.

Porque nuestro respeto al derecho internacional no puede limitarse a criticar el conflicto desde el 24 de febrero de 2022. Tuvimos que actuar en 2015 para impedir que Kiev bombardeara a la población de Donbass y para garantizar que se respetaban los acuerdos de Minsk. Estos formaban parte del derecho internacional y deberían haber evitado la escalada del conflicto. Como no lo hicimos, y los rusos se dieron cuenta de que no teníamos intención de hacerlo, decidieron resolver la situación aplicando el principio de la ONU de la responsabilidad de proteger.

Para no legitimar la posición rusa, los medios de comunicación francófonos se mantuvieron muy discretos sobre las admisiones de Petro Poroshenko, Angela Merkel, François Hollande y Volodymyr Zelensky de que no habían querido aplicar estos acuerdos. Pero estas admisiones no han pasado desapercibidas para el «resto del mundo». Demuestran que nuestra concepción del derecho internacional es variable y que sólo utilizamos el derecho cuando se ajusta a nuestros intereses.

Cuando invocas «valores» y «principios» con tanta intransigencia para los demás, debes hacer lo mismo contigo mismo. La incoherencia no es aceptable. Seríamos creíbles invocando el derecho internacional si hubiéramos puesto la misma energía en castigar a quienes mintieron para librar guerras totalmente ilegítimas. ¿Por qué no se han adoptado sanciones contra Estados Unidos, Gran Bretaña y Francia? ¿Por qué no se han confiscado sus bienes para la reconstrucción de los países que destruyeron? ¿Por qué no se ha juzgado a los dirigentes occidentales por sus crímenes? El hecho de que hayamos tratado las intervenciones occidentales en Afganistán, Irak, Libia y Siria de manera diferente a la de Ucrania tiende a demostrar la naturaleza política de nuestro uso del derecho internacional. Esto no sólo socava nuestra credibilidad en el resto del mundo, sino también el propio derecho internacional. Es el caso de la Corte Penal Internacional, que los países africanos perciben como un medio de presión.

# 6.3. África

La desconfianza de África hacia los países occidentales no es nada nuevo. Fue estimulada en gran medida por la desastrosa operación de 2011 para derrocar a Gadafi. Al destruir la gobernanza de un país que entonces tenía el índice de desarrollo humano más alto de África, Occidente desestabilizó definitivamente el Sahel. Esto es lo que hizo necesarias las operaciones SERVAL y BARKHANE. Los países africanos se dieron cuenta entonces de que pasábamos de una crisis militar a otra, sin preocuparnos de las consecuencias regionales y de sus efectos sobre las poblaciones.

Sin una estrategia ni unos objetivos claros, nuestras operaciones están condenadas al fracaso y conducen a un estado de guerra permanente. Llevadas a cabo sin una implicación real de los países africanos afectados, nuestras acciones aportan éxitos aparentes a corto plazo, pero no resuelven nada. Esto explica la expulsión de contingentes militares franceses de Malí[706] y Burkina Faso[707], después de que Francia ya hubiera retirado sus tropas de la República Centroafricana tras una serie de escándalos[708].

Basta comparar los 4.600 millones de euros que la UE gastó en Ucrania en un año en el marco de su *Fondo Europeo para la Paz (FEP)*[709] con los 2.700 millones de euros que gastó en las actividades de paz y seguridad de la Unión Africana entre 2007 y 2019[710] para darse cuenta de lo amargados que están los africanos. África no sólo tiene que lidiar con las consecuencias de los conflictos que a menudo hemos creado con

---

706. Elian Peltier & Ruth Maclean, «French Soldiers Quit Mali After 9 Years, Billions Spent and Many Lives Lost», *The New York Times*, 15 de agosto de 2022 (actualizado el 19 de agosto de 2022) (https://www.nytimes.com/2022/08/15/world/africa/mali-france-military-operation.html)
707. «Burkina Faso confirma que exige a Francia la retirada de sus tropas», *Africanews*, 24 de enero de 2023 (https://www.africanews.com/2023/01/24/burkina-faso-to-expell-french-troops//)
708. Nur Asena Erturk, «Francia retira la última tropa de la República Centroafricana», *aa.tr*, 15 de diciembre de 2022 (actualizado el 16 de diciembre de 2022) (https://www.aa.com.tr/en/africa/france-withdraws-last-troop-from-central-african-republic/2764958)
709. «Ammunition delivered to Ukraine: Council approves €1 billion support under the European Peace Facility», *Consejo de la UE*, 13 de abril de 2023 (https://www.consilium.europa.eu/fr/press/press-releases/2023/04/13/ammunition-for-ukraine-council-agrees-1-billion-support-under-the-european-peace-facility/)
710. «As More Conflicts, Problems around World Mount, European Union High Representative Tells Security Council World Must Invest in Revitalizing Multilateral System», *un.org*, 23 de febrero de 2023, SC/15210, 268ª sesión (https://press.un.org/en/2023/sc15210.doc.htm)

políticas desafortunadas, sino que les estamos presionando para que adopten nuestra política hacia Ucrania.

El 21 de marzo de 2023, Alain-Claude Bilie-By-Nze, primer ministro de Gabón, concedió una entrevista a los periodistas Marc Perelman, de France 24, y Christophe Bobouvier, de RFI. Con consumada impertinencia, le preguntaron por la abstención de Gabón en la votación de la Asamblea General de las Naciones Unidas sobre la situación en Ucrania. Con inteligencia, el Primer Ministro se declaró *«siempre asombrado de que se pida [a los países africanos] que justifiquen las decisiones que toman; nadie se lo pide a otros países, en particular a los* occidentales»[711].

En la actualidad, los países africanos están descubriendo que el diálogo con los países BRICS, en particular China y Rusia, es más fácil y está libre del paternalismo occidental, cada vez más opresivo.

Siempre volvemos a una pregunta fundamental: ¿por qué el conflicto ucraniano es más reprobable que los demás que hemos provocado? El problema para Occidente es que el esperado colapso de Rusia sólo podría lograrse si todo el planeta les siguiera. Pero las preocupaciones de los países africanos están muy alejadas del conflicto regional en Europa.

Como dijo S. Jaishankar, Ministro de Asuntos Exteriores de la India, en respuesta a un periodista tan inconsciente como sus colegas franceses[712]:

*En algún momento, Europa debe dejar de pensar que los problemas de Europa son los problemas del mundo, pero que los problemas del mundo no son los problemas de Europa. Si es tuyo, es tuyo; si es mío, es nuestro.*

En julio de 2022, se presentó en Bruselas un documento redactado por el jefe de la delegación de la UE ante la Unión Africana (UA), en el que se expresaba preocupación por la creciente brecha entre ambos continentes[713]:

---

711. https://youtu.be/C__MvkcmYEQ
712. https://youtu.be/8U5LeXjyyOM
713. Vince Chadwick, «Exclusive: Internal report shows EU fears losing Africa over Ukraine», *devex.com*, 22 de julio de 2022 (https://www.devex.com/news/exclusive-internal-report-shows-eu-fears-losing-africa-over-ukraine-103694)

*La reputación de la UE como mediadora, como pacificadora, se está erosionando debido a la ayuda militar de la Unión a Ucrania. En África, se considera que la UE alimenta el conflicto, no que facilita la paz.*

El conflicto en Ucrania y los miles de millones invertidos por Occidente han puesto de manifiesto su incapacidad para dar prioridad a una solución pacífica de las disputas. Lo que Occidente ha pagado para apoyar militarmente a Ucrania (en lugar de favorecer la solución de los acuerdos de Minsk que habría evitado el conflicto) será como mucho menos inversión en el «resto del mundo». El resto del mundo necesita infraestructuras que actualmente sólo China puede financiar.

## 6.4. Oriente Próximo y Oriente Medio

El conflicto de Ucrania ha puesto de manifiesto la incapacidad de Occidente para gestionar sus propias crisis de otro modo que no sea por la fuerza. Las presiones y amenazas ejercidas sobre los países del «resto del mundo» para que se alineen con la política occidental han sido muy mal recibidas en Oriente Medio.

Los «valores» que los occidentales utilizan como criterio para imponer sanciones o interferir en los asuntos internos de los países no se perciben en la región como compatibles con sus culturas. Saben que -como en el caso de Irán- su forma de ver el mundo y la sociedad puede utilizarse rápidamente como pretexto para un cambio de régimen. Arabia Saudí ha comprendido que Estados Unidos es un aliado del que hay que desconfiar. Sabe que su promesa de convertir al reino en un Estado paria es una espada de Damocles que puede caer en cualquier momento.

Los países de la región tienden a considerar la injerencia occidental como algo existencial para sus sociedades. Esta dimensión tiende a unirlos por encima de las divisiones ideológicas.

Mientras la diplomacia occidental está ocupada con el conflicto ucraniano, la diplomacia rusa está devolviendo a Siria a la escena internacional, y China está intensificando sus iniciativas en Oriente Próximo.

El conflicto ucraniano -o, más exactamente, las sanciones que lo acompañaron- parece haber animado a iraníes y saudíes a proseguir su diálogo secreto bajo los auspicios de China. Aprovechando sin duda la falta de atención de las cancillerías occidentales, la diplomacia del «resto del mundo» ha tratado de resolver los problemas. En Oriente Próximo y Oriente Medio, la diplomacia china está dando un golpe histórico. El 10 de marzo de 2023, Irán, Arabia Saudí y China firmaron una declaración tripartita[714] para la reanudación de las relaciones diplomáticas entre las dos grandes potencias de Oriente Próximo y la reapertura de embajadas[715]. A este acontecimiento siguió la invitación del rey Mohammed bin Salman (MBS) al presidente iraní Ibrahim Raissi a Arabia Saudí para una visita oficial[716].

Al mismo tiempo, Irak e Irán firmaron un acuerdo de cooperación en materia de seguridad para poner fin a las acciones de los kurdos, utilizados por Occidente para fomentar disturbios a ambos lados de la frontera[717].

Pero este acercamiento no fue bien visto en Washington. El 6 de abril de 2023, William Burns, director de la CIA, realizó una visita improvisada a Riad para expresar la «frustración» de Estados Unidos al ver restablecidas las relaciones con Irán[718]. Occidente había perdido pie y el «resto del mundo» tendía a verlos como alborotadores.

Siria, aislada por la diplomacia occidental, vuelve a la escena internacional. En febrero de 2023, el presidente Bashar al-Assad fue recibido en el Sultanato de Omán. En marzo, él y su esposa fueron invitados a Emiratos Árabes Unidos para reunirse con el jeque Mohammed[719]. Siria

---

714. Henry Austin, «Regional rivals Iran and Saudi Arabia agree to restore their ties after years of tensions», *NBC News*, 10 de marzo de 2023 (https://www.nbcnews.com/news/world/iran-saudi-arabia-agree-restore-diplomatic-relations-china-rcna74314)

715. https://www.spa.gov.sa/viewfullstory.php?lang=fr&newsid=2433248#2433248

716. Kathryn Armstrong, «Saudi Arabia invites Iran's President Raisi to visit, Tehran says», BBC News, 20 de marzo de 2023 (https://www.bbc.com/news/world-middle-east-65010185)

717. «Irán e Irak firman un acuerdo de cooperación en materia de seguridad», IANS/Investing, 20 de marzo de 2023 (https://in.investing.com/news/iran-iraq-sign-security-cooperation-agreement-3566648)

718. Alex Marquardt, «CIA director makes unannounced visit to Saudi Arabia», *CNN*, 6 de abril de 2023 (https://www.cnn.com/2023/04/06/politics/cia-director-william-burns-saudi-arabia/index.html)

719. «Syria's Assad in UAE for second post-quake Gulf visit», Al Jazeera, 19 de marzo de 2023, (https://www.aljazeera.com/news/2023/3/19/424)



---

renovó sus lazos con Túnez en marzo[720], con Egipto en abril[721] y fue invitada por MBS a la Cumbre de la Liga Árabe el 19 de mayo en Riad[722]. Al mismo tiempo, Moscú utilizó sus esfuerzos diplomáticos para resolver la cuestión siria y se celebró una reunión cuatripartita de los viceministros de Asuntos Exteriores de Rusia, Siria, Irán y Turquía los días 3 y 4 de abril de 2023 bajo el liderazgo de Moscú.

En cuanto al conflicto de Yemen, parece avanzar hacia una solución negociada gracias a los esfuerzos de la diplomacia china tras el acercamiento entre Arabia Saudí e Irán[723]. En otras palabras, es la diplomacia de los BRICS la que está tomando la iniciativa en Oriente Medio, con el comercio como factor unificador. Mientras Occidente se empeña en agravar los conflictos que ha creado (y de los que se ha beneficiado con el terrorismo), la diplomacia euroasiática se centra en resolver los problemas.

En resumen, existe una tendencia al apaciguamiento en los conflictos de Oriente Medio. Con las «Rutas de la Seda» como hilo conductor, es muy posible que los países de la región vean con buenos ojos aparcar sus disputas y aunar energías para forjar el futuro. La previsible reducción del consumo de hidrocarburos en Occidente es un reto para que estos países replanteen sus economías.

Esta agitación regional podría tener repercusiones para Israel y su política cada vez más intransigente hacia los palestinos. El Estado hebreo siempre ha considerado la desunión del mundo árabe y la alianza entre el reino saudí y Estados Unidos como una garantía de su seguridad. Probablemente ha llegado el momento de reanudar una actividad diplomática más cooperativa, mientras aún haya tiempo.

---

720. «Túnez - Siria: Saïed confirma el restablecimiento de relaciones diplomáticas», Le Temps, 11 de marzo de 2023 (https://www.letemps.news/2023/03/11/tunisie-syrie-le-retablissement-des-relations-diplomatiques-confirme-par-saied/)

721. Summer Said & Benoit Faucon, «Egypt, Syria in Advanced Talks to Restore Diplomatic Relations», The Wall Street Journal, 2 de abril de 2023 (https://www.wsj.com/articles/egypt-syria-in-advanced-talks-to-restore-diplomatic-relations-e569dfae)

722. Aziz El Yaakoubi & Maya Gebeily, «Saudi Arabia to invite Syria's Assad to Arab leaders summit, ending regional isolation», *Reuters*, 2 de abril de 2023 (https://www.reuters.com/world/middle-east/saudi-arabia-invite-syrias-assad-arab-leaders-summit-sources-say-2023-04-02/)

723. Ryan Grim, «To Help End the Yemen War, All China Had to Do Was Be Reasonable», *The Intercept*, 7 de abril de 2023 (https://theintercept.com/2023/04/07/yemen-war-ceasefire-china-saudi-arabia-iran/)

# 7. Salir de la crisis

## 7.1. La incapacidad de superar los prejuicios

Desde hace varios años, los occidentales toman decisiones basadas en rumores, informaciones no verificadas e incluso falsas. Así ocurrió en los casos Skripal y Navalny, en los que se adoptaron decisiones y sanciones incluso antes de que se hubieran llevado a cabo investigaciones serias, imparciales e integradoras.

La crisis ucraniana demostró el mismo fenómeno, pero en su máxima expresión. La estrategia de los países occidentales se basó enteramente en una narrativa de su propia creación, en lugar de en los hechos. Inventaron literalmente la idea de una economía rusa tambaleante que pronto se vendría abajo por las sanciones. No era cierto. Se afirmó que Rusia no era más que una «gasolinera» y que dejar de comprarle hidrocarburos provocaría su colapso. Nada de eso ocurrió. Se dijo que la oposición popular a Vladimir Putin en Rusia era considerable y que estaba aislado. Su popularidad, ya de por sí alta, ha aumentado.

Se dio a Ucrania la perspectiva de una victoria quimérica, que dividió a Ucrania y reforzó la cohesión de Rusia, a costa de cientos de miles de muertos ucranianos.

Las iniciativas de Volodymyr Zelensky para iniciar un proceso de negociación fueron sistemáticamente impedidas por los mismos países occidentales que alentaron y participaron en la masacre de civiles en el Donbass entre 2024 y 2022 (Estados Unidos, Gran Bretaña, Canadá y Francia). El objetivo no era ayudar a Ucrania, sino derrocar a Rusia.

En otras palabras, o bien estas decisiones utilizaron deliberadamente a Ucrania para alcanzar objetivos contrarios a sus intereses (lo que sin duda no deseaban los ciudadanos europeos), o bien se adoptaron sin evaluar las consecuencias. El examen de los hechos demuestra que predomina la segunda explicación, pero encubre parcialmente la primera.

En Europa, y en particular en Francia, tanto si se está a favor como en contra de Ucrania o de Rusia, el análisis del conflicto es extraordinariamente pobre. Tanto en la izquierda como en la derecha, el análisis del conflicto ucraniano adolece de los prejuicios de quienes consideran un imperativo moral apoyarlo y de quienes piensan que muestra los límites de la supranacionalidad.

Ahora bien, justificados o no, estos prejuicios no sustituyen a los hechos, y existe un terrible desconocimiento de los mismos. Quienes intervienen en nuestros medios de comunicación sólo repiten imperfectamente lo que han oído y ensamblan trozos de hechos para que encajen con sus prejuicios. Lo que es comprensible para una persona de la calle ya no lo es para el director del IRIS.

Incluso personalidades como Emmanuel Todd, cuyos comentarios han tenido eco en todo el mundo, han basado su análisis del conflicto en sus propias percepciones y no en los hechos. En realidad, Todd ha malinterpretado la postura rusa. Su contribución tiene menos que ver con la pertinencia de su análisis que con un enfoque que intenta apelar a la razón.

Tanto si hablamos de Rusia como de Ucrania, la calidad de los análisis es muy pobre en Francia y Europa, y ligeramente mejor en Estados Unidos. No obstante, pueden distinguirse algunas tendencias: los análisis favorables a Rusia tienden a buscar el apaciguamiento, mientras que los que expresan una posición proucraniana buscan «castigar» a Rusia.

La negociación se ve como una recompensa. Como dijo el embajador suizo en Kiev, negociar sería dar «*una prima al agresor*[724]». Esta interpretación plantea tres problemas.

En primer lugar, contradice la idea de que corresponde a Ucrania encontrar su propio camino. Y, sin embargo, hasta ahora hemos hecho todo lo posible para que las negociaciones que Ucrania quería no

---

724. https://www.rts.ch/info/suisse/13567448-claude-wild-la-suisse-nest-pas-neutre-dans-le-conflit-en-ukraine.html

tuvieran éxito. También hemos apoyado los esfuerzos del gobierno ucraniano para eliminar -literal y figuradamente- a todos los que estaban a favor de las negociaciones.

En segundo lugar, se basa en la idea falaz, totalmente fabricada por nuestros medios de comunicación, de que Ucrania está en racha y que, por tanto, no hay tiempo para la negociación. Esto es lo que dijo Boris Johnson en agosto de[725], luego Ursula von der Leyen en septiembre de 2022[726] y Emmanuel Macron en abril de 2023[727]. Es una posición que sólo se sustenta en fantasías, porque desde el principio, Ucrania ha estado en una situación de fracaso.

En tercer lugar, plantea un problema de ética y coherencia. Privilegiar la idea de «castigar» al agresor frente a la de resolver el conflicto significa salirse del papel de árbitro y entrar en el de justiciero. La idea de «castigar» al Estado y a la población rusos quizá sería aceptable si se hubiera aplicado la misma lógica contra Estados Unidos, Gran Bretaña, Francia e Israel, que han desencadenado múltiples conflictos en Oriente Próximo. Estos países instigan guerras y conflictos, violan regularmente el derecho internacional y cometen crímenes que están en el origen del terrorismo que golpea a nuestras poblaciones. Además, al aceptar este papel de justicieros, ¿a quién estamos castigando realmente? ¿No estamos condenando a Ucrania y no a Rusia? Una vez más, el mito de la Ucrania victoriosa nos reserva algunas sorpresas.

En tercer lugar, plantea la cuestión de nuestra integridad. Sean cuales sean los sentimientos de los ucranianos hacia los rusos, no debemos tomar partido, sino dar un paso atrás. En realidad, nos hemos metido nosotros mismos en el conflicto, mientras que si tuviéramos que desempeñar un papel mediador, tendríamos que mantenernos al margen. Esto explica por qué China, Turquía e incluso Rusia han sido capaces

725. Roman Romaniuk, «Possibility of talks between Zelenskyy and Putin came to a stop after Johnson's visit», *Ukrainskaya Pravda*, 5 de mayo de 2022 (https://www.pravda.com.ua/eng/news/2022/05/5/7344206/)

726. «Discurso sobre el Estado de la Unión 2022» de la Presidenta von der Leyen, *Comisión Europea*, 14 de septiembre de 2022 (https://ec.europa.eu/commission/presscorner/detail/fr/speech_22_5493)

727. Nicolas Barré, «Emmanuel Macron: «La autonomía estratégica debe ser la lucha de Europa»», *Les Echos*, 9 de abril de 2023 (actualizado el 14 de abril de 2023) (https://www.lesechos.fr/monde/enjeux-internationaux/emmanuel-macron-lautonomie-strategique-doit-etre-le-combat-de-leurope-1933493)

de ayudar a acercar a adversarios considerados irreconciliables, como Turquía y Siria, o Arabia Saudí e Irán.

A principios de abril de 2023, ante la inminencia de una contraofensiva ucraniana, Occidente se vio obligado a admitir que sus ambiciones habían sido exageradas. The *Washington Post se preguntaba* sobre los probables «*modestos beneficios*» de una ofensiva de este tipo. Y sin embargo, con muchos indicios que apuntan al fracaso, no se perdonaría a Zelensky que entrara en negociaciones, cuando los países occidentales han estado manteniendo la perspectiva de una victoria total sobre Rusia[728]:

> *Pero entablar negociaciones con el Presidente ruso Vladimir Putin podría ser arriesgado para el líder ucraniano, el Presidente Volodymyr Zelensky, dada la aguda animadversión hacia el Kremlin entre el pueblo ucraniano, que ha sufrido niveles extraordinarios de violencia y privaciones durante el conflicto, pero que ha permanecido unido por la promesa de una victoria total.*

La repetida narrativa de una Rusia perdedora y una Ucrania victoriosa se está volviendo en contra de Zelensky. Las promesas incumplidas son la suerte de los políticos, pero cuando el pueblo ha sacrificado sangre por esas promesas, no es seguro que perdone a quienes le han engañado. Esto se aplica a Zelensky en este caso, pero también a todos aquellos que transmitieron un mensaje que sabían falso desde el principio: los periodistas de medios de comunicación como LCI, BFM TV, RTS, RTBF, Le Monde y muchos otros podrían convertirse en objetivos legítimos para aquellos que se sintieron engañados por su discurso.

En Estados Unidos, a pesar de los prejuicios generalmente desfavorables a Rusia, de la creciente polarización de la población y de la presión de los grandes medios de comunicación, el análisis del conflicto ha seguido siendo algo más racional que en Europa, en particular porque los militares tienen una mejor percepción de la situación. En Francia, se piensa, luego se remite - eventualmente - a los hechos. En Estados Unidos, se miran los hechos, luego se piensa. Por eso existen diferencias

---

728. Alex Horton, John Hudson, Isabelle Khurshudyan & Samuel Oakford, «U.S. doubts Ukraine counteroffensive will yield big gains, leaked document says», *The Washington Post*, 10 de abril de 2023 (https://www.washingtonpost.com/national-security/2023/04/10/leaked-documents-ukraine-counteroffensive/)

fundamentales entre instituciones como la RAND Corporation y el IRIS en Francia. Aunque la RAND desarrolló los elementos de una estrategia para debilitar a Rusia a través del conflicto en Ucrania, ya había advertido de que esta estrategia sería peligrosa para Ucrania, para Estados Unidos y para Europa.

## 7.2. La percepción rusa

El concepto ruso de la guerra procede del pensamiento de Clausewitz. Esto significa que existe una transición fluida de lo militar a lo político y que el objetivo es transformar los éxitos operativos en éxitos estratégicos. Desde esta perspectiva, la acción diplomática no es incompatible con la militar. Por eso existe una voluntad negociadora, como hemos visto con las respuestas positivas a las demandas de Ucrania en 2022.

Pero, por otro lado, los rusos han comprendido que, aunque hubiera un proceso de negociación, Occidente lo utilizaría para congelar el conflicto y reanudarlo más tarde, como hicieron con los acuerdos de Minsk. Saben que la palabra de Occidente no vale nada. En 1990, April Glaspie, embajadora de EEUU en Irak, dijo a Sadam Husein que los estadounidenses no se opondrían a una invasión de Kuwait[729]. Había mentido. En 2015, Estados Unidos, Rusia, China, Francia, Reino Unido, Alemania, la UE e Irán firmaron el Acuerdo de Viena (JCPOA). Irán, Rusia y China cumplieron[730], pero Occidente no[731]. En 2020, los estadounidenses y los talibanes acordaron una fecha para la retirada de Estados Unidos[732]. Los estadounidenses incumplieron su palabra y aplazaron unilateralmente

---

729. «Confrontation In The Gulf - Excerpts From Iraqi Document on Meeting With U.S. Envoy», *The New York Times*, 23 de septiembre de 1990) (https://www.nytimes.com/1990/09/23/world/confrontation-in-the-gulf-excerpts-from-iraqi-document-on-meeting-with-us-envoy.html).

730. Daniel Larison, «El OIEA confirma el cumplimiento iraní por decimoquinta vez», *The American Conservative*, 31 de mayo de 2019 (https://www.theamericanconservative.com/iaea-confirms-iranian-compliance-for-the-fifteenth-time/).

731. Mark Landler, «Trump abandona el acuerdo nuclear con Irán que despreció durante mucho tiempo», *The New York Times*, 8 de mayo de 2018 (https://www.nytimes.com/2018/05/08/world/middleeast/trump-iran-nuclear-deal.html).

732. *Acuerdo para llevar la paz a Afganistán entre el Emirato Islámico de Afganistán, no reconocido por Estados Unidos como Estado y conocido como los talibanes, y Estados Unidos de América*, state.gov, 29 de febrero de 2020 (https://www.state.gov/wp-content/uploads/2020/02/Agreement-For-Bringing-Peace-to-Afghanistan-02.29.20.pdf).

la fecha más de 4 meses. Esta es la razón de su lamentable salida. Por último, desde noviembre de 2022, sabemos que las firmas y las palabras de Angela Merkel y François Hollande no valieron para nada. Y estos son sólo algunos ejemplos...

Es más, los rusos se han dado cuenta de que Volodymyr Zelensky y Occidente son prisioneros de su retórica. Tras prometer a Ucrania la derrota de Rusia y su ingreso en la UE y la OTAN, Occidente ha retirado toda posibilidad de poner fin a la crisis sin un conflicto prolongado. Rusia sabe que el flujo de armas occidentales continuará y que la única forma de poner fin a las hostilidades es que cesen los combates por falta de combatientes (ucranianos). Occidente cree que está desgastando a Rusia, pero en realidad está desgastando su única baza en la región.

Es probable que Rusia no intente ampliar sus conquistas territoriales, pero tampoco tomará la iniciativa en las negociaciones. Se ha dado cuenta de que Ucrania es el juguete de los países occidentales y sólo entablará negociaciones si percibe una voluntad sincera de resolver el problema y atenerse a los acuerdos alcanzados. Por esta razón, será sin duda muy exigente a la hora de fijar los términos de un acuerdo con Ucrania, y exigirá un compromiso por parte de Occidente.

Es probable que una solución negociada sea más desfavorable para Ucrania de lo que habría sido en febrero o marzo de 2022, antes de que Occidente le impidiera continuar las conversaciones.

## 7.3. ¿Hacia una solución negociada?

El 23 de noviembre de 2022, Claude Wild, embajador suizo en Kiev, declaró que la decisión de negociar «*pertenece a los* ucranianos»[733]. Tiene razón. El problema es que *se lo* impedimos a Zelensky en febrero, marzo y agosto de 2022 presionándole para que abandonara sus propuestas. El 9 de abril de 2022, Josep Borrell, jefe de la diplomacia europea, declaró que «*esta guerra se ganará en el campo de batalla*[734]». En otras palabras, la Unión Europea no sólo se excluye a sí misma de una solución, sino que, si la hay, no será diplomática.

---

733. https://www.rts.ch/play/tv/redirect/detail/13567586?startTime=508
734. https://twitter.com/JosepBorrellF/status/1512778418445860864



---

Así que no estamos siendo honestos ni con los ucranianos ni con los rusos.

En 2022, parece que gran parte de la opinión pública ucraniana estaba a favor de negociar con Rusia. Pero, como hemos visto, negociar se consideraba una traición y las purgas llevadas a cabo en Ucrania en marzo de 2022, agosto de 2022[735] y enero de 2023 demuestran que las voces discrepantes sobre esta cuestión fueron sistemáticamente silenciadas. El 27 de agosto de 2022, Mikhail Podolyak, un estrecho asesor de Volodymyr Zelensky, declaró que la guerra sólo podía terminar de una manera: la derrota militar de Rusia, la devolución de los territorios ocupados, el juicio de los criminales y el inicio de la transformación de Rusia[736].

Pero la situación sobre el terreno es cada vez más difícil para Ucrania, que lucha por renovar sus capacidades de equipamiento y personal. Por eso, en noviembre de 2022, algunas voces en Estados Unidos, como la del general Mark Milley, que preside el Estado Mayor Conjunto, sugirieron que Ucrania iniciara un proceso de negociación[737]. Su propuesta causó indignación en Occidente, pero él estaba bien situado para ver que la situación en Ucrania se estaba deteriorando, y la repitió en febrero de 2023[738]... ¡sin éxito!

El problema es que, como explica el embajador suizo en Kiev, Occidente cree que Ucrania sólo debe entrar en un proceso de negociación una vez que haya sido capaz de *capitalizar* sus *contraofensivas*[739].

Así pues, las armas entregadas a Ucrania no pretenden recuperar el territorio perdido, sino únicamente lograr éxitos -cuya naturaleza nunca se ha definido- que les permitan salvar la cara en una negociación. Se trata claramente de una guerra por poderes.

Esto es también lo que se desprende de la entrevista de Emmanuel Macron el 9 de abril de 2023, al regreso de su viaje a China, cuando declaró

---

735. Max Hunder, «Ukraine's President Fires Spy Chief and Top State Prosecutor», *Reuters/ US News*, 17 de julio de 2022 (https://www.usnews.com/news/world/articles/2022-07-17/ ukraines-president-fires-security-service-chief-and-prosecutor-general)

736. https://www.pravda.com.ua/news/2022/08/27/7365021/

737. Alexander Ward, Lara Seligman & Erin Banco, «U.S. scrambles to reassure Ukraine after Milley comments on negotiations», *Politico*, 14 de noviembre de 2022 (https://www.politico.com/news- /2022/11/14/u-s-ukraine-milley-negotiations-00066777)

738. «General Milley: la guerra entre Rusia y Ucrania acabará con negociaciones», *The Kyiv Independent*, 16 de febrero de 2023 (https://kyivindependent.com/general-milley-the-war-will-end- with-negotiations/)

739. https://www.rts.ch/play/tv/redirect/detail/13567586?startTime=478

que «*ahora no es el momento de negociar [...] ahora es el momento de la acción militar*[740]». El tono está marcado.

Ucrania se ha convertido en víctima de su propia propaganda. Quienes -como François Hollande[741]- defienden la continuación de los combates con la firme convicción de que Ucrania va ganando, muy probablemente se equivocan. Entienden la situación como les gustaría que fuera, no como es. Creen que Rusia, temiendo la reconquista ucraniana, busca negociar y que, por tanto, no es el momento adecuado para Ucrania.

Desde febrero de 2022, los ucranianos solo han avanzado en territorio que los rusos habían decidido abandonar previamente. Avanzaron sin combatir y luego fueron masacrados en «focos de fuego» (огневой мешок) por la artillería rusa, sin que los rusos sufrieran bajas. La toma del territorio de Járkov que los rusos habían abandonado de antemano fue mortal para los ucranianos a pesar de la ausencia de combates: llegaron en una bolsa de fuego y fueron destruidos por la artillería rusa sin poder aprovechar su «éxito». Lo mismo ocurrió en Kherson. Por eso Zelensky era escéptico sobre la retirada rusa en Kherson y temía (con razón) una trampa[742]: ¡había aprendido las lecciones de lo ocurrido en Kharkov!

La gran mayoría de los expertos coinciden en que la «contraofensiva de primavera» no cumplirá sus promesas. Se le atribuyen éxitos variables, pero en ningún momento los occidentales los sopesan con los riesgos que entrañan. Occidente y Ucrania están atrapados en el síndrome de los «costes hundidos»: los sacrificios han sido tan grandes que una negociación se consideraría una traición a quienes han dado su vida hasta ahora. Así que los ucranianos están atrapados entre el sentido común y el sentimiento de traición. Esto es lo que dice Oleksiy Danilov, Secretario del Consejo de Seguridad de Ucrania, cuando afirma que negociar sería un suicidio político (y probablemente también físico) para Volodymyr Zelensky[743].

---

740. «Ahora no es el momento de negociar, ahora es el momento de la acción militar - Macron», *Ukraïnska Pravda*, 9 de abril de 2023 (https://www.pravda.com.ua/eng/news/2023/04/9/7397114/)
741. https://youtu.be/D8FDgJsrRt0?t=549
742. https://www.dailymail.co.uk/news/article-11411551/Is-Russias-retreat-Kherson-actually-trap-laid-Ukraine.html
743. Safak Costu, «Zelensky Averts 'Political Suicide' by Rejecting Peace Talks with Russia, Says Ukrainian Defense Council, Secretary Danilov», *BNN*, 6 de abril de 2023 (https://bnn.network/breaking-news/zelensky-averts-political-suicide-by-rejecting-peace-talks-with-russia-says-ukrainian-defense-council-secretary-danilov/)

Como nuestros medios de comunicación mantienen que el precio pagado por los ucranianos es menor que el pagado por los rusos, nuestros gobiernos animan a Ucrania a seguir luchando. Pero esto es exactamente lo contrario de la realidad, y sabemos que Ucrania nunca ha estado ni está en condiciones de vencer. Ya no se trata de «ganar», sino de perder con más dignidad. Por eso se está empujando a Ucrania a una «última batalla».

Es imposible predecir el resultado de la contraofensiva de primavera (cuya fecha parece acercarse cada vez más al verano[744]), pero el hecho de que el equipo destinado a esta ofensiva se esté utilizando en el sector de Bajmut sugiere que el ejército ucraniano se está quedando sin fuerzas incluso antes de haber comenzado[745].

Nuestra falta de visión retrospectiva a la hora de abordar el conflicto nos obligó a adoptar una postura y a emitir un juicio que ahora resulta difícil revertir. No se trataba de renunciar a la simpatía que pudiéramos tener por uno u otro de los beligerantes, sino de mantener un vínculo con Rusia para mantener un diálogo. La exclusión total de Rusia de los foros internacionales ha descartado esta posibilidad, y Ucrania está ahora condenada a ganar (lo que parece difícil) o a ser destruida. Esto es esencialmente lo que dice Peter Maurer, Secretario General del *Comité Internacional de la Cruz Roja* (CICR) y antiguo Embajador suizo para la Política de Paz, en el semanario suizo *Die Weltwoche:*

> *Las guerras no se acaban con etiquetas como «buenos» y «malos», sino con una labor concreta de reconciliación y mediación.*

Porque poner etiquetas a la gente es simplemente una forma de descartar el diálogo. En este caso, los diplomáticos occidentales habrían hecho bien en plantearse la siguiente pregunta:

744. «La contraofensiva ucraniana prevista: ¿Cuándo, dónde y cómo?», *Euronews*, 22 de abril de 2023 (https://www.euronews.com/2023/04/22/the-anticipated-ukrainian-counter-offensive-when-where-and-how)
745. «La Republica: los obuses M109 entregados por Italia ya están en uso Ucrania», *The Kyiv Independent*, 16 de abril de 2023 (https://kyivindependent.com/la-republica-italy-delivers-m109-howitzers-to-ukraine/)

Sin embargo, que yo sepa, ni un solo diplomático, periodista o político occidental ha planteado esta cuestión ni siquiera ha intentado responderla...

# Índice